Tom H. Smith | Armin Risi

DAS KOSMISCHE ERBE

Tom H. Smith | Armin Risi

DAS KOSMISCHE ERBE

EINWEIHUNG IN DIE GEHEIMNISSE UNSERER HER- UND ZUKUNFT

GOVINDA-VERLAG
Zürich | Jestetten

Kontaktadressen:

Schweiz: Govinda-Verlag, Postfach, 8053 Zürich
Deutschland: Govinda-Verlag, Postfach, 79795 Jestetten
Internet: govinda.ch; armin-risi.ch

Titelbild:
Gemälde von Karuna Risi, 2001, nach einer Vorlage von Armin Risi; DNS-Spiralstruktur mit Schlüsselstellen aus der Menschheitsgeschichte, wie sie im vorliegenden Buch beschrieben wird – angefangen mit den lichtvollen Sternenwesen, die auf der Erde zu den ersten Menschen wurden, über die Frühkulturen und das Erstarken der manipulativen Einflüsse bis hin zur gegenwärtigen Durchlichtung der DNS, die in ihrer reduzierten Form den Menschen während einer langen Zeit an die Materie kettete. Die 12er-DNS des neuen Erdenmenschen wird symbolisch dargestellt durch ein Piktogramm, das am 17. Juni 1996 in einem Getreidefeld in East Field, Wiltshire/England erschienen ist (als Computergraphik auf der Rückseite des Buches genau nachgebildet).

Taschenbuch-Erstausgabe – Oktober 2007

© 2001/2007 Govinda-Verlag GmbH
Alle Rechte vorbehalten.

Herausgeber: Ronald Zürrer
Lektorat & Layout: Helmut Kunkel, Jestetten
Einbandgestaltung: Ronald Zürrer, Zürich
Einbandgemälde: Karuna Risi
Gesamtherstellung: Finidr, Cesky Tesin
Printed in Czech Republic

ISBN 978-3-906347-87-5

Inhalt

Vorwort   11
Einleitung   15

Kapitel 1
Die moderne Zivilisation – Höhepunkt der Evolution?   **29**

Manipulationen im Namen des Einen Gottes   30
The Blend of Loving Energies

Liebe – die Dynamik des Lebens   33
The Blend of Loving Energies

Technologie – Ausdruck einer inneren Suche   34
The Blend of Loving Energies

Was bedeutet «Wir sind aus Gott»?   36
The Blend of Loving Energies

Was ist Wahrheit?   37
The Blend of Loving Energies

Die Kraft des Gebets   39
The Blend of Loving Energies

Wie «Religionen» entstanden und wahre Religiosität verdrängten   41
The Blend of Loving Energies

Das Verurteilen von sich selbst und anderen   46
The Blend of Loving Energies

«Akzeptieren» ist nicht dasselbe wie «Gutheißen»   49
Christus

Der Kampf um die Erde – einst und heute (Zusammenfassung)   50
Christus

Jenseits menschlicher Vorurteile　　　　　　　　　　58
Christus

Kapitel 2
Die Notwendigkeit der Wendezeit　　　　　　**63**

Was bringt die globale Schwingungserhöhung mit sich?　　64
Ashtar

Das Schaffen der eigenen Realität: Erkennt die euch
innewohnende Kraft des Manifestierens!　　　　　　66
Ashtar

Möglichkeiten, zwischen positiven und negativen
Wesen zu unterscheiden　　　　　　　　　　　　73
Ashtar

Was geschieht bei den Experimenten von Montauk?　79
Ashtar

Eine mysteriöse Viruskrankheit bei den Navajo　　　84
Ashtar

Das Leid von Mutter Erde (zwei Beispiele)　　　　　89
Der Sonnengott

Auflösung der 3D-Strukturen durch Hitze　　　　　91
Mutter Erde

Erdveränderungen aus der Sicht von Mutter Erde　　95
Mutter Erde

Kapitel 3
«Neue Weltordnung» und die «neue Erde»　**99**

Was ist die Intergalaktische Konföderation?　　　　100
Die Intergalaktische Konföderation

Konzentriert euch auf das Positive!　　　　　　　102
Die Intergalaktische Konföderation

Wir sind alle miteinander verbunden 104
Die Intergalaktische Konföderation

Wie sollen wir uns auf die Erdveränderungen
vorbereiten? 108
Die Intergalaktische Konföderation

Das moderne Wirtschaftssystem soll die Menschen
in Unruhe halten 112
Die Intergalaktische Konföderation (Voltair)

Die «Neue Weltordnung» und geheime Technologien 115
Die Intergalaktische Konföderation

Auch in der New-Age-Szene ist kritisches
Unterscheidungsvermögen erforderlich 121
Die Intergalaktische Konföderation

Mutter Erde: Unbegrenzte Liebe,
aber nicht unbegrenzte Energie 129
Mutter Erde

Das kosmische Gleichgewicht und seine Störung 129
Gott, die Quelle

Kapitel 4
Nicht alle werden die Hilfe annehmen **133**

Lichtwesen wollen nicht bekehren 134
Die Intergalaktische Konföderation

Warum gewisse Enthüllungen stattfinden 138
Die Intergalaktische Konföderation

Was geschah beim «Sektendrama» von Waco? 146
Die Intergalaktische Konföderation

Geheime Computertechnologie 153
Die Intergalaktische Konföderation

Nicht alle werden die Hilfe annehmen 156
Die Intergalaktische Konföderation

Kapitel 5
Die Sieger schrieben die Geschichte – auch die Religionsgeschichte **163**

Was bedeutet «Aufstieg» und «Höherschwingung»? 165
Moses

Inkarnierte Sternenwesen auf der Erde 174
Moses (Septuma)

Die Zehn Gebote 176
Moses

Die Wahrheit ist einfach 182
Abraham

Die Spiritualität der Menschheit wurde
durch «Religion» ersetzt und blockiert 183
The Blend of Loving Energies

Liebe ist das erste Gesetz 190
Gott, die Quelle

Kapitel 6
Alltägliche Beeinflussung durch Programmierungen **197**

Beispiele, wie die Menschheit ihr spirituelles
Wachstum behindert 198
Der Sonnengott

Der Schlüssel zur Selbsterkenntnis und zur Kraft
des Unterscheidens 210
Abraham

Über das lichtvolle Wirken innerhalb des Systems 224
Johannes der Evangelist

Kapitel 7
Entscheidungen und Erfahrungen der Menschheit – einst und heute — **229**

Wie und warum die DNS der Menschen verändert wurde — 229
The Blend of Loving Energies

Weitere Ausführungen über die Geschichte der Menschheit (Konfessionen, Materialismus, Veränderung der DNS) — 236
Abraham

Im Anfang ... — 254
Voltair

Die Herkunft der Menschheit und eine Warnung vor falschen Versprechungen — 256
Ashtar

Aufgezwungene Hilfe und die große Täuschung — 272
Ashtar

Warum Gott es zuläßt — 283
Gott, die Quelle

Die Gegenwart der Lichtwesen und die Wichtigkeit des Unterscheidens — 284
Ashtar

Die Gewißheit, daß etwas bevorsteht — 291
Christus

Kapitel 8
Schöpfung und die kosmischen Ursprünge der Menschheit — **293**

Die Schöpfung: Warum Gott Leben schuf (ein Überblick) — 294
Gott, die Quelle

Das Universum: die verschiedenen Welten,
der Eine Schöpfer und die Schöpfergötter 302
Die Intergalaktische Konföderation

Der Eine Schöpfer und die negativen Schöpfergötter 307
Die Intergalaktische Konföderation

Die Ernennung der Sonne zum Schöpfergott 311
Der Sonnengott

Die Schöpfung der Erde 316
The Blend of Loving Energies

Der Anfang der Menschheit auf der Erde 318
The Blend of Loving Energies

Als die Dinosaurier auf der Erde lebten 321
The Blend of Loving Energies

Die Entwicklung der Emotionen 326
The Blend of Loving Energies

Die frühen Menschen dienten Gottes Plan 339
Gott, die Quelle

Graphische Darstellung der Involution 342
Schlußwort 345
Über die Autoren 348

Vorwort

von Tom H. Smith
(aus seinem Brief an Armin Risi vom 23. Juli 1993)

Das schriftliche Vermächtnis von Tom H. Smith († 16.12.1993) ist erstaunlich umfangreich, wenn man bedenkt, daß er erst Ende 1991 zur medialen Tätigkeit berufen wurde (siehe Biographie, S. 348). Er war kein Trance-Medium, sondern schrieb seine Texte in einer inneren Verbindung, aber bei vollem Bewußtsein medial nieder. Im folgenden Briefauszug erklärt er, wie er diese Tätigkeit vollzog und warum er nicht so sehr von Channelings spricht, sondern lieber den Begriff «Translation» verwendet. Die wörtliche Bedeutung «Übersetzung» könnte den Sinngehalt von dem, was Tom Smith damit ausdrücken wollte, nicht wiedergeben, weshalb ich das englische Wort im Deutschen übernommen habe, nach dem Vorbild von Edgar Cayces Begriff «Reading», der ebenfalls nicht übersetzt wird. Translation enthält auch die Silbe «trans», die direkt an den Begriff Transkommunikation erinnert, der treffend umschreibt, was unter «Channeling» oder «medialem Kontakt» zu verstehen ist. Tom Smith betont dabei aber, daß mediale Texte «kein Ersatz für unser eigenes Erkennen und unsere eigenen höheren Quellen der Führung und der Information» sein können.

Die Tom-Smith-Texte, die ich erhalten hatte und die mich bewogen, ihm zu schreiben, enthielten hauptsächlich Botschaften des Sonnengottes, weshalb Tom Smith in seiner Antwort mehrfach auf den «Sonnengott» Bezug nahm.

Lieber Armin,

ich danke Dir vielmals, daß Du ein solches Interesse am Sonnengott und seinen machtvollen Worten hast. Vielen Dank auch dafür, daß Du dir die Zeit genommen hast, das Buch zu lesen und mir zu schreiben. Ich bin sehr erfreut, ja fasziniert, daß jemand aus einem so entfernten Land wie der Schweiz nicht nur mit den Worten des Sonnengottes etwas anfangen kann, sondern mir auch noch darüber schreibt. ...

Ich verwende den Begriff «Translation», wenn ich von meinen Channelings spreche, und dieses Wort trifft auch genau das, was ich tue: ich übersetze durch mein Bewußtsein die Botschaften der verschiedenen liebevollen Energien. Das ist bisweilen gar nicht so einfach, da mir beispielsweise einige wissenschaftliche Begriffe, die sie verwenden, nicht geläufig sind. Aber meistens besteht die Schwierigkeit darin, das innere Wissen und die Visionen, die mir gegeben werden, in die richtigen Worte zu fassen. Der größte Teil der Translationen vollzieht sich auf der Ebene des Unterbewußtseins, wo dies leichter geschehen kann. Aber dabei gibt es immer noch ein Kommunikationsgefälle, das es zu überbrücken gilt. Vieles von dem, was uns gegeben wird, ist nur eine Umschreibung der eigentlichen Wahrheit, weil unsere Wörter in ihrer Bedeutung sehr begrenzt sind. Hast Du schon jemals etwas verstanden oder gewußt, irgendein inneres Bild oder Gefühl, aber konntest es nicht richtig in Worte fassen? Das kann Dir vielleicht eine Vorstellung davon geben, was ich meine. Ich glaube, wir alle «wissen» viel mehr, als wir mit anderen besprechen, da wir es auf unsere eigene Weise verstehen oder spüren, was andere vielleicht nicht nachvollziehen können.

Neben dem Sonnengott übersetze ich viele andere Energien, einschließlich unserer Freunde im Weltall [«*space friends*»] und des Einen Schöpfers. Es ist mir eine Ehre, auf diese Weise dienen zu dürfen, und ich bin tief bewegt. Ich habe mich zu dieser Aufgabe bereit erklärt und bin weiterhin bereit. Es wäre mir eine große Freude, all diese Texte mit Dir zu teilen, oder Teile davon, wenn Du interessiert bist. ...

Wie Du sicher schon weißt, liegt die beste Quelle der Wahrheit im Inneren. Alle Antworten auf unsere Anliegen können wir durch unser inneres Wissen und Unterscheidungsvermögen finden. Die positiven Energien, die ich übersetze, haben schon bei zahlreichen Gelegenheiten gesagt, daß es besser sei, nach innen zu gehen, wenn wir herausfinden wollen, was wahr ist und was nicht, als einfach auf eine Channeling-Botschaft von ihnen zu warten.

Sie ermutigen uns, nach innen zu gehen, durch Meditation oder was immer für uns am besten ist. Es ist aber nicht möglich, daß jeder von uns alles weiß, und oft sind wir froh, in bestimmten Angelegenheiten Inspirationen oder Hinweise zu bekommen. Deshalb können meine und andere Texte sehr bedeutungsvoll sein, wenn sie in diesem Sinn verwendet werden. Aber sie können kein Ersatz sein für unser eigenes Erkennen und unsere eigenen höheren Quellen der Führung und der Information. ...

Wir mögen von unseren Überzeugungen sehr erfüllt sein, doch durch meine eigenen Erfahrungen habe ich gelernt, daß wir niemanden zwingen können, diese Informationen anzunehmen. Wir müssen alle Menschen und deren Glauben respektieren, ansonsten schaffen wir selbst negative Schwingungen. Es ist nicht einfach zu sehen, wie diejenigen, die uns nahe sind, alles außer dem, was ihnen von ihrer Tradition her bekannt ist, ablehnen. Aber ich habe gelernt, dies zu akzeptieren, und weiß, daß dies für sie stimmt. Auch unter den vielen Gruppen und Individuen, die wir eigentlich als Gleichgesinnte bezeichnen, herrschen viele unterschiedliche Meinungen. Einige von denen, die sagen, sie seien dem Licht zugewandt, akzeptieren zum Beispiel noch nicht, daß es tatsächlich zu Erdveränderungen kommen wird. So vieles ist abhängig von der inneren Haltung und der Offenheit der Menschen. Aber wir wußten, daß es Herausforderungen geben wird.

Unsere Freunde im Weltall haben uns eine «einfache» Lösung gegeben, wie wir andere (und uns selbst) auf die kommenden Erdveränderungen vorbereiten können: *Lerne, dich selbst zu lieben, und dann lerne, deine eigenen Realitäten zu schaffen.* Ich gebe Dir dies mit auf den Weg, da Du dabei bist, Deine eigenen Verbindungen mit den Menschen und Wesen des Lichts zu finden.

Ich bin fasziniert zu erfahren, daß Du die heiligen Schriften der Veden studierst. Ich würde gerne mehr darüber erfahren, nicht unbedingt über die Lehren, aber wie Du dazu gekommen bist. Ich weiß eigentlich nichts über die Veden. Ich komme aus einem traditionellen christlichen Hintergrund. Hier hat sich bei mir jedoch vieles verändert, und ich vertrete kein Glaubenssystem mehr, sondern folge nur noch dem, was ich selbst als Wahrheit erkenne. Dennoch interessiere ich mich in allgemeiner Hinsicht immer noch für viele der Glaubenssysteme, die es auf der Welt gibt, da man überall etwas lernen kann. Ich habe nicht viel Zeit, diese zu studieren, um sie vergleichen und Gemeinsamkeiten entdecken zu können. So wäre ich sehr an Deinen Erkenntnissen interessiert. Ich möchte mehr darüber erfahren, was die verschiedenen Lehren über den Sonnengott sagen. Ich denke, es wäre sehr interessant, ein Buch über die bekannten «Mythen» (wir wissen, was damit gemeint ist) über die Sonne zusammenzustellen. Je mehr die Menschen offen werden für die Perspektive, daß die Sonne eine wirkliche Wesenheit ist und nicht nur ein Hitzeofen, der uns im Sommer die Haut verbrennt, desto mehr wäre für sie ein solches Werk aufschlußreich und hilfreich. ...

Nochmals herzlichen Dank für Dein Interesse. Es würde mich freuen, wenn wir in Kontakt bleiben könnten.

Love and Light

Tom H. Smith
(23. Juli 1993)

Einleitung

Was für die Menschen auf der Erde ein «Buch mit sieben Siegeln» ist, ist für diejenigen, die nicht auf die irdische Dimension beschränkt sind, ein «offenes Buch». Nichts ist wirklich geheim. Was auch immer sich hinter den Kulissen und verschlossenen Türen des Erdgeschehens abspielt, wird von zahllosen höherdimensionalen Lichtwesen wahrgenommen, denn ihr Bewußtsein ist in unserer irdischen Dimension alldurchdringend. Alles, was auf der Erde je geschehen ist, und mag es noch so lange her sein, es mag schon längst vergessen oder verlorengegangen sein – oder eben geheimgehalten werden –, nichts von alledem ist wirklich vergessen, verloren oder geheim.

«Wie ihr seht, ist uns nichts verborgen», sagt ein kosmisches Kollektiv von Licht- und Sternenwesen in einer Botschaft, die im vorliegenden Buch veröffentlicht wird,[1] «denn es ist unsere Aufgabe, über die Menschheit und die Erde zu wachen.»

Wir Menschen sind und waren nie allein. Das gilt seit allem Anfang, seit die Menschheit auf die Erde kam, denn die höherdimensionalen Licht- und Sternenwelten existierten, schon lange bevor die Erde und die Menschheit ins Leben gerufen wurden.

Wer in die Geheimnisse unserer Herkunft eingeweiht ist, weiß durch innere Schau, Erinnerung und holistische Erkenntnis, daß der Ursprung der irdischen Menschheit in jenen höherdimensionalen Licht- und Sternenwelten liegt. Hier in dieser Erkenntnis setzt die revolutionäre Weltsicht, ja Weltformel der *Involution* an: Geist prägt die Materie (d.h. «programmiert» Energie) und läßt durch diese In-formation materielle Formen entstehen, von den höherdimensionalen Welten bis hin – über eine Verdichtung der Materie – zur dreidimensionalen Welt. Die höherdimensionalen Vor-Bilder prägen, «bilden» und formen die irdische Erscheinungswelt, ähnlich wie Computerprogramme die Erscheinungen auf dem Bildschirm «bilden», d. h. ermöglichen und vorgeben. Wie beim Computer sowohl auf der Ebene der Programmierung als auch auf der Ebene der Anwendung immer eine äußere Intelligenz vonnöten ist, die das Ganze in Betrieb hält, so wirkt hinter der Hard- und Software der Erde und des multidimensionalen Kosmos ebenfalls immer eine Intelligenz. Spätestens hier stellt sich die Frage: Ist der Mensch die einzige Intelligenz im Universum?

Das Wort «Involution» bezeichnet also einen kosmischen Prozeß der abgestuften Verdichtung, wobei aus dem Nächsthöheren das Nächstniedere hervorgeht, d.h. eine Entwicklung vom Höherdimensionalen zum Dreidimensionalen, vom Feinstofflichen zum Grobstofflichen. Alles Materielle, sowohl das Feinstoffliche als auch das Grobstoffliche, gründet letztlich im Ewigen, das immateriell, d.h. spirituell («absolut») ist, ähnlich wie Schatten nur aufgrund des Lichts existiert, nämlich dann, wenn ein Teil dieses Lichts – aus einer bestimmten Perspektive gesehen – verdeckt wird.

Während die Wesen, die dort leben, wo der Schatten hinfällt, das Licht aus den Augen verloren haben, gibt es immer auch Wesen, die nicht in der Schattenwelt leben, sondern im Licht. Wenn solche Lichtwesen beschreiben, was in der Schattenwelt vor sich geht, sagt dies viel mehr über die Schattenwelt aus als das, was die dortigen Bewohner über «ihre» Welt zu wissen vermeinen.

Diese im Licht lebenden Wesen werden in der Sanskritsprache «Devas» genannt, im Hebräischen «Elohim» (wörtl. «Schar der Schöpferwesen»). Andere Kulturen und Mysterienschulen haben wiederum andere Namen und Begriffe, meinen damit aber dasselbe: daß Geist in die Materie eingeht und Materie Form annehmen läßt. Involution ist also die von höheren Intelligenzen (Devas, Elohim usw.) vollzogene und begleitete «Evolution von oben nach unten», wobei das Wort «Evolution» hier im wörtlichen Sinn zu verstehen ist: von lat. *evolvere*, «entrollen (z.B. eine Buchrolle); entfalten; hervorbringen»

Was die Licht- und Sternenwesen vollziehen, sind sekundäre Schöpfungen im göttlichen Schöpfungsauftrag. Zu diesem Auftrag gehört, daß sie sich nach dem jeweiligen Schöpfungsakt auch verantwortungs- und liebevoll um das Erzeugte kümmern, ähnlich wie sich Eltern um ihre Kinder kümmern, wobei auch den älteren Geschwistern eine wichtige Aufgabe zukommt. Weil sie in reiner Liebe die Verantwortung angenommen haben, im Kosmos eine «Familie» zu gründen, sind sie mit ebensolcher Liebe um ihre «Kinder» bzw. ihre Brüder und Schwestern bekümmert und bieten ihnen alle erdenkliche Hilfe, insbesondere ihre Lebenserfahrung, an. Ob ihr Angebot angenommen wird, ist ihnen nicht gleichgültig, doch sie respektieren auf vollkommene Weise den freien Willen aller Wesen, sowohl jener im Licht als auch jener im Schatten und in der Dunkelheit.

Nur aus diesem innersten Anliegen von *Licht und Liebe* heraus suchen die Licht- und Sternenwesen seit jeher und insbesondere heute den Kontakt mit den Menschen, auch wenn es nur wenige sind, die gewillt sind hinzuhören. Während irdische «Neuigkeiten» täglich über alle verfügbaren Medien um die Welt gepumpt werden, gehen die unaufdringlich präsentierten echten und wahren Neuigkeiten in der Informationsflut unter, ja sie werden oft pauschal als New-Age-Quatsch, Spinnerei und Scharlatanerie vom Tisch gefegt. Um so erstaunlicher ist die bedingungslose Liebe der Lichtwesen, die nie resignieren und sich nie frustriert oder sogar beleidigt von der unbelehrbaren, arroganten Menschheit abwenden.

Als einige Texte von Tom Smith im Sommer 1993 zu mir kamen (ich lebte damals seit zwölf Jahren als Mönch in einem vedischen Kloster), war ich als Schüler von «alten» Offenbarungen solch «neuen» Erzeugnissen gegenüber sehr skeptisch eingestellt, obwohl ich mich bis dahin nie näher mit diesem Phänomen befaßt hatte. Ein innerer Impuls bewegte mich jedoch, diese Texte von Tom Smith zu lesen – und es war für mich ebenfalls wie eine Offenbarung. Was mich am innigsten berührte, war eben diese Liebe und Geduld und die Freiheit von jeglichen destruktiven Emotionen wie Angst, Resignation, Zorn oder Arroganz. In dieser Stimmung von Freude, Dankbarkeit und auch Leichtigkeit schrieb ich spontan an Tom Smith, um herauszufinden, was für eine Person dahinter steckte und ob sich mein erster Eindruck weiter bestätigen würde. Ich fragte ihn auch, ob er bereits Pläne habe, diese Texte in andere Sprachen zu übersetzen, zum Beispiel ins Deutsche. Es war nur eine Seite – ich schrieb bewußt von Hand –, aber schon nach drei Wochen bekam ich Antwort: ein fünfseitiger Brief von Tom Smith (das ist der Brief, der hier im Vorwort auszugsweise wiedergegeben ist) und dazu ein persönlicher Brief vom

Sonnengott, obwohl es fast lächerlich klingt zu behaupten, man habe vom Sonnengott einen Brief erhalten. (Wie soll denn das gehen – etwa per Luftpost und «UFO-Kurier»?)

«Normalerweise schreibe ich keine solch langen ‹Episteln›. Meistens dauert es auch viel länger, bis ich antworte», schrieb Tom am Ende seines Briefes.

«Während ich deinen Brief las und sogleich mit der Antwort begann und nun bis hierher *[Seite 4]* geschrieben habe, hatte ich in bezug auf dich und das, was ich schreibe, ein sehr angenehmes Gefühl. Deshalb machte ich eine Pause und fragte den Sonnengott, ob er mir etwas über dich sagen möchte und ob er eine Botschaft für dich habe. Ich hoffe, das war auch in Deinem Sinn. Einiges, was der Sonnengott mir über dich sagte, kannst du vielleicht nicht glauben ...»

Ich staunte über die Selbstverständlichkeit, mit der hier jemand ein hohes Wesen wie den Sonnengott kontaktierte und mit ihm Rücksprache hielt. Der Brief, den Tom mir durch seinen Kontakt übermittelte, enthielt nichts Spektakuläres. Man hätte sogar sagen können, dies seien nur allgemeine Aussagen («so etwas könnte ich auch schreiben»). Doch für mich waren es genau die richtigen Worte zur richtigen Zeit, und sie entsprachen genau meiner inneren Resonanz. Als ich Tom antwortete und zum Ausdruck brachte, wie bewegt, ja ehrfürchtig ich diesen Brief mehrmals gelesen hätte, bekam ich eine weitere Botschaft vom Sonnengott, in der er auf meine Gefühle der Ehrfurcht und Demut einging. Auch dies traf genau «ins Schwarze» und überzeugte mich, daß Tom Smith diese Sonnengott-Briefe nicht einfach aus der Luft gegriffen haben konnte.

Ich spürte: Hier spricht jemand, der mich besser kennt als ich mich selbst, jemand, der mich wahrhaftig und bedingungslos liebt und mich gerade deshalb in keiner Weise manipulieren oder zu irgend etwas überzeugen will. (Da beide Briefe eigentlich im selben Wortlaut auch an viele andere Menschen gerichtet sein könnten, habe ich mich entschlossen, sie als Nachwort zum vorliegenden Buch zu veröffentlichen. Heute haben sie eine Allgemeingültigkeit bekommen und richten sich als persönliche Worte des Sonnengottes an alle, die diese Botschaften über das kosmische Erbe lesen, weshalb ich sie nun mit Ihnen, den Leserinnen und Lesern, teilen möchte.)

Diesem zweimaligen Briefwechsel folgte ein paar Wochen später noch ein dritter, und danach bekam ich plötzlich ein Paket aus den USA, Absender: Tom Smith, Louisville, Kentucky. Darin befand sich, nur mit einer kurzen Notiz versehen, ein Ordner mit sämtlichen Texten von Tom Smith, Toms persönliches Ansichtsexemplar, das er in seinem Freundeskreis verwendete *(«This set is not for sale – feel free to browse»)*.

Mein Dankesbrief blieb unbeantwortet. Dafür erfuhr ich drei Monate später, daß Tom Smith gestorben sei! Ich war sprachlos und überwältigt, aber zugleich auch von Freude erfüllt, denn Toms Präsenz ließ keine Trauer zu. Ich verstand nun auch, daß er mir seine persönliche Textsammlung wie ein Erbe vermacht hatte. In diesem Sinn hat der jetzige Buchtitel «Das kosmische Erbe» für mich auch eine ganz persönliche Bedeutung. Daß ich dieses Erbe bekam, war eine Verantwortung aus heiterhellem Himmel, die ich zuerst über mehrere Jahre hinweg verinnerlichen mußte, bevor ich es mir zutraute, diese Translationen inhalts- und schwingungsgetreu zu übersetzen. Parallel dazu entstand auch die Trilogie «Der multidimensionale Kosmos» – ein Werk, das ohne die durch Tom Smith vermittelte Inspiration nie, oder zumindest nicht in dieser Form, zustande gekommen wäre.

1997 veröffentlichte ich einen ersten Teil von Toms Texten im Buch «Mutter Erde wehrt sich», nämlich seine Textsammlung «Earth Changes, as channeled from the sun god», die damals mittlerweile auch im Internet zu finden war.

Einen weiteren Teil (rund zehn Seiten) veröffentlichte ich 1999 im Buch «Machtwechsel auf der Erde». Aber erst im Frühling 2001 bekam ich einen weiteren äußeren Impuls, der durch eine innere Inspiration bestätigt wurde, so daß ich mich auf der Stelle entschloß, nun auch den Rest zu übersetzen und mein geistiges Versprechen zu erfüllen. Nachdem ich diese Texte mehrere Jahre lang nicht mehr zur Hand genommen hatte, war ich gespannt, welche Wirkung sie diesmal auf mich haben würden. Immerhin hatte «man» viel Neues erfahren und gelesen und war auch älter geworden.

Beim Durchlesen und Sortieren der Texte erfüllte mich sogleich und erneut – erneuert – die ehemalige «Liebe auf den ersten Blick». Mir wurde die Bedeutung dieser Inhalte noch bewußter als beim ersten Durchlesen vor acht Jahren. Hier liegt eine komplette Genesis und Menschheitsgeschichte vor, kurz gehalten und eher nur skizziert, dafür aber übersichtlich und verständlich. Vieles von dem, was ich nun wieder las, hatte in den vergangenen Jahren eine Bestätigung bekommen, seien es Hinweise auf unsere Herkunft, die Unhaltbarkeit der modernen Evolutionstheorie oder verschiedenste Enthüllungen über die geheimen Vorgänge im Kampf um die Erde. Einige Passagen in den Texten sind derart brisant und auch heute noch fast unglaublich, daß eine Veröffentlichung wahrscheinlich zurecht «von oben» nicht früher inspiriert worden war. (Die zehn Seiten, die ich in «Machtwechsel auf der Erde» mitaufgenommen hatte, sind auch im vorliegenden Buch enthalten.)

Über den Aufbau des Buches

Die Texte in diesem Buch stammen alle aus den Jahren 1992–1993, den beiden Jahren, in denen Tom Smith medial tätig war. Tom Smith selbst hat einige Texte zu Kapiteln zusammengestellt, doch viele sind einfach chronologisch oder nach Namen geordnet. Für die Buchveröffentlichung habe ich Toms Kapitelzusammenstellungen übernommen; die anderen Texte habe ich thematisch geordnet, wobei ich größtenteils der Reihenfolge im Ordner gefolgt bin. Wo Tom eigene Kapitelüberschriften machte, habe ich dies erwähnt. Die Überschriften der einzelnen Texte habe ich entsprechend dem Gesamtzusammenhang des Buches moderiert, folgte dabei aber Toms Vorgaben, die ich, wann immer passend, wörtlich übernahm.

Die vollständige Textsammlung besteht neben den von Tom Smith zusammengestellten Kapiteln aus zahlreichen Einzelbotschaften, die nur als solche empfangen wurden und nicht als Bestandteile eines größeren Zusammenhangs vorgesehen waren. Dies führt dazu, daß sie oftmals wiederholte Gedankengänge enthalten, wenn man sie alle hintereinander liest. In solchen Fällen wählte ich einfach jene Texte aus, in denen die jeweiligen Inhalte am umfassendsten dargelegt sind. Was nicht aufgenommen wurde, macht (neben «Earth Changes») nur etwa 15 Prozent der gesamten Texte aus.

Beim Übersetzen ging es nicht nur um die direkte Englisch-Deutsch-Konvertierung, sondern auch um das tiefere Erfassen von dem, was gesagt werden soll, und um das Vermeiden von Mißverständnissen. Dabei entschloß ich mich, viele der Zusammenhänge, Querverbindungen und Inspirationen, die mir während der Arbeit «durch den Kopf» gingen, als Kommentare am Ende der jeweiligen Texte einzufügen. So ist zwar der Umfang des Buches um einige Seiten gewachsen, aber die Vertiefung und Klärung vieler Stellen wird dies sicher rechtfertigen.

Tom Smith hat bei der Veröffentlichung der Texte jeweils die Anrede weggelassen, nicht aber den Schlußsatz. Warum er dies tat, erklärt er in der Einleitung zum ersten Kapitel von «Earth Changes»:

«Wann immer ... ein Channeling beginnt, richtet er *[der Sprechende]* ein paar Worte des Grußes und der Liebe an die Empfänger. Diese Grußworte habe ich weggelassen, da sie schwerfällig oder überflüssig erscheinen könnten. Die Abschlußworte habe ich jedoch stehengelassen. Das ist vielleicht inkonsequent, aber ich habe mich dennoch dazu entschlossen, denn sie signalisieren nicht nur, daß das Channeling beendet ist, sondern ich liebe es auch zu hören, daß ich geliebt werde.»

Die Textsammlung endet im Juli 1993. Die letzten Texte, die ich von Tom habe, sind die beiden Briefe des Sonnengottes, die er mir im Juli und August 1993 sandte.

Toms spätester medialer Text, der mir bekannt ist – möglicherweise sein letzter –, war übrigens eine Botschaft, die er für meinen Bruder Werner niederschrieb. Das ist jener Werner E. Risi, der später das Buch «Die Kanada-Auswanderung» verfaßte. Damals lebte er noch in Kanada, und ich hatte ihm den englischen Text von «Earth Changes» geschickt. Werner sandte ebenfalls einen Brief an Tom, um eine Frage über seine persönliche Zukunft zu stellen. Diese Frage beantwortete Tom im Oktober 1993, knappe zwei Monate vor seinem Verscheiden.

Da die Texte von «Earth Changes» hauptsächlich vom Sonnengott stammten, richtete Werner seine Frage an den Sonnengott, doch es antwortete «Mutter Erde» mit einem zweiseitigen Brief. Dies allein war schon auf eine diskrete Weise prophetisch, denn Werner verließ Kanada im darauffolgenden Jahr und kehrte zur Mutter Erde in Europa zurück, um mit seiner Frau in Frankreich einen biologischen Bauernhof aufzubauen.

Ein wichtiger Impuls zu diesem großen Schritt war der Brief von Mutter Erde gewesen: «Ich begrüße dich und danke dir, daß du andere Energien um Rat fragst, um auf deinem Weg voranzukommen. So viele von uns sind hier, die gerne helfen. Es ist gut, daß du Vertrauen in unsere Worte und in die nonverbale Unterstützung, die wir dir bieten, entwickelst.»

Über den Titel «Das kosmische Erbe»

Titel und Untertitel des vorliegenden Buches stammen von mir, nicht von Tom Smith. Bis zum Schluß der Übersetzungsarbeit war mir noch unklar, unter welcher Überschrift diese Fülle von Texten und Themen veröffentlicht werden soll. Aber ich zerbrach mir auch nicht den Kopf darüber, weil die Erfahrung schon oft gezeigt hat, daß solche «Geburten» immer unverhofft über eine Inspiration stattfinden. So war es auch hier, und das spontane Gefühl aller Beteiligten – «Genau das ist es!» – war die natürliche Bestätigung.

Die hier veröffentlichten Texte sind nicht nur Tom Smith' persönliches Erbe und Vermächtnis, sondern gewähren einen direkten Einblick in die kosmische Herkunft des Menschen und den Entwicklungsgang der Erde, der heute an einem entscheidenden Wendepunkt angelangt ist. Hohe Licht- und Sternenwesen weihen uns persönlich in die Geheimnisse unserer Her- und Zukunft ein. Wer die Texte nicht nur auf Infos und News hin durchliest, sondern mit offenem Herzen die Präsenz der sprechenden Wesen erspürt, kann sich der eigenen inneren Verbindung mit unseren «Eltern» und «älteren» Brüdern und Schwestern bewußt werden. Wir sind mit ihnen verbunden und verwandt, denn wir sind Träger eines kosmischen Erbes, sowohl im geistigen als auch im biologischen Sinn.

Das geistige Erbe ist der hohe Auftrag, der uns hierher geführt hat, nämlich dem göttlichen Schöpfungsplan zu dienen, indem wir die einzigartige Gelegenheit wahrnehmen, der Erde in ihrer Rückkehr in die höheren Dimensionen beizustehen. Dadurch bekommen auch wir die große Chance, selber die dreidimensionale Materie und letztlich sogar die materielle Welt als Gesamtes zu verlassen, um in die Ewigkeit und Einheit, in das «Reich Gottes», die spirituelle Welt, zurückzukehren.

Das biologische Erbe entspringt unserer ursprünglichen Verwandtschaft mit den kosmischen Vorfahren und Vor-Bildern, nach deren Ebenbild der physische Menschenkörper über eine Involution gebildet wurde. Der Transformator dieser geistigen «Informationen» (Software) ist die DNS, das genetische Erbgut, das unsere irdische Existenz formt. Die DNS war früher anders ausgeprägt und erlaubte deshalb eine Entfaltung «paranormaler» Fähigkeiten, deren Vorhandensein die Menschen heute nicht mehr ahnen oder sogar bestreiten und wegrationalisieren.

Das geistige und genetische Erbgut der Menschen birgt also höchste Potentiale in sich und wird gerade deshalb schon seit «Adams Zeiten» von denen, die die Menschen beherrschen wollen, negativ programmiert und manipuliert. Und zum «Dank» ließen sich diese «Kriegsherren» *(war lords),* wie sie in Toms Texten manchmal genannt werden, von ihren Untertanen sogar noch als Götter oder als Gott verehren.

Die Schatten dieser Vergangenheit lasten auch heute noch auf der Menschheit. Man könnte hier ebenfalls von einem kosmischen Erbe sprechen, jedoch von einem Erbe der dunklen Mächte, der sogenannten «negativen Schöpfergötter». Was sie aufgebaut haben, ist eine Bewußtseinsmanipulation, die bis in die Gene geht, und ihr Ziel war, daß die Menschen gerade dies nicht merken sollten. Deshalb hatten Wahrheitsenthüller immer einen schweren Stand, denn die Menschen ließen sich in eine «verkehrte Welt» treiben, in der sie ihre wahren Freunde und Helfer als «Lästerer» und «Feinde» bekämpften, wohingegen sie ihre Manipulatoren verteidigten und in gewissem Sinn sogar verehrten, und das bis zum heutigen Tag.

Am tragischsten ist es, wenn die bekämpften Propheten und Lichtinkarnationen hinterher von den herrschenden Glaubenssystemen vereinnahmt und in ihre «verkehrte Welt» eingebaut wurden. Viel Lichtvolles wurde auf diese Weise buchstäblich ins Gegenteil verkehrt. Im Namen Jesu, des Friedensfürsten, der die höchste Liebe (einschließlich Feindesliebe) lehrte und vorlebte, wurden Millionen von Menschen getötet, und auch heute noch wird in seinem Namen vieles verteufelt. Ähnliches gilt für Mohammed und andere Gründer von großen und nicht so großen Religionsgemeinschaften.

Nicht so offensichtlich verhält es sich mit anderen, zum Beispiel mit Abraham und Moses – berühmte Namen, die auch in diesem Buch erscheinen, und zwar als Sprecher von ausführlichen Abhandlungen über die Entstehung und den Einfluß der Religionen im Gegensatz zu wahrer Religiosität (Spiritualität) und individueller Selbsterkenntnis, die heute im Hinblick auf den prophezeiten Aufstieg und die «Große Entscheidung der Seelen» von entscheidender Bedeutung ist.

Selbst wenn man diesen berühmten Namen gegenüber skeptisch bleibt, kann man zumindest die Möglichkeit, daß sie sich heute erneut zu Wort melden, hypothetisch annehmen, und dann ist es aufschlußreich und sogar erleichternd zu erfahren, daß die Seelenwesen, die einst als diese namhaften Persönlichkeiten auf der Erde inkarniert waren, keinen blut- und rachsüchtigen Gott verkünden. Wie AT-kritische Forschungen zeigen, sind diesen «Urvätern» später viele falsche Aussagen in den Mund gelegt worden, und vieles, was Abraham, Moses, Josua und andere Protagonisten getan haben sollen, geht auf die späteren Schreiber und nicht auf diese Personen zurück.

Auf jeden Fall lohnt es sich, dem *Inhalt* dieser Botschaften Gehör zu schenken; denn Namen sind letztlich nicht wichtig und können schnell zu falschen, d.h. vorgeprägten Eindrücken führen. Was in diesen Texten zutage tritt, ist eine erfrischende Religiosität und eine tiefe, echte Gottverbundenheit, die nicht scheinheilig, nicht missionierend und nicht sektiererisch ist.

Prognosen und Prophezeiungen

Das Buch «Earth Changes» (dt. in «Mutter Erde wehrt sich») enthält viele Voraussagen, die zum Teil eingetroffen, zu einem größeren Teil aber (noch) nicht eingetroffen sind. Was der Sonnengott in diesen Texten aussprach, war wie ein Karma-Kontoauszug des Jahres 1992. Er kommentierte die vielen roten Zahlen und sagte sinngemäß: «Wenn ihr so weitermacht, kommt in fünf Jahren dies und in zehn Jahren dies, und allgemein ist hier dies und dort jenes zu erwarten.» Diese Ausführungen anhand konkreter Voraussagen waren nichts anderes als Illustrationen für höhere Zusammenhänge, die sich bei Verkennung oder Mißachtung in konkreten Karma-Reaktionen niederschlagen können. Aber genau wie sich «rote Zahlen» schnell ändern oder verschieben können, können sich auch mögliche Erdveränderungen schnell verlagern, aufschieben oder aufheben.

Mutter Erde kann und will die schon seit langem herrschenden und zunehmend in die Extreme fallenden Mißstände nicht mehr tragen. Wie uns von Tom und von anderen Quellen mitgeteilt wird, hat sie die höheren Instanzen um Hilfe gebeten und hat die Erlaubnis bekommen, alles zu tun, was für ihre Befreiung und Höherschwingung notwendig ist. (Daß Mutter Erde um Hilfe ruft, kam auch schon in früheren Zeiten vor, insbesondere vor fünftausend Jahren, als die Dunkelmächte sich in großer Zahl auf der Erde inkarnierten. Was damals geschah, wird in den vedischen Schriften ausführlich beschrieben, zusammengefaßt im Buch «Unsichtbare Welten», zu Beginn von Kapitel 11.)

In den hier veröffentlichten Texten wird auch erwähnt, daß die Menschheit während einer bestimmten Phase die Erde werde verlassen müssen, nämlich dann, wenn die Endreinigung der dreidimensionalen Erde und der Quantensprung in die fünfte Dimension stattfinden werden. Dies wurde bereits ausführlich im Buch «Mutter Erde wehrt sich» dargestellt.

Das Thema Evakuierung und Entrückung stößt heute vielerorts auf Skepsis, nicht zuletzt wegen anderslautender neuerer Channelings. Aber die Ausführungen, die hier veröffentlicht werden, haben nichts an Aktualität verloren und machen auch diese unglaublichen Szenarien plausibel.[2]

Gleichzeitig wird aber gewarnt, daß auch die Dunkelseite makabre Evakuierungspläne habe, die mit Propaganda und Täuschung durchgeführt werden sollen. Selbst wenn man diese Darstellung als Horror-Szenario der Science-fiction-Kategorie abtut, kann man sie als Trockenübung verwenden, um das eigene Unterscheidungsvermögen zu prüfen. Wie würde ich reagieren, wenn es tatsächlich zu einer solchen kaum vorstellbaren Situation käme?

In einer Botschaft von Mutter Erde wird die Frage nach dem

Sinn von Prophezeiungen und Voraussagen folgendermaßen beantwortet:

«Ich erwähne Veränderungen *[sogenannte Naturkatastrophen]*, von denen ich sage, daß sie eintreffen werden. Aber wenn es in diesem Gebiet zu einer wirksamen Verbesserung der Schwingung kommt *[und sei dies nur durch einzelne Menschen]*, kann es geschehen, daß das Ereignis aufgeschoben, abgeschwächt oder ganz aufgehoben wird, vorausgesetzt, daß die Menschen aus sich heraus eine Heilung bewirkt haben. Das ist einer der Gründe, warum es hinsichtlich der Erdveränderungen nie eine hundertprozentig zutreffende Projektion in die Zukunft geben kann. Ich bin, genauso wie auch andere, nicht an einer möglichst hohen ‹Trefferquote› interessiert. Uns geht es nur darum, die Menschen zu Liebe und Harmonie mit der gesamten Schöpfung zu ermutigen. Dadurch kann wiederum ein wahrscheinliches Geschehnis, das vorausgesagt wurde, beträchtlich verändert werden. Mir geht es zuallererst um Liebe und Harmonie, unabhängig davon, ob das, was dabei herauskommt, dem entspricht, was ich vorausgesagt habe, oder nicht.» (16. Juni 1993)

Voraussagen beschreiben einerseits also nur Szenarien, die veränderbar sind. Andererseits kann aber auch vorausgesagt werden, ob die Menschen die Voraussetzungen, die für eine Änderung des Szenarios erforderlich sind, erfüllen werden. Dies ist keine Beeinflussung oder Vorwegnahme des freien Willens, sondern nur eine Prognose, die je nach Kaliber und Ermächtigung des Prognostikers oder der Prognostikerin zur *Prophezeiung* wird.

Wenn die Menschen sich nicht zu den erforderlichen Veränderungen durchringen, wird das Szenario zu einem eintreffenden Ereignis. Mit anderen Worten, das Vermeidbare wird unvermeidlich. Aber selbst dann hat jeder einzelne Mensch immer die Möglichkeit, mit dem eigenen freien Willen die Ziele des wahren Selbst anzustreben und sich nicht von äußeren Beeinflussungen, Einschüchterungen oder Turbulenzen beirren zu lassen. Und je größer die Prüfungen, desto größer die Hilfen.

Wir können als einzelne vielleicht nicht die globalen Geschehnisse beeinflussen, aber wir können entscheiden, wie diese Geschehnisse *uns* beeinflussen. Es ist nicht in unserer

Macht, die anderen zu verändern, aber wir können uns selbst verändern, und so verändern wir auch die Welt. In diesem Sinn schaffen wir unsere eigene Realität im Hier und Jetzt und erst recht unsere eigene Zukunft.

Die Einweihung in dieses Schöpfungsgeheimnis ist das Kernanliegen all unserer Brüder und Schwestern, die hier jenseits von Zeitgeist und Zeitmangel zu uns sprechen. Im Licht dieser Gemeinschaft können wir unsere wahren Stärken und Lebensaufgaben erkennen und lernen, göttliche Liebe zu empfangen und zu geben.

Mit dieser Einweihung in die Geheimnisse unserer Her- und Zukunft wird es uns möglich, die Vorgänge in der Gegenwart von einer höheren Warte aus zu betrachten und unserer bewegten Zukunft mutig und zuversichtlich entgegenzugehen.

Armin Risi

1) in Kapitel 3, «Die Neue Weltordnung und geheime Technologien», S. 119.

2) Auch Evakuierungen und Entrückungen sind nichts Neues unter der Sonne, da schon aus früheren Wendezeiten der Menschheitsgeschichte ähnliche Interventionen bekannt sind. Einige Beispiele hierfür werden im Buch «Machtwechsel auf der Erde», S. 371–376, erwähnt. (Diese und alle folgenden Zitatangaben aus «Machtwechsel auf der Erde» beziehen sich auf die überarbeitete Neuauflage, die im Govinda-Verlag 2006 und als Taschenbuchausgabe im Heyne-Verlag 2007 erschienen ist.)

Kapitel 1

Die moderne Zivilisation – Höhepunkt der Evolution?

Würde die Theorie der Evolution stimmen, müßte die heutige Menschheit mit ihrer Zivilisation den bisherigen Höhepunkt der Erdentwicklung darstellen.

Nur schon bei einer halbwegs selbstkritischen Haltung müßte man hier Zweifel verspüren. Ist die selbstzerstörerische, kurzsichtige Menschheit wirklich der Gipfelpunkt von allem, was bisher auf der Erde gesehen wurde? Wenn wir uns für eine solch kritische Sicht entscheiden, stehen wir damit nicht allein da, denn die alten visionären Kulturen, wie die indischen und die indianischen, sahen eine solche Entwicklung voraus, sprachen dabei aber nicht von einem Höhepunkt, sondern von einem Tiefpunkt der Menschheitsgeschichte, der gleichzeitig auch ein Wendepunkt ist. Einmal mehr muß in diesem Zusammenhang betont werden, daß die Vergangenheit völlig anders war, als die evolutionsgläubigen Menschen meinen, und die Zukunft wird ebenfalls völlig anders sein.

Ähnliches bekommen wir heute auch von zahlreichen medialen Quellen zu hören. Eindrückliche Beispiele hierfür finden wir im vorliegenden Buch. Das erste Kapitel besteht (gemäß Toms Vorlage) aus einer chronologischen Sequenz von Texten, in denen alle wichtigen Themen des Buches kurz erwähnt werden, ähnlich wie in einer Ouvertüre bereits alle Themen der Symphonie erkennbar sind – als Einstimmung, Zusammenfassung und Übersicht.

Das Spektrum des kosmischen Erbes und der Geheimnisse unserer Her- und Zukunft umfaßt negative und natürlich auch positive und göttlich-spirituelle Aspekte, und sie alle werden in diesem ersten Kapitel deutlich zur Sprache gebracht, insbesondere das, was für uns und für alle Probleme den Kern einer jeglichen (Er-)Lösung darstellt: die Kraft der Liebe und die Kraft der Gebete, gegründet auf wahrer Selbsterkenntnis.

In diesem Licht betrachtet, erscheinen auch die negativen Aspekte (Manipulationen im Namen Gottes, Kämpfe um die Erde, DNS-Eingriffe durch dunkle Mächte, usw.) nicht mehr als überwältigende Bedrohung, sondern als Herausforderung und Möglichkeit, jetzt «erst recht» dem Licht und der Wahrheit und somit Gott zu dienen.

Bis auf die letzten drei Botschaften von Christus (die nicht chronologisch sind, weil die erste inhaltlich direkt ans Vorangegangene anschließt) stammen alle Texte dieses Kapitels von einem kosmischen Kollektiv, das sich «The Blend of Loving Energies» nennt. Wörtlich bedeutet dies eine Vereinigung oder Bündelung liebender Energien, wobei «Energien» in diesem Zusammenhang die Bedeutung von «Wesen; Individuen» hat.

Dieses Kollektiv besteht aus vielen Lichtwesen und Meistern (d. h. Menschen, die die Prüfung des Aufstiegs schon gemeistert haben), von denen die meisten bereits mehrmals auf der Erde inkarniert waren und teilweise als Persönlichkeiten wirkten, die auch heute noch namentlich bekannt sind. Um jedoch nicht mit diesen irdischen Namen identifiziert zu werden, aber auch, um als reine Einheit zu wirken, sprechen sie hier vereint als Kollektiv. Einige treten bei anderen medialen Durchgaben auch aus dem Kollektiv heraus, um einzeln zu sprechen, wie hier in diesem Kapitel Christus, weil er als Individuum auf Lehren und Themen eingeht, die direkt mit seiner Inkarnation als Jesus zu tun haben.

(Weil die Benennung «The Blend of Loving Energies» nicht in dieser Prägnanz übersetzbar ist, habe ich sie einfach in der englischen Formulierung belassen.)

Manipulationen im Namen des Einen Gottes

Es ist noch gar nicht so lange her, daß die Menschen Götter verehrten, die ihr heute als «Götzen» bezeichnet. Die zivilisierte Menschheit glaubt an «Mythen». So gab es zum Beispiel Zeremonien, durch die der Sonnengott angerufen wurde, er möge zum Nutzen aller Menschen seine heilenden Lichtstrahlen auf die Erde senden. Die Strahlen der Sonne wurden für verschiedenste Zwecke erbeten, sei es, um die Saat gedeihen zu lassen, um Regen zu bekommen, um Krankheiten zu heilen oder sogar um Frauen für eine Empfängnis fruchtbarer zu machen. Der Sonnengott galt als eine Gottheit auf der höchsten Ebene, die nur dem Gott der gesamten Schöpfung unterstand. Jede Zivilisation hatte ihren eigenen Namen für diese mächtige Kraft, und jede kannte ihre eigenen Gebete und Zeremonien.

Wir könnten ausführlich über die verschiedenen Götter und Naturmächte sprechen, die angerufen wurden, aber das ist jetzt nebensächlich. Die heutige Menschheit, zumindest in den «zivilisierten» Ländern, bezeichnet solche Kulte als heidnisch und deren Anhänger als Götzendiener oder Satansverehrer. Es wurde sogar ein Gesetz erlassen im Namen des Einen Gottes, das die Verehrung dieser Gottheiten – selbst in Gedanken – verbietet.

Die Menschen der letzten Jahrhunderte verstanden diese Energien, diese Gottheiten, nicht mehr, und so setzte sich die Ansicht durch, dies seien «falsche Götter» von «unzivilisierten» Völkern gewesen. Aber dieser Sichtwandel lag nicht immer an mangelndem Verständnis. Die Obrigkeit jener Tage wußte sehr wohl, was sie tat, als sie diese alten Bräuche gesetzlich verbot. Diese Herrscher kannten die wahre Bedeutung der Naturgottheiten. Sie wußten, welche Kraft diese Energien darstellen und was deren wahre Beziehung zur Erde und zum Einen Gott ist. Sie wußten auch, daß sie, um Kontrolle über die Massen zu erlangen, deren Glaubenshorizonte einschränken und deren Fähigkeiten der Selbst-Ermächtigung unterbinden mußten.

Dies wurde dadurch erreicht, daß man die Menschen auf einen einzigen Gott fokussierte und dabei sagte, dieser sei allen Sündern auf der Erde gnädig gesonnen; aber seine Macht, sein Wissen und seine Worte könnten nur durch einige wenige, besonders bevollmächtigte Hohepriester vermittelt werden. So gab es keinen Platz mehr für «falsche Götter», denn deren Verehrung würde den Zorn des wahren Gottes über all diejenigen bringen, die es wagten, etwas anderes zu glauben. Weil es die geistliche Elite für notwendig erachtete, das «wahre Wort» Gottes zu verkünden, konnte es *[für die Untergebenen, das Volk]* keinen Platz mehr geben für individuelles Gedankengut und Selbstvertrauen, ja nicht einmal für die Möglichkeit, direkt mit Gott in Verbindung zu treten.

Obwohl der Gott der Geistlichen all-liebend ist, wünschte er es nicht, direkt mit denen zu kommunizieren, die ihn *[angeblich]* ununterbrochen beleidigten. Deshalb mußte die Masse der schuldbeladenen Menschen sich durch die Geistlichen an Gott wenden, und diese wiederum interpretierten die zahlreichen Gesetze Gottes für die jeweiligen Menschen. Dabei geschah, was so oft geschieht, wenn viel Zeit vergeht: Je länger diese Glaubenssysteme den Menschen auferlegt waren, desto mehr wurden sie als Wahrheit akzeptiert.

Viele von euch beginnen heute, die wahre Bedeutung der Energiewesen und ihrer Funktionen zu erkennen. Bei den meisten von ihnen handelt es sich nicht um Götter, sondern um partiell ermächtigte Wesen mit bestimmten Aufgaben. Sie sind Botschafter oder sogar direkte Verkörperungen der Liebe, und die Menschen riefen sie an, um Wissen und Unterstützung zu erhalten. Dies war gut so, auch in den Augen des wahren Gottes. Es war so, wie Gott es beabsichtigt hatte.

Was veranlaßte dann die Geistlichen, die Herrscher und die Diktatoren, Veränderungen herbeizuführen und die alten Überzeugungen gesetzlich zu verbieten? Sie hatten unterschiedliche Beweggründe, die sich aber leicht zusammenfassen lassen – Ausbeutung, Gier und Macht. Einige dieser Männer handelten tatsächlich aus Überzeugung und glaubten, daß ihre Wahrheiten dem Wohl der Menschen dienten. Andere waren versessen auf den Reichtum und die Macht, die sie sich von der Beherrschung des Volkes versprachen. Wieder andere strebten danach, den Menschen den «Willen Gottes» aufzuzwingen, weil sie es darauf abgesehen hatten, die Energien und die Ausrichtung des Planeten Erde im Dienste ihrer eigenen Interessen umzulenken. Sie sind es auch, auf die jene verdrehten Wahrheiten letztlich zurückzuführen sind. Sie wirken auf die Erde ein *[und lassen sich als Götter oder Gott verehren],* weil es für sie lebensnotwendig ist, alle zur Verfügung stehenden Energien – in diesem Fall auch die Energien der Erde – ausschließlich für ihre eigenen Bedürfnisse zu verwenden. Sie wollten es verhindern, mit den potentiellen Energien der Liebe konfrontiert zu werden, die von der Erde ausgingen und auch *[solange sich die Menschen in ihrem göttlichen Selbstbewußtsein befanden]* auf ihre planetaren Nachbarn im Sonnensystem abstrahlten.

Ihr werdet noch einiges hierüber erfahren, damit ihr den gesamten Zusammenhang kennt. Ihr solltet euch hierbei hauptsächlich auf das Positive konzentrieren, das heißt auf jene Aspekte in euch und auf jene Wesen, die der positiven Entwicklung der Menschheit und der Erde dienen. Auf diese Weise werden die irdischen Energien wieder in das richtige solare Gleichgewicht zurückgeführt werden. Dies ist der Wille der Erde und der Sonne. Und es ist der Wille des Einen Schöpfers. Dieser Wille soll geschehen.

Die vielen historischen Details sind jedoch nicht so wichtig. Wichtig ist, zu erkennen, wo ihr steht und wohin ihr euch entwickeln wollt. In der Tat, die Existenz des Planeten und der Menschheit ist abhängig von den Entscheidungen, die jeder einzelne Mensch für sich trifft.

Wir verabschieden uns in Liebe zum Einen Schöpfer aller Dinge, dessen Liebe alles möglich macht.

– The Blend of Loving Energies
(1. Juni 1992)

Liebe – die Dynamik des Lebens

Liebe ist unser liebstes Thema. Liebe bedeutet für uns alle *[die geistigen Wesen im Kollektiv des «Blend of Loving Energies»]* das gleiche, wird jedoch von jedem von uns individuell verschieden erlebt. Es gibt keine größere Liebe als die Liebe unseres Schöpfers. Nichts läßt sich mit ihr vergleichen. Mit einfachen irdischen Worten umschrieben, ist sie wie das höchste Gefühl von Glück und Geborgenheit, welches ihr euch nur vorstellen könnt – wie wenn ihr und eure Freunde und Verwandten euch bester Gesundheit erfreut und euch absolut keine Sorgen zu machen braucht, nicht einmal über den Tod.

Was ihr in solchen Momenten erahnt, ist die Liebe, die aus der Urquelle kommt. Wenn ihr es wagt, zu diesem höchsten vorstellbaren Gefühl eure eigene unbegrenzte Liebe hinzuzufügen,[1] die Liebe, die wieder zurück zur Urquelle fließt, dann wäre das eine reine Ekstase für euch. Ihr könntet eure Emotionen kaum im Zaum halten. Die Menschen um euch herum würden meinen, ihr seid verrückt, da ihr in jeder Lage immer von einem glücklichen Hochgefühl beseelt wärt. Denkt über diese Möglichkeit nach!

Wir sind hier, um euch zu sagen, daß es nichts im Universum gibt, was euch daran hindern könnte, diese Art von Liebe zu leben. Eine gegebene Konstante ist die Liebe des Schöpfers, die sich *nie* verändern wird. Versucht, dies zu glauben. Die einzige Variable ist eure eigene Liebe, euer Geschenk an das Universum. Wir ermutigen euch, in diese Richtung zu gehen – ja, öffnet euch dieser Möglichkeit! Es ist nur dann schwierig, wenn ihr selbst es euch schwierig macht. Ihr könnt es. Bringt den Himmel auf die Erde!

Mit diesen Worten verabschieden wir uns für heute. Wir

sind Liebe in dem Einen Schöpfer und Liebe aus dem Einen
Schöpfer.

— *The Blend of Loving Energies*
(6. Juni 1992)

1) Denn Liebe ist mehr als nur ein schönes Gefühl; sie ist eine Qualität des
Herzens, ja die natürliche Seinsart jeder Seele in ihrem reinen Zustand.

Technologie – Ausdruck einer inneren Suche

Es ist uns eine Freude, eure Frage nach der eigentlichen Bedeutung der Technologie zu beantworten. Offenbar suchen die Menschen mit ihrer technischen Forschung nach neuen, «praktischeren» Wegen für das, was sie früher mit den Händen und der Geisteskraft getan haben. Der Wettlauf um die Eroberung des Weltraums ist der Inbegriff moderner Technologie. Aber was hat das alles zu bedeuten? Warum strebt der Mensch eigentlich nach immer größerer Perfektion und immer mehr «Fortschritt»?

Wir haben bereits des öfteren gesagt, daß jede Person, jede Energie auf irgendeine Weise nach dem Einen Schöpfer, Gott, sucht. Oftmals sind sich die Menschen dessen gar nicht bewußt. Einige sagen, daß sie nicht einmal an Gott glauben, und meinen deshalb, daß sie nicht nach Gott suchen.

Technologie ist einfach eine andere Art der Suche nach der Quelle. Sie ist eine Erfindung, mit der die Menschen nun nach der Vollkommenheit des Selbst suchen. Gibt es eine bessere Art, so vollkommen wie möglich zu sein, als wenn man eine «bessere Lösung», eine «perfektere Maschine» erfindet? Nicht wenige Menschen denken, dies sei der wahre Fortschritt. Das Suchen nach der Vollkommenheit des Selbst bedeutet, daß ihr den höchsten *[ewigen]* Kern eurer Person sucht. Und das ist Gott, der in uns allen ist. Denn wir *alle* sind aus der Quelle. Wir sind alle mit der Quelle verbunden *[als Teile mit dem Ganzen]*.

Nun zeigt sich aber, daß die Menschen die Technologie als Selbstzweck sehen. Sie betreiben Technologie um der Technologie willen. Die Menschheit verwendet die Technologie, um nach dem Einen zu streben, gleichzeitig aber ist das, worum es diesen Menschen geht, *getrennt* von der Einheit des Selbst und deshalb getrennt von der Einheit hinter allem.[1] Die Menschen sagen: «Hier bin ich, und das ist meine Betätigung, mein Beruf.» Sie sehen das, was sie sind, getrennt von dem, was sie tun. Sie sagen, sie können bei ihrer Arbeit, zum Beispiel beim Bau eines Raumschiffes, anders sein als im Kreise von Familie und Freunden. Die Menschen denken, sie könnten auf getrennten Ebenen existieren, und entwickeln so unterschiedliche Wertmaßstäbe *[bis hin zu dem, was als «Doppelmoral» bezeichnet wird]*. Aber es geht nicht lange und ihr vergeßt, daß ihr mit unterschiedlichen Maßen meßt, und das eine geht letztlich auf Kosten des anderen.

Die Menschen haben also die inneren Beziehungen zu sich selbst, zu den Mitmenschen und der Erde durch Technologie, Wirtschaft und Arbeitsplatzbeschaffung ersetzt. Diese Vorstellung hat sich derart im Bewußtsein der Menschen festgesetzt, daß ihr vergeßt, wer ihr seid, und euch nur noch auf das Äußere konzentriert – wie Arbeitsplätze und Finanzen, die materiellen Aspekte eurer Existenz.

Dies ist zweifellos eine ungewöhnliche Art, über Technologie zu sprechen. Ihr müßtet nur wenig verändern, und ihr hättet eine Zielrichtung auf Gott, den Ursprung – oder aber von Gott weg, nämlich dann, wenn ihr eure Arbeit, euren Status und eure Erfindungen als Selbstzweck seht.

Mit diesen Worten verabschieden wir uns für heute. Wir verabschieden uns von euch in der Liebe des Einen Schöpfers.

– *The Blend of Loving Energies*
(13. Juni 1992)

1) Man beachte die bewußte Wortwahl. Hier wird gesagt, daß die Menschen die Technologie verwenden, um «nach dem Einen zu streben» und nicht «nach Gott». Was sie suchen, ist tatsächlich nur der materielle Urgrund, das «Eine» in Form einer «einheitlichen Weltformel», der «Ein-Feld-Theorie», um damit die Materie vollständig nach ihren eigenen materialistischen Vorstellungen gestalten zu können. Letztlich ist das, was die Materie erschafft und im Inneren zusammenhält, ebenfalls Gott, das absolute Bewußtsein, das die wahre Einheit hinter der Vielfalt ist. Vielen

Menschen geht es aber nicht um diese selbstlose Selbsterkenntnis, weshalb hier gesagt wird, daß sie sich «getrennt von der Einheit des Selbst» sehen. Deshalb sind sie auch «getrennt von der Einheit hinter allem»; denn diese ist nur in Gott zu finden und unterscheidet sich von dem «Einen», das die Menschen im Äußeren suchen, sei es mit Technologie oder mit anderen getrennten Methoden, die in dieser Form nur Ablenkungen vom eigentlichen Ziel sind.

Was bedeutet «Wir sind aus Gott»?

Wir sind aus Gott, dem Einen Schöpfer, genauso wie ihr und alle anderen Energien auch. Die meisten Menschen verstehen nicht wirklich, was dies bedeutet. Sie halten dies einfach für schöne oder interessante Worte, können aber die Tragweite von dem, was wir sagen, nicht erahnen.

Aus dem Einen zu sein bedeutet genau das: Wir sind nicht getrennt. Wir sind nicht unabhängig. Wir sind nicht entfernt vom Einen. Wir *sind* im Einen. Wir alle sind Teile des Einen, ein direkt mit der Quelle verbundenes Glied. Wir sind ein Aspekt der Liebe des Schöpfers.

Wir sind allerdings befähigt zu leben, als ob wir getrennt und unabhängig wären. Dazu sind wir aber nur fähig, weil Gott der Gesamtheit – sich selbst – den freien Willen gab. Denn deshalb hat der Eine auch jeden von uns, seine Teile, mit einem freien Willen ausgestattet. Aus diesem freien Willen heraus haben in der Folge einige der Teile, insbesondere die Menschen, sich dafür entschieden, in einem gewissen Sinn zu vergessen, daß sie mit dem Einen verbunden sind. Die Menschen haben diesen Teil ihres Weltbildes ausgegrenzt und durch die Vorstellung ersetzt, sie seien allein im Universum, selbst wenn sie manchmal noch von «Gott» und von «Engeln» sprechen. Die Menschen haben sich selbst glauben gemacht, daß sie abgesondert und getrennt von allen anderen Energien seien, auch von Gott, der Höchsten Quelle.

Die Menschheit müßte sich nur von diesen einprogrammierten Schlußfolgerungen der Getrenntheit befreien. Wenn ihr dies gelingt, wird sie wieder erkennen, daß sie und der Vater eins sind. Die Menschen werden dann wieder erfahren, daß Liebe zum Selbst Liebe zu Gott und Liebe zu allen anderen ist. Denn wir sind alle eins, verbunden in einer liebenden Einheit.

Wir verabschieden uns nun, als ob wir voneinander getrennt wären, aber wir sind es nicht. Wir sind verbunden in der allumfassenden Liebe.

– *The Blend of Loving Energies*
(17. Juni 1992)

Was ist Wahrheit?

Was ist eine «Wahrheit»? Wir verwenden diesen Begriff sehr oft, und auch in der Metaphysik *[Esoterik]* verwendet ihn jeder. Wie kann eine Wahrheit für die einen eine Wahrheit sein und für andere nicht? Oft wird gesagt, daß Metaphysiker in ihren Wahrheiten «flexibel» seien. Aber wie kann das sein?

Jeder versteht unter einer Wahrheit das, was er innerlich anzunehmen bereit ist und dann in sein Weltbild integriert. Dabei geht es nicht um «richtig» oder «falsch», sondern um eine innere Überzeugung. Was man akzeptieren kann, glaubt man, und was man glaubt, wird für die betreffende Person zu einer Wahrheit.

Laßt uns diese Definition von «Wahrheit» nun auf die universale Ebene übertragen. Für Gott ist eine Wahrheit das, was das Wachstum und die Entwicklung von Liebe fördert. Wenn der unmittelbare Impuls *[einer Religion, einer Ideologie, einer Aktivität]* Liebe ist, können wir auf die Präsenz einer universalen Wahrheit schließen – sofern wir selbst eine universale Perspektive haben.[1] Wie überall ist auch hier Liebe der Schlüssel.

Die universale Perspektive steht in keinem Widerspruch zu den individuellen Wahrheiten. Was Liebe auf der universalen Ebene ist, ist auch Liebe auf der individuellen Ebene. Erinnert euch: Wir sind alle aus dem Einen. Was jedoch auf der individuellen Ebene als Wahrheit erscheinen mag, ist aus universaler Perspektive vielleicht keine Wahrheit. Um eine echte Wahrheit handelt es sich, wenn sie einer aufrichtigen Bemühung entspringt und Ausdruck des Wunsches ist, vollständig *[ohne Hintergedanken]* der Seele und dem höheren Selbst zu dienen.

Universale Wahrheiten schließen sich gegenseitig nicht aus.

Es sind die Menschen, die mit ihren Interpretationen und Umsetzungen Zweifel in diese Wahrheiten streuen *[so daß es plötzlich aussieht, als schlössen sich die jeweiligen universalen Wahrheiten gegenseitig aus]*. Die Menschen verwechseln «Weg» und «Wahrheit».[2] Wir haben diesen Unterschied nicht immer besonders hervorgehoben, wenn wir das Wort «Wahrheit» verwenden, obwohl wir uns der menschlichen Mentalität *[nämlich den eigenen Weg für die Wahrheit zu halten]* sehr bewußt sind. Denn wir wollten die Sache nicht noch komplizierter machen. Selbst jetzt könnte es für einige so aussehen, als ob wir um das Thema herumredeten.

Das universale Kriterium, an dem man sich orientieren kann, ist die Liebe. Wenn Liebe zum Selbst, Liebe zu allen anderen und Liebe zu Gott, dem Schöpfer, das bestimmende Motiv ist, haben wir es mit einer Wahrheit zu tun, die auch eine universale Wahrheit ist. Wenn es nicht aufrichtig und ausschließlich um diese Liebe geht, empfiehlt es sich, die Motive zu hinterfragen und für sich neu auszurichten. Die universalen Wahrheiten und Gesetze beruhen auf der Grunderkenntnis, daß eine größere Liebe[3] der wahre Sinn und Zweck des Daseins ist.

Wir werden später mehr zu diesem Thema sagen. Wir ziehen uns nun für heute zurück und verabschieden uns in der Liebe des Einen Schöpfers.

– *The Blend of Loving Energies*
(22. Juni 1992)

---

1) *Denn wenn man keine universale Perspektive hat, d.h. nicht aus dem göttlichen Licht heraus die Dinge betrachtet, könnte man eine universale Wahrheit nicht als Wahrheit erkennen und würde sie gar nicht in Betracht ziehen oder aus irgendwelchen Gründen als «unpraktisch», «unverantwortlich», «unwirtschaftlich» oder einfach «unangenehm» oder «uninteressant» ablehnen.*

2) *Wenn ein individueller Weg für eine universale, absolute Wahrheit gehalten wird, entstehen unnötige Widersprüche, die zu Konflikten, Haß und sogar zu Blutvergießen führen können. Wie aus den weiteren Texten hervorgeht, ist diese Instrumentalisierung von Religion nicht einfach durch Zufall entstanden.*

3) «... *eine größere Liebe*», d. h. das Erreichen einer immer reineren und umfassenderen Liebe. Diese Liebe ist das universale Kriterium, mit dem man erkennen und unterscheiden kann, was dem «Dein Wille geschehe» wahrhaft entspricht und was nicht. Dies wird auf S. 48 deutlich ausformuliert: «Es gibt nur einen Maßstab, und das ist der Maßstab der Liebe, so wie sie von der Quelle, Gott, ausgeht.» Diese Worte, die man geneigt ist, als «längst bekannt» zu überlesen, bedeuten konkret: Überwindung von Eigenwillen, Selbstsucht, Ego-Rechtfertigung, pseudoreligiösem Hochmut usw.

Die Kraft des Gebets

Wir sprechen zu euch als eine geeinte Stimme mit einer einzigen Absicht – alle zu lieben und allen, die darum bitten, zu helfen. Einige sagen, wir sollten immer helfen, auch wenn man uns nicht bittet, wir seien ja universal. Andere wollen unsere Hilfe nicht oder glauben gar nicht, daß wir helfen können.

Ein schöner Aspekt vieler Religionen ist, daß himmlische Wesen angerufen, um Hilfe gebeten und in ihrer Existenz anerkannt werden. Wo dies geschieht und ernsthafte Bitten ausgesprochen werden, treten wir in Aktion. Das mag nicht immer offensichtliche und spektakuläre Formen annehmen, aber dennoch reagieren wir. Das ist eine der konkreten Wirkungen von Gebeten. Mit «Gebeten» meinen wir jedes ehrliche Bekenntnis zur Liebe und jede Bitte im Namen der Liebe. Es ist unerheblich, woher ein bestimmtes Gebet kommt, solange Liebe das tragende Motiv ist.

Vielfach wird bezweifelt, ob Gebete erhört werden, vor allem wenn gewisse äußere Bedingungen nicht erfüllt sind *[vorgeschriebene Rituale, Priesterpräsenz usw.]*. Jeder, der betet, sollte sich immer genau bewußt sein, wie und wofür er betet – denn es könnte genau das geschehen, was im Gebet ausgesprochen wurde. Zumeist aber wirkt sich die Energie von Gebeten im Ätherischen aus, und wie die meisten von euch mittlerweile sicher wissen, haben die physischen Bedingungen und Begebenheiten dort ihren Ursprung. Oft geschieht es, daß eine Person auf ihre Gebete keine *[sichtbare]* Antwort bekommt und deshalb aufhört zu beten. Wenn dies geschieht, hört für gewöhnlich auch die Wirkung im Ätherischen auf.

Was ist erforderlich, damit ein Gebet eine konkrete Antwort nach sich zieht? Das ist sehr einfach: Liebe, Wunsch und ein echtes Bedürfnis. Dabei müssen wir betonen, daß ein Bedürfnis nicht immer auf der bewußten Ebene erfüllt werden kann. Wenn die Menschen nicht wissen, daß die unbewußten Bedürfnisse vorrangiger sind als die bewußten Umstände, kann es zu Enttäuschungen kommen. Aber es ist wichtig zu wissen, daß es sich *immer* lohnt zu beten.

Bitten und Gebete, die an eine bestimmte Wesenheit, wie Christus oder die Engel, gerichtet werden, verbinden sich mit dieser Energie. Aber dies bedeutet keine Spaltung der Energien, denn wir Wesen in der Geistigen Welt sind universal und senden unsere Liebe zu allen.[1] In der Geistigen Welt Gottes gibt es mehr Wesen, als ihr jemals zählen könntet. Diejenigen, die auf der Ebene der Erde leben, haben von den meisten noch nie etwas gehört – was auch nicht erforderlich ist, denn sie alle lassen ihre Liebe mit ihrer universalen Präsenz verströmen.

Mit diesen Worten ziehen wir uns für heute zurück. Wir lieben alle, denn wir lieben den, der alles umfaßt.

– *The Blend of Loving Energies*
(13. Juli 1992)

---

1) *Wenn Gebete direkt an Gott gerichtet werden, ist die gesamte Geistige Welt mit inbegriffen, und es ist Gott überlassen, zu entscheiden, welches Wesen aus der Geistigen Welt in seinem Auftrag antworten wird. Aber weil in den himmlischen und spirituellen Gefilden alles miteinander harmoniert und in Einheit ist, kommen auch Gebete an spezifische geistige Wesen, wie Engel, Christus usw., an die «richtige Adresse» und werden individuell vollkommen behandelt, ähnlich wie Briefe immer ankommen, egal in welchen Briefkasten man sie gibt – nur mit dem großen Unterschied, daß das himmlische Postamt immer weiß, welche Adresse für die jeweilige Person die wirklich richtige ist. Dies gilt jedoch nur für Gebete, die nicht selbstisch sind und nicht der Liebe Gottes widersprechen. Entspringen Gebete einer niederen, dunklen Schwingung, gelangen sie nur in die entsprechenden dunklen Bereiche, selbst wenn sie angeblich an Gott adressiert sind (zum Beispiel: «Gott, hilf uns, unsere Feinde auszurotten und die Menschen zu beherrschen»).*

Wie «Religionen» entstanden und wahre Religiosität verdrängten

Ein wichtiger Aspekt der menschlichen Erfahrung ist Religion. Der Begriff Religion, wie wir ihn hier verwenden, bezieht sich auf eine vorgeschriebene Liste von Glaubenssätzen, die in der Theorie vorgegeben und in der Praxis mehr oder weniger starr *[dogmatisch]* sind. Es wird erwartet, daß die Gläubigen sich an alle diese Glaubenssätze halten; wenn nicht, könnten sie Konsequenzen zu erleiden haben.

Der Begriff an sich ist erst in relativ junger Vergangenheit entstanden und bezieht sich allgemein auf ein «Glaubenssystem», wovon es viele gibt. In den meisten unserer irdischen Inkarnationen war dieses Wort noch nicht in Gebrauch. In jenen Tagen *[vor ein- bis zweitausend Jahren]* gab es noch nicht so viele Gruppierungen wie heute. Aber viele dieser Gruppierungen waren sehr strikt und unerbittlich, einige sogar noch mehr als heute. Auch damals gab es Menschen, die eine tiefgründige Spiritualität lebten, und andere, die einfach den Gesetzen ihrer Sippe oder «Kirche» folgten. Die ersteren lebten im Einklang mit ihrem inneren Wesen, ihrem wahren Selbst. Sie benötigten keine Liste von festgelegten Vorschriften, da sie von sich aus wußten, was zu tun war. Die anderen, die das Bedürfnis hatten, den strikten institutionellen Regeln zu folgen, waren in ihrem inneren Glauben nicht wirklich stark und überzeugt. Aus Gründen, die für sie legitim waren, hatten diese Menschen sich entschieden, den gesellschaftlich anerkannten Glaubensnormen zu folgen, so daß sie sich für ihr Tun nicht verantwortlich zu fühlen brauchten.

Religion ist im Prinzip nichts Neues, denn den Glauben an eine höhere Macht, eine Verbindung mit einem höchsten Schöpfer, gibt es schon, seit die Menschen auf die Erde gekommen sind. Aber die Ausformung, wie sie heute vorherrscht, begann erst vor rund fünftausend Jahren. Eingeführt wurde sie von Energien, die man als negative Außerirdische bezeichnet, Wesen von der dunklen Seite.

Warum taten sie dies, und was ist falsch an dieser Art von Religion? Die besagten Wesen hatten immer nur ihre eigenen

Interessen vor Augen. Sie wollten, daß die Energien der Erde und der Menschen ausschließlich zu ihrem eigenen Vorteil ausgerichtet wurden. Sie interessierten sich für das «Experiment Mensch» nur in diesem Sinn, nämlich als Experiment, und nicht als die «menschliche Erfahrung», um die es eigentlich geht.[1] Sie konstruierten deshalb ihre eigenen Glaubenssysteme, um sie dann denen, die sie beherrschen wollten, aufzuzwingen. Dabei ging es ihnen aber gar nicht um das, was sie selbst glaubten, sondern vielmehr darum, ein Kontrollsystem zu schaffen, das ihren Plänen bezüglich der Menschheit und der Erde dienen sollte.

So ergriffen sie die Gelegenheit und verkündeten ihre neuen, «wundervollen» Ideen: erstens die Vorstellung von einem Höchsten Herrscher, zu dem gewöhnliche Sterbliche keinen Zugang haben, sondern nur Hohepriester, die diesen Gott vertreten, und zweitens die Einpflanzung von Schuldgefühlen in allen, die es wagen sollten, diese heiligen Wahrheiten anzuzweifeln, sowie die Androhung von entsprechenden Bestrafungen.

Religion an sich ist nicht schlecht. Wenn man hinter die Machtstrukturen der religiösen Glaubenssysteme geht, kann man dort Menschen mit viel Liebe finden, und Liebe ist des Schöpfers Maß aller Dinge. Religionen hingegen bewirken allein durch die Art, wie sie angelegt sind, daß die Menschen ihr Potential mit Begrenzungen unterdrücken. Diese Begrenzungen erscheinen in Form von Gesetzen, die die grundlegende Erkenntnis des Lebens verdunkeln oder sogar verneinen, nämlich daß jedes Individuum ein Teil Gottes ist. Alle sind in Gott, und Gott ist in allen. Wir alle sind eine Einheit. Gott ist nicht irgendein Mysterium, das man nicht kennen darf, das aber allen Angst macht. Jeder Mensch ist der Liebe und Güte Gottes würdig. Die Liebe und das innere Wesen eines jeden Menschen unterliegen keiner materiellen Begrenzung, egal was die äußeren Umstände sind. Wenn jeder von euch dies erkennt, wird euch immer klarer werden, daß nur diejenigen Gesetze, die vom Einen Schöpfer direkt zu den jeweiligen Menschen kommen, von Wichtigkeit sind, und diese erfahrt ihr am besten durch euer höheres Selbst, eure innere Führung.

Religionen beschränken das Individuum in seinem Wachstum, weil sie der freien, offenen Entfaltung, die notwendig ist, um zur eigenen spirituellen Identität zu finden und sich mit dem höheren Selbst zu verbinden, im Wege stehen. Gerade das war ja eines der Hauptziele, die die Initiatoren dieser Systeme verfolgten und immer noch verfolgen. Ohne die Freiheit, sich selbst in der spirituellen Gesamtheit zu erkennen, wird man auf der Suche nach Gott und der Wahrheit nur so weit kommen, wie es die auferlegten Grenzen erlauben.

Viele werden nun sagen, wenn man Gott gefunden und erkannt habe, sei alles andere *[all das «Gerede» von Selbsterkenntnis, Begrenzungen und Dunkelmächten, die die Menschen durch religiöse und andere Manipulationen beherrschen wollen]* nicht mehr wichtig. Wir aber sagen euch, daß ihr in einer begrenzenden Gedankenwelt wie der der Religionen nur ein sehr beschränktes Verständnis von Gott erlangen könnt. Wenn ihr euch selbst nicht kennt, wie wollt ihr dann Gott erkennen?

Es ist nicht möglich, die wahre Liebe Gottes zu verstehen und zu erfahren, wenn ihr euer spirituelles Selbst nicht kennt. Was ihr gefunden habt, ist nur ein Mosaiksteinchen, und wir weisen euch darauf hin, daß es nicht einmal ein zentrales ist. Gott ist immer Gott, das stimmt. Aber wenn ihr Gott in aller Pracht und Schönheit wahrnehmen wollt, geschieht dies am besten durch die Augen eures spirituellen Selbst. Ansonsten tragt ihr Scheuklappen oder sogar Augenbinden.

In den Religionen wird euch immer gesagt, daß ihr euren Gefühlen und eurer inneren Stimme nicht trauen dürft. Viele sagen sogar, das sei sehr gefährlich. Einzig und allein durch die «autorisierten» Lehren könne man die Liebe Gottes verstehen. Sonst könne man nicht einmal anfangen, sie zu verstehen. Das bedeutet auch, daß diejenigen, die nicht zu diesem System gehören, automatisch «böse» sind oder zumindest «sündig». Das nennt man Verurteilen. Wenn Menschen einfach nur glauben, daß die anderen – oder sie selbst – mehr oder weniger böse Sünder seien, ist dies genauso ein Verurteilen, wie wenn sie direkt sagen würden, wer böse sei und wer nicht.[2] Das Verurteilen ist in sich selbst eine negative Energie, durch die eine wahre Erkenntnis von Gottes Liebe stark beeinträchtigt wird.

Denjenigen, die sich entscheiden, die Lehren und Glaubenssätze einer bestimmten Religion zu übernehmen, sagen wir: Wir lieben euch, und Gott liebt euch. Es ist in Ordnung, die Erfahrung dieser Lektionen zu machen. Wenn ihr euch entscheidet, über die selbstauferlegten Begrenzungen hinauszugehen, werden wir euch mit offenen Armen der Liebe empfangen. Ihr werdet euch vielleicht erst in einem anderen Leben dazu entscheiden können. Wir werden auf euch warten.

Gott, der Urgrund allen Seins, ist reine, vollkommene Liebe. Er liebt alle, auch diejenigen, die seine Gesetze nicht befolgen. Aber diejenigen, die ihn wahrhaft erfreuen, werden wie Gott, weil sie es wollen – aus freiem Willen, vorbehaltlos. Wer dies erreicht, liebt und akzeptiert alle anderen.[3] Wenn man dazu nicht in der Lage ist, bedeutet dies nicht unbedingt, daß keine Liebe vorhanden ist. Es bedeutet einfach ein geringeres Maß an Liebe.

Wenn die Wesen der dunklen, lichtabgewandten Seite keine Liebe für die menschliche Spezies empfinden, ist ihr Grad der Liebe offensichtlich noch viel geringer *[als bei denjenigen, die keine bedingungslose Liebe haben]*. Einige, die die Erde und die Menschheit nur für ihren eigenen Nutzen verwenden wollen, sind vielleicht gänzlich ohne Liebe. Das erfreut Gott, den Schöpfer von uns allen, in keiner Weise. Wenn jemand anderen Wesen Schaden zufügt, so muß dieser negative Energie-Input durch einen gleichen Input von liebender Energie ausgeglichen werden. Viele sagen, dies sei Karma, und dagegen ist nichts einzuwenden, wenn es hilft, die Gesetze des Universums besser zu verstehen.

Obwohl wir euch all diese Dinge sagen, machen wir uns nicht zu Richtern über all die negativen ETs *[Abk. für «extraterrestials»]* und Menschen, die verzweifelt versuchen, sich das Bewußtsein der Menschheit untertan zu machen. Wir weisen nur auf die unterschiedlichen Schwingungen und die unterschiedlichen Ebenen der Liebe hin *[jede mit einer ganz anderen Realität, die dadurch geschaffen wird]*. Wir wissen sehr wohl, daß diese Wesen an irgendeinem Punkt ihrer Existenz erkennen werden, was der wahre Pfad des Lichtes ist. Es mag Millionen von Jahren dauern, aber es wird geschehen.

Wir hoffen, daß alle, die diese Worte lesen, besser erkennen können, daß die Erfahrungen der Menschen verschiedenste Möglichkeiten und Potentiale umfassen. Es ist eure Wahl, sowohl individuell als auch kollektiv, wie ihr diese *[euch inne-*

wohnenden Potentiale] ausrichten wollt – auf die Wiedererweckung der Liebe zum Schöpfer aller Dinge oder auf etwas anderes.

Wir ziehen uns nun zurück. Wir tun dies in Liebe zu allen, die auf der Erde leben, und in Liebe zu dem Allumfassenden hinter allem.

– The Blend of Loving Energies
(5. Oktober 1992)

1) Hier findet sich im medialen englischen Text ein Spiel mit den Wörtern «experiment» und «experience», das sich im Deutschen nicht wiedergeben läßt: «They were interested in the ‹human experiment› as just that, an experiment, and not the ‹human experience› that it is.»

2) Hier wird nicht bestritten, daß diejenigen, die von Gott abgefallen sind, Sünder sind in dem Sinn, daß sie sich von Gott abgesondert haben. (Das Wort «Sünde» hat dieselbe etymologische Wurzel wie «gesondert; sich absondern».) Die Lösung dieses Problems ist nur dann zu finden, wenn man sich aus der Dunkelheit ins Licht begibt, sich also bewußt und aktiv wieder in Liebe mit Gott verbindet, wie dies auch hier von den Lichtwesen immer wieder betont wird. Es geht hier also nicht etwa darum, unsere Sünde, die illusionäre Getrenntheit von Gott, zu leugnen oder zu verharmlosen. Hier geht es um den Mißbrauch dieser Wahrheit zum Zweck der Manipulation und Einschüchterung anderer Menschen. Denn wenn man anderen Menschen oder sich selbst die Sünde zum Vorwurf macht und sich daran festhält, ist dies genauso, wie wenn man in der Dunkelheit steht und aufgrund des Klagens oder Anklagens in der Dunkelheit bleibt, statt einfach hinauszugehen und so die Sünde, die Absonderung vom Licht, zu beheben.

Wie wir hier erfahren, ist der Effekt, die Menschen in der Dunkelheit festzuhalten, eine der erklärten Absichten derer, die diese Systeme vor langer Zeit auf der Erde ins Leben gerufen haben.

Mit anderen Worten, sich selbst als bösen Sünder zu bezeichnen, wie dies in vielen Religionen der Fall ist, ist ebenfalls Teil der Fremdprogrammierung, denn dadurch werden Menschen an religiöse Machtstrukturen und Führerpersonen gebunden. Viele dieser Personen lieben es, ihren Untergebenen und Hörigen immer wieder «unter die Nase zu reiben», wie gefallen und sündig sie seien – damit diese glauben, nur durch die Vermittlung und Barmherzigkeit der Institution bzw. ihrer Amtsträger eine Hoffnung auf Erlösung zu haben. Das offensichtliche Ergebnis dieser Programmierung ist einerseits das Entstehen von Angst- und Schuldgefühlen, Selbstmitleid und Abhängigkeit, andererseits aber ein Überlegenheitsgefühl allen Andersgläubigen gegenüber, denn diese gehören ja nicht zum auserwählten Kreis derer, die dank der «richtigen» Zugehörigkeit erlöst werden können. Auf diese Weise wird religiöse Arroganz zu einer Art Ersatzbefriedigung für die verkümmerte innere Entwicklung und die Gottesferne, die durch die autoritäre Unterdrückung entsteht.

3) Je höher die Wahrheiten, desto leichter können sie mißverstanden werden, so z.B. die Formulierung im vorherigen Satz: «werden wie Gott». Dies sollte richtig verstanden werden. «Wie Gott werden» heißt nicht «Gott werden», sondern es bedeutet einfach, daß man genauso wie Gott ebenfalls reine, bedingungslose Liebe erlangt. In diesem Bewußt-Sein «liebt und akzeptiert [man] alle anderen».

Alle anderen zu akzeptieren heißt wiederum nicht, daß man alles gutheißt; damit soll nur gesagt werden, daß man niemandem mehr die Liebe entzieht, egal was die Betreffenden auch tun. Man will auch niemandem mehr seinen eigenen Willen aufdrängen, nicht einmal zum Guten, denn auch dies wäre eine Manipulation und eine Einmischung. Man verurteilt nicht mehr, aber man unterscheidet sehr wohl, und aus dieser Unterscheidung heraus entscheidet man sich immer dafür, Gott, die Quelle, wahrhaft zu erfreuen, denn nur so und nicht anders kann man diese göttliche Liebe, die wie die Liebe Gottes ist, erlangen.

Das Verurteilen von sich selbst und anderen

Heute möchten wir näher auf das Verurteilen eingehen. Die offensichtlichen Situationen, in denen verurteilt wird, sind leicht zu erkennen *[z.B. wenn jemand Schuld auf andere projiziert, andere verteufelt oder sich selbst über andere erhebt]*. In die meisten von euch sind jedoch feine Muster des Verurteilens einprogrammiert, die nicht so leicht zu erkennen sind. Hierzu gehören Selbstverurteilungen, die einem suggerieren, man sei gewisser Dinge nicht würdig oder man habe etwas Stupides, Sinnloses getan.[1]

Wenn wir über das Thema des Verurteilens sprechen, beziehen wir uns meistens auf diese Selbstverurteilung. Sie wirkt wie eine schleichende Epidemie in eurer Gesellschaft. Viele sprechen heute über Selbstwertgefühl und Selbstbewußtsein, aber da die meisten keine wirkliche Grundlage dafür haben, verfallen sie in Selbstanklage *[Frustration, Mutlosigkeit, Klein-*

gläubigkeit, Gleichgültigkeit usw.], sobald sich der erwünschte Erfolg nicht einstellt und die ersten Zweifel auftreten.

Wenn wir kritisch über Selbstverurteilung sprechen, wollen wir damit nicht sagen, man dürfe nicht seine eigene Lage durchleuchten und die Begrenzungen erkennen, die man sich selbst auferlegt hat. Wir sagen auch nicht, man dürfe sich nicht aufrichtig die eigenen Fähigkeiten und etwaigen Mängel an Fähigkeiten eingestehen. Selbstverurteilung beginnt dann, wenn man beim Erkennen der eigenen Begrenzungen und Mängel mit negativen Emotionen, mit Schuldgefühlen oder mit Selbstmitleid reagiert.

Wir haben bereits über das Thema der Religionen gesprochen. Vielleicht ist es für euch besser, wenn ihr den Begriff «Religionen» durch «institutionelle Glaubenssysteme» ersetzt. Die Lehren solcher Glaubenssysteme messen das Verhalten der Menschen fast immer mit einem Maßstab potentieller Sünden und Fehltritte. Nach einer gewissen Zeit vergessen dabei die meisten, daß sie sich in ihrem Leben immer an den Mustern eines «Sünders» oder eines «Heiligen» orientieren und sich selbst unbewußt mit anderen vergleichen. Wenn ihr das tut, bedeutet dies, daß ihr eure Handlungen und euer Selbstwertgefühl von den Vorstellungen anderer abhängig macht.

Wenn andere Menschen Vorstellungen davon haben, wie ihr sein sollt, ist es sehr schwierig, wenn nicht gar unmöglich, diesen Vorstellungen zu genügen. Der Grund hierfür ist einfach: Es sind fremde Vorstellungen. Es sind Muster und Erwartungen, die nicht eurer Individualität entsprechen. Eure Überzeugungen sollten eure eigenen sein. Sie sollten vollständig auf eurem freien Willen und eurer Selbstverantwortung beruhen. Wenn dies nicht der Fall ist, werdet ihr ständig hin und her gerissen sein zwischen euren eigenen Gefühlen und Bedürfnissen und den Vorstellungen und Vorschriften anderer Menschen.

Seit Tausenden von Jahren sind die äußeren Strukturen die Sieger in diesem Tauziehen. Dies hat in den Menschen zu nachhaltigen Selbstzweifeln geführt, aus denen die Selbstverurteilungen entstanden. Solchen Menschen fällt es immer schwerer, zwischen selbstkritischen Einsichten und Selbstverurteilungen zu unterscheiden. Die meisten Menschen reagieren bei allem – auch bei kleinen, ja unbedeutenden Sachen – immer mit Selbstverurteilung. Wenn ihr unachtsam seid und etwas umschmeißt, was sagt ihr dann? Reagiert ihr mit irgendeiner Form von Verurteilung der Situation *[Flucht ihr? Oder klagt ihr euch selbst an: «Ach, ich bin so ungeschickt!», «Bin ich ein Trottel!»?]*, oder reagiert ihr mit Gelassenheit? Was immer geschieht, es ist ziemlich wahrscheinlich, daß es gerade deshalb geschieht, damit ihr euch mit diesem Aspekt in euch konfrontiert.

Neben den Selbstverurteilungen gibt es natürlich auch das andere Extrem: die übertriebenen Selbstwertgefühle. Aber heute geht es uns nur um dieses eine Thema *[nämlich das Sichbeurteilen anhand von Maßstäben, die von außen oder vom Ego diktiert werden, z.B. «Warum bin ich so schlecht?», «Was denken die anderen von mir?», «Wie kann ich mein Gesicht wahren?»]*. Ob man in einer ärgerlichen oder peinlichen Situation bedrückt reagiert oder sich niedergeschlagen fühlt, beides ist eine Art des Verurteilens. Die meisten denken bei diesem Wort nur an das Verurteilen von anderen. Wir möchten hier einen Gedanken einbringen: Würdet ihr den Mitmenschen nicht viel seltener in einer nicht gerade positiven Weise begegnen, wenn jeder seine eigenen Handlungen selbstkritisch betrachten würde, ohne dabei in Selbstverurteilung zu verfallen?

Natürlich besteht auch kein Mangel am Verurteilen von anderen. Lernen zu lieben bedeutet zuallererst einmal, andere so zu akzeptieren, wie sie sind, und sie ihren gewählten Weg gehen zu lassen. Wenn man andere wahrhaftig akzeptiert, besteht auch keine Notwendigkeit, sie mit irgendwelchen vorgegebenen Vorstellungen oder Vorschriften zu vergleichen.[2]

Wir hoffen, daß ihr besser und bewußter erkennt, wie ihr euch selbst und andere seht. Je mehr ihr verurteilt, desto weniger liebt ihr. Es gibt nur einen Maßstab, und das ist der Maßstab der Liebe, so wie sie von der Quelle, Gott, ausgeht.

Wir lieben euch alle, und wir lieben den Einen Schöpfer von allem. In dieser Liebe verabschieden wir uns.

– *The Blend of Loving Energies*
(19. Oktober 1992)

---

1) Selbstverurteilung heißt, man klagt sich an, statt sich selbst zu verzeihen, dann die Sache zu bereinigen und den Sinn hinter der Verfehlung zu erkennen, um daraus zu lernen. Das andere Beispiel – zu meinen, man sei gewisser Dinge nicht würdig – ist eine perfide, lähmende Programmierung, die Selbstmitleid, Liebesunfähigkeit und Abhängigkeit hervorruft, insbesondere in Religionen, in denen gesagt wird, man sei ohne die entsprechende Institution der Liebe Gottes nicht würdig und könne nie eine direkte, innere Beziehung zu Gott haben. Auch im weltlichen Leben ist dies ein bekanntes psychologisches Syndrom, das zu Selbstverachtung, Sucht usw. oder sogar zu Selbstmord führen kann.

2) Sowohl das Verurteilen als auch das Bekehren werden dann hinfällig. Denn jeder ist selbst verantwortlich für das, was er/sie aufgrund des eigenen freien Willens und der angenommenen Meinungen tut, denkt und glaubt. Wie die vorliegenden Texte auf eindrückliche Weise klar machen, hat dieses Akzeptieren nichts mit Gleichgültigkeit oder einer Verminderung des Unterscheidens zu tun.

«Akzeptieren» ist nicht dasselbe wie «Gutheißen»

Die Liebe Gottes, des Schöpfers aller Dinge, ist allumfassend. Das heißt aber nicht, daß alle Dinge Gott erfreuen. Allein Liebe erfreut Gott, den Vater. Aber die Liebe des Schöpfers ist so rein, daß sie auch nichtliebende Handlungen zuläßt. Die Liebe des Vaters bleibt unvermindert, selbst wenn sie nicht erwidert wird.

Die meisten Menschen kennen nur «selektive Liebe» in verschiedenen Schattierungen. Man lernt: «Liebe, wenn du dafür etwas erhältst; liebe, wenn es für dich angenehm ist; liebe, wenn du Lust dazu hast!» Liebe ist einfach, aber nicht leicht. Warum verstehen die Menschen nicht wirklich, was Liebe ist? Warum könnt ihr nicht einfach sagen «Ich liebe dich» und es auch meinen? Der Grund ist, daß die Menschen sich von falschen Vorstellungen der Liebe leiten lassen. Auch die Religionen wissen nicht wirklich, was Liebe ist.

Liebe ist kein emotionelles Gefühl. Liebe bedeutet, alle anderen so zu akzeptieren, wie sie sein wollen, ohne daß man die geringsten Erwartungen für sich selbst hegt. Solches «Akzeptieren» ist jedoch nicht das gleiche wie «gutheißen» oder «die Erlaubnis geben». Es bedeutet einfach «Koexistenz». Auf diese Weise könnt ihr einen anderen Menschen gänzlich als das akzeptieren, was er ist, selbst wenn dessen Handlungen eurem eigenen Wesen weitgehend widersprechen. Echte Liebe gesteht dies dem betreffenden Individuum zu. Natürlich heißt dies nicht, daß ihr deshalb in seiner Nähe bleiben oder sogar seine Schwingung übernehmen müßtet. Ihr braucht also nicht stehenzubleiben, wenn jemand euch etwas antun will. Was es bedeutet, ist, daß *ihr niemandem etwas antut [nicht einmal mit Worten oder in Gedanken, wozu auch das Verurteilen gehört]*.

Ich verabschiede mich nun in der Liebe Gottes, des Vaters von allem.

– *Christus*
(19./20. Mai 1993)

Der Kampf um die Erde – einst und heute (Zusammenfassung)

Die Erde befindet sich seit einigen hunderttausend Jahren[1] unter dem Einfluß dunkler Mächte. Der Eine Schöpfer von uns allen hat bereits einen Plan, um die Erde letztlich wieder in die Bereiche des Lichtes, wo sie hingehört, zurückzuführen. Die Kriegsherren, genauer gesagt die Kriegsgötter, führten einen großen Kampf, um Herrschaft über die Bevölkerung des Planeten zu erlangen. Gott ließ dies zu, weil die Erde als eine Zone des freien Willens geschaffen wurde. Das bedeutet, daß der Eine Schöpfer sich nicht in das Wachstum des Planeten einmischt und es den Menschen erlaubt, aus freiem Willen ihren Weg zu wählen. Dies bezieht sich auch auf die Außerirdischen, die anwesend waren, um der Menschheit entweder zu helfen oder zu schaden.

Einige äußerst mächtige Wesen wollten damals die Zukunft der Menschheit und des Planeten derart gestalten, daß damit einzig und allein ihren eigenen Interessen gedient würde. Andere, gleich mächtige Wesen, die aus Liebe handeln, waren ebenfalls gegenwärtig und wünschten sich nichts anderes, als diese Liebe mit der Erde zu teilen. Eine große Schlacht war die Folge, wie sie zuvor noch nie gesehen worden war. Ich spreche hier von mächtigen Außerirdischen, die sich in Erdnähe mit hochtechnologischen Waffen bekämpften. Dabei geschah es, daß die kriegerischen «Götter» die Schlacht gewannen. Dies waren Wesen, die in ihrer jahrmillionenlangen Geschichte nichts anderes getan hatten, als Eroberungskriege zu führen. Deshalb waren sie darin sehr erfahren.

Es ist wichtig, daß ihr auch hier nicht in ein Verurteilen verfallt und diese Wesen als «böse» bezeichnet. Sie sind ebenfalls Teile Gottes, der als die Quelle von uns allen auch die Quelle von «Gut» und «Böse» ist, von positiv und negativ, von Licht und Schatten. Alles ist eine einzigartige Erfahrung Gottes.[2] Jede Energie kann wählen, wie sie wachsen und sich entwickeln möchte. Viele wählten dabei den Pfad der Dunkelheit, aber auch das ist ein Pfad, der vom Einen Schöpfer zugelassen ist. Dieser Pfad entspringt nicht der Liebe und ist deshalb eine Entscheidung, die den Vater nicht erfreut.

Als die «Götter» des Kriegs einen Zugang zur Erde und zur Menschheit gewannen, entwickelten sie schnell einen Plan, um die Herrschaft über die Menschen behalten zu können. Diejenigen, die nicht verstehen, wie wir Kräfte der Dunkelheit und Kräfte des Lichts unterscheiden, können dies sehr leicht auch selbst erkennen: Wer aus dem Licht kommt, kommt in Liebe, schenkt Erkenntnis und teilt die Informationen. Diejenigen, die nach Herrschaft streben, um selbstischen Interessen zu dienen, und die vor selbstloser Liebe zurückschrecken, kommen aus der Dunkelheit. Sie haben vergessen, was Liebe ist, und haben ganz andere *[kurzsichtige, trügerische]* Ziele in ihrem Leben. Sie meinen auch, daß es für sie am nutzvollsten ist, wenn sie Wahrheit und Weisheit nicht teilen.

Licht bedeutet Liebe und Aufklärung. Dunkelheit bedeutet Herrschaft und Zurückhalten von Information. Denn nur durch Erkenntnis und entsprechende Information ist es möglich, sich zu entwickeln. Ohne *[spirituelles, offenbartes]* Wissen sind wir nicht fähig zu erkennen, was unser wahres Selbst ist, unser ureigenes Potential in der Einheit mit dem Schöpfer.

Und so gelangten die kriegerischen «Götter» zur Ansicht, daß die Menschheit am besten beherrscht und ausschließlich in ihrem Dienst gehalten werden könne, wenn den Menschen jegliche Möglichkeit genommen wird, ihre wahre Größe und ihre Gleichheit mit allen anderen zu erkennen. Diese Wesen, die die menschliche Spezies als ihren Besitz betrachteten, beschlossen, die DNS-Struktur der Menschen zu verändern. Durch diesen Eingriff sollten die Menschen das Bewußtsein ihres Ursprungs und ihre Verbindung mit dem Universum verlieren.

Über eine bestimmte Zeitspanne hinweg wurden Experimente durchgeführt, bis es gelang, die menschliche Spezies von ihrem Bewußtsein der Einheit mit allem, auch mit dem Einen Schöpfer, zu trennen. Darüber ließe sich noch wesentlich mehr sagen, und diese Information wird noch viel detaillierter ausformuliert werden, als ich es jetzt tun möchte *[siehe insbesondere Kapitel 5 und 7 des vorliegenden Buches]*.

Die Menschheit fand sich nun in einer Situation, die von den sich selbst dienenden Außerirdischen einschneidend bestimmt und beherrscht wurde. Diese hatten der menschlichen Spezies einen «Erinnerungsverlust» zugefügt, und gleichzeitig hatten sie ein Schleier- oder Gittersystem um den Planeten gelegt, um das kosmische Licht, das auf die Erde gelangen wollte, abzublocken.

Auf der Erde verging eine lange Zeit. Der Erde wäre es wahrscheinlich nie mehr möglich gewesen, in das Licht zurückzukehren, wenn nicht der Eine Schöpfer einen eigenen Plan in Kraft gesetzt hätte. Die erfolgte Manipulation könnte korrigiert werden, wenn es dem Vorgang erlaubt würde, sich selbst umzukehren. Der Eine wußte, daß es eine lange Zeit dauern würde, bis die DNS wieder geheilt ist. Wenn die Menschen von neuem erkennen, wer sie in Wirklichkeit sind, werden sie auch von der Beherrschung durch die kriegerischen Götter frei werden.

Die Veränderung der DNS hatte eine Verringerung des spirituellen Bewußtseins und Gedächtnisses zur Folge.[3] In der Menschheit als Spezies war das Wissen immer noch vorhanden, aber es war verschüttet und nicht mehr leicht zugänglich. Einige hatten immer noch den Zugang, aber ihre Zahl war nicht hoch. Sie erschienen in allen Epochen eurer Geschichte und wurden als Seher bezeichnet. Das waren sie auch in einem Sinn, aber das Besondere an ihnen war nichts anderes, als daß sie den Zugang zu den inneren Potentialen bewahrt hatten – Potentiale, die auch in jedem von euch schlummern.

Letztlich wurden auch noch andere Elemente der Beherrschung in die Menschheit eingeführt. Hier beziehe ich mich vor allem auf die Religionen und den Geldhandel. Ich möchte auf keines von beiden näher eingehen. Nur das eine soll gesagt sein: Je mehr die Menschen ihre innere spirituelle Verbindung verloren, desto mehr suchten sie jemanden oder etwas Äußeres als Hilfe. Es bestand tatsächlich eine große Notwendigkeit für geistige Vorbilder und Führer. Die Menschen begannen, anderen diese Rolle zu geben, statt die Führung in sich selbst zu finden. Sie neigten immer mehr dazu, ihr Schicksal und ihre Eigenverantwortung in die Hände anderer zu geben. Und so wurde es auch für diejenigen, die nach Herrschaft und Macht strebten, viel einfacher, ihre Ziele zu erreichen.

Ein Höhepunkt dieser Entwicklung war erreicht, als ich als Jesus auf der Erde erschien. Ich hatte die Erde zuvor schon unter dem Namen Buddha besucht.[4] Diese Inkarnation hatte die Aufgabe, in den östlichen Ländern zu wirken. Meine Lehren wurden dort viel besser aufgenommen und verstanden, aber auch sie wurden vereinnahmt und verändert, um den Plänen jener Hohenpriester zu genügen, die unter der direkten Kontrolle der Dunkelmächte standen. Etwas Ähnliches geschah nach meiner Inkarnation als Jesus. Denjenigen, die an der Macht waren, gelang es, meine Lehre auf fast geniale Weise umzuformulieren, und in dieser Form wurden sie in die Schriften eingereiht, die zu dem wurden, was ihr die «Bibel» nennt.

Das ist also die Situation auf der Erde. Die meisten Menschen sind derart beeinflußt, daß sie ihre im Selbst wurzelnden Potentiale vergessen haben und daher ihre Kräfte an andere abtreten – Wirtschaftsmächte, Regierungen, Religionen und Glaubenssysteme. Ihr tut dies schon so lange, daß ihr euch nicht einmal mehr bewußt seid, daß ihr es tut. Es ist ein System, das sich selbst in Gang hält. Wenn ihr es mit einer inneren Distanz betrachtet, müßt ihr zugeben, daß es brillant geplant ist. Die kriegerischen «Götter» und ihre Marionetten der dunklen Seite haben scheinbar alle Versuche der Meister, in die physische Welt vorzudringen, um die göttlichen Wahrheiten zu verkünden, zurückgeschlagen. Wenn wir schauen, was von all diesen Bemühungen übrig geblieben ist, müßte man meinen, daß alles ein Fehlschlag war. Aber das wäre ebenfalls eine Illusion.

Gott, der Schöpfer, erkannte, daß Veränderungen eingeleitet werden mußten – allmählich, ein Schritt nach dem anderen –, und genau dies geschah. Veränderung fügte sich an Veränderung, und heute steht die Menschheit an der Schwelle zu einem großen, entscheidenden Sprung. Aber es wäre nicht die Wahrheit, wenn ich sagen würde, daß alle sich verändern werden. So wie es aussieht, wird dies nicht der Fall sein. Aber für den Einen Schöpfer und auch für uns ist es höchst erfreulich, all jene zu sehen, die erwachen und nach der höheren Frequenz der Liebe streben. Die nächsten Jahre sind für die Erde die wichtigsten Jahre, seit sie bewohnt ist. Im Gegensatz zu früheren Epochen sind jetzt viele von euch gleichzeitig auf der Erde gegenwärtig – bereit für den Tag der Prüfung und des Aufstiegs. Mit jedem Tag wird die Zahl derer, die erwachen, größer, was Gott, die Quelle, sehr erfreut. Ihr seid der Beweis, daß sein Plan, der Plan des Vaters, sich verwirklicht.

Daß die Veränderungen ihre Wirkung zeigen, wird auch den Mächten der Dunkelheit immer klarer, so sehr, daß sie beginnen, ihre eigene Macht auszuspielen. Denjenigen im Licht stehen viele Prüfungen bevor. Die Götter des Kriegs senden nun immer mehr von ihren eigenen Leuten auf die Erde, um sich das zu sichern, von dem sie meinen, daß es ihnen gehöre. Sie werden für die Massen sehr attraktiv sein, da sie sich als Retter, als Götter, präsentieren werden. Aber man braucht vor ihnen keine Angst zu haben. Angst ist das, was sie am meisten erfreut.

Wenn ihr euch eure wahre Seelenkraft zu Bewußtsein bringt, werdet ihr anfangen zu erkennen, daß ihr allen im Universum gleichgestellt seid.[5] Ihr habt die gleichen Potentiale wie alle anderen auch, einschließlich der Kriegsgötter. Und das ist es, was diese Wesen am meisten fürchten. Denn wenn ihr über euer eigenes Potential verfügen könnt und eure direkte Verbindung mit dem Einen Schöpfer kennt, können sie und ihre verschiedenen Institutionen euch nicht mehr beherrschen. Ihr werdet wissen, wer ihr seid, und den Dunkelmächten wird es nicht mehr möglich sein, euch mit ihren Bewußtseinsmanipulationen als Untertanen zu halten. Bereitet euch also vor auf die Auseinandersetzung mit der dunklen Seite. Kämpft mit euren wahren Stärken – Licht und Liebe.

Diejenigen, die in dieser Zeit nicht das Licht wählen, sollen wissen: Ich liebe auch euch. Wir alle werden fortfahren, mit euch zu arbeiten, um die Schwingung eures Bewußtseins zu erheben – wann immer ihr euch entscheidet.[6] Seid euch bewußt, daß ihr euch vorsätzlich selbst begrenzt. Aber seid euch auch bewußt, daß wir hier sind, um euch jederzeit beizustehen. Ihr braucht uns nur zu rufen. Wir respektieren eure Wahl, und wir lieben euch.

Mit diesen Worten möchte ich enden. Ich verabschiede mich und verbleibe in Liebe zu jedem von euch und zum Vater von uns allen.

– *Christus*
(14. Dezember 1992)

1) Diese Zeitangabe erinnert an die sumerischen Berichte, die auch in Teilen des Alten Testaments durchscheinen und denen zufolge vor 300 000 bis 400 000 Jahren eine außerirdische Rasse auf die Erde kam, und zwar im Nahen Osten (Mesopotamien), um Rohstoffe und Energien zu gewinnen. Es wird auch berichtet, daß sie durch Genmanipulation in die Entwicklung der Menschheit eingriffen. Sie entstammten einer reptiloiden Rasse und galten bei den Sumerern als Götter, genannt Anunnaki, wörtlich «diejenigen, die vom Himmel (anu) auf die Erde (ki) kamen». Im Hebräischen lautet der gleichbedeutende Begriff «Nephilim», im Gegensatz zu den «Elohim», den göttlichen Lichtwesen. Hierbei muß beachtet werden, daß der Begriff «Elohim» bald auch auf die Nephilim angewandt wurde, was zu einer Begriffsvermischung führte, auch im Alten Testament. Wenn heute von Elohim, «Schöpfergöttern», gesprochen wird, kann es also durchaus sein, daß eigentlich die Nephilim gemeint sind. (Das Thema der positiven und negativen Schöpfergötter wird in den Kapiteln 7 und 8 ausführlich behandelt.)

2) Dies sind Aussagen aus einer für uns Menschen schwer nachvollziehbaren Perspektive, weshalb sie leicht mißverstanden werden könnten. Gott ist die Quelle aller Lebewesen, nicht nur der «guten», sondern auch der «bösen». Sie werden jedoch weder als gut noch als böse geschaffen, denn was sie sein werden, entscheiden sie selbst. Gott schafft also nicht das Böse, schafft aber die Möglichkeit, die es denen, die wollen, erlaubt, «böse» zu sein. Alles, was geschieht, ist auch für das absolute Bewußtsein, Gott, eine Erfahrung und ein Aspekt der unbegrenzten Vielfalt des Bewußt-Seins. Dies ist keineswegs eine Verharmlosung oder Rechtfertigung des Bösen, wie auch aus den nachfolgenden Ausführungen deutlich hervorgeht.

3) Die DNS-Spiralen in den Körperzellen sind Transformatoren, in denen die feinstofflichen Bewußtseins- und Energiemuster als physische Matrix auf die Formung des grobstofflichen Körpers übertragen werden. Wenn es einer manipulierenden Macht gelingt, auf die Bewußtseins- und Energiemuster ihrer Zielgruppe einzuwirken, beeinflußt dies in der Folge auch die Informationsstruktur der DNS.

Als die Menschen in einer früheren Epoche über eine solche Bewußtseinsmanipulation beeinflußt wurden, führte dies zu einer DNS-Umprogrammierung, d. h. zu einer genetischen und somit auch physischen Veränderung der Spezies. Die nachhaltigste Folge war die forcierte Verdichtung des physischen Körpers, wodurch das Bewußtsein der meisten Menschen auf den Körper und die Materie fokussiert wurde. Dies verursachte eine Einschränkung des Bewußtseins und der Selbstwahrnehmung, was wiederum dazu führte, daß die Menschen ihre Interessen immer mehr auf äußere Ereignisse und Objekte projizierten. Die Menschen vergaßen ihr Selbst, ihre spirituelle Herkunft und nicht zuletzt den wahren Sinn des Lebens.

Deshalb wird hier in einer sehr kondensierten Formulierung gesagt: «Die Veränderung der DNS hatte eine Verringerung des spirituellen Bewußtseins und Gedächtnisses zur Folge.»

4) Die Selbstdarstellung Christi in Tom Smith' Texten widerspricht vielen vorgefaßten Ansichten und Dogmen, sollte aber nicht vorschnell zum Anlaß genommen werden, am Inhalt oder an der Quelle dieser Texte zu zweifeln. Was hier in diesem Text mit wenigen Worten über die Geschichte der Menschheit und die verschiedenen mitbestimmenden Faktoren gesagt wird, ist sehr revolutionär und zeugt von einer hohen Qualität und Klarheit, die direkt dem göttlichen Licht entspringt.

Buddha und Christus haben möglicherweise mehr miteinander gemein, als manche Buddhisten und Christen meinen. Gerade das Gegeneinander-Ausspielen der verschiedenen Religionen ist ein Haupttrick der in diesem Text erwähnten «kriegerischen Götter», die auch in der Bibel, insbesondere im Alten Testament, ihre Spuren hinterlassen haben.

Was mit der Aussage, Christus habe «die Erde zuvor schon unter dem Namen Buddha besucht», gemeint ist, wird im nachfolgenden Text näher erläutert. Grundsätzlich geht es darum, daß die Christus-Wesenheit oder Christus-Energie (Energie ist immer Ausdruck eines Bewußtseins und demzufolge auch einer Wesenheit) schon öfters auf die Erde gekommen ist, indem sie die Form bestimmter Inkarnationen annahm. Das bedeutet nicht unbedingt, daß auch die Individualität der jeweiligen Personen (Inkarnationen) hundertprozentig identisch ist. Die Aussage, Christus habe «die Erde unter dem Namen Buddha besucht», bedeutet also nicht zwangsläufig, daß Christus und Buddha auch als Individuen identisch sind.

Im folgenden Text wird die Verbindung von Jesus und Buddha nochmals erwähnt, und zwar aus einer leicht anderen Perspektive. Dies sind jedoch nur theoretische Diskussionen, die für die praktische Bedeutung dieser Persönlichkeiten nicht wesentlich sind. Wesentlich ist die Erkenntnis, daß

Gottes Wort unendlich ist und auch in einer unendlichen Vielfalt «Fleisch werden» kann. Wenn die Religionen dies erkennen würden, könnten sie eine der größten Angriffsflächen, die sie selbst den Dunkelmächten bieten, beseitigen, nämlich die Entzweiung der Menschen, die im Namen «Gottes» auf der Erde geschürt wird.

5) Wenn ich verstehe, wer ich in Wirklichkeit bin – ein ewiglich mit Gott verbundener Teil des Absoluten –, erkenne ich auch, wer alle anderen im Universum sind, nämlich genau das gleiche. Wir sind alle gleich, unabhängig davon, in welchem grob- oder feinstofflichen Körper ein Wesen gerade lebt. Wenn wir unsere Identität und unsere eigentlichen Potentiale in diesem Licht erleben, wird es möglich, aus den Quellen der Seele zu schöpfen und direkt aus unserer ewigen Verbindung mit Gott zu handeln. Dies geschieht natürlich nicht unabhängig und eigenwillig, sondern nur durch die Harmonie mit Gottes «System» – durch innere Verbindung und Hingabe als Ausdruck des freien Willens.

Die Aussage, daß wir niemandem im Universum unterlegen sind und vor niemandem Angst zu haben brauchen, klingt für die meisten nicht sehr realistisch. Sie erinnert uns aber an eine andere erstaunliche Christus-Aussage, deren unglaubliche Tragweite in diesem Kontext etwas faßbarer wird: «Ich versichere euch: der Sohn kann nichts von sich aus tun. Er handelt nur nach dem Vorbild seines Vaters. Was dieser tut, tut auch der Sohn. Der Vater gibt dem Sohn Einblick in alles, was er tut, denn er liebt ihn. Er wird ihm noch viel größere Aufgaben übertragen, und ihr werdet darüber erstaunt sein. ... Ich versichere euch: Jeder, der mir vertraut, wird auch die Taten vollbringen, die ich tue. Ja, seine Taten werden meine noch übertreffen, denn ich gehe zum Vater. Dann werde ich alles tun, worum ihr bittet, wenn ihr euch dabei auf mich beruft. So wird durch den Sohn [und durch euch!] die Herrlichkeit des Vaters sichtbar werden.» (Joh 5,19–20; 14,12–13)

6) Im Zeitalter der Drohbotschaften klingt diese Frohbotschaft für einige schon fast verdächtig. «Wann immer ihr euch entscheidet» bedeutet nicht, daß es egal ist, wann man sich endlich für Gott entscheidet. Es wurde bereits gesagt, daß wir heute in der wichtigsten Entwicklungsphase der Erde leben und daß den Menschen große Prüfungen bevorstehen. Was die Folgen sind, wenn man sich entscheidet, weiterhin unter der Herrschaft der Dunkelmächte zu bleiben, wurde ebenfalls bereits angedeutet. Die Zusicherung der göttlichen Liebe soll also nicht zu Gleichgültigkeit ermutigen, sondern betonen, daß es nie zu spät ist, sich an Gott und die göttlichen Wesen zu wenden.

Jenseits menschlicher Vorurteile

Die Energie, die sich hier medial mitteilt, ist mein höheres Selbst und wird oft als Christus-Energie bezeichnet. Für mich ist es nicht wichtig, wie ihr mich nennt, solange ihr euch in Liebe an mich wendet und mich, so hoffe ich, als *Liebe* seht *[und nicht als Kultfigur, Streitobjekt oder Verkörperung konfessioneller Dogmen].* Ihr könnt mich Christus nennen, auch wenn ihr nicht an die sogenannten christlichen Doktrinen glaubt, denn diese stammen ohnehin nicht von mir. Es waren Menschen, welche diese Doktrinen mit meinem Namen versehen haben.

Ich hatte viele Inkarnationen, sowohl auf der Erde als auch auf anderen Planeten, und wirkte dementsprechend unter verschiedensten Namen.[1] Die Tatsache, daß der Mensch namens Jesus eine Verkörperung verschiedener Energien war, bedeutet nicht, daß er nicht ein Teil meiner selbst oder etwa ein anderer Aspekt gewesen wäre. Es bedeutet nichts anderes, als daß ich mich als Jesus inkarnierte *[wörtl.: «mich ins Fleisch begab»]* und dabei auch die schönen und liebevollen Energien vieler hoher Wesenheiten empfing.[2] Dies war bei all meinen Inkarnationen so. Und andere hatten das gleiche Privileg. Ich möchte hier nur einen Namen nennen: Buddha, der ebenfalls eine Verkörperung verschiedener Energien war. Ich bin mit Buddha aufs engste verbunden, da er ein anderer Aspekt von mir war. Einigen ist das bereits bekannt, und andere werden es vielleicht ebenfalls erkennen.

Meine Energie ist die der Liebe, denn ich lebte immer für dieses Ziel, in verschiedensten Inkarnationen und auch im Hier und Jetzt. Dies führte dazu, daß Gott, der Allumfassende, mich als Zeichen der besonderen Anerkennung in meiner Schwingung und deshalb auch in meiner Kapazität der Liebe erhöht hat, so daß es vielen von euch als das Höchstmögliche erscheint. Ich finde nicht die angemessenen Worte, um euch verständlich zu machen, welche Liebe mir der Vater zukommen ließ. Ich meinerseits liebe die Erde und die anderen Planeten. Aber ich habe eine besondere «Schwäche» für die Erde, da ich schon so oft auf ihr gegenwärtig war. Deshalb stehen meine Energien den Menschen der Erde auf eine besondere Weise zur

Verfügung, und ich reiche ihnen die Hand als eine Hilfe auf ihrem Weg nach vorne. Ich bin hier für alle, die es wünschen. Aber ich bin gleichzeitig auch eine universale Wesenheit *[nicht auf die Erde beschränkt]*.

Viele Menschen bleiben bei Namen und Definitionen hängen. Namen und Definitionen sind für die gegenseitige Verständigung zwar erforderlich, stellen aber auch eine Begrenzung und eine Quelle von Mißverständnissen dar. Der Begriff «Christus» ist einfach ein Name, der *[von den Menschen der Erde]* auf mich bezogen wird. Er beschreibt eine bestimmte Stufe der Liebe, vergleichbar mit einer Rangauszeichnung, die andere auch schon empfangen haben. Aber die meisten denken bei diesem Namen an mich, und ich habe nichts dagegen. Ich bin für alle Menschen da, unabhängig davon, wie sie mich nennen. Das einzige, worauf es ankommt, ist die Liebe.[3]

Einige versuchen, mit kompliziert klingenden Theorien meine Rolle im Universum zu verstehen und zu erklären. Aber eigentlich ist es sehr einfach. Ich bin eine Energie *[ein Teil Gottes]* wie ihr alle auch. Ich bin ein Teil des Allumfassenden, und Er ist ein Teil von mir. Wir alle sind aus dem Einen. Jeder von euch ist mit mir verbunden, und ich bin mit euch verbunden. Wir alle sind eine Einheit. Aber aus eurer gegenwärtigen Sicht bin ich ein spezifisches höheres Selbst, das sich von euch unterscheidet. Ihr seid ebenfalls ein höheres *[spirituelles]* Selbst. Aber nicht alle wurden zum selben «Zeitpunkt» erschaffen. Die Quelle, Gott, hat unbegreifliche Gründe, wann sie was und wen erschafft. Wir alle sind gleich *[qualitativ, als Teile Gottes]*. Das bedeutet aber nicht, daß wir alle der gleichen Schwingungsebene oder der gleichen Stufe der Liebe angehören oder daß alle Wesen den Vater erfreuen. Aber in den Augen unseres Vaters sind wir alle gleich.

Ich ermutige euch, daß ihr in der größtmöglichen Liebe an mich denkt. Aber seht mich gleichzeitig auch einfach als eine Erweiterung euer selbst. Wenn ihr dies versteht und euch selbst versteht, versteht ihr mich. Es besteht keine Notwendigkeit für komplexe Theorien, es sei denn, sie helfen, mich besser zu verstehen. Die Menschen können sich immer an mich wenden – alle, ausnahmslos. Ich mache keine Unterschiede. Wenn es Menschen gibt, denen es lieber ist oder die sich wohler fühlen, wenn sie von anderen über mich hören, habe ich volles Verständnis. Aber wißt: Ich werde direkt zu euch sprechen, wenn ihr nichts anderes tut, als mich zu hören.

Ich verabschiede mich nun. Ich tue dies in der Liebe zu allen und zum Einen Schöpfer von uns allen.

– *Christus*
(2. September 1992)

1) Dieselbe Wesenheit, die vor zweitausend Jahren auf der Erde erschien und «Jehoshua» (hebräisch) bzw. «Jeshua» (aramäisch) genannt wurde, ist auch auf anderen Seinsebenen des Universums präsent, mit jeweils entsprechenden Namen und Funktionen. Der «eingeborene Sohn Gottes» ist also nicht auf seinen irdischen Namen beschränkt, zumal er auch auf der Erde bereits verschiedene Namen hat: Jesus, Christus, Messias, Pantokrator, Erlöser, Heiland, Salvador, Gesù usw.

Wenn dieselbe Christus-Wesenheit mit ungewohnten Namen, die auf andere planetare Seinsebenen zurückgehen, bezeichnet wird, regen sich in irdisch christlichen Kreisen oftmals heftige Widerstände, die so weit gehen können, daß diese anderen Namen für getarnte Namen Satans gehalten werden. Einer der umstrittensten Namen in diesem Zusammenhang entstammt der Seinsebene der galaktischen Raumwesen, wo dieselbe Christus-Wesenheit u.a. «Sananda» genannt wird. Dieser Name findet sich auch in der Sanskritsprache und bedeutet «Der Glückselige» (von ânanda, «[göttliche] Glückseligkeit») und ist synonym mit dem lat. «beatus».

Ein paar Wochen nach der medialen Niederschrift des vorliegenden Textes empfing Tom Smith einen weiteren, in dem auch der Name Sananda erwähnt wurde:

«Ich möchte heute erwähnen, daß ich unter vielen Namen bekannt bin. Einer dieser Namen lautet Sananda, in irdischen Ausdrücken manchmal auch ‹Lord Sananda›. ... Titel sind nichts anderes als Bezugspunkte für diejenigen, die sie brauchen. Diejenigen, die solche Titel haben, gehören im allgemeinen, aber nicht immer, zu einer hohen Schwingung. Es gibt auf der Erde sehr viele, die keinen solchen Titel haben, aber zu einer noch höheren Schwingung gehören. Laßt euch also nie von Namen oder Titeln beeindrucken. Seid beeindruckt von dem, was ihr hört und in euch aufnehmen könnt. Dies war eines der Hauptprobleme meiner Lehren als Jesus. Die Menschen hörten mich, aber nicht meine Worte. ... Ich habe bereits durch viele Menschen hierüber gesprochen. Ich tue dies, damit die Menschen die gleichen Wahrheiten aus unterschiedlichen Perspektiven vernehmen können. Auf keinen Fall möchte ich dadurch Verwirrung stiften. Nur ist es,

wenn ihr meine medialen Worte der Gegenwart hört oder lest, vielleicht notwendig, zunächst einige alte Programmierungen zu hinterfragen. Seid euch immer bewußt: In eurem Herzen kennt ihr mich bereits, und ihr kennt alle anderen. Ihr müßt einfach nur bereit sein, starre Glaubenssysteme zu überwinden und den Zugang zu eurem wahren Selbst zu finden.» (Christus, 20. November 1992)

2) *Jesus war keine isolierte Inkarnation, sondern wurde von vielen hohen Wesenheiten, «Engeln», unterstützt, die ihm mit «Leib und Seele» dienten. Einige dieser hohen Wesenheiten waren anscheinend direkt in der Person Jesu mitverkörpert. Das ändert nichts an der Einzigartigkeit Jesu oder an seiner Identität als der «erste eingeborene Sohn Gottes», sondern hebt diese nur noch hervor.*

Auch im Neuen Testament finden sich noch einzelne diesbezügliche Hinweise, z.B. als Jesus in den Hainen von Gethsemane gefangengenommen wurde und einer der Jünger meinte, er müsse Jesus mit dem Schwert verteidigen. Jesus gab ihm die majestätische Antwort: «Steck dein Schwert weg, denn wer zum Schwert greift, wird durch das Schwert umkommen. Weißt du nicht, daß ich nur meinen Vater um Hilfe zu bitten brauche, und er wird mir sogleich mehr als zwölf Legionen Engel schicken?» (Mt 26,52–53)

Mit anderen Worten, Jesus war von vielen Engelslegionen umgeben, die durchaus bereit waren, auch physisch einzugreifen, und dies möglicherweise auch getan haben. Dieses Mitwirken von seiten der Engel und Sternenwesen wäre für die meisten Menschen unsichtbar geblieben, hätte aber sichtbare Wirkungen zeigen können. Wer waren die beiden leuchtenden Engel, die vor Maria im leeren Grab erschienen (Joh 20,12)? Oder die zwei «weißgekleideten Männer», die unmittelbar nach Jesu Aufstieg in den Himmel plötzlich vor den Jüngern standen und sprachen: «Warum steht ihr hier und schaut nach oben? Dieser Jesus, der von euch weg in den Himmel aufgenommen wurde, wird auf dieselbe Weise wiederkommen, wie ihr ihn habt weggehen sehen.» (Apg 1,11)

3) *Hier betont Christus einen Schlüsselpunkt, den er auch vor zweitausend Jahren als Kern seiner Lehre hervorhob und der im Johannes-Evangelium mehrfach aufgezeichnet ist. Der Weg, der durch Jesus zu Gott führt, ist der Weg der Liebe zu Jesus, und Jesus selbst sagt unmißverständlich, was dies bedeutet: «Wenn ihr euch an meine Worte haltet, seid ihr wirklich meine Jünger. Dann werdet ihr die Wahrheit erkennen, und die Wahrheit wird euch frei machen. ... Ich gebe euch jetzt ein neues Gebot, das Gebot der Liebe: Ihr sollt einander genauso lieben, wie ich euch geliebt habe. Daran werden alle erkennen, daß ihr meine Jünger seid. ... Wenn ihr mich liebt, werdet ihr meine Weisungen befolgen. ... Wer meine Weisungen annimmt und sie befolgt, der liebt mich wirklich. Und wer mich liebt, den wird auch mein Vater lieben.» (Joh 8,31–32; 13,34–35; 14,15 u. 21) «Das wichtigste*

Gebot ... Liebe Gott von ganzem Herzen, mit ganzem Willen und mit deiner ganzen Seele! Dies ist das größte und wichtigste Gebot. Das zweite ist gleich wichtig: Liebe deinen Mitmenschen wie dich selbst!» (Mt 22,36–39)

Jesus sagt also: «Wer mich liebt, befolgt meine Gebote» – und nicht: Wer mich liebt, verabsolutiert mich oder vergöttert mich.

Was das Befolgen von Jesu Geboten betrifft, so gibt es in allen Kulturen und Religionen Menschen, die den Christen in Gottes- und Nächstenliebe in nichts nachstehen, die also genauso gute und von Gott geliebte Seelen sind, selbst wenn sie nicht direkt «in meinem Namen» kommen. Diese Verbindung aller göttlich gesinnten Brüder und Schwestern auf der Erde und im Universum aufzuzeigen ist eines der Hauptanliegen echter göttlicher Offenbarungen.

Kapitel 2

Die Notwendigkeit der Wendezeit

Im Verlauf der Menschheitsgeschichte, die zyklisch (genauer: spiralförmig) verläuft, herrscht seit längerer Zeit ein Kampf um die Erde. Aufgrund von menschlichem Verschulden, von Irreführung durch manipulierende Mächte und nicht zuletzt aufgrund der natürlichen Zyklen von Mutter Erde kommt es immer wieder zu einschneidenden Umwälzungen, die den gesamten Planeten betreffen. Die Phase, in der sich die Menschheit heute, zu Beginn des 3. Jahrtausends n.Chr., befindet, ist schon seit mindestens zweitausend Jahren Gegenstand verschiedenster Prophezeiungen und Visionen, denn in dieser Zeit – die mittlerweile unsere Gegenwart und nahe Zukunft ist – kommen alle drei genannten Gründe zu einer gleichzeitigen Kulmination.

Die Texte, die das zweite Kapitel bilden, sind deshalb hauptsächlich gegenwartsbezogen, wobei Gegenwart und Zukunft nicht zu trennen sind. Dies wird insbesondere am praktisch-philosophischen Text über «das Schaffen der eigenen Realität» deutlich. Denn die dunklen Geheimnisse, die in diesem Kapitel enthüllt werden, und die entsprechende Notwendigkeit, daß Mutter Erde sich mit kataklystischen Prozessen reinigt und heilt, gehen auf die Realität zurück, die von den Menschen geschaffen wurde. Die Menschen sind in dieser Situation sowohl Mitverursacher als auch Betroffene.

Nachdem im ersten Kapitel bereits ein zentrales Mitglied des «Blend of Loving Energies», nämlich Christus, individuell gesprochen hat, tritt nun ein weiteres Mitglied aus dem Kollektiv hervor, um uns in ein phänomenales Schöpfungsgeheimnis einzuweihen, aber auch in dunkle Geheimnisse, die den gegenwärtigen Tief- und Wendepunkt auf dramatische Weise vor Augen führen. Ashtar, der auf souveräne Weise über diese heiklen Themen spricht, gehört zum «Blend of Loving Energies» und auch zum Ashtar-Kommando – das eine eher privat, das andere beruflich, um diese beschränkten irdischen Begriffe zu verwenden. Ashtar ist der Verantwortliche einer großen Gruppe von Sternenwesen, und seine Berufung ist es, mit ihnen zusammen der Erde und der Menschheit in der Wendezeit spirituell und praktisch beizustehen. In dieser Position führt er den Titel «Sheran», was an das Sanskritwort Sharan (wörtl. «Schutzgewährer») erinnert – in der vedischen Kultur eine der häufigsten Bezeichnungen für gottesbewußte Vorbilder, wie Lehrer und Könige.

Allen, die «Mutter Erde wehrt sich» gelesen haben, ist Ashtar bereits bestens bekannt, ebenso wie der Sonnengott und Mutter Erde, die in diesem Kapitel ebenfalls «zu Wort kommen».

Was bringt die globale Schwingungserhöhung mit sich?

Eine Schwingungserhöhung der Erde in die vierte und fünfte Dimension geht vor sich, das ist eine Tatsache. Diese ist unbedingt erforderlich, da es sonst auf der Erde noch mehr Schwierigkeiten geben würde.

Diese Schwingungserhöhung bringt für euch viele Veränderungen mit sich. Eure physischen Körper sind lichter geworden und werden es noch mehr werden. Ihr mögt sagen, ihr seid auf der Treppe hochgestiegen, ohne jedoch Veränderungen festzustellen. Das ist relativ. Die Treppenstufen, auf denen ihr euch befindet, haben sich verändert und alles andere um euch herum ebenfalls. Ihr werdet jedoch sehen, daß die Menschen noch deutlichere Veränderungen erleben werden, wenn sie erkennen, daß sie immer weniger von den alten gewohnten Speisen benötigen, um sich mit Energie zu versorgen.

Eine höhere Schwingung zu erreichen bedeutet, daß es leichter sein wird, sich mit den höheren Schwingungsebenen zu verbinden, sei dies durch sichtbare Wahrnehmung, in der Meditation, im Ausdruck des Ätherischen – in welcher Form auch immer die Verbindung gefunden wird.

Viele Menschen erwarten sofortige Resultate, bekommen sie aber nicht. Für sie gilt, daß sie immer noch einige Programmierungen zu verändern haben, was eine bewußte Bemühung erfordert.

Die Schwingungserhöhung findet also auf jeden Fall statt. Ich möchte hier in diesen Ausführungen einfach darauf hinweisen, daß damit eine größere spirituelle Ausrichtung einhergeht, die es zum Beispiel leichter macht, sich mit der geistigen Welt zu verbinden. Wenn ihr einige freie Minuten habt, könnt ihr ein Tagebuch führen, um Schritt für Schritt festzuhalten, wie sich bei euch und, wenn ihr wollt, bei anderen Menschen die Geschenke geistiger Gaben entwickeln. Wenn ihr in vier oder fünf Jahren diese Eintragungen wieder lest, werdet ihr vielfach staunen. Für einige von euch könnte dies eine gute Übung sein.

Alles, was ihr innerhalb des dreidimensionalen Rahmens getan habt, wird anders sein oder anders erscheinen. Vertraut diesen Worten. Auch diejenigen, die sich noch an ihren dreidimensionalen Glaubenssystemen festhalten, werden Veränderungen feststellen, wenn sie sich selbst gegenüber ehrlich sind. Wenn sie weiterhin an diesen Programmierungen festhalten, wird ihr Weg sehr beschwerlich sein. Je mehr die Zeit vorangeht, desto mehr werden Menschen dieser Kategorie das Leben als unerträglich empfinden. Man kann zurecht sagen, daß dies bereits der Fall ist. Und es wird viele, viele Menschen geben, die sich entscheiden, die Veränderungen zu bekämpfen. Ihr werdet sehen, daß es größere Vorfälle von Hinübergängen geben wird, ebenso eine steigende Anzahl von Suiziden.[1] Es wird mehr Verbrechen geben, wenn die Menschheit durch ihr kollektives Bewußtsein nicht von diesem Kurs abrückt.

Andererseits werdet ihr sehen, daß «metaphysische» Themen in allen Medien offener diskutiert werden. Es wird mehr Lieder, Bühnenstücke und Filme geben, in denen Aspekte der Spiritualität ausgedrückt werden. Es wird in unterschiedlichsten Bereichen eine steigende Anzahl von Gruppen und Vereinigungen geben, die für all jene Menschen da sein werden, die bereit sind, sich zu öffnen.

Über den Weg der Geburt werden auf der Erde auch Wesen erscheinen, die den Anfang der Lichtkörpermenschheit darstellen, einer neuen Art von Menschen, die ab einem gewissen Zeitpunkt die Bevölkerung des Planeten Erde sein wird. Eine Körperstruktur dieser lichteren Schwingung wäre früher innerhalb des dreidimensional verdichteten Raumes nicht möglich gewesen. Sie hätten nicht lange überlebt, da ihre Schwingung viel mehr an die Ebene der fünften Dimension angenähert gewesen wäre *[als an die Ebene der dritten]*.

Herkömmliche Ideale *[Wertvorstellungen der 3D-Zivilisation]* werden in ihrer Gesamtheit Änderungen erfahren. Viele werden nicht verstehen warum. Sie werden fortfahren, äußeren Ursachen die Schuld zuzuschieben – der Wirtschaft, der Politik, der ausländischen Konkurrenz oder was immer sich zu dieser Zeit gerade anbietet. Der wahre Grund jedoch ist, daß ihr eure eigenen Wirklichkeiten schafft. Eure Wirklichkeiten werden durch jeden einzelnen und durch Gruppen verändert. Veränderungen werden immer schneller eintreffen, denn «Gleiches zieht Gleiches an», und in der vierten Dimension ereignen sich Geschehnisse schneller als in der dritten. Dies hat auch eine negative Seite. Deshalb ist in gewissen Bereichen eurer Glaubenssysteme Vorsicht angesagt.

Dies sind nur einige der Veränderungen, die in der neuen Dimension zu erwarten sind. Ihr könnt leicht sehen, daß eine unbegrenzte Anzahl von Ereignissen bevorsteht. Geld, Prioritäten in der täglichen Beschäftigung, Arbeitsstellen, Freizeit, Unterhaltung – dies sind einige der anderen Bereiche, in denen sich tiefgreifende Veränderungen einstellen werden. Kurzum, alle Vorstellungen, die in der dritten Dimension geglaubt werden, werden grundlegend umgewälzt und erweitert werden, zumindest bei denen, die sich entscheiden voranzugehen.

Ich ziehe mich nun zurück. Ich tue dies im Namen der Liebe und in der Liebe des Unbegrenzten Schöpfers.

– Ashtar
(10. August 1992)

---

1) *Hierzu gehören auch die langsamen Formen des Suizides durch legale und illegale Drogen, deren Konsum aufgrund der um sich greifenden Gleichgültigkeit und Sinnlosigkeitsgefühle weiter zunimmt.*

Das Schaffen der eigenen Realität: Erkennt die euch innewohnende Kraft des Manifestierens!

Die Erde und ihre Bewohner sind nicht das, was ihr denkt. In einem Sinn lebt ihr in einer Illusion. Ich sage «in einem Sinn», da alle Gedankenformen Illusionen erschaffen, zumindest aus der Sicht eurer materiellen Augen. Dies mag widersprüchlich klingen, in Wirklichkeit jedoch ist es ein Versuch, die grundlegende Gegebenheit eurer Existenz auf einfache Weise zu erklären. Es ist nicht meine Absicht, euch zu verwirren.

Da ihr das Materielle, das euch umgibt, sehen und spüren könnt, denkt ihr, dies sei die reale, greifbare Wirklichkeit. Dies ist es auch, wenn man es aus eurer Perspektive betrachtet. Aber es gibt viele andere bewußte Wesen – einige leben in einer physischen Existenz, die eurer eigenen gleicht, und andere in einer nichtphysischen Gestalt –, und sie alle sehen die Welt aus ihrer jeweiligen Perspektive, alle mit ihren eigenen Realitäten und Illusionen.

Es ist der feste Glaube der meisten von euch, daß das, was ihr seht, fühlt und hört, die absolute, unbestreitbare Existenz von euch und eurer Welt darstellt. Aufgrund eurer programmierten Glaubensart habt ihr große Schwierigkeiten, euch vorzustellen, daß gleichzeitig andere Realitäten vorhanden sind – um euch herum und im ganzen Universum. Aber sie sind vorhanden, und ihr alle seid fähig, diese anderen Dimensionen und Realitäten zu sehen, zu fühlen und wahrzunehmen.

Ihr seid dazu fähig, jeder von euch. Bloß aufgrund der Tatsache, daß ihr nicht wirklich daran glaubt, seid ihr es jetzt nicht. Dies alles bezieht sich auf die euch innewohnende Fähigkeit, eure eigene Realität zu schaffen. Was immer ihr sein wollt – ihr müßt «es» erschaffen. Das ist in Wirklichkeit das, was ihr seid und was die Welt, in der ihr lebt, ist. Ihr habt sie *[die Art, wie die Wirklichkeit euch erscheint und wie ihr sie wahrnehmt]* selbst erschaffen oder sie mit anderen zusammen erschaffen. Wenn ihr euch mit Menschen zusammenschließt, um etwas zu tun, ist dies ein kollektives Erschaffen, und was dabei herauskommt, ist das Ergebnis des gemeinsamen Bewußtseins, des gesamten oder des mehrheitlichen.

Weil die meisten Menschen sich entschieden haben, ihr wahres spirituelles Selbst zu vergessen oder zu blockieren, haben sie auch ihre bewußte Wahrnehmung abgeblockt, die es ihnen ermöglichen würde, direkt zu erkennen, wie sie selbst alles um sich herum schaffen.[1]

Es ist nicht erforderlich, ständig zu überlegen, wie man was erschafft. Das würde euch behindern, da ihr nur noch denken und analysieren würdet, und zwar so sehr, daß ihr dabei aufhören würdet, kreativ zu sein. Ihr solltet jedoch wissen, *daß* ihr eure *[subjektive]* Wirklichkeit erschafft und daß dies der machtvollste Aspekt eures Daseins ist. Es ist der Inbegriff der Selbst-Ermächtigung.[2] Der Schöpfer, die Urquelle von uns allen, hat diesen individuellen Aspekt klar und bewußt in jedem von uns geschaffen, damit es uns möglich ist, unseren freien Willen voll und ganz zu erleben.

Obwohl es am besten ist, wenn ihr euch nicht bemüht, ständig und bewußt daran zu denken, daß ihr eure eigene Realität erschafft, ist es dennoch extrem wichtig, daß ihr wißt, wie dies geschieht. Es ist für euch von höchster Wichtigkeit, daß ihr – von den bewußten Ebenen bis hin in die tiefsten Bereiche des Unterbewußtseins – versteht und erkennt, daß ihr die Fähigkeit habt, alles, was mit euch zusammenhängt, zu schaffen, und daß ihr es ohnehin schon tut. Es ist von derselben höchsten Wichtigkeit, daß ihr euch bewußt seid: Ihr könnt alles in eurer Welt, in der ihr lebt, erschaffen, und ihr tut es und habt es bereits getan. Es ist wichtig, daß ihr wißt: Die Menschen selbst sind es, die ihre Kriege, ihre Verbrechen, ihre politischen Systeme, ihren Hunger, ihr schönes Wetter, ihre Zeiten des Wohlstands erschaffen und in der Vergangenheit erschaffen haben. Es ist alles ein Zusammentreffen von *individuellen, aber ähnlichen* Gedanken und Wünschen – *alles*.

Die meisten Menschen werden dies rundweg bestreiten. Sie werden sagen, daß dies alles der Wille Gottes sei oder das Ergebnis zufälliger Umstände. Sogar diejenigen, die es für möglich halten, daß das, was ich sage, wahr ist, werden sich verwundert fragen, warum dann eine derartig starke Negativität geschaffen wird.[3] Warum? Ganz einfach: Ihr habt es erlaubt, daß man euch programmiert hat, so daß ihr auf eine ganz bestimmte Art und Weise denkt und *nicht* denkt. Bezweifelt unter keinen Umständen die allumfassende Kraft der Massenprogrammierung, der Massenmedien und der Massenmanipulation. Aber ihr alle habt dem beigestimmt. Ihr habt einfach im Lauf der Zeit vergessen, daß ihr dies tut. Aber ihr seid nichtsdestoweniger verantwortlich.

Versucht für einen Moment, euch zu vergegenwärtigen, auf welche Arten es möglich ist, euch zu programmieren, so daß ihr bestimmte Anschauungen und Weltbilder übernehmt. Betrachtet zum Beispiel die endlosen Möglichkeiten, mit denen das Fernsehen Programme in euer Bewußtsein eingibt. Man sagt euch zum Beispiel, daß ihr erkranken werdet, wenn ihr nicht eine bestimmte Impfung bekommt. Tagaus, tagein seht ihr Werbung für Zigaretten, Autos und zahllose andere Dinge. Dies beeinflußt euer Bewußtsein mehr, als ihr euch vorstellen könnt.

Die Liste der Programmierungen durch die Massenmedien ist endlos. Sie können zu eurem Schaden oder zu eurem Nutzen verwendet werden. Sie bewirken, daß ihr einen bestimmten Bewußtseinsrahmen schafft, was eine Gedankenform ist, die ihrerseits die Schaffung von individuellen und kollektiven Realitäten nach sich zieht.[4] Ihr sagt, daß ihr einen freien Willen habt. Das stimmt. Aber vielleicht verwendet ihr ihn nicht so frei, wie ihr meint, da ihr den genannten Einflüssen ausgesetzt seid. Alles geschieht auf sehr subtile Weise – es wird euch nicht angetan; es wird *von euch* getan.

Wenn Tausende oder Millionen von Menschen etwas glauben *[oder für normal halten],* dann entstehen Massenrealitäten. Ein einfaches Beispiel: die Art, wie man sich kleidet. Dieses Prinzip gilt in allen Bereichen des privaten und gesellschaftlichen Lebens. Die Religionen sind ein weiteres Beispiel hierfür, obwohl viele sagen werden, diese seien ein Beispiel für eine positive Erschaffung, es sei denn, den Betreffenden sei ihre Religion aufgezwungen worden. Die Art eurer Politik ist eine Widerspiegelung von dem, was die Masse glaubt und will. Alles ist eine Widerspiegelung, auch die Korruption innerhalb der Politik. Ihr erschafft dies, und ihr erlaubt, daß es auf diese Weise weitergeht. Es ist euer Spiegel, nichts anderes![5]

Ich könnte noch viele andere offensichtliche und nicht so offensichtliche Beispiele geben, wie man sich die eigene Realität erschafft. Die Tatsache ist: *Alle tun dies,* auch wir Wesen im Weltall. Dieses Prinzip gilt für alle. Ihr mögt euch dessen vielleicht nicht bewußt sein, aber ihr tut es dennoch, in diesem Fall einfach unbewußt. Wichtig ist, daß ihr lernt, bewußt all das zu erschaffen *[in euer Leben zu rufen],* was ihr wünscht, sei dies materiell oder spirituell. Wenn ihr nicht vorsichtig seid, kann es geschehen, daß ihr für euch eine negative Begebenheit oder Situation schafft. Seid also vorsichtig in dem, was ihr denkt, fühlt, wünscht und erschafft.

Die nahe Zukunft ist eine Zeit, in der es für die Menschheit höchst bedeutend ist, genau zu verstehen, wie eine bestimmte Realität geschaffen wird und was die Konsequenzen dieser Manifestationen sind. Allen, die auf dem Planeten Erde leben, stehen sehr anspruchsvolle, zunächst chaotische und letztlich wunderbare Zeiten bevor. Je früher ihr euch eurer wahren Ermächtigung bewußt werdet, desto besser werdet ihr vorbereitet sein. Je schneller ihr eure Fähigkeit des bewußten Erschaffens meistert, desto schneller werdet ihr in der Lage sein, euch den Herausforderungen zu stellen und sie so ideal zu überwinden, wie ihr es euch wünscht.

Ich ziehe mich nun zurück. Ich liebe jeden von euch und den Einen Schöpfer von uns allen.

– Ashtar
(2. Dezember 1992)

1) Die Aussage, der Mensch habe die Fähigkeit, seine eigene Wirklichkeit zu schaffen, bedeutet nicht etwa, der Mensch könne selbst Gott spielen und alles herbeizaubern, was er wolle.

Was Ashtar hier erklärt, ist eines der tiefen Geheimnisse unseres Daseins in der materiellen Welt. Um die Bedeutung verständlich zu machen, hat er im zweiten Abschnitt einen wichtigen Gedanken eingefügt, nämlich daß die Menschen die Neigung haben, die Welt durch ihre eigenen Augen (oder durch ihre eigene Brille) zu betrachten und dabei zu meinen, ihre Sichtweise sei die objektive oder sogar die absolute Sicht der Welt. Dabei gibt es zahllose Lebewesen, und sie alle sehen die Welt auf ihre eigene Weise. Ein Fisch, eine Katze, ein Vogel sieht die Welt anders als ein Mensch. Und die Wesen der astralen und der anderen höherdimensionalen Welten sehen die Schöpfung nochmals mit ganz anderen Augen. Es gibt also unendlich viele mögliche Sichtweisen, und der Mensch hat die Möglichkeit, mit seinem freien Willen zu entscheiden, welche Sichtweise er für sich wählt.

Der Mensch kann wählen, welche Brille er sich aufsetzen will oder ob er überhaupt eine Brille haben will. Wenn er sich einmal für eine Brille, z. B. eine mit den roten Gläsern der materialistischen Sichtweise, entschieden hat, wird er alles in dieser roten Schattierung sehen, und zwar so lange, bis er sich ihrer wieder entledigt. Solange er diese bestimmte Brille trägt, hat er für sich eine «rote Wirklichkeit» geschaffen und wird dementsprechende Handlungen und Ergebnisse hervorbringen. Der freie Wille kann an der roten Sichtweise nichts ändern und ist in diesem Sinn sogar außer Kraft gesetzt. Das einzige, was der freie Wille erlauben könnte, wäre, die rote Brille abzusetzen.

Deshalb wurde eingangs gesagt, die Art, wie die (meisten) Menschen die Welt und ihre «Wirklichkeit» sehen, sei eine Illusion – genauso wie es eine Illusion ist zu denken, die Welt sei rot, nur weil man selbst eine rote Brille trägt. Man sieht die Welt zwar in dieser spezifischen Färbung, aber diese Sichtweise ist nicht das Ergebnis einer objektiven Erkenntnis, sondern einer selbstgewählten Vorgabe und Programmierung. Dennoch denkt der Mensch, er sehe die Welt richtig, d.h. rot – oder in einer anderen Brillenfarbe –, und alles, was er in diesem «Licht» tue, entspringe seinem eigenen freien Willen. Doch dies ist eine große Illusion und Selbsttäuschung (sanskr. Ahankara, «falsches Ich»).

Wie sieht die Welt objektiv, d.h. <u>in Wirklichkeit</u>, aus, wenn man keine Brille trägt? Dies ist ein offenes Geheimnis, das einfach, aber nicht leicht zu erkennen ist: Sie ist als Schöpfung Gottes eine unendlich vielfältige Realität, die es den Seelen erlaubt, freiwillig wieder die liebende Einheit mit Gott, dem Ursprung («God Source»), zu finden. Aus dieser Sicht sieht die Welt und alles, was geschieht, nochmals ganz anders aus, und das, was ein Mensch mit diesem göttlichen Bewußtsein ins Leben ruft, ist ebenfalls ganz anders.

Die objektive Wirklichkeit, die göttliche Realität, zu offenbaren ist das Anliegen jeglicher echten Religion im ursprünglichen Sinn des Wortes: religio, «Wiederverbindung (mit Gott)». Die gleiche Bedeutung hat auch das Sanskritwort Yoga, was erahnen läßt, daß sowohl Religion als auch Yoga eine andere Bedeutung haben, als Menschen meinen, die irgendwelche Brillen tragen.

Leider wird diese Thematik (daß die Individuen ihre eigene Realität schaffen) nur in wenigen offenbarten Schriften der traditionellen Religionen erwähnt und erklärt. Eine der herausragenden Ausnahmen bildet hier die Bhagavad-Gita und allgemein die Veda-Offenbarung. Im Sanskrit werden die verschiedenen «Brillen» Gunas genannt, was mit «Frequenzebene» oder «Bewußtseinsstufe» übersetzt werden kann (Guna bedeutet wörtlich «Saite»). Das heißt: Entsprechend seinem persönlichen Bewußtsein sieht der einzelne Mensch die Welt auf eine ganz eigene Weise, was festlegt und weitgehend prädestiniert (programmiert), wie dieser Mensch handelt, denkt, spricht usw. und wie die Umwelt ihrerseits auf diesen Menschen einwirkt.

In der heutigen Esoterik spricht man in diesem Zusammenhang vom Resonanzgesetz.

2) Mit dem Wort Selbst-Ermächtigung umschreibt Ashtar den Kern des offenen Geheimnisses. Im ganzen Buch wird immer wieder betont, der Mensch müsse erkennen, wer er sei. Dies führt zu Selbsterkenntnis, die wiederum die Grundlage von wahrer Gotteserkenntnis ist, denn gemäß dieser Offenbarung ist jedes Lebewesen ein ewiger Teil Gottes. Wer sich selbst als ewigen Teil Gottes erkennt, erweckt die innere Liebe zu Gott und wird sich vollkommen der göttlichen Allmacht bewußt. In diesem Gottesbewußtsein erwacht auch das wahre Selbst-Bewußtsein, in dem man sich selbst als Teil Gottes und somit auch als Teil der göttlichen Allmacht erkennt. Dies wird jedoch nicht zur Ursache von Hochmut, sondern von <u>Demut</u>, weshalb Lichtwesen mit diesem Selbst-Bewußtsein nie nach einer unabhängigen, egobezogenen Macht streben. Weil sie vollkommen in Gottes Willen und

Gottes Liebe aufgehen, werden sie von Gott zu Aufgaben ermächtigt, die nur jemand mit diesem Bewußtsein und dieser Liebe erfüllen kann.

Selbst-Bewußtsein führt also nicht zu Macht, sondern zu Voll-Macht, die nur verliehen wird, wenn ein Wesen gänzlich von Illusionen (Ego-Brillen) frei ist oder – auf irdische Verhältnisse übersetzt – wenn man zumindest den aufrichtigen Wunsch hat, von diesen Illusionen frei zu werden. Ein Mensch mit göttlicher Vollmacht muß nicht unbedingt etwas Spektakuläres vollführen, obwohl dies natürlich auch möglich ist, sondern kann durchaus auf eine unscheinbare, aber wunderbare Weise in einem größeren oder kleineren Kreis wirken. Die Frucht, woran man diese Vollmacht erkennen kann, ist die selbstlose Liebe und die damit verbundene innere Zufriedenheit, die aus sich selbst heraus strahlt. Wem es gelingt, für sich diese Wirklichkeit zu erschaffen, der lebt in Einheit mit der göttlichen Wirklichkeit und Vollkommenheit.

3) Man möchte meinen, daß die Menschen – wenn sie ihre eigene Realität erschaffen können – nur schöne und angenehme Situationen schaffen würden.

4) Hier sei auf Kapitel 6 hingewiesen, in dem diese alltäglichen, scheinbar «normalen» Programmierungen näher beleuchtet werden.

5) Viele Menschen meinen, sie könnten den Lauf der Welt und die Weltgeschehnisse nicht ändern. Das stimmt auch, denn wer von uns hat die Macht, das globale Waldroden, Tiereschlachten, Umweltverschmutzen usw. zu stoppen?

Wir haben jedoch die Möglichkeit, unsere eigene Wirklichkeit zu schaffen. Wenn wir unsere Sichtweise ändern, insbesondere wenn wir uns entscheiden, alle Ego-Brillen abzulegen, verändern wir uns selbst, und damit verändern wir auch die Welt, zumindest die Art und Weise, wie wir die Welt wahrnehmen. Obwohl äußerlich immer noch dieselbe «Realität» vorhanden ist (materialistische Zivilisation, Konsumismus usw.), wird die Realität, in der wir leben, anders. Das ist die praktische Bedeutung des Kernsatzes: «You create your own reality.»

Wenn gesagt wird, der Mensch habe die Macht, seine eigene Realität zu schaffen, dann ist dies keine Ego-Schmeichelei, sondern ein Hinweis auf die ureigene Selbstverantwortung. Mit unserem freien Willen können wir wählen, ob wir dem Willen Gottes widersprechen oder entsprechen wollen. Letzteres ist keine Aufhebung von Selbständigkeit und Freiheit, wie ego-identifizierte Menschen meinen könnten, sondern es ist die Vollkommenheit des freien Willens, womit immer auch das entsprechende Verantwortungsbewußtsein verbunden ist.

In diesen Texten haben wir die Gelegenheit, die tiefgründigen Einsichten echter Lichtwesen zu vernehmen, die in ihrem eigenen Sein erleben, welche Voll-Macht man als universales Wesen bekommt, wenn man nicht auf eigene Faust nach Macht strebt, sondern sich vom Absoluten («God Source») abhängig macht. Diese absolute Abhängigkeit bedeutet göttliche Voll-Macht und vollständige Selbständigkeit.

Möglichkeiten, zwischen positiven und negativen Wesen zu unterscheiden

Wie kann man ein nichtirdisches Wesen, das von wohlwollender Mentalität und Absicht ist, von einem übelwollenden Wesen mit negativer Absicht unterscheiden? Die beste Möglichkeit hierfür ist offensichtlich das eigene Unterscheidungsvermögen. Von außen mögen verschiedenste Energien potentiell, absichtlich oder bösartig versuchen, euch etwas zu suggerieren, was nicht zu eurem besten Nutzen ist, aber wenn eure Fähigkeiten des Unterscheidens harmonisch und solide entwickelt sind, werdet ihr all diese Einflüsse umgehen können.

Wenn ihr im Einklang mit der euch innewohnenden Gabe des Unterscheidens seid, braucht ihr euch keine Sorgen zu machen wegen «falscher Propheten» oder negativer Energien, die versuchen könnten, sich vor euch als wohlwollende Wesen auszugeben. Ihr werdet intuitiv wissen, was ihr glauben könnt. Wenn ihr diese Begabung habt, könnt ihr erkennen, welcher Teil eines Vortrages, eines Buches, eines Gebetes oder einer Zeremonie nicht eurem besten und höchsten Wohl dient. Stellt euch das Selbstvertrauen vor, wenn ihr euch immer mit jenen Potentialen in euch verbinden könnt, die euch wissen lassen, ob etwas für euch richtig ist oder nicht.

Wir, eure Freunde aus dem Weltraum, werden euch ebenfalls darauf hinweisen, wenn ein Umstand nicht eurem wahren Wohl dient oder nicht positiv ist. Die geistige Welt wird dasselbe tun. Ihr braucht nur in Verbindung mit unseren Mitteilungen zu bleiben. Findet deshalb eine für euch passende Methode, um für Mitteilungen aus der geistigen Welt offen zu sein. Neben eurem eigenen Unterscheidungsvermögen ist dies die praktischste und wirkungsvollste Art und Weise, zu erkennen, was wirklich geschieht. Es gibt noch andere Möglichkeiten, das Positive vom Negativen zu unterscheiden, doch euer eigenes

Unterscheidungsvermögen und die Verbindung mit euren Begleitern in der geistigen Welt und im Weltall sind die besten Methoden, um bei euren Entscheidungen möglichst wenig Fehleinschätzungen zu machen.

Seid euch bewußt, daß es nicht nötig ist, jedes Detail einer negativen oder sonstwie unangenehmen Situation zu durchschauen. Es genügt, ein inneres Zögern zu spüren, was seinerseits deutlich darauf hinweist, daß Vorsicht geboten ist. Je mehr ihr daran arbeitet, euer Unterscheidungsvermögen zu verbessern, desto feinfühliger werdet ihr werden, in allen Situationen.

Wenn das Vertrauen in die eigenen intuitiven Fähigkeiten einmal da ist, kann es nicht einfach wieder abgedreht werden. Dies ist das Schöne daran. Es ist ein innerer Radar, der die Umgebung ständig nach hemmenden Einflüssen und Hindernissen absucht. An einem Punkt werdet ihr euch nicht mehr bewußt daran erinnern müssen, den Radar in Betrieb zu halten. Wenn die Feinabstimmung einmal eingestellt ist, wird er ein Warnsignal geben, sobald er mit der entsprechenden Interferenz in Kontakt kommt. Das kann sogar soweit gehen, daß das Signal sich meldet, während ihr ein unterhaltsames und harmloses Buch lest. Viele der Bewußtseinsmanipulationen sind auf subtile Weise an den undenkbarsten Orten verborgen. Aber mit einem wirkungsvollen Radar und mit Unterscheidungsvermögen werdet ihr sie nicht übersehen.

Was bedeutet dies nun für die große Mehrheit von Menschen, die sich entschieden hat, die innere Stimme nicht zu entwickeln und nicht hinzuhören, wenn die Warnsignale vernehmbar werden? Was sollen *sie* tun? Was ist mit denjenigen, die es vorgezogen haben, ihre Selbstverantwortung an andere Menschen, Gruppen oder Organisationen abzutreten?

Diejenigen, die ihre eigenen Fähigkeiten vollständig anderen hingegeben haben, haben praktisch keine Möglichkeit, ihre Intuition wahrzunehmen. Es ist nicht völlig unmöglich, aber sehr schwierig, da sie freiwillig ihre eigenen Potentiale verneinen. Sie haben aufgehört, auf ihr eigenes Selbst zu hören. Den anderen, die sich ihre innere Kraft und ihre Eigenverantwortung mindestens teilweise noch bewahrt haben, ist zu raten, daß sie ein fortlaufendes Bestreben mobilisieren, um das Vertrauen in ihre intuitiven Kräfte zu entwickeln.

Dennoch gibt es einige konkrete Zeichen, die als Signal einer negativen Präsenz oder negativen Beeinflussung interpretiert werden können. Ich werde einige Beispiele geben. Eine vollständige Aufzählung zu geben ist nicht möglich, aber das folgende sollte genügen, um zumindest zu zeigen, nach welchen Kriterien ihr unterscheiden könnt.

Das offensichtlichste und wichtigste Zeichen einer negativen Beeinflussung ist die Einmischung. Wir aus dem Licht mischen uns nie in eure Freiheit des Entscheidens, in euren freien Willen, ein. Wir tun es nicht, wir werden es nie tun und könnten es auch gar nicht tun. Wir werden oftmals gebeten, etwas über eure «besondere Aufgabe» oder über andere spezifische Umstände zu sagen, welche direkt eure Entscheidungen betreffen. Wenn nun irgend etwas von dem, was wir euch sagen, eine Interferenz mit euren Entscheidungen oder eurer Fähigkeit des Wählens verursachen würde, dann hätten wir uns in euren freien Willen eingemischt.

In Situationen des Entscheidens muß man sich selbst gegenüber völlig ehrlich sein. Es gibt viele, die möchten, daß wir für sie die Entscheidungen treffen *[d.h. ihnen sagen, was sie tun, denken oder glauben sollen]*, da wir ja ohnehin über alles «Bescheid wissen». Das ist genau der Grund, warum wir dies nicht tun. Wir würden euch eurer Lernerfahrungen und der vorgenommenen Ausbildung berauben. Wir würden dadurch euer Karma auf uns laden, da ihr unseretwegen den anstehenden Lektionen ausgewichen wärt.

Es gibt mehr negative Energien, als ihr euch vorstellen könnt, die nur darauf warten, euch zu «führen» oder euch dahin zu bringen, bestimmte Regeln und Dogmen anzunehmen.

Ich möchte im Zusammenhang mit diesem Thema kurz auf die Entführungen durch Außerirdische zu sprechen kommen. Man sollte sich bewußt sein, daß nicht alle sogenannten ET-Entführungen negativ sind, selbst wenn man meint, sie seien es. Ihr alle habt vor eurer Erdeninkarnation einer bestimmten Lebensaufgabe zugestimmt. In dieser Art von Vertrag sagt ihr zum Beispiel, welche Schulungslektionen und Arten von Beziehungen ihr möchtet.

Was immer gewünscht und abgemacht wird, dient dem geistigen Wachstum während dieser Inkarnation. So gibt es

Menschen, die eingewilligt haben, anderen planetaren Wesen zu helfen, wobei dies auf unterschiedlichste Weise geschehen kann. Eine Möglichkeit besteht in der genetischen Forschung und in der Verwendung verschiedener Aspekte der Spezies Mensch. Es gibt Gruppen von Außerirdischen, die positiv und aus dem Licht sind, und diese stehen in Verbindung mit Menschen, die eingewilligt haben, ihnen zu helfen, wenn sie auf der Erde inkarniert sind. Dies sind «Abduktionen», die positiv und für alle Beteiligten von gegenseitigem Nutzen sind, selbst wenn es keine bewußte Erinnerung an die Übereinkunft gibt. Die wohlwollenden Wesen, die diese Experimente durchführen, tun dies mit der Einwilligung der jeweiligen Individuen. Sie würden einem Menschen nie Schaden zufügen, selbst wenn einige ihrer medizinischen Tätigkeiten vorübergehend als unangenehm erscheinen mögen. Sie werden all ihren Fortschritt einsetzen, um jegliche Unannehmlichkeit zu vermeiden oder so gering wie möglich zu halten.

Sie werden nicht euren freien Willen beeinträchtigen. Wenn ihnen zu irgendeinem Zeitpunkt gesagt wird, sie sollen aufhören, werden sie diesen Wunsch sogleich respektieren, obwohl dies eigentlich gegen eure Abmachung verstößt. Die positiven Energien werden sich immer zurückziehen, wenn dies gewünscht wird.[1]

Es gibt aber auch Entführungen, die Schaden und Schmerz verursachen. Diese geschehen in fast allen Fällen entgegen den Einwendungen der Betroffenen. Viele der Kontakte dieser Art beinhalten die Implantation einer kleinen Apparatur in den Körper des Menschen, meistens in die Nase. Es gibt aber auch Implantate im Gehirn und in anderen Körperteilen. Solche Aktionen werden immer von den Energien der dunklen Seite durchgeführt. Die positiven Außerirdischen würden nie jemandem Schmerzen verursachen oder nach der Beeinflussung eines Menschen streben, die durch die Implantate ermöglicht wird. Dies ist eine Einmischung in den freien Willen des Individuums, egal, welche Gründe der betroffenen Person gegeben werden. Einige dieser Wesen behaupten, sie seien die Wächter des Planeten und die Hüter einer Frequenz der Liebe. Sie sind keines von beidem.[2]

Als allgemeine Richtlinie kann also gelten: Jegliche Form

von Entführung, die gegen den bewußten Widerstand des Menschen durchgeführt wird, ist eine Art Vergewaltigung, eine Verletzung des freien Willens, was bedeutet, daß die Urheber nicht der positiven Energie angehören. Es gibt einige Menschen, die aktiv und bewußt mit den negativen Wesen zusammenarbeiten. In einem solchen Fall kann nicht von einer Einmischung gesprochen werden, da das Individuum den Eingriff gutheißt.

Es gibt noch viele andere Bereiche, in denen das Prinzip der Einmischung zu sehen ist. Es gehört bei den Menschen bereits zum Alltag. Ich beziehe mich hier auf die Kontrollsysteme, die der Menschheit in praktisch allen Lebensbereichen auferlegt sind. Dieses Prinzip ist in allen traditionellen religiösen Systemen zu sehen, trotz der aufrichtigen und liebenden Absichten vieler, die in ihnen tätig sind. Es ist ebenfalls bei all den Bewußtseinsmanipulationen zu sehen, die von euren Regierungen gefördert und auf euch gerichtet werden.

Es gibt viele Meinungsverschiedenheiten und Warnungen bezüglich der Entführungen durch Außerirdische. Nehmt diese Warnungen ernst! Aber versäumt es dabei nicht, den Alltagssituationen, in denen ihr euch befindet, eine viel größere Aufmerksamkeit zukommen zu lassen, um in eurem Leben richtig unterscheiden zu können.[3]

Ich ziehe mich nun zurück. Ich liebe alle auf der Erde, und ich liebe den Einen Schöpfer von uns allen.

– *Ashtar*
(*28. Juni 1993*)

1) Es mag überraschend klingen, daß zu den Abduktionen, die von neutralen oder positiven Wesen ausgeführt werden, auch genetische Forschungen gehören sollen. Solche Fälle sind allerdings kaum bekannt, weil sie eben gerade nicht dem Muster der vielfach reportierten Entführungsfälle entsprechen und nie traumatische Gefühle oder Störungen verursachen, die Anlaß zu einer näheren Untersuchung geben würden. Worin diese positiven genetischen «Experimente» bestehen, wird hier nicht näher erläutert. Aus den anderweitig verfügbaren Hinweisen geht hervor, daß hier oft gar nicht mit physischen Abduktionen gearbeitet wird, sondern über die Traumebene und über das Unterbewußtsein (z. B. bei gewissen Naturvölkern). Es wird nicht manipulativ in die Gene eingegriffen, sondern es ist eine Art von «nächtlicher» Schulung, die inneren Einweihungen und/oder der harmonischen Höherschwingung der genetischen Struktur dient.

Wenn jemand für eine kurze Zeit physisch von der Erde weggeholt wird, geschieht dies nur mit Menschen, die schon vor der Geburt dieser Zusammenarbeit zugestimmt haben, und der Zweck besteht in einer Reinigung der fein- und grobstofflichen Körpermatrix, in der Entfernung fremder Implantate und Codierungen oder in der Aktivierung neuer Bewußtseinsstufen, innerer Bilder, geistiger Offenbarungen, usw. Aber in solchen Fällen spricht man nicht mehr von Abduktionen, sondern eher von «Entrückung». (Ein bekanntes Beispiel hierfür ist Prof. James J. Hurtak, der im Jahr 1973 für zwei Tage physisch entrückt wurde. Nach seiner Rückkehr war er in der Lage, mit neu aktiviertem Wissen die «Schlüssel des Enoch» niederzuschreiben, ein Buch über die verschiedenen Aspekte der Transformationswissenschaft, insbesondere die Kraft der göttlichen Namen in den verschiedenen Ursprachen.)

2) Auch bei den Entführungen durch negative Wesen erzählen die Betroffenen oftmals von prophetischen Botschaften und Warnungen (siehe z.B. Prof. David Jacobs: «Bedrohung – Die geheime Invasion der Aliens», Kopp-Verlag 1997). Diese projizierten Bilder zeigen jedoch nur, daß auch die besagten Aliens einen Plan für die Erde haben, nämlich den: die Dynamik der irdischen Selbstzerstörung für ihre eigenen Zwecke zu verwenden und im geeigneten Moment als «Retter in der Not» aufzutreten. Ashtar nennt hier jedoch das typische Merkmal solch negativer Entführungen, nämlich daß sie gegen den Willen der Betroffenen durchgeführt werden. Wenn eine entführte Person zu einem späteren Zeitpunkt die Entführungen gutheißt und sich vielleicht sogar als «Auserwählte(n)» sieht, ist dies ein Zeichen dafür, daß entweder eine erfolgreich durchgeführte Umprogrammierung vorliegt, nicht zuletzt durch physische Implantate, oder daß die entsprechende Person zu denen gehört, die bereits von vornherein in den Diensten dieser Wesen stehen. Erstaunlich bei solchen Menschen ist, daß auch sie zuerst intuitiv ablehnend oder sogar mit hysterischer und panischer Angst reagierten, vor allem wenn die Entführungen, wie in den meisten Fällen, bereits im Kindesalter einsetzten.

Positive Wesen würden niemals solche Aktionen durchführen und würden sogleich das ablehnende Nein respektieren, selbst wenn dies einer früheren Willensäußerung dieser Person widerspricht. Der freie Wille ist frei und kann daher jederzeit geändert werden.

Im Licht dieser Zusammenhänge wird die nachhaltige Bedeutung von Ashtars Aussage noch deutlicher: «Einige dieser Wesen behaupten, sie seien die Wächter des Planeten und die Hüter einer Frequenz der Liebe. Sie sind keines von beidem.»

3) Diesem Thema widmen die «kosmischen Autoren» später ein ganzes Kapitel, das im vorliegenden Buch als Kapitel 6 erscheint: «Alltägliche Beeinflussung durch Programmierungen».

Was geschieht bei den Experimenten von Montauk?

Das Montauk-Projekt ist ein Top-Secret-Forschungsprogramm, das in den USA (anfänglich auf Long Island bei New York an einem Ort namens Montauk) während und nach dem Zweiten Weltkrieg betrieben wurde, möglicherweise auch schon vorher. Obwohl es schon seit über fünfzig Jahren existiert, kamen erst Anfang der 1990er Jahre Informationen an die Öffentlichkeit, als verschiedene Zeugen auftraten und behaupteten, reinkarnierte Personen aus diesem Experiment oder sonstige Insider zu sein, z.B. Überlebende von extrem Mind-Control-Forschungen, die an Erwachsenen und auch an Kindern durchgeführt würden. Aus den Aussagen dieser Personen geht hervor, daß die Montauk-Experimente mit der Erforschung der menschlichen Bewußtseinsvorgänge zu tun haben und daß es dabei um Erkenntnisse geht, die für die Entwicklung von biotechnischen Apparaturen und Waffen genutzt werden können und geheimen militärischen und gesellschaftlichen Manipulationen dienen sollen und zum Teil auch schon dienen. Ein weiterer Schwerpunkt in diesem Geheimprogramm waren oder sind auch Experimente mit Magnetfeldern und Zeitreisen.

Der folgende Text ist eine Antwort von Ashtar auf die Frage nach einem Mann, der behauptet, er sei vor über fünfzig Jahren beim Montauk-Projekt beteiligt gewesen, und zwar so, daß seine Seele damals in den Körper einer anderen Person transferiert worden sei. Die konkrete Frage lautete: Ist der Mann von heute dieselbe Person von damals, wie er selbst behauptet?

Tom Smith wußte, um welche Person es sich bei dieser Frage handelt, aber er änderte in seiner Niederschrift den Namen und bezeichnete den in Insider-Kreisen bekannten Mann einfach als Bob, um, wie er schreibt, «dessen Identität zu schützen».

Der folgende Untertitel stammt wörtlich von Tom Smith.

Experimentelles Klonen von Bewußtseinsinhalten und geistige Verkuppelungen von Person zu Person

Es ist schwierig, das in dieser Frage angesprochene Thema zu erklären und mit einem definitiven Ja oder Nein, wie ihr es euch erhofft, aufzuwarten. Um eine erste kurze Antwort zu geben: Bob ist nicht dieselbe Person, die damals am Experiment beteiligt war. In gewissem Sinne könnte man jedoch sagen, daß er dennoch dieselbe Person ist.

Das ist keine Wortspielerei, um euch zu verwirren. Ihr müßt wissen: Der ursprüngliche Bob hat seinen Übergang gemacht [*d.h. ist längst gestorben*]. Die Regierung [*Geheimregierung*] kennt, wenn auch unvollständig, die Technologie, um das Wissen und die Erfahrungen von einer Person auf eine andere zu transferieren *[vergleichbar mit dem Kopieren von Dateien von einem Computer auf einen anderen]*. Genau das ist mit Bob geschehen. Die Anwendung dieser Technologie ist am wirksamsten, wenn beide Individuen damit einverstanden sind, denn dies ermöglicht einen weniger gestörten Energiefluß. Wenn sich jemand widersetzt, kann es keinen vollständigen Transfer geben, obwohl es immer noch ausreichen kann, um die Vorhaben des Experimentes zu erfüllen. Genau das ist eine der Zielsetzungen, um die es in den Experimenten *[von Montauk]* geht.

Wenn der Transfer vollzogen ist – wie groß das Ausmaß des Erfolges auch immer gewesen sein mag –, hat die Person, die das neue Wissen erhält, keine Erinnerung daran, daß jemals ein solcher Transfer stattgefunden hat. Mit anderen Worten, es ist so, als ob die Versuchsperson dieses Wissen und diese Erfahrungen schon immer besessen hätte. Es hat den Anschein, als ob das alles aus ihrem eigenen Leben stammen würde. Daher ist es nicht verwunderlich, daß der zweite Bob glaubt, er sei jene Person, mit der er sich identifiziert. Hier sind noch viele andere Faktoren mit im Spiel, und ich werde einige davon erklären.

Was geschieht mit der Identität des Empfängers? Wie weit die neue Person ihr früheres Wissen und Bewußtsein behält, ist abhängig vom Ausmaß des Informationstransfers im Zusammenspiel mit anderen Faktoren wie der Anwendung von Mind-Control-Techniken *[Techniken zur Bewußtseinsmanipulation]*. Dies ist eine sehr gefährliche Technik, etwas, das wir, die wir aus dem Licht kommen, nie und unter keinen Umständen unterstützen oder gutheißen würden. Es handelt sich um eine Verletzung des freien Willens im höchsten Ausmaß. Der Empfänger übernimmt die Bewußtseinsstruktur von jemand anderem und erlaubt, daß diese die eigene ersetzt.

Dies unterscheidet sich grundlegend von der Situation bei einem Walk-In[1], denn dort sind beide Individuen einverstanden, ihr Bewußtsein getrennt zu halten, und sie tun es auch, indem die Seelen sich ablösen. In einem solchen Fall kommt ein vollständig neues Bewußtsein in den Körper, weil sich das vorherige entfernt hat. Bei der Technologie des «Klonens» ist dies nicht der Fall. *[Klonen bedeutet hier das gleiche wie Kopieren, also Bewußtseinstransfer.]* Das Bewußtsein bleibt im Körper und wird lediglich mit zusätzlichen Informationen überlagert.

Bei diesen Experimenten kommt es zu elektromagnetischen Wechselwirkungen, die körperliche Veränderungen bewirken können. Doch der größte Teil des Klonvorganges geschieht auf der Ebene des Geistes. Es ist nicht möglich, den Vorgang hundertprozentig unter Kontrolle zu halten. Was dabei genau geschieht und welche Informationen tatsächlich transferiert werden, ist nicht klar. Man kann nur einige Tests machen, um eine Ahnung zu bekommen, was hinübergegangen ist. Die Verantwortlichen betrachten einen Transfer von 60–65% als einen Erfolg, obwohl sie die 85%-Marke anstreben. In keinem ihrer Experimente haben sie jemals einen Informationstransfer von 100% geschafft.

Bei diesen Experimenten ist es schon zu vielen qualvollen Todesfällen gekommen. Noch qualvoller waren die emotionalen und mentalen Schmerzen der Versuchspersonen. Viele sind in Irrsinn verfallen, und viele Beteiligte sind von Agenten eurer Regierung aus verschiedenen Gründen ermordet worden.

Was geschieht mit dem Informationsspender? Manchmal geschieht nichts, in anderen Fällen kommt es zum physischen Tod oder, was noch schlimmer ist, zum mentalen Tod.[2] Dies ist abhängig von der jeweiligen Person, von denen, die den Transfer durchführen, und von der Intensität der elektromagnetischen Ladung, der die Beteiligten ausgesetzt werden. Im Fall, um den es hier konkret geht, war der ursprüngliche Bob dem Tod ohnehin nahe, und das Experiment hat nur sein Verscheiden beschleunigt.

Am ursprünglichen Bob wurde nicht nur dieses eine Experiment durchgeführt. Die Verantwortlichen wollten seine Fähigkeiten konservieren und machten diesbezüglich große Bemühungen. Neben dem heutigen Bob hatte es noch zwei andere Personen gegeben, die ebenfalls Empfänger gewesen waren, natürlich zu unterschiedlichen Zeitpunkten. Die ersten beiden hatten weniger als 50% empfangen, was als nicht akzeptabel gewertet wurde. Nachdem das gegenwärtige Individuum die Information empfangen hatte und die Tests ein Ausmaß von über

70% anzeigten, ließen die Verantwortlichen die anderen beiden eliminieren. Bob starb kurz danach. Ebenso wurde des öfteren entschieden, die Spender *[diejenigen, die bei den Experimenten ihre Informationen und Energien willig oder unter Zwang abgeben]* zu eliminieren, egal wie die Ergebnisse ausgefallen waren. Dies wurde getan aus Gründen der «Sicherheit». Bob wurde am Leben gelassen, bis er von selbst starb, da er ohnehin nur noch dahinvegetierte und keine Bedrohung darstellte.

Die Spender erleiden immer irgendeine Wirkung. Meist kommt es zu einer Beeinträchtigung des Gedächtnisses. Es geht jedoch nicht alles, was transferiert wird, verloren. Die Verantwortlichen verstehen dies nicht, aber es interessiert sie auch nicht sonderlich. Es gibt aber auch Beteiligte, denen es nach den Experimenten physisch «gut» erging. Sie wurden einfach umprogrammiert und bekamen eine neue Identität. Es gäbe noch viel mehr über diese und andere Experimente zu sagen.

Der gegenwärtige Bob ist überzeugt von dem, was er sagt, und meint tatsächlich, er sei der andere Bob. Das liegt daran, daß er einen Großteil von dessen Wissen besitzt. Seit er sein geklontes Wissen empfangen hat, wurde versucht, ihn mit Bewußtseinsmanipulation und verschiedenen Programmierungstechniken zu kontrollieren. Deshalb glaubt er nun, Bob zu sein. Diese Überzeugungsarbeit ist ihnen gelungen, und noch einiges mehr. Dies taten sie, weil sie die Fähigkeiten des ursprünglichen Bob weiterhin zu ihrem Vorteil verwenden wollten. Im Fall von Bob ging der Schuß für sie fast nach hinten los, weil viele seiner Begabungen ebenfalls transferiert wurden. Durch diesen Vorgang kann es geschehen, daß sich dem Empfänger viele ihrer geheimen Errungenschaften eröffnen, insbesondere die Entwicklung von PSI-Kräften. Das ist beim «neuen» Bob geschehen, und er konnte sich mit diesen Fähigkeiten vielen Versuchen widersetzen, die von seiten der Regierung unternommen wurden, um ihn zu manipulieren und zu verändern.

Bei einem solchen Transfer kommt es also nicht zu einem Austausch von Seelen. Bobs Seele ist weitergegangen, und die Seele des gegenwärtigen Bob ist die Seele dessen, der dieses Experiment *[als Empfänger]* zugelassen hat. Wir verurteilen die beteiligten Individuen für das, was sie getan haben, nicht. Sie werden jedoch vor ihrem höheren Selbst und vor dem Einen

Schöpfer Verantwortung übernehmen müssen, weil sie ihr Inkarnationsabkommen nicht eingehalten haben.

Vieles von dem, was *[der heutige]* Bob sagt, entspricht der Wahrheit oder kommt ihr sehr nahe. Anderes wiederum ist überhaupt nicht wahr. Es sind nur Teile und Teilbereiche der Informationen transferiert worden. Das bedeutet, daß Bob nicht die vollständigen Fakten kennt. Bob weiß aber nicht, daß er sie nicht vollständig kennt, weshalb er die Lücken oft selbst ausfüllen muß. Einige der Dinge, die er weiß oder an die er sich «erinnert», stammen vom ursprünglichen Bob. Die Verantwortlichen haben ihm nach dem Transfer einige der «Missing links» beigebracht oder einprogrammiert. Natürlich wissen auch sie nicht alles *[über den ursprünglichen Bob]*, aber sie besitzen zahlreiche Informationen, die er *[der erste Bob]* willig an sie abgab.

Wer ihn sprechen hört oder über ihn liest, wird selbst entscheiden müssen, was Wahrheit ist und was nicht. Was die Frage betrifft, ob Bob einer Fremdbestimmung unterliegt, so lautet die Antwort: ja, er ist bis zu einem gewissen Grad fremdbestimmt. Die Regierung weiß, daß er über bestimmte Dinge nicht sprechen wird. Am liebsten wäre es ihnen, wenn er überhaupt nichts sagen würde, aber sie erkennen, daß dies nicht praktisch ist, da sie ihn *[nach dem Experiment]* am Leben gelassen haben. Er unterliegt einigen tiefgreifenden Kontrollmechanismen, die es ihm nicht erlauben, in seinen Darstellungen über einen bestimmten Punkt hinauszugehen.[3]

Ich ziehe mich nun zurück. Meine Liebe zu euch und zu dem Einen Schöpfer bleibt jedoch unvermindert.

– Ashtar
(13. Mai 1993)

1) Beim Phänomen des Walk-In findet ein Seelentausch statt, d.h., das eine Bewußtsein wird von einem anderen abgelöst, ohne daß es zu einer Vermischung der beiden Personen kommt. Geschieht dies in gegenseitigem Einverständnis, handelt es sich um einen Vorgang, bei dem der freie Wille beider Beteiligten nicht manipuliert wird.

2) Bei den Beschreibungen dieser gottlosen Experimente mit Menschen und menschlichem Bewußtsein wird man an das Wort Jesu erinnert, daß sogar Vergehen gegen Gott verziehen werden, aber nicht die Sünde wider den Geist: «Ich sage euch: Jede Sünde und jede Gotteslästerung kann den Menschen vergeben werden, aber die Lästerung [Sünde; Feindschaft] gegen den Geist Gottes wird nicht vergeben.» (Mt 12,31)

3) Fragen nach konkreten Informationen ermöglichen es, die Qualität einer Antwort zu prüfen und zu sehen, ob das Medium nur allgemeine Inhalte aus seinem Unterbewußtsein abruft oder wirklich eine konkrete Verbindung zu einem höheren Wesen hat, das mehr weiß als die Menschen. Ashtars Antwort auf die Frage nach Bobs Identität ist überraschend detailliert, enthüllt bisher unbekanntes Wissen – Informationen, die sogar dem genannten Montauk-Zeugen verhüllt sind – und erklärt dadurch auch die oft verwirrenden Diskrepanzen in der Persönlichkeit der heutigen Montauk-Zeugen.

Ashtars gehaltvolle Aussagen bezeugen, daß er (1) über den irdischen Grenzen der Geheimhaltung steht, (2) ein klares Unterscheidungsvermögen vermittelt, ohne jedoch zu verurteilen, und (3) in einem höheren, wahrhaft lichtvollen und gottgeweihten Bewußtsein lebt. Seine Antwort ist schlüssig, plausibel und erhellend, gleichzeitig aber in keiner Weise manipulierend oder ego-profilierend.

Eine mysteriöse Viruskrankheit bei den Navajo

Im Frühjahr 1993 erschien in den amerikanischen Medien kurz die Nachricht, daß Navajo-Indianer in New Mexico und Arizona an einem neuen Virus erkrankt seien; es habe sogar Todesopfer gegeben. Tom Smith wurde gebeten nachzufragen, was der Ursprung dieses Virus sei und was wir darüber wissen sollten. Es antwortete Ashtar.

Unter einigen Gruppen der amerikanischen Ureinwohner verbreitet sich gegenwärtig große Angst und Sorge, weil einige ihrer Mitglieder von einem unbekannten Virus befallen wurden. Namentlich wurde von Krankheiten und Todesfällen bei den Navajo berichtet. Dieses neue und unidentifizierte Virus ist mit großen Fragezeichen verbunden. Ich kann euch sagen, daß der Ursprung dieses tödlichen Virus auf eine Stelle in eurer geheimen Regierung zurückgeht. Dieses Virus ist im verborgenen entwickelt worden, und zwar für den Zweck, einige jener Menschen, die in den Augen der geheimen Regierung eine mögliche Bedrohung ihrer Zielsetzungen darstellen könnten, zu eliminieren oder außer Gefecht zu setzen. Das Virus soll direkt gegen die Menschen des Lichtpfades eingesetzt werden, unter anderem auch gegen die Starseeds[1] und diejenigen, die sich ihrer spirituellen Verbindung mit dem Universum bewußt sind.

Die amerikanischen Ureinwohner sind noch sehr stark mit dem eigenen Selbst verbunden. Sie sind sich bewußt, daß niemand auf der Erde das Recht und auch nicht die Macht hat, ihre Spiritualität zu zerstören. Genauso wie ihr, die ihr mit eurem Selbst und euren höheren Kräften arbeitet, so werden sich auch die Navajo allen Zugriffen der «Neuen Weltordnung» widersetzen; denn sie sehen, welche Vorhaben mit solchen Bestrebungen durchgesetzt werden sollen, und sie leben in Harmonie mit der Erde. Deshalb stellen sie für diejenigen, die den Planeten beherrschen wollen, ein potentielles Hindernis dar.[2]

Was ich hier gesagt habe, wird von vielen bestritten werden, und sie werden sagen, so eine Behauptung sei lächerlich. Aber ich versichere euch: Dies sind Worte der Wahrheit. Für dieses Virus existiert ein biologisches Heilverfahren und Gegenmittel, genauso wie auch bei Aids. Diejenigen, die das Virus entwickelten, wollten in der Lage sein, sich selbst zu schützen. Deshalb wurde während der Arbeit an der Forschung und Entwicklung auch ein Schutzmittel gefunden. Dieses Schutzmittel wird jedoch derart geheim gehalten, daß es praktisch unmöglich ist, es zu bekommen.

Es gibt für euch aber noch ein anderes «Gegenmittel», nämlich: Seid in eurem innersten Wesen überzeugt, daß ihr die vollständige Kontrolle über euch selbst habt, auch über eure Gesundheit.[3] Diejenigen, die auch nur im geringsten daran zweifeln, daß sie die Kraft haben, von jeglicher Krankheit frei zu sein, sind in Gefahr. Sie sollten deshalb die Orte, wo das tödliche Virus versprüht wurde, strikt meiden. Seid vorsichtig, wann immer seltsame Helikopterformationen erscheinen. Es könnten jene sein, die das Virus versprühen. Es kann auch über das Trinkwasser verbreitet werden, aber dies ist *[auch für die Urheber]* sehr gefährlich, weil eine solche weitläufige Verteilung auch jene treffen könnte, die nicht als Zielpersonen vorgesehen sind. In Gebieten mit einer hohen Konzentration spiritueller Menschen, wie in einem Indianerreservat, wird diese Methode jedoch den Plan der Täter erfüllen. Deren einzige Sorge besteht momentan darin, nicht entdeckt zu werden.

Sie haben drei unterschiedliche, aber ähnliche Viren entwickelt, die je nach Umständen eingesetzt werden können. Das Versprühen über dem Navajo-Reservat war ihr erster größerer Test. Ich ermutige euch alle, mit euren geistigen Führern und auch mit uns in Verbindung zu sein. Wir können jedem von euch sagen, welche Gebiete wann zu vermeiden sind. Teilt dies dann den anderen mit. Es ist nicht die Zeit, diese Information für euch zu behalten.

Euer sicherstes Gegenmittel ist das Ausweichen. Bleibt mindestens sieben Tage lang von diesen Gebieten fern. Einige der Viren leben bis zu drei Wochen. Viren können auch auf andere Weise verbreitet werden. Sie sind nicht alle direkt tödlich. Aber sie schwächen das Immunsystem, was die betroffenen Menschen für andere Krankheiten anfällig macht, darunter auch solche, die von denselben dunklen Mächten initiiert werden. Seid also vorsichtig, aber grenzt euch nicht zu sehr von anderen Menschen ab. Und geratet nicht in Panik!

Es besteht kein Grund zu Angst, obwohl es verständlich ist, daß das Erscheinen dieser Viren Angst auslösen wird. Auch das ist etwas, was die Urheber der Viren beabsichtigen. Gegenwärtig ist es uns nicht erlaubt, uns direkt einzuschalten und ein Heilmittel zu bringen, denn damit würden wir uns in das Schicksal der Menschheit einmischen. Wir stehen jedoch zur Verfügung, um auf medialem Weg biologische Arzneien und Gegenmittel zu beschreiben, wenn es jemanden gibt, der das Mitgeteilte verstehen kann und bereit ist, es mit anderen zu teilen. Dieses Unterfangen wird von denselben dunklen Mächten bekämpft werden, sobald sie darauf aufmerksam werden, und könnte für die Beteiligten lebensgefährlich werden. Dieses Risiko sollte nicht unterschätzt werden.

Es gibt bereits einige Wissenschaftler, die unseren medialen Botschaften mit Offenheit begegnen. Wir hoffen, daß es uns möglich ist, die notwendige Information zu übermitteln, aber sie muß die richtigen Empfänger finden. Es ist jedem, der sich angesprochen fühlt, freigestellt, hervorzutreten und sich einzusetzen. Diese Heilmethoden müssen allerdings außerhalb des «Systems» bleiben, da sonst die Behörden, die gegenwärtig von denselben dunklen Mächten beherrscht werden, einschreiten würden, um sie zu unterbinden. Das Dilemma, in das euch diese dunklen Mächte hineinmanövriert haben, ist also offensichtlich. Dieses Beispiel betrifft nur eine von vielen Situationen, die bereits für euch ausgelegt sind. Viele von ihnen könntet ihr heute noch nicht erfassen.

Die genannten Stellen sind sehr bestrebt, Nachrichten über solche Krankheiten zu verbreiten, um in denen, die spirituell erwacht sind, Angst zu erzeugen. Wenn ihnen dies gelingt, können sie diese Menschen gewaltig beeinflussen, sei es durch die Verbreitung der Viren oder durch die Angst vor der Verbreitung. In der physischen Verbreitung sind sie eingeschränkt. Sie beabsichtigen, die Viren lokal zu verbreiten und dadurch die Angst vor einer weiteren Ausbreitung zu schüren.[4] Zum gegenwärtigen Zeitpunkt kann es noch zu keiner großen Ausbreitung kommen, denn sie möchten nicht die gesamte Bevölkerung in Mitleidenschaft ziehen. Sie ziehen es vor, daß dies einfach als Möglichkeit in den Köpfen «herumgeistert». Ihr Plan ist es, kleine Gruppen von Sterngeborenen und bestimmte Minderheiten wie die amerikanische Urbevölkerung anzugehen. Indem sie dies tun, hoffen sie, daß die Öffentlichkeit diese Gruppen ächten und isolieren wird, zumindest gefühlsmäßig, wenn nicht gar physisch, so wie es bei der Kampagne gegen «Sekten» der Fall war, die mit den Morden in Waco, Texas, einherging.[5] Vielleicht beginnt ihr zu sehen, auf welche Weise viele dieser Ereignisse miteinander verschlungen sind.

Ich hoffe, daß damit die Frage nach dem Virus beantwortet ist. Ich gehe nun, aber wir bleiben verbunden. Ich liebe jeden von euch, und ich liebe den Einen Schöpfer von uns allen.

– Ashtar
(2. Juni 1993)

---

1) Starseeds: die «Sternensaat», auch die «Sterngeborenen» genannt; Seelen, die von lichtvollen außerirdischen Ebenen kommen und sich auf der Erde inkarniert haben, um an der gegenwärtigen Phase der Erdtransformation teilzunehmen und mitzuwirken. Dies tun sie aus freiem Willen, um so der Erde, der Menschheit und Gottes Schöpfungsplan zu dienen, was ihnen auch eine große Chance für den eigenen spirituellen Fortschritt bietet.

2) Ein ähnlicher Verdacht wurde ein paar Jahre später auch im Zusammenhang mit Afrika geäußert, als plötzlich Millionen von Menschen epidemieartig mit Aids infiziert wurden; die Verbreitung sei in Afrika nicht von der Luft aus vollzogen worden, sondern über Injektionsnadeln unter dem Vorwand von Impfungen. Die Schwarzafrikaner sind eine Millionenbevölkerung, die sich einer technischen Globaldiktatur widersetzen würde und auch sonst den «Nachteil» hat, daß sie einen Kontinent mit großen Bodenschätzen und anderen Naturreichtümern, z. B. Holz, bewohnt. Was Ashtar hier im Jahr 1993 sagte, ist also sehr aktuell und betrifft nicht nur Amerika, wie im vorliegenden Fall, sondern immer mehr auch Europa.

3) Im sechsten Kapitel (S. 202) wird dieser Punkt weiter ausgeführt werden. Weil er derart wichtig ist, soll die Kernstelle hier vorab zitiert werden:

«Alle Krankheiten werden von der Menschheit selbst verursacht – auf die eine oder andere Weise [direkt oder indirekt]. Oftmals ist Krankheit ein Mittel, um einen Menschen zum Innehalten zu bewegen und mit sich selbst zu konfrontieren. Öfter als die meisten denken, entspringt Krankheit einer Verneinung eurer wahren spirituellen Gaben. Sie erinnert euch daran, daß ihr euch mit menschlichen Vorstellungen begrenzt habt. Es gibt keinen Grund, jemals krank zu werden, außer als Hinweis, der euch zeigen soll, daß ihr eigentlich die Kraft hättet, anders zu sein – wenn ihr nur daran glauben würdet. Sogar die Krankheiten, die von dunklen Mächten in eurer Regierung ganz bewußt geschaffen werden, brauchen euch nicht unbedingt zu beeinflussen. Solange ihr wirklich und wahrhaftig glaubt, daß ihr selbst die totale Kontrolle über eure physischen und spirituellen Realitäten habt, werdet ihr keiner Krankheit anheimfallen, es sei denn, ihr wählt dies mit Absicht.»

4) Dieses Prinzip kam in der BSE- und MKS-Hysterie voll zur Anwendung, wo trotz einer geringen Anzahl von konkreten Fällen die zuständigen Landesbehörden schnell einverstanden waren, Hunderttausende von Tieren abzuschlachten und zu verbrennen, obwohl die meisten Tiere nicht von der Seuche befallen waren. Es wurden insgesamt Millionen von gesunden Tieren «geopfert»; es fragt sich nur, welchen Zielen und welchen Göttern. Andere Stichwörter wären Aids, Milzbrand, Vogelgrippe usw.

5) Siehe Kapitel 3, «Was geschah beim ‹Sektendrama› von Waco?»

Das Leid von Mutter Erde (zwei Beispiele)

Prophezeiungen stoßen immer auf großes Interesse, vor allem dann, wenn es um gewaltige Veränderungen geht oder um Ereignisse «vor der eigenen Haustür». Ich habe hierfür Verständnis. Aber ich möchte nicht der Sensationslust der Menschen dienen. Sensationen sind flüchtige Emotionen und erreichen im allgemeinen nie die Ebene des Herzens. Wenn ihr versteht, warum an bestimmten Orten Veränderungen eintreten, werdet ihr diesen Ereignissen mit größerer Einsicht begegnen können. Denn die Gründe für die Veränderung sind um ein Vielfaches wichtiger als der konkrete physische Vorgang. Leider verlieren sich die meisten Menschen im äußeren Aufruhr, wenn die Erde aufbricht oder Flüsse über ihre Ufer treten, da sie nicht mehr in der Lage sind, an etwas anderes zu denken. Ich bitte alle, über diese Botschaft ernsthaft nachzudenken.

Eine gewisse Anzahl der Erdveränderungen kann aufgehoben werden, aber die Veränderung an sich nicht. Es ist einfach nicht möglich, daß die Erde in die fünfte Dimension aufsteigt, wenn sie all diese negativen, ja niedrigsten Schwingungen mit sich trägt. Schon viel zu lange hat sie den Schmerz und den Schaden aushalten müssen. Wann immer sie nahe dabei war, die Negativität der Menschheit abzuwerfen, harrte sie weiterhin aus, da dies der Wille des Einen Schöpfers war.

Versetzt euch in ihre Lage und stellt euch vor, ihr hättet eine schwere, schmerzhafte Krankheit, zum Beispiel Arthritis. Diejenigen unter euch, die diese Krankheit haben, wissen, daß sie sich diesem Schmerz gegenüber manchmal ohnmächtig fühlen. Er scheint endlos zu sein und alldurchdringend, bis hinein in die Knochen. Genau dann, wenn ihr das Gefühl habt, den Schmerz nicht mehr aushalten zu können, läßt er etwas nach. Obwohl die Erleichterung nur gering ist, gibt sie euch einen Hauch von Hoffnung, daß der Schmerz vielleicht doch bald vergehen wird. Ansonsten wäret ihr ziemlich verzweifelt. Viele Menschen haben in solchen Situationen Hand an sich gelegt, weil sie den physischen oder emotionellen Schmerz nicht mehr aushalten konnten. Die Erde ist in dieser Hinsicht nicht anders als ihr, außer daß sie jeglichem Schmerz und der menschlichen Gleichgültigkeit gegenüber *um viele Male empfindlicher* ist.

Damit die Erde voranschreiten kann, muß sie den gesamten Schmerz und Schaden und insbesondere deren Ursachen überwinden. Die Menschen sollten eigentlich eine Quelle der Liebe für die Erde sein, so wie auch sie eine Quelle der Liebe für euch ist. Erinnert euch daran und versucht zu spüren, wann immer ihr im großen oder im kleinen etwas tut, was der Erde Schmerz und Störung zufügt. Erkennt es, und unternehmt alles, um dies zu ändern. Es ist zu eurem eigenen Wohl und auch zum Wohl der Erde. Ich möchte hierfür zwei Beispiele geben.

Wann immer die Menschen Chemikalien auf den Boden streuen – und sei es nur, um einen Rasen zu düngen –, wird dadurch die Haut der Erde verbrannt und gereizt. Fast alle Kunstdünger enthalten irgendwelche ätzenden Stoffe, auch wenn die Verpackung etwas anderes besagt. Die Hersteller haben keinen Sinn für die Bedürfnisse der Erde und sind nur an ihrem finanziellen Gewinn interessiert. Die Chemikalien, die in die Oberfläche der Erde eindringen, strahlen irritierende Schwingungen aus, die für die Erde wie ein Jucken oder Stechen sind. Gleichzeitig erstickt die Erde dabei fast. Dies muß zu einem Ende kommen.

Die Fabriken, die diese unnatürlichen Stoffe herstellen, werden zerstört werden. Die Erde wird diese Gebäude systematisch zum Einsturz bringen und dabei die Unterstützung durch das Wasser und die Winde anrufen. Auch wirtschaftliche Umstände werden viele dieser Industrien zu Fall bringen. Wenn die Menschen nicht auf den Ruf der Liebe reagieren, werden sie bestimmt auf den Verlust der materiellen Güter und der finanziellen Einkunftsmöglichkeiten reagieren. Diejenigen, die diese Produkte für ihre Landwirtschaft verwenden, sollten lernen, den Boden mit natürlichen Mitteln zu nähren. Dadurch wird auch eure Nahrung lebendiger und kraftvoller werden, und sie wird der Reinigung eures Körpers zuträglich sein.

Ich habe die negativen ETs aufgefordert, die Erde zu verlassen oder sich in die Schwingung der Liebe zu erheben.[1] Sie haben sich entschieden, keines von beidem zu tun. Die Erde wird deshalb dazu übergehen, deren unterirdische Einrichtungen zu reinigen, denn von ihnen geht eine extrem negative Schwingung aus. Wenn die Erde im Bereich ihrer Einrichtungen bebt und in sich zusammenfällt, werden alle dort Anwesenden, sowohl die

Menschen als auch die ETs, ihren Übergang machen. Ihre Technologien werden nicht ausreichen, um ihre physische Existenz zu retten. Dies wird ohne Vorwarnung geschehen, und zwar an den verschiedensten Orten des Planeten. Einige werden sich entscheiden, ihre Operationen in Einrichtungen an der Erdoberfläche zu verlegen. Ihnen sage ich: Meine Worte gelten auch für euch! Ihr müßt gehen, denn eure intensive Negativität ist der Erde eine große Last. Selbst auf der Erdoberfläche könnt ihr den Kräften der reinigenden Energien nicht standhalten. Nur wenn ihr die Erde freigebt und den Planeten verlaßt, könnt ihr euch in Sicherheit wähnen, was die reinigende Macht der Erde betrifft.

Mit diesen Worten verabschiede ich mich. Ich tue dies in Liebe für die Erde und für jeden einzelnen von euch. Ich liebe den Einen Schöpfer von uns allen.

– Der Sonnengott
(11. Mai 1993)

1) Siehe: «Mutter Erde wehrt sich», Kapitel 5: «Kansas City und die unterirdischen Stützpunkte der negativen Außerirdischen in Mexiko» und «Die negativen Außerirdischen sollen die Erde verlassen!» sowie Kapitel 8: «Weitere Informationen über die negativen Außerirdischen in Mexiko».

Auflösung der 3D-Strukturen durch Hitze

Frage: Wie wird die Heilung und Reinigung der Erde vor sich gehen? Stimmt es, was wir gehört haben, nämlich daß die Temperaturen in einer bestimmten Phase bis zu 120°C ansteigen werden? Bezieht sich das auf die Lufttemperatur oder die Einstrahlung am Boden? Können in dieser Zeit Höhlen Schutz bieten? Wie lange wird die abschließende Reinigung dauern? Wie lange wird es dauern, bis einige von uns wieder zurückkehren können? Was ist sonst noch wichtig für uns zu wissen?

Wenn es darum geht, Prognosen zu machen, so gibt es nur wenige absolute Gegebenheiten. Das trifft auch auf das Ausmaß der Hitze zu, die während der letzten Tage meiner Reinigung erforderlich sein wird. Deshalb ist Vorsicht geboten, wenn man von konkreten Temperaturangaben sprechen will. Ich werde hervorbringen, was immer notwendig ist. Ich würde euch sehr gerne sagen, daß keine ungewohnt hohen Temperaturen notwendig sein werden, doch die Menschheit und die negativen ETs lassen mir keine Wahl.

Nicht nur die negativen Energien, sondern auch die verbliebenen Strukturen der dritten Dimension werden vernichtet werden müssen. Diese Strukturen sind in der fünften Dimension nicht mehr vonnöten. Deshalb werde ich mich von alledem befreien, und ich werde verschiedene Methoden anwenden, um dies zu tun. Dazu werden auch die Brüder und Schwestern aus dem Weltall, die aus dem Licht sind, helfend zur Stelle sein.

Ich sehe voraus, daß alles, was nach dem Weggang der Menschheit – und vielleicht auch schon für eine gewisse Zeit davor – noch vorhanden ist, aus Verbindungen besteht, die sich bei hohen Temperaturen schnell auflösen werden. Ich spreche nicht von den hohen Stufen der Hitze, die nötig sind, um zum Beispiel Stahl zu schmelzen. Für diese Metalle werden andere Methoden eingesetzt werden. Ich meine hier all die chemischen Produkte, die durch Verdampfung neutralisiert werden müssen, und die vielen Produkte auf der Grundlage von Holz. Von den auflösenden Kräften der hohen Temperaturen werden auch alle Erdölprodukte und Kunststoffe betroffen sein, deren Herstellung so schädlich ist. Die Hitze, die ich generiere, wird sich tatsächlich irgendwo im Bereich von schätzungsweise 120°C bewegen. Dadurch wird eine ungeheure Menge Wasserdampf entstehen, die über einigen Regionen das Licht der Sonne verdecken wird. Unter solchen Umständen werde ich das Leben, so wie ihr es kennt, nicht mehr beherbergen können, auch die Vegetation nicht, die gegenwärtig unter den Angriffen durch die Menschen so sehr ums Überleben kämpft. In einigen Ballungsgebieten wird es vielleicht sogar nötig sein, die Temperaturen auf 250 bis 300 Grad ansteigen zu lassen. Ich möchte dies nicht großflächig tun müssen, es sei denn, es werde nötig, um entsprechend schädliche Einflüsse wegzubrennen.[1]

Die enorme Hitze wird alle Gewässer verdampfen lassen – was eine Notwendigkeit ist, da die Menschen auch das Wasser tiefgehend verschmutzt haben. Ich und die Sonne werden unsere Kräfte vereinen, um diese ungewohnten Temperaturen zu erzeugen. Alle offenen Gewässer werden davon betroffen sein.

Darüber hinaus gibt es Orte unter meiner Oberfläche, die ebenfalls gereinigt werden müssen, da meine Heilung sonst nicht vollständig sein kann. Damit meine ich einerseits die von Menschen konstruierten Einrichtungen, die für negative Zwecke verwendet werden, und andererseits jene Bereiche, die durch die Nukleartechnik nachhaltig verseucht worden sind. Um dies alles zu heilen, stehen mir mehrere Möglichkeiten zur Verfügung. Ich spreche hier nicht von den Städten der Lemurier und anderer Wesen, die in einer liebenden Schwingung weite Bereiche bewohnen, die ihr nicht erfassen könnt. Diese Wesen der Liebe werden ebenfalls gehen, aber mit Mitteln, die sie selbst gewählt haben. Sie verstehen sehr wohl, was ansteht, und bereiten sich bereits seit einiger Zeit auf ihre Abreise vor. Sie werden entfernen, was immer sie können, damit ich dort möglichst wenig zu tun haben werde. Dies waren willkommene Individuen, die sich bewußt sind, was Liebe und Harmonie ist. Auch ihnen bietet sich die Möglichkeit, in die fünfte Dimension aufzusteigen, und viele von ihnen haben sich dieser hohen Ebene bereits genähert. Wie ihr seht, gibt es vieles, was ihr nicht wißt, sogar über euren eigenen Planeten.

Wenn die Menschen die Erde verlassen haben, werde ich vollenden, was ich zu diesem Zeitpunkt schon begonnen habe. Das gesamte Ausmaß von dem, was ich tun muß, ist davon abhängig, inwieweit die Menschen willig sein werden, mich mit ihrer Liebe und Harmonie zu unterstützen oder nicht. Sobald ein Bereich von negativen Schwingungen gereinigt ist, kann dieser Teil von mir anfangen zu heilen. Die *abschließende* Reinigung wird ungefähr innerhalb von einem Jahr eures Zeitverständnisses vollzogen werden. Ruft euch hierbei in Erinnerung, daß sich ein großer Teil dieser Vorgänge bereits ereignet, wenn die Menschen noch anwesend sind.

Wenn ich gereinigt und in der Folge geheilt bin, werde ich bereit sein, in die fünfte Dimension aufzusteigen. Damit werden auch Veränderungen meiner Umlaufbahn einhergehen, da ich mich näher an die Sonne heranbewegen werde. Sobald ich vollständig in die fünfte Dimension eingegangen bin, werde ich für diejenigen in der dritten Dimension «unsichtbar» werden, denn mein ganzes Wesen wird in einer bedeutend höheren Schwingung existieren.

Wenn ich einmal in dieser geringeren Dichte bin, werde ich meine Oberfläche mit den Schöpfungsenergien des Sonnengottes neu befruchten. Die Hitze wird zu diesem Zeitpunkt längst nachgelassen haben, so daß die Wasserdämpfe, die mich zuvor umgaben, erneut die Form von Meeren und Flüssen haben werden. Dies wird vollkommen reines Wasser sein, das keine gelösten Salze enthält, und die Sonne wird diesen Gewässern bestimmte Lebensformen einhauchen. Die Delphine werden als Wesen der fünften Dimension auf die Erde zurückkehren. Sie werden sich im Wasser oder an Land aufhalten können, entsprechend ihrer individuellen Wahl, denn das gesamte Leben wird wieder in die göttliche Harmonie zurückgefunden haben.

Der Zeitpunkt dieser Wiedergeburt hängt davon ab, wie tiefgreifend meine erforderliche Reinigung sein wird. Diese könnte nur sechs Jahre dauern oder aber zwanzig bis fünfundzwanzig Jahre. Hier handelt es sich um eine Entscheidung, die ich im Einklang mit dem Sonnengott und dem Einen Schöpfer treffen werde. So wie ich es gegenwärtig sehe, wird die Rückkehr des Waldes und der Vegetation sechs bis zehn Jahre nach meiner Heilung und meiner Einkehr in die fünfte Dimension beginnen.

Wenn es soweit ist, werde ich mich persönlich an all jene Menschen wenden, die liebend in der fünften Dimension leben. Ich werde sie einladen, wieder zu mir zu kommen und erneut bei der Entwicklung eines Lebens in wahrer Harmonie dabeizusein.

Ich hoffe, daß eure Fragen damit beantwortet sind. Auf einige Details bin ich nicht eingegangen, weil sie jetzt nicht relevant sind. Ihr dürft diese Information weitergeben, auf jede Weise, die ihr für gut haltet, sofern es mit Liebe geschieht. Es ist Zeit, daß diese Tatsachen bekannt werden. Ich möchte niemanden von euch überraschen.

Ich liebe euch alle. Ich liebe den Sonnengott, der mir beisteht, und ich liebe den Einen Schöpfer von uns allen. Friede!

– Mutter Erde
(22. Juli 1993)

1) Nochmals sei daran erinnert, daß sich dieses Szenario nicht auf die gewohnten Naturverhältnisse bezieht, sondern auf eine hypothetische Phase der Erdveränderung, in der die Menschen aufgrund einer Evakuierung oder Entrückung nicht mehr auf der Erde sein werden; diese Hilfe von oben werde notwendig sein, weil sonst kein Mensch überleben würde (Prinzip «Arche Noah»). Auslöser für diese mögliche Globalkatastrophe werden verschiedene «höhere Gewalten» genannt: Meteoriteneinschlag, gewaltige Vulkan- oder Calderaausbrüche, Erdachsenveränderung, Polsprung, eine neue kosmische Einstrahlung («Photonenring»), usw.

Erdveränderungen aus der Sicht von Mutter Erde

Frage: Gibt es Informationen über die relative Sicherheit bestimmter Orte oder Gebiete? Ist es empfohlen, im Hinblick auf die kommenden Erdveränderungen an solche Orte zu ziehen?

Es gibt nur sehr wenige Orte auf und unter meiner Oberfläche, die nicht direkt von den physischen Veränderungen betroffen sein werden. Natürlich sind einige Orte für diejenigen, die in Liebe und Harmonie leben möchten, besser geeignet als andere. Je schneller diese Menschen lernen, einfach von dem zu leben, was ich willig zur Verfügung stelle, desto besser werden sie für die eventuellen Schwierigkeiten vorbereitet sein.

Wenn ich ein Gebiet reinige, bedeutet dies nicht notwendigerweise, daß ich mich von einem Schmerz befreie, der mir gegenwärtig zugefügt wird. Es kann sich auch um negative Energien handeln, die von früheren Generationen übriggeblieben sind, wenn diese *[die verbliebenen negativen Energien]* noch nicht vollständig neutralisiert worden sind. Negativität löst sich nicht einfach von selbst auf. Die Schwingung bleibt so lange bestehen, bis sie durch konkrete *[positive oder spirituelle]* Handlungen aufgehoben wird. Hierzu bestehen zahlreiche Möglichkeiten, die so vielfältig sind, daß alle Formen von Lebewesen an der Heilung des Planeten mitwirken können.

Gewisse Situationen haben meinem Körper einen Schaden zugefügt, der nunmehr seit fast einhundert Jahren unverändert fortbesteht. Dies ist der Fall, wenn keine entgegenwirkende Liebe hinzugekommen ist oder wenn ich meine eigenen Reinigungskräfte nicht eingesetzt habe, wofür ich jeweils meine persönlichen Gründe hatte. Einige Gebiete brauchen eine sehr tiefgehende Heilung, damit die Schwingung verändert werden kann.

Es ist also nicht immer einfach zu verstehen, warum gewisse Gebiete der Reinigung bedürfen. Bei anderen wiederum ist es offensichtlich. Ihr könnt euch ganz bestimmt den verheerenden Schaden vorstellen, der durch die Atomexplosionen verursacht wurde. Bis solche Gebiete geheilt sind, wird es sehr lange dauern. Die Verantwortlichen und diejenigen, die an diesen zerstörerischen Handlungen aktiv teilgenommen haben *[all die Politiker, Firmenchefs, Finanzmächte, Militärstrategen usw.],* werden einen ähnlichen Heilungsprozeß durchlaufen müssen, obwohl es auch ihnen möglich wäre, eine viel schnellere Entwicklung zu wählen. Denn wenn sich das Herz und die Absichten der Seele einmal der Liebe geöffnet haben, kommt es sehr schnell zu entsprechend positiven Reaktionen und Veränderungen. Die erwähnten Individuen müssen jedoch die volle Verantwortung tragen für alles, was sie mir und anderen angetan haben. Dies können sie unter keinen Umständen aufheben, höchstens aufschieben.

Was die Orte betrifft, die von «Katastrophen» heimgesucht werden könnten, so ist es nicht erforderlich, daß ich euch namentlich jede Stadt und jede Region nenne. Die Warnungen, die ihr von mir und auch von vielen anderen bekommt, sollten eigentlich genügen, um euch zu bewegen, eure Herzen für die bevorstehenden Veränderungen zu öffnen.

Ihr alle müßt euch individuell entscheiden, ob ihr eurer inneren Führung folgen wollt oder nicht. Diejenigen, die noch kein Vertrauen in diesen Aspekt ihres Selbst haben, sollten wissen, daß die innere Führung nicht etwas Aufsehenerregendes zu sein braucht. Ihr könnt sie wahrnehmen, indem ihr euch einfach fragt, ob ihr bei dem, was ihr tut, und dort, wo ihr gerade verweilt, sowohl äußerlich als auch mental und emotionell ein «gutes Gefühl» habt. Aber seid achtsam, daß diese Gefühle nicht von euren alten Programmierungen bestimmt werden, denn gerade diese haben euch dazu gebracht, die Intuition zu verdrängen oder zu ignorieren. Das Ganze ist wirklich sehr einfach, so wie es alle Wahrheiten sind.

Ich verabschiede mich nun. Ich liebe jeden von euch, so wie es nur eine Mutter verstehen kann. Ich liebe den Einen Schöpfer, den Vater und die Mutter aller Dinge.

– Mutter Erde
(19. August 1993)

Kapitel 3

«Neue Weltordnung» und die «neue Erde»

Immer mehr wird ersichtlich, daß auf der Erde eine «neue Weltordnung» eingeführt werden soll, die auf der totalen Kontrolle aller Menschen beruht. Eine solche erzwungene «Ordnung» unterscheidet sich von der «neuen Erde», die der göttliche Schöpfungsplan vorsieht, wie Dunkelheit vom Licht. «Der neue Himmel und die neue Erde» (siehe Offb 21,1 u. 5) beruhen einzig und allein auf der Liebe all jener Menschen, die auf der neuen Erde leben wollen, denn in dieser Liebe benutzen sie ihren freien Willen in vollkommener Harmonie mit Gottes Willen.

Auf dieser Grundlage wird auch das zentrale Lebensprinzip wieder weltweit verstanden werden, nämlich daß jeder Mensch seine eigene Realität erschafft. Solange die Menschen sich dieses Prinzips nicht bewußt sind, geben sie ihre eigene Verantwortung und damit auch ihre Freiheit ab, so daß sie nur noch fremden Plänen dienen. Prägnant formuliert, lautet die Botschaft dieses Kapitels: «Schafft eure eigene Realität, sonst schafft sie jemand anders für euch!»

Das kosmische Erbe der Menschheit ist in erster Linie ein geistiges: ein göttlicher Auftrag innerhalb des Schöpfungsplanes, der zum heutigen Zeitpunkt sowohl für die Erde als auch für die Menschen einen Quantensprung in der Entwicklung vorsieht. Es ist deshalb ein besonderes Privileg, aber auch eine besondere Verantwortung und Herausforderung, gerade jetzt, in dieser Zeit der Entscheidungen, auf der Erde inkarniert zu sein.

Weil diese Phase so bedeutsam ist, werden die Menschen auf unterschiedlichste Weise darauf hingewiesen, daß sie die zahlreichen Offenbarungen, Warnungen und Hilfen ernst nehmen sollten. Sehr deutlich äußern sich hierzu die überirdischen Stimmen, die sich durch Tom Smith mitteilten.

Nachdem auf den vorangegangenen Seiten bereits ein kosmisches Kollektiv, «The Blend of Loving Energies», vorgestellt wurde, lernen wir in diesem Kapitel ein weiteres Kollektiv kennen, die «Intergalaktische Konföderation».

Aus den Texten bekommt man den Eindruck, daß «The Blend of Loving Energies» eher die Funktion eines geistigen Rates hat, die Intergalaktische Konföderation mehr die eines ausführenden Gremiums. In Kompetenz unterscheiden sie sich jedoch nicht, und an akut-aktueller Brisanz steht keiner dem anderen nach. Dies zeigt sich auch daran, daß die beiden Gruppen nicht streng getrennt sind, sondern sich in einigen Personen auch überschneiden. Wie im vierten Kapitel erwähnt wird, gehört z. B. Ashtar, der bereits als Mitglied des «Blend of Loving Energies» individuell gesprochen hat, auch zur Intergalaktischen Konföderation.

Was ist die Intergalaktische Konföderation?

Wir grüßen euch im Namen Gottes und im Namen der Liebe. Ihr werdet geliebt, seid euch dessen bewußt! Und spürt, daß auch wir euch lieben.[1] Wir sind viele an der Zahl, und wir sprechen im Auftrag der Intergalaktischen Konföderation. Wir sind eine Vereinigung liebender Energien, die den Auftrag hat, sich um den Planeten Erde, aber auch noch um viele andere Bereiche des Universums zu kümmern, und wir tun es mit großer Freude.

Die Zeit ist gekommen, daß wir als eine einzige Stimme gehört werden. Es ist Zeit, daß ihr, die ihr über unsere Existenz wißt, uns auch hören könnt und andere vorbereitet, ihrerseits zu erwachen. Es ist Zeit, daß ihr auf der Erde Vorbereitungen trefft für die Große Ernte. Dies wird nicht heute und nicht morgen sein, aber auch nicht in ferner Zukunft. Die meisten von euch werden einige Zeit brauchen, um die Vorbereitungen zu vollenden.

Wir sind eine Delegation des Rates und sprechen hier als eine vereinte Energie. Unsere Anzahl variiert von Zeit zu Zeit, aber wir werden immer die Mehrheit der Mitglieder repräsentieren. Wenn ihr zählen wollt, so sind wir im allgemeinen zwischen 150 und 200. Jetzt gerade sind 225 Wesen in unserer vereinten Energie. Wir sprechen zu euch auf der Erde jedoch in einer einheitlichen, einzigen Stimme. Was wir sagen, soll in keiner Weise die liebenden Worte unserer Brüder und Schwestern, die individuell zu euch sprechen, außer Kraft setzen oder überflüssig machen. Denn selbst wenn wir individuell sprechen, sind wir alle miteinander verbunden. Wir alle sind eins. Wir alle sind aus dem Einen Schöpfer.

Heute möchten wir uns vorstellen. Was hier geschieht, soll keine Einwegkommunikation sein. Wir sind hier, um euch allen und der schönen Erde zu dienen. Ihr seid eingeladen, durch eure eigenen geistigen Führer, durch Tom oder durch andere eure Fragen zu stellen.

Wir werden mit denen kommunizieren, die bereit sind, unsere Energien zu teilen und die Informationen an all diejenigen weiterzugeben, die dafür offen sind. Verwendet hierfür Zusammenkünfte, Rundbriefe, Computernetzwerke und alle anderen Möglichkeiten, die Menschen zu erreichen. Wir möchten jeden von euch ermutigen, unsere Botschaften weiterzureichen, insbesondere diejenigen, von denen ihr euch besonders angesprochen fühlt. Ihr werdet sehen, daß wir zu unterschiedlichen Zeiten die gleichen Botschaften durch verschiedene Kanäle geben werden. Dies soll den optimalen Empfang unserer Energien sicherstellen.

Wir freuen uns darauf, zu beobachten, wie all diejenigen auf der Erde, die ihre Schwingung erheben und mit anderen eine Einheit sein möchten, den bewußten Aufstieg erleben werden. Wir unterstützen und ergänzen die aufgestiegenen Meister und die anderen Brüder und Schwestern, die mit euch und der Erde bis hin zum gegenwärtigen Zeitpunkt gearbeitet haben. Sie werden alle weiterhin in diesem Sinn tätig bleiben *[unser Kontakt mit euch ändert nichts an ihren Aufgaben]*. Jetzt, wo wir mit euch in eine direkte Kommunikation treten, verbinden wir uns auch mit ihnen. Viele, die ihr als aufgestiegene Meister bezeichnet, sind Mitglieder der Konföderation. Ihr werdet hierüber noch Genaueres erfahren. Dies und vieles mehr wird euch mitgeteilt, damit ihr euch all der verschiedenen Energien bewußt werdet, die euch als Unterstützung zur Verfügung stehen und Boten des Einen Schöpfers sind.

Wir kommen in Liebe und sind aus dem Licht. Wir möchten uns deswegen in keiner Weise und auf keiner Ebene in das einmischen, was ihr als Menschen und Lichtarbeiter für euch entscheidet. Die Menschheit ist nun bereit für die kombinierte Schwingung, mit der wir zu euch sprechen. Wir haben jedoch nicht die geringste Absicht, euch durch diesen Kontakt in irgendeine Richtung zu beeinflussen. Wir sind hier, um Hand zu reichen, wenn ihr euch der Gotteskraft öffnet, die mit euch ist. Aber es ist eure Entscheidung, ob ihr diese Unterstützung wünscht oder nicht.

Wir sind hier, um zusammen mit euch allen die Freude zu erfahren, wenn ihr und Mutter Erde eure Transformation, ja Transmutation zu einer höheren Ebene der Liebe vollzieht.

Wenn all die Schleier entfernt werden, werdet ihr überwältigt sein von der Schönheit, die ihr wahrnehmt, und von der Liebe, die ihr von uns allen und von euch selbst empfangt.

Wir ziehen uns nun zurück, aber wir werden wiederkehren, um zu euch zu sprechen. Wir lieben jeden von euch, und wir dienen euch. Wir verbleiben als Diener und Mitschöpfer im Plan des Einen Unbegrenzten Schöpfers.

– Die Intergalaktische Konföderation
(1. März 1993)

1) Wenn man nur irdisch begrenzte Vorstellungen von Liebe hat, mögen solche Worte wie überflüssige Beteuerungen erscheinen. Wer jedoch spürt, was die Lichtwesen mit «Liebe» meinen, erkennt die göttliche Unendlichkeit, die sie mit der hohen Schwingung ihrer Worte eröffnen.

Konzentriert euch auf das Positive!

Wir als Mitglieder der Intergalaktischen Konföderation haben unsere Vertreter und Vertreterinnen über den ganzen Planeten gesandt, um die Botschaften der Liebe zu verkünden. Wir haben uns schon bei vielen Gelegenheiten an die Menschen gewandt und als individuelle Energien gesprochen. Unsere kollektive Kommunikation ist einfach eine Erweiterung dieses individuellen Kontaktes.

Wir möchten heute auf ein ganz bestimmtes Thema zu sprechen kommen, das viele von euch bewegt, ja sogar irgendwie fasziniert. Was wir meinen, ist der Wunsch, möglichst viel über die dunklen Mächte zu erfahren, über die heimlichen Machenschaften der Regierungen, usw. Wir sagen nicht, daß ihr diese Vorgänge ignorieren sollt und daß es nicht erforderlich sei, über einige Dinge auch im Detail informiert zu sein. Aber wir sagen euch, daß ihr eurer eigenen Entwicklung, der Erde und der gesamten Menschheit am besten dient, wenn ihr euch auf das konzentriert, was euch immer zugänglich ist: das Licht und die Liebe.

Es gibt über eure und unsere positiven Aspekte mehr zu erfahren, als ihr in vielen Leben lernen könnt. Wollt ihr wissen, wie das Universum entstand und funktioniert? Möchtet ihr wissen, was für Welten es gibt? Möchtet ihr erfahren, was es mit dem Leben auf anderen Planeten auf sich hat? Das sind bloß die ersten, grundlegenden Fragen, von denen jede zu Dutzenden neuer Fragen führt. Warum müssen so viele von euch immer wieder auf die verborgenen Machenschaften eurer Regierung zu sprechen kommen? Befürchtet ihr, daß ihr etwas verpaßt?

Wir möchten den Gedanken einbringen, ob eure intensive Beschäftigung mit den dunklen Mächten nicht eine direkte Folge der Programmierung ist, die ihr von ebenjenen Mächten bekommt. Wie bei jeder Art von Programmierung ist es gut möglich, daß ihr euch dessen nicht bewußt seid, was aber nichts daran ändert, daß sie vorhanden ist. Die menschliche Spezies wurde seit Hunderten, ja Tausenden von Jahren darauf getrimmt, sich auf die negativen Ereignisse zu konzentrieren und für die positiven Dinge, die geschehen, keine Zeit zu haben oder sie einfach zu übersehen. Dies ist ein selbsttätiges und selbstmanifestierendes Phänomen. Gleiches zieht Gleiches an – dieses universale Gesetz gilt auch hier.

Deshalb möchten wir euch nahelegen, euch auf die positiven Aktivitäten zu konzentrieren, die überall um euch herum geschehen. Was die Außerirdischen betrifft, so sucht auch hier die Verbindung mit den wohlwollenden. Sucht die Informationen, die *sie* euch geben, und versucht zu erfahren, welche Liebe sie für euch empfinden.

Wir möchten darauf hinweisen, daß die wohlwollenden und liebenden Außerirdischen, die mit euch und der Erde verbunden sind, zu jeder Zeit in einer großen Überzahl gegenwärtig sind. Stellt euch einmal vor: Über 95 Prozent der außerirdischen Präsenz kommen aus den Kräften des Lichts! Das bedeutet, daß nur 5 Prozent aller ET-Aktivitäten – oder sogar noch weniger – von den Dunkelmächten ausgehen. Dennoch ist festzustellen, daß der Großteil der Energien und der Interessen der Menschheit auf die negativen Kräfte und deren Aktivitäten gerichtet ist.

Viele von euch denken, es sei extrem wichtig, die Verbindungen eurer Regierung mit den negativen ETs und die Entführungen zu erforschen. Wir wollen keineswegs bestreiten, daß die Menschheit sich mit diesen Themen wird befassen müssen. Aber bedenkt: Wenn ihr eure Energien neu ausrichten würdet, um einen positiven Fokus zu haben, dann würden allein diese Energien helfen, viele der Sorgen, die ihr habt, von selbst zu lösen. Wenn ihr dies tut, hebt ihr auch die Schwingung eures eigenen Bewußtseins. Dann werden Licht und Liebe ganz natürlich das Zentrum eurer Interessen sein, und die Dunkelheit vermag euch nicht mehr zu faszinieren. Dadurch wird euer Massenbewußtsein genau jene Umstände hervorbringen, die notwendig sind, um vieles von dem, was euch an Mißständen bekannt ist, zu korrigieren.

Dies sind Worte der Wahrheit, und es ist sehr wichtig, daß jeder von euch dies lernt: seine eigene Realität bewußt zu erschaffen. Das Erschaffen der eigenen Realität und die Kraft der Liebe sind die zwei wichtigsten Wahrheiten, die jeder Mensch kennen, verinnerlichen und wahrhaft glauben sollte.

Ihr werdet vieles von uns erfahren. Wir werden auch einige der oben angesprochenen Probleme aufgreifen. Aber es wird uns dabei immer nur darum gehen, eurer spirituellen Entwicklung zu dienen. Es gibt keinen Mangel an Themen. Ihr werdet möglicherweise einiges von dem, was wir sagen, bereits anderswo gehört haben. Wenn nun auch wir darüber sprechen, tun wir dies nur, um euch eine weitere Möglichkeit zu geben, die Wichtigkeit dieser Wahrheiten noch besser zu verstehen.

Wir ziehen uns nun zurück. Wir lieben jeden von euch. Wir lieben die Erde, und wir lieben den Einen Schöpfer von uns allen.

– *Die Intergalaktische Konföderation*
(2. März 1993)

Wir sind alle miteinander verbunden

Daß das Universum unvorstellbar groß ist, glauben alle Menschen. Viele halten es auch für möglich, daß irgendwo «da draußen» andere Lebensformen vorhanden sind. Doch diejenigen, die dies *[theoretisch, vielleicht im Rahmen von Science-fiction]* für möglich halten, glauben nicht wirklich, daß dem auch so ist. Sie haben keine dieser Lebensformen je gesehen, gehört oder sonstwie wahrgenommen. Deshalb fällt es ihnen tief im Innern schwer, dies alles zu glauben.

Solche *[materialistischen]* Menschen glauben auch nicht an Gott, wie ihre Handlungen deutlich zeigen. Sie halten sich selbst als Spezies für das Zentrum von Gottes Schöpfung. Sie meinen, alles drehe sich um sie. Deshalb gönnen sie sich auch nicht die Freiheit, die wahre Universalität Gottes zu erforschen. Sie sehen nur diesen einen Planeten und sind entschlossen, auch ihn unbewohnbar zu machen.

Wir sehen das Verhalten der Menschheit, und wir können es kaum glauben. Wir beobachten die Menschen schon, seitdem sie auf der Erde sind. Aber wir staunen dennoch angesichts der Entscheidungen, mit denen sie sich selbst und ihren Planeten in Mitleidenschaft ziehen. Sie verwüsten ihre eigene Insel im Weltall und legen eine solch niedrige Stufe von Nächstenliebe an den Tag, daß wir uns manchmal wundern, wie der Schöpfer dies so lange zulassen konnte. Wir wissen natürlich, daß er es zuläßt, weil seine Liebe allumfassend und bedingungslos ist. Dennoch sind wir immer wieder erstaunt, da wir die Schwingung des kollektiven Bewußtseins wahrnehmen und die von den Menschen verursachte Zerstörung in allen Konsequenzen sehen.

Wir betrachten dies alles, aber wir urteilen nicht, da wir alles im Licht der Liebe sehen. Aber wir fragen uns dennoch, was geschehen würde, wenn die Menschen ungebremst weitermachen dürften. Wir kennen die Antwort, da wir gesehen haben, was mit anderen Planeten und anderen Existenzen im Universum geschehen ist. Der Kurs, den die Menschheit eingeschlagen hat, würde ebenfalls zur totalen Zerstörung eurer Spezies und eures Planeten führen.

Tausende, ja Millionen von Menschen sind sich dessen bewußt und bewirken bereits eine Änderung, denn sie unternehmen ernsthafte Bemühungen, die Erde und auch die Menschheit zu retten. Aber dies ist noch nicht genügend, wenn andere Energien sich nicht ebenfalls ändern. Was die Erde betrifft, so hat sie sich bereits entschieden. Sie fördert nun ihre Entwicklung in eine höhere Dimension, und die Menschen, die dieser Frequenz nicht entsprechen, werden ihre Irrfahrt auf einem anderen Planeten fortsetzen müssen.

Ihr könnt euch selbst und der Erde helfen, indem ihr eure Liebe reinigt und verstärkt. Dies wird nichts daran ändern, daß ihr den Planeten werdet verlassen müssen *[entweder durch den physischen Tod oder durch eine Evakuierung oder Entrückung]*. Euch stehen dabei Entscheidungen offen, die eure Zukunft aufs nachhaltigste beeinflussen werden, zum Beispiel, wohin ihr gehen werdet, wenn ihr den Planeten verlaßt. Ihr habt auch die Möglichkeit, den Planeten nicht als physisches Wesen zu verlassen. Ihr könnt einen Weg wählen, der bewirkt, daß ihr hinübergeht *[sterbt oder umkommt]* und alle kommenden Veränderungen nicht miterleben müßt. Aber ihr werdet das, was ihr zu lernen habt, um letztlich den Aufstieg zu schaffen, nicht vermeiden können. Was ihr in diesem Leben nicht lernt, werdet ihr später unter anderen Umständen lernen müssen. Wenn ihr in eurem gegenwärtigen Leben nicht eine höhere Stufe der Liebe erreicht, werdet ihr in einer entsprechenden Schwingungsebene bleiben, bis ihr es lernt, mit eurer Bewußtseinsfrequenz die dritte Dimension hinter euch zu lassen.

Um dies zu erreichen, müßt ihr euch selbst und eure Lebensziele in einem neuen Licht sehen. Ihr braucht nicht alle Aspekte des Universums zu verstehen. Aber ihr müßt verstehen, daß ihr mit allen verbunden seid, mit den sichtbaren wie mit den unsichtbaren. Weil ihr verbunden seid, existiert ihr nicht isoliert im Universum. Ihr werdet von all diesen anderen Realitäten beeinflußt. Wir sind allesamt verbunden und sind eine Einheit im Einen Schöpfer von uns allen. Ihr sagt vielleicht, dies sei eine «schöne Theorie» – aber was bedeutet es praktisch? Ihr seid inkarnierte Wesen, die bestenfalls an Gott glauben, aber darüber hinaus meint ihr, ihr würdet unabhängig handeln und es gäbe nichts, was euch beeinflusse. In Wirklichkeit aber hat *alles* eine Wirkung auf euch. Ihr seid spirituell mit allem verbunden.

Wie können die Blätter eines Baumes unbeeinflußt bleiben, wenn der Baum umgesägt wird? Wie können die Früchte eines Baumes unbeeinflußt bleiben, wenn der Boden bewässert und genährt wird? Wie kann euer Körper unbeeinflußt bleiben, wenn das Herz stillsteht oder wenn ihr eine schöne Erfahrung macht? Alles ist miteinander verbunden im großen Organismus des Universums. Die Menschen jedoch werden seit langem darauf programmiert, daß nur das zähle, was sie selbst begreifen und wahrnehmen können. Aber dem ist nicht so! Je früher ihr beginnt, dies zu glauben, und euer irdisches und euer spirituelles Selbst als Verbindungsteile im kosmischen «Puzzle» erkennt, desto schneller werdet ihr erkennen, wie ihr mit eurer Liebe dem Schöpfer entgegengehen könnt, Schritt für Schritt. Gleichzeitig hat diese Erhöhung eurer Liebe auch eine Wirkung auf uns, die uns sehr erfreut. Denn wir sind alle miteinander verbunden. Wir sind eins.[1]

Wir verabschieden uns nun. Wir danken euch für diese gemeinsamen Momente. Wir lieben jeden von euch, und wir lieben den Unbegrenzten Schöpfer von uns allen.

– Die Intergalaktische Konföderation
(9. März 1993)

1) «Wir sind eins» bedeutet nicht, daß die Individualität geleugnet würde oder daß alles letztlich eine abstrakte oder indifferente Einheit sei. Dies entspräche dem Glauben der selbstherrlichen Dunkelwesen, die unter «Gott» nichts anderes verstehen als die energetische Gesamtheit des Universums, die für sich selbst aber kein Bewußt-Sein und keine Individualität ist. Gott ist in dieser atheistischen Weltsicht einfach die Summe aller Teile, weshalb alle Teile zusammen Gott darstellen und zusammen auch Gott spielen dürfen – und wer am besten spielt, kann die anderen beherrschen und Gott sein, da es letztlich keinen wirklichen, individuellen Gott gibt. Das ist die atheistische Interpretation von «Wir sind eins», «Alles ist eins», die heute auch in esoterischen Kreisen verbreitet ist.

Aus gottesbewußter Sicht ist Individualität das absolute Prinzip jeder Einheit, denn Einheit bedeutet «nicht getrennt; nicht trennbar», was genau die wörtliche Bedeutung von «individuell» ist (von lat. «in-», Silbe der Verneinung, und «dividere», «teilen; trennen»). Alle Teile Gottes sind also Individuen, d. h. nicht trennbare Einheiten. Das Absolute jenseits der relativen Dualität ist ebenfalls eine Individualität, jedoch die absolute Individualität (absolute Einheit). Gott ist deshalb mehr als nur die Summe der Teile. Gott ist die absolute Individualität und somit auch das absolute Bewußtsein und die absolute Liebe.

«Wir sind eins» bedeutet nichts anderes, als daß alle Teile Gottes inner-

halb des Absoluten eine untrennbare Einheit darstellen, so wie – um einen materiellen Vergleich anzuführen – alle Teile einer Maschine eine Einheit darstellen; obwohl alle Teile ihre einzigartige Funktion und Position haben, sieht jemand, der die Maschine als Ganzes kennt, kein Teil getrennt von der Maschine. Die Maschine ist jedoch mehr als die Summe ihrer Bestandteile, denn nur eine einzigartige Zusammenfügung dieser Teile, geschaffen durch eine übergeordnete Intelligenz und bewußte Planung, ermöglicht die Existenz der Maschine als harmonische Einheit ihrer Teile.

Übertragen auf die Gesamtheit aller Welten und Wesen ist die übergeordnete Intelligenz die höchste, d.h. allumfassende Intelligenz (= Gott, die absolute Individualität).

«Wir sind eins» oder «alles ist eins» bedeutet aus göttlicher Sicht einfach, daß letztlich alles – in Gottes Harmonie – eine Einheit darstellt: ein unendliches System unzähliger Individuen, die alle aufgrund ihres gemeinsamen Urgrundes auch untereinander verbunden sind. Sich selbst als Teil dieser unendlichen göttlichen Einheit zu erkennen ist wahre Selbsterkenntnis. Daher wird auch in den Botschaften, die Tom Smith empfing, immer wieder betont, wie wichtig es sei, daß die Menschen erkennen, wer sie sind bzw. was ihr wahres Selbst ist.

Dies ist keine neue Wahrheit, sondern eine ewige und findet sich bereits in der jahrtausendealten Bhagavad-Gita: «Wer auf diese Weise in Yoga (Religio) lebt und sich immer des wahren Selbst bewußt ist, wird von aller materiellen Verunreinigung frei und erreicht dank dieser Verbindung mit dem Absoluten die höchste Stufe vollkommenen Glücks./ Eine solche Person sieht Mich in allen Wesen und sieht alle Wesen in Mir. Wahrlich, die selbstverwirklichte Seele sieht Mich ohne Unterschiede überall./ Jemand, der Mich überall sieht und alles in Mir sieht, ist niemals von Mir getrennt, und Ich bin niemals von ihm getrennt.» (6.28–30)

Wie sollen wir uns auf die Erdveränderungen vorbereiten?

Der folgende Text geht auf die Frage ein, was die angekündigten Erdveränderungen, die immer mehr eintreten, für uns persönlich bedeuten. Wie sollen sich die «Erwachten» verhalten? Welche Ratschläge sollen sie anderen Menschen mit auf den Weg geben? Sollen wir versuchen, uns materiell mit Notvorräten abzusichern, oder gibt es eine größere Vision, um möglichst viele Menschen zu erreichen?

Wir verstehen, daß diese Frage viele Menschen beschäftigt. Die Erdveränderungen werden jede einzelne Seele auf dem Planeten auf die eine oder andere Weise betreffen. Denn wir sind alle miteinander verbunden.

Die Antwort auf all diese Fragen ist sehr einfach. Sie ist vielleicht sogar zu einfach, denn wir sind uns bewußt, daß die meisten Menschen eine vielschichtigere, beeindruckendere Antwort erwarten: eine ausgefeilte Formel, die man an andere weiterreichen kann, vielleicht gar eine pathetische Abhandlung oder eine weltbewegende Enthüllung, die in die Schlagzeilen kommt. Wir könnten euch in dieser Hinsicht einen Gefallen tun. Aber was wäre der Nutzen? Was uns am Herzen liegt, ist eine Botschaft, die klar verstanden wird, und diese besagt, kurz gesagt, folgendes:

Liebt euch selbst und lernt, eure eigene Realität zu schaffen. Das sind die Worte, die wir empfehlen, den Menschen mitzugeben, damit sie sich auf die Erdveränderungen vorbereiten können. Ist dies einfach genug? Ist es kompliziert genug? Wir denken, es ist beides. Es ist einfach, weil Liebe bei euch anfangen sollte. Erst wenn ihr euch selbst bedingungslos liebt, seid ihr fähig, alle anderen Wesen und Gott, den Schöpfer, wahrhaftig zu lieben.

Denjenigen, die ihr liebt, werdet ihr ganz natürlich den notwendigen Freiraum lassen, damit sie leben und sich entwickeln können, selbst wenn sie nicht mit euren Ansichten übereinstimmen. Wenn ihr andere liebt, indem ihr ihnen erlaubt, das zu sein, was sie sein möchten, könnt ihr ihnen unmöglich in irgendeiner Form Schaden zufügen, weil ihr sie einfach liebt und sie in dieser Liebe akzeptiert.[1] Je mehr Menschen dies aus der Tiefe ihres Herzens empfinden, desto weniger wird es geschehen, daß andere Menschen verletzt werden, sei es nun in Form negativer Gedanken oder negativer Handlungen. Die Schwingungen der Liebe, die aus einer solchen Massenrepräsentation des individuellen Bewußtseins hervorgehen, werden von der Erde gefühlt, und dadurch werden die negativen beziehungsweise niederen Schwingungen wie von selbst gereinigt werden.

Mit der Verbreitung dieser Liebe wird es auch den anderen Menschen dämmern, daß sie die Oberfläche der Erde und deren Aurafeld nicht verletzen sollten. Wenn ihr auf diese Weise tätig seid, ist jeder von euch in der Lage, an der Heilung der Erde und der Luft teilzunehmen. Der Schaden, der durch die negativen Schwingungen erzeugt wurde, muß aufgehoben oder zumindest verringert werden; dann wird sich die Schwingung aller Menschen erhöhen, und die Reinigung der Erde wird nicht mehr notwendig sein, jedenfalls nicht im prophezeiten Ausmaß.

Der andere Teil der Botschaft betrifft das Schaffen eurer eigenen Realität. Wir und andere haben bereits darüber gesprochen. Wenn ihr wirklich erkennt, was es bedeutet, daß ihr selbst alles um euch herum erschafft, dann werdet ihr bereit sein, eine persönliche und kollektive Welt zu schaffen, die euch hilft, auf die nächsthöheren Schwingungsebenen zu gelangen. Dann werdet ihr voller Zuversicht alle Schwierigkeiten überwinden können, die vor euch liegen, jetzt, wo euer Leben direkt vor euren Augen auf immer tiefgreifendere Veränderungen zugeht. Dies wird euch dahin bringen, daß ihr auch mit dem spirituellen Universum in Kontakt kommt und von dort alle Hilfe bekommt, die ihr braucht.

Wenn ihr uns also fragt, was ihr den Menschen hinsichtlich der Erdveränderungen sagen sollt, so lautet unsere Antwort: Sagt ihnen, sie sollen lernen, sich selbst und andere zu lieben, und sie sollen auch lernen, was es heißt, die eigene und die kollektive Realität zu erschaffen. Das ist die einfache Antwort, von der wir sprachen. Früher oder später wird jeder Mensch auf der Erde mit dieser Herausforderung konfrontiert werden. Wir geben euch einfach einige Anregungen.

Wir verabschieden uns nun, nachdem wir unsere Antwort gegeben haben.[2] Wir sind hier, um euch allen zu dienen. Wir lieben euch, und wir lieben den Einen Schöpfer.

– Die Intergalaktische Konföderation
(14. März 1993)

1) Auf die Frage, wie man sich vor den Erdveränderungen schützen könne, bekommen wir hier eine einfache, aber überraschende Antwort: keine Überlebensübungen und keine Adressen sicherer Orte, sondern eine erneute Betonung der Wichtigkeit der Liebe und des inneren Erkennens, daß wir selbst unsere Wirklichkeit schaffen.

Haben wir in aller Konsequenz verstanden, was das bedeutet? Dann würden wir nicht mehr fragen müssen, wie wir uns vor Katastrophen und anderen äußeren Veränderungen schützen können, denn diese Ereignisse wären für uns keine Bedrohung mehr, sondern wären Teil einer ganz anderen Wirklichkeit, die weit über die aufgewühlte Oberfläche momentaner irdischer Existenz hinausgeht.

Die Erdveränderung ist unvermeidlich. Sie kann und soll auch nicht aufgehalten werden. Daher ist Selbsterkenntnis gerade in der heutigen Zeit von entscheidender Bedeutung, denn nur mit dieser Kraft (Voll-Macht; Selbst-Ermächtigung) wird es möglich sein, echte Wahrheit und Hilfe zu erkennen. Dies hat auch Ashtar (in Kapitel 2) betont:

«Die nahe Zukunft ist eine Zeit, in der es für die Menschheit von größter Bedeutung ist, genau zu verstehen, wie eine bestimmte Realität geschaffen wird und was die Konsequenzen dieser Manifestationen sind. Allen, die auf dem Planeten Erde leben, stehen sehr anspruchsvolle, zunächst chaotische und letztlich wunderbare Zeiten bevor. Je früher ihr euch eurer wahren Ermächtigung bewußt werdet, desto besser werdet ihr vorbereitet sein. Je schneller ihr eure Fähigkeit des bewußten Erschaffens meistert, desto schneller werdet ihr in der Lage sein, euch den Herausforderungen zu stellen und sie so ideal zu überwinden, wie ihr es euch wünscht.»

Kern des göttlichen Auftrages an alle willigen Menschen auf der Erde ist es, die echte, bedingungslose Liebe auf die Erde zu bringen und sie als Saat zu pflanzen, die später auf der neuen Erde vollständig erblühen wird. Zu dieser Liebe gehört das Freisein von negativen Gefühlen, und dazu gehört, anderen Menschen zu erlauben, «das zu sein, was sie sein möchten, ... da ihr sie einfach liebt und sie in dieser Liebe akzeptiert» – selbst wenn sie uns nicht lieben und vielleicht sogar aggressiv reagieren. Das weltbewegende Beispiel hierfür hat Christus als Jesus gegeben.

Wenn alle immer zurückschlagen und auf Rache plus Rechtfertigung abzielen, vermag die Menschheit nie aus dem Teufelskreis der Unliebe auszubrechen. Salopp gesagt: Irgend jemand muß «mit der Liebe» einmal anfangen. Und das ist unser Auftrag, das kosmische Erbe, mit dem wir hierher auf die Erde gekommen sind.

2) Diese Antwort ist ein Beispiel dafür, daß die Lichtwesen sich nicht in die Entscheidungen der Menschen einmischen wollen. Dies zeigt sich u.a. daran, daß sie nicht auf den Aspekt der Notvorräte eingegangen sind. Notvorräte können eine Sicherheit geben oder auch die Angst vergrößern, je nach Person und Umstand. Hätten sie gesagt: «Ja, legt Notvorräte an!», wären viele nur aufgrund dieser Aussage losgerannt, um Vorräte einzukaufen – und nicht, weil es ihre eigene Entscheidung oder Überzeugung ist. Hätten sie gesagt: «Nein, legt keine Notvorräte an», hätten sie möglicherweise eine Gleichgültigkeit provoziert. Die Menschen sollen anscheinend selbst entscheiden, was für sie in solch praktischen Fragen eine vernünftige individuelle Lösung ist.

Das moderne Wirtschaftssystem soll die Menschen in Unruhe halten

Praktisch alle Menschen existieren und schwingen innerhalb einer Frequenz der Materie, die aus höherer Sicht einen Bereich großer Verdichtung darstellt. Wie bereits von anderen *[Lichtwesen und medialen Quellen]* gesagt wurde, gibt es innerhalb des Universums bestimmte Energien, die es für besser halten, wenn ihr in dieser Verdichtung bleibt – steckenbleibt, wenn ihr so wollt. Dies nährt ihre eigene Existenz und vergrößert potentiell ihre Macht.

Um sicherzustellen, daß ihr nicht über diesen niederen Frequenzbereich hinauskommt, inszenieren diese Energien fortschreitende Aktionen zur Erweiterung ihrer Herrschaft, und das schon seit vielen Jahren, ja seit Hunderten und Tausenden von Jahren. Einer der neuesten Manipulationsmechanismen, die sie eingeführt haben, brachte die herrschenden Wirtschaftssysteme hervor. So verschieden diese Systeme aussehen mögen, ihnen liegt immer dasselbe Muster zugrunde, das von den dunklen Mächten stammt. Auch bei der Ausformung der Lehrbücher, die ihr zu lesen bekommt, waren sie verantwortlich und «federführend».

Sie konstruierten ein scheinbar kompliziertes und aufwendiges System von Angebot und Nachfrage. Dann legten sie die Regeln fest, denen die Menschen zu folgen hatten, damit das System funktioniert. Seit einiger Zeit befinden sich die Menschen nun an dem Punkt, wo sie selbst glauben, dieses System funktioniere *[sei gut und normal]*. Dadurch schaffen sie die Voraussetzungen, durch die es überhaupt erst möglich wird, daß das System sich ausweiten kann.

Der Wunsch der Dunkelmächte ist es, die Menschheit in allen Aspekten ihres Daseins aus dem Gleichgewicht zu bringen. Mit ihren Wirtschaftssystemen gelingt ihnen dies ziemlich gut. Den Menschen wird nicht erlaubt, daß sie in irgendeiner Situation allzu lange Ruhe finden. Zu diesem Zweck *[damit die Menschen nie zur Ruhe kommen]* kann es geschehen, daß die Wirtschaft mal in Krisen gerät oder dann wieder die Hoffnungen schürt, man könne Profite erzielen.

Dies wird hauptsächlich über zwei Faktoren erreicht. Zuallererst seid ihr programmiert worden, auf sogenannt gegebene Wirtschaftssituationen entsprechend zu reagieren. Ihr laßt euch mitreißen. Ihr bringt das Ergebnis hervor, das «sie» sich wünschen, nur daß ihr denkt, das System habe es hervorgebracht. In Wirklichkeit ist es aber so, daß das Wirtschaftssystem genau die Situationen hervorbringt, die ihr selbst mit eurer programmierten Verhaltensweise geschaffen habt. Wenn es zum Beispiel geschieht, daß das Massenbewußtsein glaubt, es stehe ein wirtschaftlicher Aufschwung bevor, führt dies genau zu den entsprechenden Umständen. Die Löhne steigen, die Leute geben mehr Geld aus, die Umsätze steigen. Diese äußeren Vorgänge sind nicht Ursachen in sich selbst, wie man meinen könnte. Sie sind Ursachen nur in dem Sinn, daß sie in den meisten Menschen ein ganz bestimmtes Denk- und Verhaltensmuster in Bewegung setzen.

Der andere wichtige Faktor, den die Dunkelmächte eingeführt haben, um die Wirtschaft und die Menschen in Unruhe zu halten, ist das herrschende Geldsystem. Wie könnte man eine einmal geschaffene Wirtschaftssituation besser steuern als durch die Kontrolle des Geldes? Wenn die in der Gesellschaft normalen oder eingebauten Mechanismen nicht genügen, um die angestrebten Ergebnisse zu erreichen, sind die Zentralbanken zur Stelle. Sie mobilisieren ihre «Kräfte», und im Nu geschieht das, was sie wollen. Aber das Bankensystem könnte nicht existieren, wenn die Gesellschaft nicht auf solchen wirtschaftlichen Mustern aufgebaut wäre.

Was ich hier beschrieben habe, ist eines der am besten funktionierenden Instrumente, um eure Schwingung auf einer «akzeptablen» Niederfrequenz zu halten. Die Menschheit ist aufgrund ihres wirtschaftlichen Systems so verwirrt, daß sie gar nicht merkt, was der eigentliche Zweck dieses Systems ist. Gleichzeitig sind die Menschen auch nicht mehr in der Lage, sich überhaupt ein anderes System und einen anderen Lebensstil vorzustellen. Sie haben völlig vergessen, was sie getan haben, bevor die jetzt herrschenden, künstlichen Systeme eingeführt wurden; alles, was vor dem jetzigen Kontrollsystem existierte, so meinen sie, war bestimmt archaisch, primitiv und wahrscheinlich auch barbarisch.

Wenn ihr euch fragt, ob es irgendeine Alternative gibt, so stellt euch einfach vor, wie die Welt ohne Geld und ohne Banken aussehen würde. Wie würde euer Leben weitergehen? Euer Leben würde sehr gut weitergehen! Stellt euch vor, ihr würdet wieder mit euren Produkten und euren Dienstleistungen einen Tauschhandel betreiben. Dann merkt ihr schnell, was für euer Leben wirklich wichtig und was weniger wichtig ist. Die Mächtigen wären darüber allerdings nicht sehr erfreut. Es wäre schwierig für sie, ihre «Anteile» einzusammeln, wenn es nur noch einen Austausch echter Werte gäbe. Sie könnten auch eure Lebensbedingungen nicht mehr so leicht manipulieren, was es für sie wiederum schwieriger machen würde, über euch Macht auszuüben.

Hieraus ergäben sich viele interessante Perspektiven. Offensichtlich jedoch ist, welche Bedeutung ein kontrolliertes Wirtschaftssystem hat. Man sagt euch, ohne dieses System würde auf der Erde Chaos herrschen. Das ist nicht ganz falsch, da es einige Zeit dauern würde, bis sich alle darauf eingestellt hätten. Aber es würde den Machthabern nicht mehr so leicht fallen, mit den Ängsten der Menschen zu arbeiten, da auch sie dem gleichen Tauschsystem unterstehen würden und in ihrer Taktik eingeschränkt wären.[1]

Diese Gedankengänge sollten euch dazu anregen, die auf der Erde herrschende Situation aus einer anderen Perspektive zu betrachten. Das Wirtschafts- und Finanzsystem sind zwar nicht die einzigen Kontrollmechanismen, aber zwei äußerst einflußreiche. Das Geldsystem könnte durch andere Spielregeln ersetzt werden, ohne daß der übergeordnete wirtschaftliche Kurs und Plan dadurch verändert würden. Geld als Tauschmittel könnte abgeschafft werden und durch andere Zahlungsformen ersetzt werden, zum Beispiel durch ein bargeldloses System mit einer einheitlichen Karte. Ihr könntet immer noch Dinge kaufen, wie ihr es gewohnt seid. Aber: Dies könnte zu sogar noch größere Kontrollmechanismen führen. Denkt darüber nach![2]

In Liebe verabschiede ich mich nun.

– Die Intergalaktische Konföderation[3]
(7. Juli 1993)

1) Man stelle sich vor, das ganze System würde wieder auf dem Wert konkreter Güter und Fähigkeiten aufgebaut. Ganze Wirtschaftszweige (z. B. Börse, Banken, Luxusindustrie, Geschäfte mit der Krankheit, widernatürliche Forschung, Ausbeutung der Dritten Welt, Mitläufer-Jobs) würden ihren wahren Wert an den Tag legen und die Menschen wieder für eine wahrhaft nützliche und charaktervolle Arbeit freigeben müssen – «Arbeit» natürlich im weitesten Sinn. Eine mögliche Definition wäre: jegliche Form von verantwortlichen, nützlichen Beiträgen zum eigenen und allgemeinen Wohl, in unterschiedlichsten Bereichen wie handwerklichen, landwirtschaftlichen, gewerblichen, administrativen, künstlerischen, heilerischen, geistigen usw.

2) Dieser Gedanke greift auf den vorherigen Abschnitt zurück, wo es darum ging, daß das Finanzsystem gemäß dem Plan der Mächtigen den Kurs der globalen Gesellschaft bestimmt und daß man sich kaum mehr etwas anderes vorstellen könne, ja man meine sogar, ohne dieses System wäre das Leben gar nicht mehr möglich und Chaos würde ausbrechen. Dies ist «nicht ganz falsch», aber auch nicht richtig. Denn es ist sehr wohl möglich, das Geldsystem grundlegend zu verändern, ohne daß die herrschende Struktur zusammenbricht. Genau das hat die Hochfinanz ja vor: Abschaffung des herrschenden Geldsystems und Einführung des bargeldlosen Verkehrs. Eine solche Änderung würde das, was die herrschenden Mächte mit ihrer globalen Struktur bisher verfolgten, noch weiter vorantreiben.

3) gesprochen von Voltair, einem Sternenwesen vom Arcturus und Mitglied des «Blend of Loving Energies».

Die «Neue Weltordnung» und geheime Technologien

Frage: Was hat es mit der sogenannten «Neuen Weltordnung» auf sich? Gibt es überhaupt solche Pläne? Wenn ja, wer steht dahinter, und was wird angestrebt? Was ist die Rolle der positiven Außerirdischen in diesem globalen Szenario?

Wie bei unseren anderen Botschaften, so bitten wir auch hier, daß diese Informationen an all jene weitergegeben werden, die sie gerne haben möchten. Macht euch keine Sorgen darüber, daß sie in «falsche Hände» geraten könnten. Wir können mit allen Situationen umgehen.

Der Begriff «Neue Weltordnung» wird meistens von denen verwendet, die mit den geheimen Regierungen verbunden sind.

Die «neue Welt», wie sie von diesen Stellen gesehen wird, soll ein System sein, das vollständig unter ihrer Kontrolle ist – Kontrolle in dem Sinn, wie sie's verstehen. Diese Gruppen sind nicht fähig, die wahre Bedeutung der bevorstehenden Veränderungen zu sehen oder zu verstehen, da sie selbst irregeführt und sogar betrogen werden, und zwar von den Dunkelmächten, die ihrerseits diese irdisch Mächtigen beherrschen. Sie sind bemüht, andere zu beherrschen, erkennen aber nicht, daß sie selbst beherrscht werden. Ihr Verständnis einer «Neuen Weltordnung» ist also geprägt von ihrer eigenen begrenzten Sicht der Erd- und Menschheitsentwicklung. Für den Moment möchten wir nichts weiteres über die «neue Welt» sagen, so wie sie von den geheimen Regierungen geplant ist.

Vielmehr möchten wir über die neue Schwingung der «alten Welt» sprechen. Die Erde verändert sich. Das ist absolut vorgegeben. Wie ihr sagt, «daran gibt es nichts zu rütteln». Die Erde wird ein Planet der fünften Dimension werden. Das heißt, ihr Körper *[der Planet]* wird die liebevolle Schwingung der fünften Dimension annehmen, und sie lädt alle Menschen, die in der gleichen Schwingung leben, ein, dann zu ihr zurückzukehren. Es ist an den Menschen, sich in ihrer Entwicklung für diese höhere Schwingung zu entscheiden oder nicht. Wer sich dafür entscheidet, wird eingeladen sein, mit der Form eines Lichtkörpers zurückzukehren, um zusammen mit der Erde der göttlichen Liebe zu dienen.

Die Erde hat diese Veränderung verdient, und sie wurde ihr vom Sonnengott und vom Einen Schöpfer gewährt. Und diese Veränderung *wird geschehen*. Die Menschheit als Ganzes hat diese Wahl noch nicht getroffen, obwohl viele von euch sich bereits dafür entschieden haben. Doch die Anzahl ist noch nicht ausreichend, um den Aufstieg der Menschheit als Gesamtes nach sich zu ziehen. Selbst wenn diese Zahl erreicht wird – und wir denken, daß dies möglich ist –, wird es Millionen von Menschen geben, die sich nicht entschließen können, auf eine höhere Stufe aufzusteigen. So wird sich jeder für seine eigene «neue Welt» entscheiden.

Jeder Mensch wird die Erde während ihrer letzten Phase der Reinigung verlassen müssen. Diejenigen, die sich dann noch nicht entschieden haben, in eine höherschwingende Daseinsform überzugehen, werden auf Planeten gebracht werden, die ihrer jeweiligen Schwingungsfrequenz entsprechen. Das wird dann ihre neue Heimat, ihre neue Welt, sein. Diejenigen, die versuchen, durch einen physischen Übergang *[Tod]* zu entkommen, werden sich einfach in einer ähnlichen Welt wiederfinden, solange sie nicht über eine Entwicklung in der physischen Materie hinausgehen wollen.

Wir haben euch bereits mitgeteilt, was nach unserer Ansicht die beste Möglichkeit ist, sich auf diese Veränderungen vorzubereiten. Natürlich gibt es auch noch andere Vorbereitungen, die möglich sind, aber diese sind von wahrhaftig untergeordneter Bedeutung, verglichen mit dem, was wirklich wichtig ist. Wenn ihr wollt, werdet ihr durchaus Möglichkeiten finden, um während der bevorstehenden vielen Jahre des Chaos auf eurem Planeten physisch überleben zu können.[1] Wir und andere werden noch mehr über dieses Thema sagen. Aber all diese Informationen haben erst dann ihren vollen Nutzen, wenn ihr gelernt habt, eure eigene Realität zu schaffen.

Was die eine Form unseres *[oben erwähnten]* Einsatzes betrifft, so müssen wir betonen, daß wir *[die verschiedenen Gruppen der Intergalaktischen Konföderation]* die einzigen sind, die die betreffenden Menschen direkt zu den neuen Bestimmungsplaneten bringen werden. Die Gründe hierfür werden sich im Lauf der Zeit deutlich zeigen, wenn bestimmte Ereignisse eintreten. Natürlich gibt es andere, die mehr als gewillt sind, Menschen vom Planeten weg an andere Orte zu bringen. Aber diese *[vermeintlichen Helfer]* sind nicht von positiver Natur, und ihre Zielorte dienen nicht dem Wohl jener, die sich auf solche Abenteuer einlassen oder zu ihnen gezwungen werden. Wir versichern euch, daß ihr euch nicht zwingen lassen sollt, irgend etwas gegen euren freien Willen zu tun.

Wenn es zu solchen Umständen kommt, werdet ihr nur dann hineingezogen werden, wenn ihr bewußt die Warnungen und Botschaften aus dem Licht abgelehnt habt.

Hier geht es um innere Entscheidungen, die jeder für sich treffen muß. Aber diese Entscheidungen fallen nicht wie in einer Lotterie und sind auch keine Laune der letzten Minute. Sie entstehen auf der Ebene eurer Seele. Wir können dies *[die Art eurer Entscheidung]* leicht wahrnehmen – was für die Menschen mit einem Bewußtsein der dritten oder vierten Dimension nicht möglich ist. Wir können euren freien Willen ungehindert wahrnehmen, denn er ist Teil eures Wesens. Keine Schauspielerei und keine emotionelle Vortäuschung kann die innere Schwingung eures Wesens verbergen. Wir können mit allen Situationen umgehen, und wir tun dies in Liebe.

Frage: Wie weit sind geheime Projekte wie Montauk oder Phoenix fortgeschritten? Was ist der Stand der Mikrowellen-Technologie? Werden geheime Technologien zur Bewußtseinsmanipulation eingesetzt?

Viele in diesem Land *[USA]* befürchten oder sagen sogar, sie wüßten, daß im geheimen entwickelte Technologien gegen die Menschheit eingesetzt werden. Wir wollen keine Ängste schüren, aber da wir der Wahrheit verpflichtet sind, sagen wir euch, daß dies zutrifft. Viele von euch haben über Dunkelmächte, die reptiloiden Wesen und die Pläne für eine «Neue Weltordnung» gehört. Vieles von dem, was ihr gehört habt, ist wahr, und einiges ist nicht wahr.

All die verschiedenen Elemente, die die menschliche Spezies beherrschen wollen, sind wie besessen von der Idee, genau dies zu tun. Mit Hilfe der negativen ETs hat insbesondere eure Regierung viele Möglichkeiten gefunden, um euch zu beeinträchtigen und zu manipulieren. Wir heben diese Themen für ein anderes Mal auf. Wir möchten allerdings auf die Fragen bezüglich der Mikrowellen sowie des Montauk- und des Phoenix-Projektes eingehen.

Wir teilen euch mit, daß diese Projekte und Technologien existieren und zu eurem Nachteil verwendet werden. Eure Regierung versucht schon seit längerem, alle anderen auf dem Planeten zu überrunden, und zwar nur für den spezifischen Vorteil einer relativ kleinen Anzahl Personen, die machtgierig sind. Man kennt sie unter vielen Namen, und sie setzen sich auch aus vielen Organisationen zusammen. Die meisten kennen den Begriff der «Illuminaten». Sie existieren, und aus ihren Kreisen gingen viele andere, ähnliche Organisationen hervor, wie die Trilaterale Kommission, die Mafia usw. Das sind die Machtträger dieses Planeten. Hinter ihnen wirken geheime Gremien und Regierungen, die ihrerseits Marionetten der negativen ETs sind. Die globalen Organisationen arbeiten ebenfalls mit vielen der negativen ETs zusammen, da sie beabsichtigen, einen Kernpunkt des Planeten zu beherrschen, die USA.

Aber sie alle sind dumm. All diejenigen, die mit den negativen ETs zusammenarbeiten und meinen, sie könnten davon profitieren, sind dumm. Denn wenn sie nicht selbst zu den ETs gehören, werden sie letzten Endes derselben qualvollen Diktatur unterworfen werden, die sie ihrerseits für die Menschheit geplant haben.

Die Bevölkerung wird mit einer Vielzahl von Mikrowellen bombardiert. Die Absicht der Verantwortlichen ist es, ihre Macht auszubauen, indem sie euch einer endlosen Serie von Energieangriffen aussetzen, um euch als Spezies auf der zellularen Ebene zu beeinflussen. Ihr habt es hier mit einer weit vorangetriebenen Form der Bewußtseinsmanipulation zu tun. Diese bewirkt einige Nebeneffekte, die selbst für die Urheber nicht ganz wünschenswert sind. Aber sie sind entschlossen, damit fortzufahren, weil sie hoffen, euch Menschen so weit zu bringen, daß ihr das annehmt, was sie für euch auf Lager haben.

Wie ihr seht, ist uns nichts verborgen, denn es ist unsere Aufgabe, über die Menschheit und die Erde zu wachen. Die besagten Wellen könnten eine schlimme, verhängnisvolle Auswirkung für die Erde haben, aber wir arbeiten mit ihr zusammen, um den Folgen zu begegnen. Zu einem geringeren Ausmaß tun wir das gleiche auch für euch. Wir sagen dies, weil die Erde um unsere Hilfe gebeten hat, die Menschheit jedoch nicht. Deswegen müssen wir uns zurückhalten, um uns nicht in euren freien Willen einzumischen. Wir haben die Mittel, um allen erdenklichen Einflüssen zu begegnen. Aber dies wäre für euch nicht unbedingt eine Hilfe, aus Gründen, über die wir bereits gesprochen haben.

Aber ihr könnt euch gegen die Einflüsse der Mikrowellen schützen, so wie ihr euch auch gegen jede andere Krankheit schützen könnt. Wir beziehen uns hier auf die Kraft eurer Gedanken. Ihr könnt schaffen, was ihr wählt, auch einen Schutz vor allem, was die Dunkelmächte planen. Aber ihr müßt wissen und überzeugt sein, daß ihr diese Fähigkeit habt. In Wirklichkeit ist es eine ganz einfache Schutzmethode. Tut genau das gleiche, wie wenn ihr euch vor irgendeiner anderen negativen Energie schützt, was nicht heißen soll, daß die Energie der Mikrowellen negativ sei. Nur die *[oben beschriebene]* Art der Anwendung ist es.

Wir können und wollen eure Entscheidungen nicht beeinflussen, selbst wenn die Menschheit zu Robotern umfunktioniert würde, die nur noch mit Ja antworten können. Ihr müßt unseren Beistand wirklich wollen und darum bitten. Wir sind hier, um euch individuell zu helfen oder auch im großen Rahmen, falls dies gewünscht wird.

Wir stehen euch allen gerne zu Diensten, und sei es nur, um euch einige Fragen zu beantworten. Wir lieben euch, denn wir sind alle eins und miteinander verbunden. Wir sind alle gleich. Wir lieben den Einen Unbegrenzten Schöpfer von uns allen.

– *Die Intergalaktische Konföderation*
(5. April 1993)

1) Man beachte die Formulierung «during these next many years of chaos on your planet». Es wird deutlich gemacht, daß die irdische Problemsituation nicht während einiger weniger Jahre wundersam durch einen Eingriff von oben gelöst werden wird.

Wie immer wieder betont wird, ist es an den Menschen, die Veränderung der alten und «neuen» Weltordnung herbeizuführen. In einem Text von Tom Smith aus dem Jahr 1992 (siehe S. 195) heißt es bezüglich einer Zeitangabe, „that you set up the appropriate paths of learning ... for the next 20 years". Der Hinweis auf «die nächsten zwanzig Jahre» bezieht sich auf die ominösen Jahre 2012/13, die aufgrund alter Prophezeiungen, insbesondere des Maya-Kalenders, immer wieder als Wendepunkt erwähnt werden.

Damit diese Voraussage nicht falsch verstanden wird, kann ein anschauliches Bild aus der heutigen Zeit herangezogen werden: das eines Schanzenspringers. Das Jahr 2012/13 wäre in diesem Vergleich der Endpunkt der Schanze, wo der Skispringer abhebt und fähig sein muß zu springen, da er ansonsten einen wüsten Absturz erleidet. Die zwei Skier, die für den Anlauf und den Sprung erforderlich sind, entsprechen den zwei Hauptrequisiten, die in der vorigen Botschaft und auch einige Sätze weiter oben nochmals erwähnt wurden.

Das Beispiel enthält noch eine weitere gute Illustration: Vor dem Ende der Schanze, bevor der Anlauf in das Springen und Fliegen übergeht, erreicht die steile Abwärtspiste einen Tiefpunkt. Genauso durchläuft auch die Menschheit in ihrer Entwicklung einen Tiefpunkt, wobei dieser Pisten-

abschnitt, so aussichtslos wie er scheinbar ist, dennoch die Möglichkeit in sich birgt, für einen glorreichen Sprung in die Zukunft Schwung zu holen. Aber dies erfordert Übung, Mut und vor allem das Wissen, daß die Piste eigentlich eine Schanze ist ...!

Auch in der New-Age-Szene ist kritisches Unterscheidungsvermögen erforderlich

Frage: Vor kurzem hat mir jemand von einem New-Age-Projekt erzählt, das er «Plan A» oder «Aquarius» nannte. Er sagte, dies sei <u>der</u> Plan für die Zukunft. Der Kern soll eine Bewußtseinsrevolution sein. Dadurch würden die Erdveränderungen verringert oder sogar gänzlich vermieden werden können. Dazu würden die Menschen wenig oder gar keine Hilfe von außen brauchen, höchstens vielleicht einige beratende Botschaften. Es werde keine Evakuierung geben und schon gar nicht irgendwelche Eingriffe durch «positive Außerirdische». Es seien die Menschen allein, die durch das Massenbewußtsein ihre Welt gestalten. Die Vertreter jenes Projekts sprechen ebenfalls von Licht und Liebe, und sie sagen, dies sei der Plan des «heiligen Geistes». Daraus werde der Weltfrieden entstehen, da auch die meisten Mitglieder der geheimen Regierung dieser vereinten Bemühung beitreten würden. Ich weiß nicht, ob er selbst zu irgendeinem Geheimdienst oder Geheimbund gehört. Aber das ist eine kurze Zusammenfassung dieses Planes, so wie ich ihn verstanden habe.

Es gibt keinen Plan, der alle Vorgänge und Aspekte der Erdveränderungen umfaßt, außer dem Plan Gottes. Natürlich gibt es viele Möglichkeiten, wie man sich als Gruppe oder Individuum daran beteiligen kann. Alle Menschen haben einen freien Willen und wählen ihren eigenen Weg, sowohl individuell als auch kollektiv. Das Spektrum der Möglichkeiten angesichts der Erdveränderungen ist sehr groß. Es geht vom physischen Tod bis hin zum Einzel- und Gruppenaufstieg und zur Transformation, die den Menschen zu anderen *[zu höherdimensionalen oder spirituellen]* Planeten bringt.

Bei all diesen Alternativen gibt es jedoch einige grundlegende Faktoren, die vorgegeben sind. Die Erde ist der Brennpunkt aller Veränderungen, da sie sich für einen ganz bestimmten Weg entschieden hat. Daher ist es notwendig, daß sie sich auf die nächsten Schwingungsebenen erhebt, wo sie frei ist von allen unnötigen Blockaden. Die Menschheit ist gegenwärtig eine solche Belastung und auch ein Hindernis, da die *[Mehrheit der]* Menschen ihrer Heimat¹ viel Schaden zugefügt haben.

Wenn die Erde durch ihre abschließende Reinigung geht und an ihr die planetare «Schönheitschirurgie» vollzogen wird, werden alle Menschen *[die zu diesem Zeitpunkt noch da sind]* für eine gewisse Zeit die Erde verlassen müssen. Dies wird selbst dann geschehen, wenn die gesamte Menschheit ihren Kurs um hundertachtzig Grad wendet und die gegenseitige Liebe für alle anerkennt. Ein solcher Bewußtseinswandel würde selbstverständlich auch eine Wirkung auf die Erde haben und würde für die Menschheit und die Erde viele positive Veränderungen nach sich ziehen. Dies würde eine Höherentwicklung der gesamten Menschheit erlauben und gleichzeitig die Transformation der Erde erleichtern. Die meisten Erdveränderungen wären dann nicht mehr erforderlich, und die einwirkenden Energien könnten als eine wunderbare Erfahrung von Liebe empfunden werden.²

Der Plan, den ihr beschrieben habt, hat nichts mit der Konföderation und auch nichts mit den Lichtwesen zu tun. Wir stehen *nicht* dahinter. Es handelt sich um einen Plan, der von den Dunkelmächten konzipiert wurde, einschließlich der geheimen Regierungen. Dieser Plan wird nicht von Liebe getragen, sondern vom Wunsch nach Macht und Herrschaft. Er stellt eine weitere Form der Manipulation dar.³ Letztlich dient er den Interessen derer, die das Ganze inszenieren und danach streben, alle Gruppen der Menschheit zu kontrollieren. Sie erkennen und respektieren die Erde nicht als eine gleichberechtigte Partnerin. Sie versprechen, daß sie der Menschheit helfen wollen, indem sie die Erdveränderungen verhindern.⁴

Was durch diesen Plan angestrebt wird, geschieht also unter Ausschluß der Erde oder sogar zu ihrem Schaden. Er anerkennt den Entwicklungsweg, den die Erde gewählt hat, nicht, denn er richtet sich gegen die Bemühungen der Erde, sich selbst zu reinigen. Er unterstützt den freien Willen der Menschen nicht, weil die Inszenierung nur den Vorstellungen der geheimen Mächte nützen soll. Es geht ihnen nicht darum, die Welt so zu gestalten, daß jede Energie auf der Erde *[Menschen, Tiere, Pflanzen, Mutter Erde mit ihren Rohstoffen, usw.]* mit gleicher Liebe und gleichem Respekt behandelt wird.

Die Dirigenten lassen verkünden, daß dies der Plan des «heiligen Geistes» sei. Was ist der heilige Geist? Es gibt keine spezifische Energie, die «heiliger Geist» genannt wird. Was Geist genannt wird, ist einfach die spirituelle Verbindung, die uns alle mit dem Einen vereint. Die Initiatoren dieses Planes benutzen mit Absicht erhabene Namen – wie Christus oder «heiliger Geist» *[oder Maitreya, Buddha, «Gott», «Einheit» usw.]*, um die Aufmerksamkeit der Massen abzulenken. Dadurch wird letzten Endes das gleiche bezweckt wie durch die anderen Manipulationen, nämlich daß es euch nicht zugestanden werden soll, eure eigene Realität zu erschaffen.[5]

Wenn ihr eure Verantwortung an einen «Christus» oder an irgendeine andere Leitfigur abtretet, übernehmt ihr nicht die Verantwortung für euch selbst. Wenn ihr nicht die Kraft eures eigenen Selbst anerkennt, könnt ihr nicht euren freien Willen anwenden, um individuell oder kollektiv eine Veränderung zu bewirken, die eurem wahren Wohl dient. Jede Veränderung muß zuallererst aus dem Inneren kommen.

Wir raten also allen: Seid vorsichtig und erkennt, daß dieser Plan – unter welchem Namen auch immer er erscheint – den geheimen Mächten entspringt. Er ist nicht unser Plan, und er ist nicht Teil von Gottes Plan. Jene Mächte werden bei der Präsentation ihrer Pläne auch Begriffe wie Liebe und Licht einbauen, doch damit kopieren sie nur, was sie von unserer und auch von eurer Seite gehört haben. In Wirklichkeit aber beabsichtigen sie nicht, euch diese Freiheiten zu geben. Es ist ihre feste Absicht, den Plan zu einem bestimmten Zeitpunkt zu usurpieren, und es wird etwas ganz anderes herauskommen, als anfänglich bei den Präsentationen versprochen wurde.

Sie werden neue Kontrollmechanismen einführen, um die Zügel noch straffer anzuziehen, insbesondere bei denen, die in ihren Plan eingebunden sind. Diejenigen, die mitmachen, werden in ihrer Täuschung glauben, die Welt werde nun die Freiheit bekommen, nach Selbstverwirklichung zu streben. Die Menschheit wird jedoch auf geradezu geniale Weise von ebenjenen Idealen weggeführt werden. Was hier geschehen soll, ist nichts anderes als eine Weiterführung von dem, was gegenwärtig bereits geschieht.

Es wurde angedeutet, daß sich viele Mitglieder der geheimen Regierungen dieser Bewußtseinsrevolution anschließen werden. Wie nicht anders zu erwarten, ist auch dies eine Täuschung. Damit wollen sie die Menschen, die aus dem Licht sind, ködern, bei diesem Plan mitzumachen. Gleichzeitig ist es auch ein Unterfangen, alle Lichtarbeiter zu identifizieren, damit man gegen sie leichter Maßnahmen ergreifen kann.[6]

Derjenige, der euch von diesem Plan erzählt hat, weiß von all diesen Zusammenhängen nicht viel. Der größte Teil des Planes wurde ihm verheimlicht. Er ist in dem, was er glaubt und sagt, aufrichtig. Aber er weiß nicht, was das wahre Selbst und die Kraft des Selbst ist. Deshalb erlauben es ihm seine Perspektive und Programmierung nicht, zu erkennen, was er in Wirklichkeit vertritt. Und diejenigen, die hinter ihm stehen, wollen auch nicht, daß er es erkennt.

Wenn wir sehen, daß es notwendig ist, werden wir auf diesen Plan oder ähnliche Belange weiter eingehen.

Wir sind hier, um euch zu dienen. Wir lieben alle auf der Erde, und wir lieben den Einen Schöpfer von uns allen.

– Die Intergalaktische Konföderation
(27. April 1993)

1) Im Buch «Earth Changes» wird die Erde von Tom Smith (im «Dank») ebenfalls als «Heimat» bezeichnet, und zwar vielsagend als «unsere Heimat fern der Heimat».

2) Dieser Abschnitt besagt, mit anderen Worten, daß die Erde als Lebewesen ebenfalls einen freien Willen hat, und der Entschluß, den sie aus diesem freien Willen heraus gefaßt hat – aufzusteigen und die Negativität nicht mehr zu tolerieren, d. h. sie abzuschütteln –, ist mittlerweile gewichtiger als der Wille der Menschheit, die nicht mit dem Willen der Erde und dem Willen Gottes harmonieren will. Deswegen wird der Wille der Erde geschehen, und die Menschheit wird entgegen ihrem Eigenwillen ihr selbstverursachtes Karma ernten. Der Wille der Erde, der den Willen Gottes widerspiegelt, ist der wichtigste jener grundlegenden Faktoren, die seit einiger Zeit vorgegeben sind.

Weitere Faktoren sind, wie bereits erwähnt, das Karma der Menschen, aber auch die Einwirkungen der Dunkelmächte und die natürlichen Entwicklungszyklen des Planeten.

Der Hauptfaktor, der Wunsch von Mutter Erde, ist derart tiefgreifend und umwälzend, daß an einem gewissen Zeitpunkt auf die Menschen «keine Rücksicht» mehr genommen werden kann, das heißt, sie müssen der planetaren Entwicklung Platz machen. Dieser Zeitpunkt ist nicht willkürlich, sondern fällt mit einem wichtigen, ja einzigartigen Schnittpunkt irdischer und kosmischer Zeitzyklen zusammen. Weil die weltbewegende Umpolung (mit entsprechenden globalen Auswirkungen) nicht nur eine karmische «Strafe» für die Menschen ist, sondern auch ein Aspekt der Erdzyklen, wird sie auf jeden Fall geschehen, selbst wenn alle Menschen von heute auf morgen auf Liebe umschalten würden – was ohnehin kaum zu erwarten ist. Aber die göttlichen Hilfen und Ausweichmöglichkeiten sind in vielfältiger Form vorhanden, und zumindest individuell können die Menschen daraus einen Nutzen ziehen.

3) Diese Form der Manipulation hat es insbesondere auf esoterisch geneigte Menschen abgesehen, jene Menschen, die sich von den offiziellen Glaubenssystemen und auch vom herrschenden System frei machen wollen. Da die Dunkelmächte in ihren inneren Kreisen ebenfalls hochgradig «esoterisch» und magisch ausgerichtet sind, ist zu erwarten, daß sie auch diese Register ziehen.

Wenn negative Einflüsse, Verblendungen und Verführungen in all den vergangenen Jahrhunderten und Jahrtausenden auf die Menschen einwirken konnten, was zu Feindbildern und Fanatismus und sogar zu Weltkriegen führte, so muß man davon ausgehen, daß diese Kräfte auch heute nicht ruhen. Die vorrangige Zielgruppe sind natürlich diejenigen Menschen, die nach etwas Höherem, nach Harmonie und Licht, nach Liebe und Gott suchen. (Die anderen, die nach nichts Höherem streben und sich mit der Materie zufriedengeben, haben sie bereits «im Sack»!) Während sich diese Einflüsse im Bereich der Religionen als Sektierertum, Verabsolutierungen und Verteufelung der Andersgläubigen niederschlagen, können sie im Bereich der Esoterik eine Verharmlosung des Negativen, eine magische Abirrung, einen falschen Optimismus, eine Augenwischerei oder Ego-Vergoldung bewirken.

Bei der Kritik der modernen Esoterikszene muß man jedoch aufpassen, daß man nicht in das Fahrwasser der pseudoreligiösen Extremisten gerät, die jegliche Esoterik, Parapsychologie, Reinkarnation, Medialität, Homöopathie, Geistheilung usw. ablehnen und pauschal behaupten, dies alles komme vom Teufel.

Wie in der Bibel selbst (Joel 2,28–32; Apg 2,17–18) vorausgesagt wird, soll dann, wenn «der Tag des Herrn» nahe ist, der Geist Gottes über die Menschen ausgegossen werden, und in dieser Zeit würden einfache Menschen, «Knechte und Mägde», geistige Kontakte, prophetische Botschaften und göttliche Visionen empfangen – und nicht die institutionellen Würdenträger, Prediger und Hohenpriester.

Ein Beispiel für die Bewahrheitung dieses Joel-Zitats ist der unschein-

bare (und bereits verstorbene) Tom Smith, der in den letzten drei Jahren seines Lebens, nur von wenigen beachtet, eine hochstehende Offenbarung medialer Texte niederschrieb.

4) «... der Menschheit helfen, indem sie die Erdveränderungen verhindern.» Dies ist nur ein leeres Versprechen und ein schönklingender Vorwand, weil die Drahtzieher dies erstens nicht vermögen und zweitens auch gar nicht wollen. Die Erdveränderungen entsprechen dem Wunsch von Mutter Erde und gehören zum Plan Gottes, und wer behauptet, diese könnten einfach durch das Mitmachen bei einer von Menschen gestarteten Initiative verhindert werden, täuscht andere oder zumindest sich selbst. Es handelt sich hierbei um eine weitere subtile Programmierung, denn die davon Überzeugten meinen, man müsse die Erdveränderungen verhindern (= Angst) und dies sei nur durch dieses Programm möglich (= Abhängigkeit).

5) Durch diese Manipulation soll es den Menschen nicht erlaubt werden, ihre eigene Realität zu schaffen. Wenn sie nicht bewußt ihre eigene Realität erschaffen, erschaffen sie unbewußt eine andere, nämlich diejenige, die von den Manipulatoren angestrebt wird!

6) Diese Analyse schildert die Zukunft keineswegs in rosigen Farben und steht im Widerspruch zur Aussage jener New-Age-Vertreter, die behaupten, die Dunkelheit sei bereits besiegt und alles, was jetzt kommen werde, diene direkt dem Licht. Die Warnungen, die hier von der Konföderation ausgesprochen werden, entsprechen jedoch den Warnungen, die wir schon seit längerer Zeit aus dem Neuen Testament kennen, z.B. Mt 24,4–9, Lk 21,7–19, Offb 13,11–18.

Mutter Erde: Unbegrenzte Liebe, aber nicht unbegrenzte Energie

Was in der vorangegangenen Botschaft erklärt wurde, nämlich daß die Erde sich auf jeden Fall reinigen und von der gegenwärtigen Zivilisation befreien wird, erwähnte auch Mutter Erde selbst in einer kurz danach erfolgten Botschaft an Tom Smith.

Die meisten Menschen verstehen nicht, welche Arten von Energien sie durch mich erhalten. Die meisten sind der Ansicht, daß die mächtigen und wichtigen Energien alle irgendwie «kosmisch» seien und von «dort draußen» kommen. Sie sind sich nicht bewußt, was nötig ist, um die Lebenssysteme in meinem

Zuständigkeitsbereich aufrechtzuerhalten. Meine Energien sind von unterschiedlichster Art, sie sind von hoher Macht und großer Liebe. Die Sonne und ich arbeiten als Einheit, um diesem Planeten alle erforderlichen Lebensformen zur Verfügung zu stellen. Meine Energien erstrecken sich von meinem kristallinen Zentrum bis hin zu Punkten weit oberhalb meiner Atmosphäre. Meine Körperenergien reichen mehr als 100 Meilen über meine Oberfläche hinaus, obwohl die meisten meiner «ersichtlicheren» Energien sich innerhalb eines Bereiches von 40 bis 50 Meilen bewegen.

Als Menschen seid ihr einfach eine spirituelle Energie, die gegenwärtig ein physisches Instrument, euren physischen Körper, bewohnt. In dieser Hinsicht bin ich nicht anders als ihr. Ich bin Energie, und ich bewohne den Planeten Erde als meinen Körper. Unsere Zeitvorstellungen mögen verschieden sein, aber auch mein Körper, die Erde, hat eine begrenzte physische Lebensspanne. Wenn ihr mich aus dieser Perspektive seht, werdet ihr vielleicht besser verstehen können, daß ich ein einzigartiges, individuelles Wesen bin, so wie ihr alle es ebenfalls seid.

Die Luft, die von den Menschen, den Insekten und jeder anderen Lebensform als Atem aufgenommen wird, kommt von mir. Die Energie aller Gewässer und Wasserströme – sowohl jener auf der Oberfläche als auch jener in meinem Innern – werden von mir zur Verfügung gestellt. Ich tue dies mit der lieblichen Unterstützung der Sonne und ihrer Strahlen von Licht und Liebe.

Jeder Mensch ist ein einzigartiges Energiefeld. Aber ihr könntet in der physischen Welt nicht existieren, würde ich euch nicht mit allem, was zum Leben notwendig ist, versorgen: mit der Luft, die ihr atmet, mit der physischen Ernährung, mit dem Wasser, das ihr trinkt, und mit dem Feuer, das euch wärmt. Ihr könntet in eurem Körper nicht leben ohne die Unterstützung der Elementarwesen. Diese wiederum sind darauf angewiesen, daß ich ihnen die Mittel und Energien zur Erhaltung ihres Lebens bereitstelle.

Auch die Heilenergien stammen zu mehr als der Hälfte von mir. Ich wirke im Einklang mit all den göttlichen Energien im Universum, um ihre heilenden Kräfte als Kanal oder Trichter zu all denen auf der Erde zu bringen, die dieser Energien bedürfen. Die kosmischen Energien finden ihren Weg auf die Erde nur über einen Kanal der Liebe, der durch mich geht. Über diesen Weg werden sie den irdischen Bestimmungsorten zugeführt. Uns ist es einerlei, wer das «Verdienst» für die heilenden Energien, die ihr alle spürt, bekommt – ich oder die anderen liebenden, mächtigen Energien des Universums. Wir tun diesen Dienst aus Liebe, bedingungsloser Liebe.

Meine Liebe zu euch ist unbegrenzt. Aber die Energien, die ich für euren Lebensunterhalt aufbringe, sind begrenzt. Die Energiefelder, die ich um mich herum aufbaue und die nicht nur meinem, sondern auch eurem Wohl dienen, werden nun von euch zerstört. Diese vielschichtigen Sphären vermögen dem ständigen Ansturm der destruktiven Einflüsse der Menschen nicht mehr standzuhalten. Wenn diese Sphären aus dem Gleichgewicht geraten und zerstört werden, bin ich nicht mehr in der Lage, für die Energie und den Schutz zu sorgen, die für euer Überleben erforderlich sind.

Ich sage dies nicht etwa als Drohung, sondern als Information, damit ihr euch bewußt seid, daß ihr meine Fähigkeit der Regeneration überschritten habt. Ich brauche diese Sphären genauso wie ihr. Ich muß und werde Maßnahmen ergreifen, um mich gegen diese Zerstörung zu schützen. Ihr habt kein Recht, meine Souveränität als Planet, der der Liebe dienen will, zu verletzen.

Ich werde systematisch die Quellen und Ursachen der Einflüsse zerstören, von denen meine Energien mißbraucht werden. Ich werde dies mit allen Elementen meines Lebens durchführen, und auch mit Erdbeben. Ich werde Schritte unternehmen, um die Quellen der Vergiftung meiner Atmosphäre einzudämmen oder ganz zu beseitigen. Gerade was diese Gifte betrifft, so hätten sie leicht vermieden werden können, wäre es nicht um die Gier der Menschen gegangen. Schon längst sind reine, «freie» Energieformen bekannt, doch es wurden Brennstoffe wie Kohle und Öl gewählt. Dies hat einigen Menschen Macht und Herrschaft verschafft und ihre Gier noch vergrößert. Eure Gesellschaft hat ein Wirtschaftssystem aufgebaut, das durchweg künstlich ist und jenen Separatismus fördert, der gegenwärtig euer Leben bestimmt.

Mit diesen Worten komme ich für heute zum Schluß und

verabschiede mich. Ich liebe alles Leben, das auf mir wohnt, ich liebe den Sonnengott und den Einen Schöpfer von allem.

– Mutter Erde
(2. Juni 1993)

Im Anschluß an die Botschaften der Intergalaktischen Konföderation, die zum Teil beunruhigende Enthüllungen über die Pläne der Dunkelmächte enthielten, und auch im Hinblick auf weitere Enthüllungen stellte sich einmal mehr die alte Frage, warum Gott dies zuläßt und wie Gott Selbst die Negativität sieht.

Als Antwort bekam Tom Smith eine direkte Botschaft von «God Source», von der Quelle, Gott, selbst. Dies mag unglaublich erscheinen, aber der Inhalt ist durchaus glaubwürdig und spricht für sich. Philosophisch gesehen, sind wir alle Teile Gottes und sind über unser höheres Selbst direkt mit Gott verbunden. Wenn sich das höhere Selbst und die entsprechenden geistigen Vermittler auf die Schwingung Gottes einstellen, ist es durchaus möglich, daß sie Gottes Worte wiedergeben können.

Viele Menschen, die ein Prophetenamt innehatten, bezeugten: «Und Gottes Wort erging an mich.» Warum soll dies nur in ferner Vergangenheit möglich gewesen sein? Zumindest der Inhalt des folgenden Textes braucht einen Vergleich nicht zu scheuen, selbst wenn er nur aus dem «Unterbewußtsein» des Mediums gekommen wäre.

Das kosmische Gleichgewicht und seine Störung

ICH BIN. Ich liebe euch. Ich weiß alles *[auch das, was euch bedrückt und Sorgen macht]*. Ich kann alles tun und tue alles aus Liebe, denn ich bin vollkommene Liebe, Liebe jenseits des Verständnisses aller, die einen physischen Körper haben.

Ich erlaube die Existenz aller Dinge, denn ich bin die allumfassende Liebe. Deshalb erfreut mich nichts, was aus Nichtliebe getan wird. Vieles geschieht gegenwärtig auf der Erde, was der Nichtliebe entspringt, ausgeführt von dunklen Mächten, die unter der Herrschaft der Kriegsherren und gewisser «Schöpfergötter» stehen. Dies alles ist innerhalb und deshalb Teil meiner Schöpfung. Ich habe den negativen Pol geschaffen und erlaube dessen Existenz, denn er gehört zum Gleichgewicht in der Materie.

Nun gibt es Wesen, die aus ihrem freien Willen heraus die negative Polarität für ihre eigenen Zwecke verwenden und das von Mir geschaffene Schöpfungsgleichgewicht stören. Dieser Weg des Extrems wird von jenen Göttern gelehrt, die sich von Mir abgewandt haben. Diese Wege der Negativität entsprechen nicht dem, was ich geschaffen habe. Sie sind die Schöpfung jener Götter, denen ich die Freiheit gegeben habe, ihren eigenen Willen zu verfolgen. Ich versichere euch: Das sind Pfade, die vom Licht wegführen und einem Eigenwillen entspringen, der nicht mein Wille ist. Aber ich liebe auch diese Energien, obwohl sie mich mit ihrer Ausrichtung nicht erfreuen.

Ich sage zu denen, die von und auf der Erde sind und überzeugt, ja zuversichtlich ihren Pfad der Negativität gehen: Ihr betrügt euch selbst, wenn ihr meint, andere zu beherrschen sei ein Ziel, das von Gott gutgeheißen werde. Ich fordere euch auf, jeden einzelnen von euch: Schaut an, was ihr tut! Haltet inne und geht nach innen! Überwindet die Programmierungen und Beeinflussungen der dunklen Mächte, die in Nichtliebe leben. Ihr *werdet* den Weg zu Mir finden, aber es wird länger dauern, als ihr in eurer momentanen Lage verstehen konnt.

Vielerorts werden Fragen und Befürchtungen geäußert hinsichtlich laufender und geplanter Aktionen von Stellen, die als geheime Regierungen bezeichnet werden. Insbesondere geht es um Personen, die erzählen oder gar bezeugen, daß sie an Experimenten beteiligt gewesen seien, in denen es um Bewußtseinsmanipulation und das Aufgeben des freien Willens ging. Ich sage euch: Diejenigen, die direkt und willig in irgendeiner Rolle daran teilgenommen haben, sind immer noch unter dem Einfluß jener dunklen Elemente des Universums, die für diese Aktivitäten verantwortlich sind. Diejenigen, die willig beteiligt waren, sind nicht aus dem Licht, selbst wenn sie dies aufrichtig beteuern. Sie haben ihren freien Willen denen, die Macht ausüben, hingegeben, und sie sind immer noch von ihnen abhängig.

Einige Stellen der geheimen Regierung verbreiten bewußt Angst und Propaganda. Ich lege jedem von euch nahe: Verwendet euer Unterscheidungsvermögen. Des weiteren rate ich euch: Hört besser auf eure inneren Führer, denn einige von euch haben die richtigen Botschaften mit «Antworten» blockiert, die ihnen besser gefallen und der programmierten Logik entsprechen. Dadurch entsteht angesichts der vielen Informationen Verwirrung, insbesondere bei denen, die offen sind, alles zu lesen und anzuhören, was als «Alternative» zu den herrschenden Strukturen angeboten wird.

Eine der Informationen aus diesen Kreisen besagt, daß man in der Lage sei, Zeitreisen auszuführen, und mit dieser Technik sei es ihnen gelungen, in die Zeit Jesu zurückzureisen, wo man ihm Blut abgenommen habe, um daraus einen Antichrist zu klonen. Denkt einmal hierüber nach. Das ist absurde Propaganda. Ein solcher Eingriff konnte nicht geschehen und ist auch nicht geschehen. Glaubt ihr, Jesus hätte so etwas zugelassen?

Des weiteren wird gesagt, Jesus habe später den aus seinem Blut geklonten Mann auf einem anderen Planeten getroffen, habe ihn geläutert und so das Erscheinen dieses Antichrists verhindert. Mit dieser Handlung sei die Menschheit gerettet worden. Erkennt die Propaganda, die euch glauben machen soll, daß diese Experimente und die daran Beteiligten dem Licht dienen. Aber das ist nicht wahr. Sie sind keine Boten, die den Lauf eurer Geschichte und eures Schicksals ändern können.

Nur durch eure Ängste könnt ihr dahin gebracht werden, daß ihr es anderen ermöglicht, euch zu beeinflussen. Geschieht dies, übernehmt ihr genau jene Überzeugungen und Begrenzungen, die sie für euch vorgesehen haben. Wenn ihr also vor der «Macht» der geheimen Regierung Angst habt, kann es leicht geschehen, daß ihr eure Energien in dieses negative Muster hineingebt. Und genau das wollen sie. Vor allem wollen sie jene Lichtarbeiter für sich gewinnen, die führende Stellungen innehaben[1] und eine vernehmbare Bedrohung ihrer Pläne darstellen könnten.

Die dunklen Mächte wollen euch glauben machen, daß sie über eine höhere Technik verfügen, als es der Fall ist. Alles, was sie besitzen, kann durch die Kraft eures inneren Selbst besiegt werden. Erinnert euch daran, jetzt, wo die Ereignisse immer mehr ihren Lauf nehmen.

Meine Worte entschwinden nun.[2] Ich liebe jeden von euch. Ich bin Liebe, Liebe, die alles umfaßt.

– Gott, die Quelle
(14. Juni 1993)

1) Die Beeinflussung von Menschen in der Channel- und New-Age-Szene erfolgt nicht unbedingt durch äußere Anreize oder Bestechungen (wie etwa in der Politik, in der Wissenschaft oder in der Unterhaltung), sondern meist durch eine schleichende Betörung, die beim Ego ansetzt bzw. vom Ego ausgeht: Man glaubt plötzlich selbst, erleuchtet zu sein; man will unbedingt selbst channeln; man hört nicht auf Warnungen und Ratschläge; man duldet keine Gleichgestellten oder Konkurrenten, sondern will selbst als Medium oder «Guru» im Zentrum stehen; man bildet sich ein, etwas Besonderes zu sein; man sucht nach Abwechslung und schneller Erleuchtung, die man dann in Ego-Präsentationen und/oder teuren Seminaren weiterreicht; man solidarisiert sich plötzlich mit den negativen Kräften und sagt, es gebe gar keine negativen Kräfte, alles sei nur eine notwendige Erfahrung; man verharmlost oder bestreitet die 666-Prophezeiung und träumt von einer neuen Weltordnung, in der man selbst eine möglichst hohe Position bekommt, usw.

Auch wenn die Worte und schönen Inhalte noch die gleichen sind wie früher, entsteht aufgrund der Ego-Verunreinigung ein Nährboden für subtile Machtstrukturen, die von negativen Energien leicht unterwandert werden können.

Selbstverständlich leben in der heutigen Zeit auch viele echte Lichtseelen und Gottesvertreter(innen) auf der Erde, ja sogar Inkarnationen hoher geistiger Wesenheiten. Aber sie würden ihre Identität nie für Eigenwerbung und Geschäfte einsetzen. Obwohl sie durchaus bekannt und einflußreich sein können – viele wirken auch sehr unscheinbar und nur im verborgenen –, offenbaren sie ihre Identität nur wenigen, aber nie, um damit Menschen zu beeindrucken oder an sich zu binden, und schon gar nicht, um auf dieser Grundlage Respekt oder Gehorsam zu verlangen.

Der göttliche Auftrag, den diese Personen auf der Erde erfüllen, hat nichts mit Ego-Profilierung und der Schaffung von «spirituellen» Idolen zu tun, sondern will genau das Gegenteil: Die Menschen sollen sich in Kreisen der Liebe zusammenfinden und sich global wie auch universal verbinden, denn «Wir sind alle miteinander verbunden – wir sind eine Einheit».

2) Man erinnere sich, daß dies nicht gesprochene, sondern schreibmediale Botschaften sind.

Kapitel 4

Nicht alle werden die Hilfe annehmen

Wie in den bisherigen Kapiteln bereits angedeutet wurde, hat die Menschheit eine lange Geschichte von Involution und Manipulation hinter sich und ist heute an einem Tiefpunkt der physischen Verdichtung angelangt, was auch zu einer extremen Beschränkung des Bewußtseins, v.a. des Selbst-Bewußtseins, führte. Dies geschah nicht zufällig, sondern ist die Auswirkung konkreter Ursachen, hinter denen immer Energien (Lebewesen) stehen. Von der Wirkung kann man Rückschlüsse auf die Ursache ziehen. An den Früchten kann man's erkennen.

Auf der Erde wird seit geraumer Zeit eine Manipulation und Dienstbarmachung von «Untertanen» durchgeführt, mit einem technokratischen Globalstaat als nächstem Ziel. Wer hinter diesen Plänen steht, ist für die kosmischen Lichtwesen kein Geheimnis, und sie sprechen mit Ernst und liebevoller Besorgtheit Klartext. Es sind die Dunkelmächte, die schon seit Hunderten und Tausenden von Jahren die menschlichen Schwächen ausnutzen und «ausschlachten». Die Menschen bieten eine Angriffsfläche, die Dunkelmächte stürzen sich darauf wie Fliegen (oder Aasgeier) auf eine Wunde, um die Wunde noch zu vergrößern, wohingegen die Lichtwesen mit Liebe und Mitgefühl reagieren und nichts anderes wollen, als die Heilung zu unterstützen.

Grundlage jeglicher Heilung ist die Bewußtmachung, daß überhaupt eine Wunde bzw. eine Krankheit vorliegt. Dies zu vermitteln gehört zu den «undankbaren» Aufgaben aller Heiler, die nicht umhinkommen, gegebenenfalls auch unangenehme Diagnosen auszusprechen. Dasselbe gilt für die Lichtwesen, die heilen und versöhnen, aber nicht schmeicheln und nichts beschönigen.

Dies zeigt sich deutlich an den Botschaften der Intergalaktischen Konföderation, die im vierten Kapitel enthalten sind. In ihnen wird dargelegt, welches die Schwachpunkte der Menschen sind, an denen die Dunkelmächte einhaken, um eine noch gewaltigere Kontrolle über die Erde und die Menschheit zu erlangen. Ihre Hauptmittel sind Angst, Täuschung und Einschüchterung, was aber nur diejenigen beeinflussen kann, die sich nicht ihres wahren Selbst bewußt sind. Wer Selbst-bewußt ist, fürchtet nichts, nicht einmal den physischen Tod, und kann daher mit keiner Drohung und keinem Bluff eingeschüchtert werden. Diese hohe Stufe des Bewußtseins zu vermitteln ist das Hauptanliegen der Intergalaktischen Konföderation und aller anderen Lichtwesen. Aber: «Nicht alle werden die Hilfe annehmen ...»

Lichtwesen wollen nicht bekehren

Es gibt auf der Erde viele Menschen, die glauben, sie hätten alles Wissen über Gott und alle Nächstenliebe, die erforderlich sei, um die ewige Erlösung zu erlangen. Auch wenn sie zugeben, daß sie noch vieles zu lernen haben, sind sie dennoch fest überzeugt, daß sie auf dem richtigen Weg sind, der sie zur Erlösung führt. Es ist nicht unsere Absicht, die Überzeugungen dieser oder anderer Menschen zu zerstören. Denn auch wir haben Überzeugungen. Und eine unserer Überzeugungen ist, daß es euch freisteht zu glauben, was ihr wollt, und wir respektieren eure Wahl.

Wir werden nie versuchen, die Wahl oder den Glauben anderer zu beeinflussen. Wir haben ebenfalls einen Glauben, nämlich daß es unsere Lebensaufgabe ist, Licht, Wahrheit und Liebe zu verbreiten. Wir können diese göttlichen Gaben an alle Menschen weitergeben, ohne daß wir dadurch ihren Glauben beeinflussen würden. Wir fühlen, daß es sehr wichtig ist, diese Wege des Lichtes und der Erleuchtung anzubieten, aber wir drängen euch nichts auf. Es ist ein Geschenk. Ob ihr es annehmen oder ablehnen wollt, muß jeder von euch selbst entscheiden.

Wir betrachten uns nicht als Missionare, so wie sie bei euch vorkommen. Wir sehen uns auch nicht als Priester oder religiöse Führer. Wir sind Lichtwesen und Diener Gottes, so wie auch viele von euch, die diese Worte lesen. Als echte Lichtarbeiter predigen wir nicht «unsere» Wahrheiten in Konkurrenz zu anderen *[wir predigen nicht, um uns als «besser» hinzustellen]*. Wir bieten unsere Liebe und unser Licht als Geschenke des Universums an. Wir sind hier, um der Erde und der Menschheit zu dienen.[1] Wir sind nicht hier, um euch irgendwelche Wahrheiten aufzudrängen. Würden wir das tun, wären unsere Wahrheiten keine Geschenke bedingungsloser Liebe mehr.

Wir aus dem Licht wollen euch nicht überzeugen, daß ihr das tun und glauben sollt, was wir tun und glauben, denn wir wissen, daß jeder Mensch seinen eigenen Weg gehen muß und eine individuelle Übereinkunft mit dem Einen Schöpfer hat. Wir aus dem Licht predigen keinen Glauben, der an bestimmte Sätze und Vorschriften gebunden ist, die man glauben und ausführen muß, weil man sonst für alle Ewigkeit verloren sei.

Wir aus dem Licht kennen die universalen Wahrheiten des Einen Schöpfers. Das ist es, was wir anbieten. Und wir sagen euch: Wenn ihr das, was wir anbieten, nicht annehmt, werdet ihr nicht für alle Ewigkeit verloren sein. Das versprechen wir euch, selbst wenn ihr nicht glaubt, was wir euch versprechen. Wir können euch ebenfalls garantieren, daß der Eine Schöpfer nicht erfreut ist, wenn irgendeines seiner Gesetze verletzt wird, aus welchem Grund auch immer dies geschehen mag. Das ist aber nicht dasselbe, wie wenn man sagt: «Die Sünder werden für alle Ewigkeit verloren sein.»

Wir möchten hier ein Kriterium deutlich machen, um all denen zu antworten, die sich fragen, warum wir nicht einfach auf der Erde landen oder uns sonstwie zeigen, damit alle Skeptiker endlich verstummen.[2] Wie ihr mittlerweile erfahren habt, würden einige Skeptiker bestimmt sogar für eine solche Erscheinung eine «logische» Erklärung finden. Und nebenbei gesagt, eine gewisse Skepsis ist gesund, denn sie erlaubt eine tiefgründigere Erforschung eures eigenen Wesens und eurer Anschauungen.

Bitte vergleicht unsere Methoden der Wahrheitsvermittlung mit denen der traditionellen Glaubenssysteme auf der Erde. Wir betonen erneut, daß wir damit nicht eure etablierten Religionen schlechtmachen wollen. Obwohl die meisten von ihnen *[in ihrer heutigen Form]* das Ergebnis dunkler Herrschaftsbestrebungen und Beeinflussungen sind, entsprechen sie auch der Wahl vieler Menschen. Aber vergleicht unsere in Freiheit angebotenen Geschenke mit der Haltung derer, die sagen, wir seien des Teufels.[3]

Die Person, auf die sich viele berufen, Christus, ist eine der Stimmen, die heute mit uns vereint spricht. Viele auf der Erde glauben, die Lehren der Bibel seien genau das, was Christus wollte, und daß jeder, der dies nicht glaube, auf ewig verdammt sei. Er sagt euch nun als ein Wesen des Lichts und der Liebe, daß dies nicht wahr ist und nicht seiner Lehre entspricht. Vergleicht seine Botschaft der wahren, bedingungslosen Liebe mit den Worten und Argumenten, die von den meisten Religionsvertretern geglaubt und verkündet werden. Vieles *[von dem, was sie sagen und glauben]* kommt aus dem Licht, vieles aber auch nicht.

Im Lauf der Zeit sind verschiedene Formen der machtorientierten Beeinflussung in die Glaubenssysteme eingeblendet worden, so daß die Gläubigen ihre eigene spirituelle Verbindung mit Gott nicht mehr erkennen konnten oder sogar leugneten. Diese Glaubenssysteme werden nun von denen, die intuitiv nach einer höheren Wahrheit suchen, herausgefordert, und wie ihr seht, haben das die Vertreter der alten Strukturen nicht gern. Sie reagieren auf diese «neuen» Glaubensformen mit eigenen Doktrinen und Verteidigungsmechanismen. Sie möchten nicht, daß die Machtposition, die sie erlangt haben, in irgendeiner Weise bedroht wird, vor allem nicht von denen, die aus dem Licht kommen. Sie sind deshalb dabei, ihre schlauen Wege zu finden, um dies aufzuhalten. Sie wollen nicht, daß ihre Glaubenssätze hinterfragt werden, weil sie fürchten, die Menschen könnten erfahren, wer sie selbst wirklich sind, und so erkennen, daß jedes Individuum *direkt* mit Gott, dem Einen, verbunden ist und nicht von Kirchen, Glaubenssystemen oder Würdenträgern abhängig ist. Davor haben sie Angst. Wenn sie keine Angst hätten, müßten sie nicht Gesetze und Beschlüsse fassen, um sicherzustellen, daß jede andere außer ihrer eigenen Lehre ausgeschlossen wird.

Wir aus dem Licht ermutigen euch, alle sogenannten Wahrheiten anzuschauen. Denn wir wissen, daß ihr das wählen werdet, was für euch entsprechend eurer jeweiligen Situation das richtige ist. Wir haben keine Angst davor, daß ihr einen Weg annehmen könntet, der nicht mit dem unsrigen übereinstimmt. Wir haben auch Verständnis dafür, daß viele Menschen nicht bereit sind, ihren Glauben derart zu erweitern, daß sie ihre spirituelle Verbindung mit dem Einen anerkennen. Irgendeinmal werden sie ebenfalls an diesen Punkt kommen, wenn auch vielleicht nicht im gegenwärtigen Leben.

Ein Glaube, der auf wahrer, bedingungsloser Liebe beruht, wird nie andere Menschen verurteilen. Ein solcher Glaube erlaubt es seinen «Mitgliedern», frei nach der Wahrheit zu suchen, sogar in einer anderen Richtung. Diejenigen, die wahrhaft der Liebe dienen, werden nie andere Systeme schmälern, selbst wenn sie überzeugt sind, daß das, was sie selbst lehren, die Wahrheit ist. Sie werden andere Überzeugungen und Erkenntnisse nicht ausschließen, weder durch interne Gesetze noch durch sozialen Druck. Ansonsten liegt der Schluß nahe, daß nicht eine bedingungslose Liebe das Ziel ist und daß das entsprechende System hauptsächlich an der Kontrolle seiner Mitglieder interessiert ist. Wir sagen euch: Jedes System, das über Menschen als Mitglieder und über das, was sie glauben sollen, Machtanspruch erhebt, ist kein System der Liebe, sondern ein System der Selbstherrlichkeit und Machtgier. Es ist ein System, das mit Angst arbeitet.

Wie ihr seht, ist es nicht so schwierig zu erkennen, wer aus dem Licht kommt und wer nicht. Wir, ihr – wir alle geben unsere Geschenke und Wahrheiten aus Liebe, ohne daß irgendwelche Haken dabei sind. Wer etwas anderes tut, ist kein Vertreter des Lichts. Wenn sich die Menschen Glaubenssystemen anschließen, die nicht aus dem Licht sind, respektieren wir diese Wahl, aber wir weisen darauf hin, daß es ratsam wäre, solche Schritte gut zu überlegen und die Konsequenzen zu bedenken.

Wir verabschieden uns nun. Wir freuen uns, den Menschen auf der Erde und der Erde selbst dienen zu können. Wir lieben jeden von euch, und wir lieben den Einen Unbegrenzten Schöpfer von allem.

– *Die Intergalaktische Konföderation*
(31. Mai 1993)

1) Was hier betont wird, ist die Selbstlosigkeit des Handelns. Die Licht- und Sternenwesen kommen nicht auf die Erde, weil sie etwas von den Menschen wollen oder erwarten. Es gehört vielmehr zu ihrer persönlichen Meisterschaft, vollkommen frei von selbstischen Motiven zu sein. Deshalb dienen sie der Erde und der Menschheit in reiner Liebe, ohne sich selbst aufzudrängen. In ihren Botschaften zeigt sich dies darin, daß sie einfach nur Anregungen geben, wie diejenigen, die hören wollen, von Fremdbestimmung frei werden und ihr wahres Selbst besser erkennen können. Sie respektieren den freien Willen der Menschen und lassen es vollständig offen, ob jemand ihre Worte annehmen will oder nicht. Dadurch unterscheiden sie sich grundsätzlich von den Dunkelmächten, die den Menschen ihre vermeintliche Hilfe aufdrängen und diejenigen, die sie nicht annehmen, dazu zwingen wollen oder sogar zu Feinden bzw. Gesetzesbrechern erklären.

2) Warum sie nicht auf diese Weise erscheinen, geht bereits aus den obigen Ausführungen hervor. Es wäre eine Einmischung und eine Nichtrespektierung des freien Willens, denn die meisten Menschen wollen etwas ande-

res glauben als das, was durch das Erscheinen dieser Lichtwesen bewiesen würde, nämlich daß selbstlose Liebe der einzige Sinn des Lebens ist und daß die technologischen «Geschenke» bloß verzichtbare Ablenkungen sind, hinter denen letztlich die dunklen Mächte stehen. Wie viele Menschen wären bereit, auf diese Dinge zu verzichten, um sich einem «engelhaften» Leben der selbstlosen Liebe zuzuwenden und auf diese Weise der Heilung der Erde und dem Aufstieg der Menschheit zu dienen?

3) «Auch Luzifer kann als Lichtwesen erscheinen», lautet ein Argument, das Vertreter fundamentalistischer Konfessionen und Bewegungen oft anführen, um die «Ufonauten», die Wesen aus dem Licht, und deren Botschaften abzulehnen und zu verteufeln. Es ist aufschlußreich zu sehen, wie die Lichtwesen einen solchen Angriff beantworten. Sie verlieren sich nicht in theologischen Rechtfertigungen oder sektiererischen Schlagabtäuschen, sondern geben einfach das entscheidende Kriterium der Unterscheidung, damit jeder selbst erkennen kann, wer aus dem Licht kommt und wer nicht.

Warum gewisse Enthüllungen stattfinden

Frage: Ich habe ein Dokument bekommen, in dem verschiedene psychotronische[1] Waffen der geheimen Regierung beschrieben werden. Handelt es sich hier um echte Enthüllungen oder um Desinformation? Was ist die Motivation hinter solchen Enthüllungen? Warum werden Wissenschaftler und Ex-Geheimdienstler, die solche Geheimnisse verraten, jahrelang toleriert?

Das Dokument, das in der Frage erwähnt wird, beschreibt wissenschaftliche Experimente, die auf die Erforschung und Entwicklung einer psychotronischen Technologie abzielen. Es enthält in keiner Hinsicht eine vollständige Erklärung, aber das war auch nicht die Absicht. Wir wurden gebeten, den Inhalt und die Herkunft dieser Art von Information zu beleuchten, und wir werden es tun.

Die Psychotronik kann vielfältig verwendet werden. Die geheime Regierung führt auf diesem Gebiet schon seit Jahren Experimente durch und hat verschiedene Anwendungsmöglichkeiten gefunden, die meisten zu ihrem Vorteil und zu eurem Nachteil. Hierzu gehören *Mind-control*-Systeme, Mikrowellentechnologie, Methoden des Klonens sowie verschiedene Waffensysteme, von weltraumstationierten «Abwehrmechanismen» und Überwachungssatelliten bis hin zu direkter Bewußtseinsmanipulation, die gegen bestimmte Gruppen oder Segmente der

Bevölkerung gerichtet werden kann. Im besagten Dokument werden auch Fourier-Wellen und Hologramme erwähnt.

Die geheime Regierung will, daß die Menschen erfahren, wie «mächtig» sie ist

Der Hauptzweck dieses Dokuments ist jedoch nicht die Erläuterung von Technologien, sondern die Programmierung all derer, die es lesen. Obwohl gewisse fortgeschrittene Technologien und deren Anwendungsmöglichkeiten erwähnt werden, ist der Kern dieser Informationen ein anderer: Es sollen bestimmte Eindrücke und Denkmuster suggeriert werden, die ihr auch «negative Assoziationen» nennen könnt. Mit anderen Worten, es handelt sich um einen weiteren taktischen Zug der Geheimregierung, so wie sie auch Tausende von anderen Zügen ausführt, um in der Öffentlichkeit eine bestimmte Meinung zu bilden. Wir möchten dies an einigen Beispielen verdeutlichen.

An einer Stelle im Dokument wird erwähnt, daß ein psychotronisches System entwickelt worden sei, das der geistigen Kraft und Selbstbehauptung des Menschen überlegen ist.[2] Sie wollen euch glauben machen, sie seien ungeheuer fortgeschritten, damit ihr denkt, ihr hättet gegen sie «keine Chance», sie seien viel mächtiger als ihr. Sie wollen, daß ihr euch ohnmächtig fühlt. Aber: Sie haben *kein* System, das in irgendeiner Hinsicht der menschlichen Bewußtseinskraft überlegen wäre. Sie haben allerdings Einrichtungen, die sehr mächtig sind, aber nur, wenn ihr ihnen eure Kraft hingebt.

Im Dokument wird außerdem die Gefährlichkeit von «Sekten» erwähnt. Dies ist ein weiterer Aspekt ihres Krieges gegen die Lichtarbeiter *[angefangen mit dem Kampf gegen tatsächlich dubiose Gruppen]* – eines Krieges, der zum Beispiel vor kurzem zum Massenmord von Waco führte *[siehe nächster Text]*.

Der Mensch kann sich gegen psychotronische Waffen verteidigen

Die technischen Informationen sind also nur vordergründig. Auch andere Textstellen lassen bei wachem Durchlesen erkennen, was der eigentliche Zweck des Dokuments ist.

Auf subtile Weise soll allen, die es lesen – vor allem denjenigen, die sich um ein spirituelles Erwachen bemühen *[und deshalb zu ihrer Information auch solche «geheimen» Verschwörungstexte lesen]* –, suggeriert werden, daß es gegen psychotronische Technologien und Waffen keine menschliche Verteidigung gebe. Sie wollen euch einschüchtern, damit ihr resigniert und euch ihrer totalen Herrschaft nicht mehr widersetzt. Deshalb sagen wir euch nun: Die Menschen können sich sehr wohl gegen die Psychotronik verteidigen! Es gibt einen Schutz gegen *jeden* Angriff von dieser Seite!

Wir sagen euch, daß das Schwingungsfeld der bedingungslosen Liebe, das einen Menschen umgeben kann, ausreichend ist, um jeden psychotronischen Angriff gegen eure physische oder spirituelle Existenz abprallen zu lassen. Ja, ihr habt richtig gehört: die Schwingung der bedingungslosen Liebe ist euer Schutz! Wenn euer Bewußtsein von wahrer Liebe erfüllt ist, werdet ihr von einem Energiefeld umgeben, das von keiner negativ ausgerichteten Frequenz durchdrungen werden kann, ganz egal, aus welcher Quelle sie kommt. Das ist euer inhärentes Potential, euer «Geburtsrecht».

Denjenigen, die noch nicht fühlen, daß sie sich selbst im Licht der bedingungslosen Liebe angenommen haben, möchten wir eine zusätzliche Möglichkeit des Schutzes mitteilen. Viele haben bereits vom Schutz durch die «Violette Flamme» gehört, und wir bestätigen, daß dieser Schutz in höchstem Maße wirksam ist – auch gegen die verschiedenen Formen von psychotronisch erzeugten Wellen, sollten diese gegen euch gerichtet werden. Visualisiert einfach die kosmische violette Flamme, wie sie euch umgibt und mehr noch: umhüllt und durchdringt. Wenn ihr dies aus Liebe heraus tut, dann seid ihr beschützt. Seid euch dessen gewiß!

Es wäre gut, wenn diese Information an alle Lichtarbeiter weitergegeben würde. Dies sind solch einfache Möglichkeiten, sich zu schützen, daß viele Menschen sie nicht ernst nehmen oder sogar ablehnen werden, weil sie uns nicht glauben. Sie suchen wahrscheinlich einen Verteidigungsmechanismus, der gleichermaßen *high tech* ist. Aber ihr habt schon viele Male gehört, daß durch bedingungslose Liebe alles möglich wird. Unterschätzt die bedingungslose Liebe nicht und versucht zu erkennen, was wirklich damit gemeint ist. Sie ist die Grundlage der gesamten Schöpfung.

Erkennt, was gewisse «Enthüllungen» bewirken sollen!

Wir sagen nochmals: Der eigentliche Zweck des zur Frage stehenden Dokuments und aller Dokumente dieser Art besteht darin, in denen, die sich entscheiden, so etwas zu lesen, Zweifel und Ängste hervorzurufen, um sie letztlich zu bestimmten negativen Vorstellungen zu bewegen. Die Verfasser solcher Texte haben die Fähigkeit, alles so darzustellen, daß in euch Zweifel gesät werden – Zweifel an euren Wahrheiten, an euren Fähigkeiten und letztlich sogar an eurer eigenen spirituellen Seele.

Diejenigen, die nicht gewappnet sind, um solche subtilen Beeinflussungen zu durchschauen, sollten sehr vorsichtig sein mit dem, was sie lesen. Ihr werdet von den herrschenden Mächten ständig mit der gleichen Art negativer Information bombardiert. Dies sollte euch viel mehr zu denken geben als all die psychotronischen Waffen und technischen Forschungen.

Viele, die diese Botschaft lesen, «hängen» in Computernetzwerken. Die Informationen und sogenannten Insider-Geheimnisse, die ihr über diese Netze erfahrt, sind mit derselben Art von Programmierung und Bewußtseinsmanipulation gefüllt, wie sie auch von den anderen Medien, insbesondere vom Fernsehen und der Presse, verbreitet werden. Der einzige Unterschied ist, daß diese spezifischen Artikel oder Bücher für ein ganz besonderes Zielpublikum bestimmt sind. Wir und andere haben euch schon öfters vor solchen Informationskanälen und der entsprechenden Art von Information gewarnt.

Viele von euch lesen solche Texte, um zu versuchen, die echte Information von der Desinformation zu unterscheiden. Bis zu einem gewissen Grad mag dies nützlich sein. Was ihr dabei aber nicht bemerkt, ist, daß ihr genau das tut, was die herrschenden Mächte von euch wollen, nämlich daß ihr ihnen eure Energie, eure Zeit und eure Gedanken gebt. Die geheime Regierung will, daß ihr einiges über die fortgeschrittene Technologie, die sich in ihrem Besitz befindet, wißt. Sie will, daß ihr euch bei diesem

Wissen klein und ohnmächtig vorkommt. Sie will euch den Eindruck vermitteln, daß sie Macht und Einfluß über euch hat. Sie will, daß ihr – bewußt oder unbewußt – Angst bekommt. Dies räumt der geheimen Regierung eine Macht über euch ein, die sie sonst nicht hätte.

Deshalb hat euer Sprichwort tatsächlich etwas Wahres an sich: «Was ich nicht weiß, macht mich nicht heiß.»[3] Wenn ihr euer Bewußtsein nicht in diese negativen Energien hineingebt, verringert sich die Kraft dieser Mächte. Und glaubt uns, ihr *gebt* ihnen Kraft, wann immer ihr deren Dokumente lest, verdaut und nach Desinformation durchforstet.[4]

Die Regierung und ihre Agenten veröffentlichen viele Bücher, Artikel, Filme usw., die auf eure Interessen und eure Neugier zugeschnitten sind. Sie sollen den Eindruck erwecken, daß sie durch die Enthüllung von verheimlichten Informationen eine positive Aufklärungsarbeit leisten. Doch nur die wenigsten tun dies auch wirklich. Alle anderen entstammen direkt oder indirekt ebenjenen dunklen Mächten, die sie angeblich entlarven.

Viele dieser Bücher und Artikel werden von «ehemaligen» Agenten der Geheimdienste, der Wissenschaft oder der Politik veröffentlicht oder von Personen, die früher selbst an *Mindcontrol*-Experimenten beteiligt waren. Diese «Autoren» tun genau das, was sie tun sollen. Die meisten von ihnen sind sich nicht einmal bewußt, daß sie den Plänen und Vorstellungen anderer dienen, denn die Bewußtseinsmanipulation wurzelt tief in ihrem Unterbewußtsein. Sie standen und stehen immer noch unter dem Einfluß derselben Dunkelmächte, über die sie sprechen. Einiges von dem, was sie unter diesem Einfluß veröffentlichen, ist wahr, anderes nicht. Was würdet ihr denken, wenn ein «offizieller» Regierungsvertreter über diese Themen sprechen würde? Ihr wärt zweifellos sehr zurückhaltend und skeptisch. Aus diesem Grund haben sie beschlossen, einfach «inoffizielle» oder «ehemalige» Agenten als Sprachrohre zu verwenden. Aufgrund ihrer Ausbildung und ihres Hintergrundes verbreiten sie – sei es nun bewußt oder unbewußt – genau das, was die Obrigkeit will und zuläßt.

Die herrschenden Mächte wollen, daß ihr gewisse «Fakten» über ihre Unternehmungen kennt. Ihr sollt wissen, in welche

Richtung es geht. Aber sie wollen keinen öffentlichen Aufruhr erregen, weshalb sie viele Details nicht veröffentlichen, vor allem was den Verlust von Menschenleben sowie ihre eigenen wahren Ziele betrifft. Abgesehen von diesen echten Verheimlichungen lassen sie *[über Bücher, Filme, Internet usw.]* gern brisante Informationen durchsickern, um der Öffentlichkeit Angst einzuflößen angesichts der gegenwärtigen und zukünftigen Macht der Regierung. Haltet euch hierbei aber vor Augen, daß die negativen ETs, die mit dieser Situation sehr viel zu tun haben, der geheimen Regierung einiges an Technologie zukommen lassen, aber kaum jemals in einer Form, die eine vollständige Anwendung erlauben würde.

Mit anderen Worten, die Technologien, über die in gewissen Dokumenten berichtet wird, sind in vieler Hinsicht eine Übertreibung, ein «Bluff». Ihr werdet über *Mind-control*-Spiele an der Nase herumgeführt! Seid euch bewußt, was eigentlich geschieht. Wann immer ihr einen «enthüllenden» Einblick in die Spiele der Regierung und der Dunkelmächte bekommt, solltet ihr euch fragen, ob ihr nicht schon wieder fremden Interessen dient. Die wissenschaftlichen Geister unter euch, die so erpicht darauf sind, die heißen Informationen vom Internet herunterzuladen, müssen aufpassen, daß sie nicht den Dunkelmächten «aus der Hand fressen». Aber wenn ihr dies wollt, so laßt euch nicht daran hindern! Legt los und analysiert all die Berichte! Zerpflückt die technischen Details! Geht an die Arbeit! Die Dunkelmächte werden euch dafür gratulieren!

Und ihr Detektive, die ihr alle verfügbaren Untergrundpapiere über die Bilderberger, die Rockefellers, die Trilaterale Kommission, die Geheimtruppen und die Kolonien auf dem Mars lest und dann loszieht, um anderen davon zu erzählen oder sogar Vorträge darüber zu halten – die Regierung gratuliert auch euch! Ihr lest den Stoff, der euch unbewußt beeinflußt, nicht nur selbst, sondern schürt das Feuer auch noch mit euren Energien. Ihr erzeugt in euch selbst und in allen, die euch zuhören, eine ganz bestimmte Ausrichtung und Konditionierung. Merkt ihr nicht, daß dies eine meisterhafte Manipulationstaktik ist, die von denselben dunklen Mächten schon vor langer Zeit ins Rollen gebracht wurde? Und die Taktik funktioniert überraschend gut, sie übertrifft sogar die Erwartungen ihrer Urheber – dank der Computer, dank des Fernsehens, dank jener Menschen, die nicht sehen wollen, was um sie herum geschieht. Und dank euch, denn auch ihr seid aktive Teilnehmer in *ihrem* Plan.

Merkt euch: Wann immer ihr euch in diese Art von Information vertieft oder lange darüber diskutiert, gebt ihr ein wenig von eurer Kraft an diese dunklen Mächte ab. Erinnert euch daran, wenn das nächste Mal jemand eine heiße Internet-Story auf euch «abfeuert» oder wenn ihr wieder jemanden hört, der über Projekte wie «Montauk/Phoenix» oder «Philadelphia» referiert oder darüber, was die negativen ETs als nächstes vorhaben. Es könnte sein, daß ihr denen Energie gibt, von denen ihr selbst glaubt, daß sie nicht aus dem Licht sind.

Wir hoffen, daß wir die vielen Aspekte der gestellten Frage klären konnten. Wir werden in Zukunft noch mehr darüber sagen, denn es ist ein Thema, das wir für sehr wichtig erachten. Die Frage bezog sich auf ein spezifisches Dokument, aber dieses Dokument ist nur ein Beispiel für viele dieser Art. Es kann für einige von euch durchaus nützlich sein, gewisse Dinge über die herrschenden Mächte zu wissen. Aber es wäre für *alle* nützlich, wenn ihr es vorziehen würdet, eure Aufmerksamkeit auf Gott, das Licht und die Liebe zu konzentrieren und weniger auf die negativen Themen.

Ihr würdet staunen, wenn ihr wüßtet, was das Massenbewußtsein mit solchen Energien der Liebe bewirken kann.[5] Dann wäre es überhaupt nicht mehr notwendig, sich mit den dunklen Mächten zu beschäftigen. Sie würden auf diesem Planeten praktisch aufhören zu existieren. Die meisten Menschen sind nicht bereit, dies zu glauben, da sie nicht verstehen, wie sie ihre eigenen Realitäten schaffen. Aber es ist wahr.

Wir ermutigen euch deshalb: Liebt euer Selbst, liebt alle anderen und liebt den Einen Schöpfer von uns allen. Macht die bedingungslose Liebe zum Brennpunkt eures Lebens.

Es ist uns eine Freude, der Menschheit einen Dienst zu erweisen. Wir verabschieden uns und verbleiben in Liebe zu euch allen, zur Erde und zum Einen Unbegrenzten Schöpfer.

– Die Intergalaktische Konföderation
(8. Juni 1993)

1) Psychotronik: eine Wortverbindung von Psychologie bzw. Parapsychologie und Elektronik; dieser Begriff entstand im Kalten Krieg im Ostblock, wo versucht wurde, paranormale Phänomene für das Militär und die Geheimdienste nutzbar zu machen.

Der Autor Ernst Meckelburg gibt in seinem Buch «PSI-Agenten – Die Manipulation unseres Bewußtseins» (München 1997) eine treffende Definition: «Psychotronik – Die Technisierung der Psi-Phänomene: Im weitesten Sinn versteht man unter Psychotronik nicht nur psychokinetische Effekte, sondern auch das gesamte Spektrum der ‹außersinnlichen› Wahrnehmung, wie Telepathie, Hellsehen (Fernwahrnehmung), Präkognition, Retrokognition, [Hypnose,] außerkörperliche Erfahrungen usw. ... vor allem deren Stabilisierung und Reproduzierbarkeit mittels (psycho-)technischer Einrichtungen. Es sind dies Techniken, die den Gebrauch elektronischer, bioenergetischer, kybernetischer und sonstiger moderner Hilfsmittel miteinbeziehen. .../ Psychotronische Waffen – Elektronik kontra Bewußtsein: Die gezielte, zuverlässige Einflußnahme auf das psychische und physische Verhalten des Menschen, die pauschale Beeinflussung größerer Menschenmassen gehört zu den wichtigsten Zielen der strategisch genutzten Psychotronik.» (S. 15, 249)

2) «... ein psychotronisches System, das der geistigen Kraft und Selbstbehauptung des Menschen überlegen sei», d.h. ein System, das den Menschen physisch und psychisch beeinflusse; dies könne unbewußt geschehen, und selbst wenn die Menschen es wüßten, könnten sie sich der Wirkung nicht widersetzen. Wie im folgenden sogleich gesagt wird, ist dies eine Unwahrheit, die verbreitet wird, um die Menschen, die davon hören, einzuschüchtern.

3) Die englische Redewendung, die im Original verwendet wird, ist nicht wörtlich übersetzbar: «... truly, some ignorance is bliss.»

4) Eine persönliche Bemerkung: Beim Lesen solcher Warnungen könnte man sich fragen, warum ich (A.R.) dann ebenfalls einige enthüllende Artikel, Interviews und Bücher, insbesondere den «Machtwechsel auf der Erde», veröffentlicht habe.

Gerade aus dem vorliegenden Text, dessen Aussagen ich nur unterstützen kann, geht hervor, was das Wesen der subtil-programmierenden Texte ist: Sie stammen von Autoren, die von einem materialistischen oder technomagischen Weltbild überzeugt sind und ihre Informationen nur aus dieser Perspektive weitergeben. Das Lesen solcher Texte kann tatsächlich Verwirrung, Zweifel und Resignation hervorrufen. («Man weiß ja gar nicht mehr, wem man glauben kann!») Dennoch enthalten sie auch viele zutreffende Informationen, und es war mein Anliegen, aus diesen zum Teil sehr widersprüchlichen Informationswirrwarr die wichtigen Fakten herauszusieben, um sie in ein höheres Gesamtbild einzufügen. Durch das Erkennen der vielschichtigen Zusammenhänge wurde es einerseits möglich, die dunkle Seite bis in die tiefsten Abgründe zu beleuchten, damit diesbezügliche Warnungen, die wir von der göttlichen Seite bekommen, gebührend ernst genommen werden. Gleichzeitig werden aber Hoffnung, Mut und Klarheit gestärkt, indem das Licht jenseits des Schattens – gerade dadurch, daß er als Schatten erkannt wird – um so deutlicher und reiner vor unserem inneren Auge erscheint.

5) Hier hat Tom Smith selbst eine Fußnote eingefügt: «Ein Beispiel für eine Veränderung, die durch das kollektive Bewußtsein bewirkt wurde, ist die Einschränkung des Rauchens an öffentlichen Orten – in staatlichen Gebäuden, am Arbeitsplatz, an Flughäfen, in Kinos, in Freizeitanlagen usw. Dies kam zustande, ohne daß ‹ein Schuß fiel› – allein durch den kollektiven Willen der vielen Nichtraucher, die erkannten, daß auch das Passivrauchen schädlich ist.»

Was geschah beim «Sektendrama» von Waco?

Der folgende Text bezieht sich auf einen Vorfall, der sich im April des Jahres 1993 abspielte und weltweites Aufsehen erregte. Der umstrittene Sektenführer David Koresh, der sich für Jesus hielt und 33jährig war, hatte sich mit seinen Anhängern auf der «Ranch Apocalypse» in Waco, Texas, verschanzt und leistete bewaffneten Widerstand. Nach zwei Monaten Belagerung und vergeblichen Verhandlungen wurde die Liegenschaft von einer Spezialeinheit der Polizei gestürmt. Dieser Angriff führte dazu, daß die Liegenschaft plötzlich in explosionsartigen Flammen aufging, wobei die meisten Mitglieder der Koresh-Gruppe – Männer, Frauen, Kinder –, darunter auch David Koresh, umkamen.

Die offizielle Version, die auch von den wenigen Überlebenden und vom allgemeinen Eindruck bestätigt wurde, lautete, die Verschanzten hätten im Moment des Angriffs einen Massenselbstmord durchgeführt. Genauer gesagt: Führende Männer der Gruppe hätten zuerst die anderen erschossen, um dann das Feuer zu entzünden und selbst in den Flammen zu sterben. Diese Version war plausibel, zumal David Koresh mehrmals gedroht hatte, sich in die Luft zu sprengen.

Bei diesem undurchsichtigen Vorfall wurden viele Behauptungen und Verdächtigungen laut. Verschwörungsforscher fragten: Hatte Koresh diese über die Massenmedien verbreiteten Drohungen wirklich ausgesprochen? War der psychopathische Koresh nur ein «dankbares» Opfer gewesen, um das Feindbild «Sekte» zu schüren? War es vielleicht sogar ein Massenmord gewesen?

Tom Smith wurde auch hierüber befragt und gebeten, folgende Fragen an Ashtar zu richten: «Was könnt ihr über den Vorfall von Waco sagen? Warum sind die Regierungstruppen eingeschritten? Wer wußte wirklich Bescheid und stand dahinter? Was wußten der Präsident [Bill Clinton] und die Justizministerin [Janet Reno]?»

Wir sind hier, um auf die Fragen zu antworten, die unserem Bruder Ashtar gestellt wurden, der ebenfalls anwesend ist. Da es uns ein Anliegen ist, über diesen Vorfall zu sprechen, melden wir uns zusammen mit Ashtar als eine vereinte Stimme.

Seit einiger Zeit schon sprechen viele von uns über mediale Wege zu verschiedenen Menschen, und wir teilten ihnen mit, daß es dunkle Mächte gibt, die versuchen, die Energien des Lichts zu bekämpfen. Wir sagten, daß dies auf unterschiedliche Weise geschehen kann, zum Beispiel in Form von direkten Angriffen auf das Licht oder in Form von subtil programmierten Botschaften, die manchmal sogar Teil einer größeren Bewußtseinsmanipulation *[mind control]* sind. Im Fall von Waco wurden euch beide Angriffsformen auf einmal präsentiert.

Die Mitglieder der Waco-Kommune beschäftigten sich mit verschiedenen Stufen von Spiritualität. Jedoch nahmen die meisten auch willig an einer eigenen Form von *mind control* teil, da sie es erlaubten, von anderen beherrscht und kommandiert zu werden, hauptsächlich von den Anführern. Wir verurteilen sie nicht, denn wir lieben sie genauso, wie wir auch euch lieben. Damit sagen wir aber nicht, daß die Methoden, die sie anwandten, aus dem Licht gewesen seien. Auch heißen wir es nie für gut, daß man anderen *[den Menschen, aber auch allen anderen Lebewesen]* in irgendeiner Weise Schaden zufügt, egal ob man provoziert wird oder nicht oder einfach nur meint, man bräuchte die Rechte des anderen nicht zu respektieren.

Des weiteren ist für alle offensichtlich, daß der Anführer dieser Gruppe keine Christusinkarnation war, wie er manchmal verlauten ließ. Hinsichtlich der Verwendung und Lagerung von Waffen sagen wir, daß dies auf keiner Ebene ein Zeichen von Licht und Liebe *[Feindesliebe]* ist, ja nicht einmal ein Zeichen von Stärke. Damit wollen wir aber niemanden kritisieren, der – angesichts der bedrohlichen gesellschaftlichen Lage und der vorherrschenden Mentalität – Waffen besitzt, um sie zur Verteidigung zu verwenden.[1] Wir haben jedoch schon viele Male darauf hingewiesen, daß Gleiches Gleiches anzieht, und früher oder später werden die defensiven Waffen offensiv verwendet werden.

Dies wiederum bedeutet nicht, daß wir euch verbieten möchten, solche Waffen des Todes und der Zerstörung zu besitzen. Ihr habt einen freien Willen und könnt wählen, ob ihr aus euren Fehlern lernen wollt oder nicht. Wenn wir das Wesen eurer «Demokratie» in Betracht ziehen, so müssen wir sagen, daß es durchaus gerecht ist, wenn auch die Bürger und nicht nur die Machthaber Waffen besitzen. Wenn die Regierung eine andere Meinung vertritt oder sogar gegenteilige Gesetze einführen will, ist dies ein weiteres Zeichen, das der Bevölkerung signalisieren sollte, daß sie nicht in einer Demokratie leben, sondern einer Machtstruktur unterstehen.

Nach diesen allgemeinen Bemerkungen zu den sogenannten «Streitfragen» möchten wir euch die Wahrheit über den Waco-Vorfall mitteilen.[2]

Die Mächte hinter eurer Regierung sind fest entschlossen, alle Elemente, die in ihren Augen Gegner ihrer Ziele sind – die Erlangung einer vollständigen und totalen Herrschaft –, zu identifizieren, zu neutralisieren und, falls erforderlich, zu eliminieren. Was ihr als Regierung bezeichnet, ist nichts anderes als ein Arm oder Agent der eigentlichen Macht, der sogenannten geheimen Regierung. Diese wiederum steht unter der direkten Kontrolle der negativen ETs, die bereits mehrmals erwähnt wurden. Das ist die Hierarchie der dunklen Mächte, die auf eurer Erde wirkt. Sie alle stehen im Einflußbereich der kriegerischen Imperialisten und der negativen Schöpfergötter, die nun schon seit mehreren hunderttausend Jahren die Erde beeinflussen.

Was immer ihre selbstischen Ziele zu bedrohen scheint, das wollen die Dunkelmächte beseitigen. In diesem Zusammenhang muß auch der Angriff auf die Waco-Kommune gesehen werden. Die Beteiligten hatten keine Ahnung, worum es wirklich ging, und es interessierte sie auch nicht. Sie hatten keinen handfesten Beweis für irgendeine der Anschuldigungen, die ihnen als Vorwand dienten, um ihr Vorgehen zu rechtfertigen. Es war, um eure Sprache zu verwenden, von Anfang an eine «abgekartete Sache». Sie hatten nie die Absicht, die Anführer und deren Anhänger mit dem Leben davonkommen zu lassen, bis auf einige wenige Überlebende. Eure Regierung hätte die Liegenschaft schon am ersten Tag ausheben können. Aber das war nicht ihr Plan.

Die Machthaber verfolgten mehrere Ziele. Sie wußten, daß die lokalen Beamten und die nationalen Behörden der Situation nicht gewachsen sein würden. Es war beabsichtigt, daß die ganze Angelegenheit immer verfahrener werden sollte, denn dies ermöglichte eine ausgedehnte Berichterstattung über die heißen Themen.[3] Und vor allem wurde der Boden bereitet für eine massive Kampagne der Massenmedien gegen alle «Sekten» und «Kulte». In den Menschen wurde die Meinung erzeugt, daß diejenigen, die mit sektenartigen Aktivitäten und Ansichten zu tun haben, gefährlich seien und Gehirnwäsche betreiben.

Die Medien starteten einen Blitzkrieg mit einem eigenen Programm zur Meinungsmanipulation. Ängste wurden geschürt, indem die Sensationslust auf entsprechende Nachrichten gelenkt wurde, was leicht gelang, da die Massen seit langem programmiert sind, sich zu allen Formen negativer Berichterstattung hingezogen zu fühlen. Die Botschaft war einfach: Alles, was nicht den offiziell akzeptierten Überzeugungen entspricht, ist verdächtig und gefährlich und deshalb «böse». Das eigendynamische System der Programmierung und Manipulation funktionierte perfekt. Ihr habt es voll und ganz «geschluckt».

Als sich dann angesichts der Verfahrenheit der Situation die *big boys* einschalteten, war die ständige Medienpräsenz garantiert. Die Sensationen taten das übrige. Alles verlief nach Plan.[4]

Viele fragen sich, was am letzten Tag von Waco wirklich geschah. Wir können euch versichern: Der Angriff wäre nicht nötig gewesen. Der beabsichtigte Effekt, die Meinungsmanipulation, war bereits erreicht worden. Es bestand keine Notwendigkeit mehr, die Angelegenheit in die Länge zu ziehen, denn die Öffentlichkeit dachte, was sie denken sollte, und viele begannen schon, das ganze Hin und Her langweilig zu finden. Sie suchten neue Sensationen, etwas «Frisches». Die Dunkelmächte beschlossen deshalb, die Aktion an diesem Punkt zu beenden und kurzen Prozeß zu machen.

Ihr dürft den offiziellen Darstellungen glauben, wenn ihr wollt. Sie sind angenehmer und geben euch das Gefühl, daß die Gerechtigkeit gesiegt habe. Was diesen Vorfall betrifft, so werden die meisten Menschen einfach die Meinung übernehmen, die die Programmierung ihnen vorgibt.

Aber wir sagen euch, daß dies *keine* Selbstmorde waren. Es war Massenmord. Den Dunkelmächten machte es nichts aus, das Leben all dieser Menschen – der Erwachsenen wie auch der Kinder – für ihre Zwecke zu opfern. Die Anführer der Gruppe begingen keinen Selbstmord und töteten auch keine anderen Personen. Sie hätten viel günstigere Gelegenheiten gehabt, sich selbst zu töten, als in dieser letzten Minute.[5] Aber sie hatten nie die Absicht gehabt, dies zu tun. Die Belagerungstruppen mußten die Geächteten in ihren Häusern festhalten, weil die Hintermänner tatsächlich hofften, daß es irgendwann zu Selbstmorden käme.

Der Angriff auf das Grundstück wurde von speziell ausgebildeten Einheiten der Polizei durchgeführt. Ihr werdet von diesen Sturmtruppen in Zukunft noch mehr zu hören bekommen, aber ihr werdet sie vielleicht erst dann durchschauen, wenn es «zu spät» ist. Diese Sondereinheiten werden auf die Aufgabe vorbereitet, beim Durchbruch der «Neuen Weltordnung» eure Städte unter Kontrolle zu nehmen und bestimmte Elemente der Bevölkerung systematisch zu eliminieren. Was in Waco geschah, war nur ein Übungslauf. Sie erstürmten das Gelände und erschossen fast alle, die sie zu Gesicht bekamen. Danach füllten sie die Gebäude mit Brenngasen und überließen dem Feuer den Rest der Arbeit.

Die wenigen, die entkamen, werden aus Angst um ihr Leben niemals die Wahrheit sagen. Einige bekamen gar nicht mit, was wirklich geschah, weil eine ungeheure Panik und Verwirrung herrschte. Zwei von ihnen waren jedoch direkte Zeugen. Sie wurden am Leben gelassen, damit sie die offizielle Version bestätigen. Sehr bald werden aber auch sie an einen «sicheren» Ort gebracht werden, damit ihnen nichts Unpassendes herausrutscht, und man wird von ihnen nichts mehr hören.

Wer wußte von den eigentlichen Absichten dieser Aktion, und wer ist verantwortlich? Euer Präsident und die Justizministerin kannten den wirklichen Plan und die wirklichen Absichten nicht. Sie waren «Bauern» in diesem Schachspiel. Die Justizministerin wurde ausgenutzt, indem die Drahtzieher ihr die Situation in einer solchen Weise darstellten, daß sie mit ganz bestimmten Emotionen, Vorurteilen und Meinungen reagierte, und zwar in der Überzeugung, damit der Gerechtigkeit zu dienen. Nicht nur sie selbst wurde ausgenutzt, sondern auch ihr mangelnder Durchblick in bezug auf «Sekten».

Die Drahtzieher saßen nicht im FBI, sondern im CIA. Sie waren es auch, die den programmierten und unmenschlichen Patriotismus des FBI schürten *[der letztlich dazu führte, daß der FBI den Befehl zum Angriff gab]*. Nun seht ihr, wie perfekt alles ablief.

Wir hoffen, daß dies eine ausreichende Erklärung ist. Seid euch bewußt, daß dieselben Stellen beabsichtigen, mit dieser Art von Machenschaften fortzufahren. Sie werden weiterhin versuchen, alle Vorstellungen, die nicht in den Rahmen ihrer Paradigmen passen, zu eliminieren und zu bekämpfen. Sie werden ähnliche Gruppierungen offen angreifen. Die Öffentlichkeit wird dabei applaudieren und empört sein über die «destruktiven Störenfriede» und deren «untolerierbare Praktiken» von «Teufelsverehrung» und «Gehirnwäsche».

Dies öffnet ihnen die Tür, um später gegen spirituellere Gemeinschaften und Individuen vorgehen zu können. Diese Tendenz wird ungehindert zunehmen, es sei denn, das Massenbewußtsein gebietet solchen Bestrebungen Einhalt und kommt auf die Ebene der Bereitschaft, daß die Menschen sich gegenseitig als Bruder und Schwester annehmen.

Wir könnten Namen nennen, aber Namen sind nicht wichtig. Wichtig ist, was ihr glaubt. Die wirklichen Wahrheiten sind wichtig *[und nicht die Details über dunkle Machenschaften]*. Das Gebot «Liebe deinen Nächsten wie dich selbst» ist wichtig. Und die Liebe zu Gott ist wichtig. Die besagten Personen und ihre Organisationen wären nie so mächtig, wenn all dies einer größeren Anzahl von Menschen wichtig wäre.

Wir lehren diese Liebe und sind aus der Liebe. Machtstreben, Unrecht und Manipulation haben nichts mit Liebe zu tun.

– Die Intergalaktische Konföderation[6]
(10. Mai 1993)

1) Dies bezieht sich auf die USA, wo der private Waffenbesitz erlaubt ist.

2) Anmerkung des Verlags: Ob die Aussage, diese mediale Darstellung sei die Wahrheit über den Waco-Vorfall, zutreffend ist oder nicht, kann der Verlag nicht beurteilen und muß es den einzelnen Leserinnen und Lesern überlassen, wie sie den Wahrheitsgehalt dieses Textes einstufen.

3) Die «heißen Themen», die neben der allgemeinen Frage nach «Sekten» ausgiebig diskutiert wurden, drehten sich um die Fragen: Ist der private Waffenbesitz noch verantwortbar? Darf es möglich sein, daß anarchische Bürger aus politischen oder religiösen Gründen Gruppen bilden und dem Staatsapparat bewaffneten Widerstand leisten? Ab wann darf die Regierung gewaltsam gegen Bürgergruppen (inkl. Kinder) vorgehen?

4) Mit anderen Worten, an dem extremen Beispiel der Waco-Gruppe, die tatsächlich militant und fanatisch war, wurde die Meinung geschürt, daß alle, die nicht das tun und glauben, was die Medien und die Allgemeinheit für «normal» halten, Spinner, Betrüger und verkappte Staatsfeinde seien. Es ist unbestreitbar, daß anhand des Waco-Vorfalls diese Art von Propaganda betrieben wurde, unabhängig davon, ob es nun ein Massenmord oder Massenselbstmord war.

Heute ist die allgemeine Stimmung bereits derart programmiert, daß der größte Teil der Bevölkerung, angeheizt durch die Medien, sogar applaudieren würde, wenn irgendwelche «Sekten» oder «Extremisten» oder «Scharlatane» verhaftet würden. «Endlich greift mal jemand durch!» wäre wohl der allgemeine Tenor.

Wer einmal dem Rufmord anheimgefallen ist, kann über weitere Verleumdungen geächtet werden, und kaum jemand wird es wagen oder auch nur daran denken, die «Wahrheit» der Massenmedien zu hinterfragen, ganz zu schweigen davon, die Geächteten zu verteidigen, wenn weitere «Maßnahmen» gegen sie ergriffen werden.

Es stellt sich die Frage: Wer entscheidet darüber, wer «gefährlich» ist? Kommen wieder Zeiten, in denen Gläubige bzw. Andersgläubige – Esoteriker, Anthroposophen, Zigeuner, Hellsichtige, ja sogar Heilpraktiker, Alternativmediziner und Geistheiler – durch eine moderne Inquisition verfolgt werden?

5) Das ist ein interessanter Gedankengang: Hätten sie sich umbringen wollen, war der Moment, als die Truppen angriffen, nicht sehr geeignet, weil in dieser «letzten Minute» unter ihnen Panik ausbrach und vieles hätte schieflaufen können, insbesondere weil scharf bewaffnete Kampftruppen anstürmten, um den anlaufenden Massenselbstmord in kürzester Zeit zu stoppen. Andererseits besteht auch die Möglichkeit, daß die Verschanzten tatsächlich warteten, bis ein Angriff erfolgte, um – in apokalyptischer

Symbolik – die Regierung als die Schuldigen und sich selbst als Opfer (Märtyrer) darzustellen.

6) Bei derselben medialen Sitzung wurde noch eine weitere Frage beantwortet. Diese Fortsetzung folgt im nächsten Text, der direkt an den obigen anschließt.

Geheime Computertechnologie

Frage: Gibt es auf der Erde einen «biologischen Computer» oder etwas in dieser Art? Falls ja, was ist der Zweck dieser Technologie? In wessen Händen ist sie?

Die geheimen Regierungen haben mit vielen Technologien experimentiert und dabei einiges erreicht. Dies geschah oft in Verbindung mit den negativen ETs. Wärt ihr Menschen – als eine Spezies, die auf die Perspektive der dritten Dimension beschränkt ist – auf euch allein gestellt, hättet ihr nicht die Fähigkeit, solche Technologien zu entdecken und zu entwickeln. Ihr seid von der «Barmherzigkeit» eurer «Wohltäter» abhängig, die entscheiden, wann gewisse Technologien auf die Erde kommen sollen. Aber die negativen ETs sind nicht blöd. Sie kennen eure Mentalität, denn sie selbst waren in vieler Hinsicht daran beteiligt, euch zu programmieren, in ganz bestimmten Mustern zu denken. Daher werden sie euch nie etwas in die Hände geben, zumindest nicht vollständig, wenn die Möglichkeit besteht, daß ihr es gegen sie verwenden könntet. Wenn die geheimen Regierungen ihre «Mission» erfüllt haben, werden sie erkennen, wie «heilig» die unheiligen Allianzen wirklich waren.

Aus dem Gesagten geht hervor, daß die irdische Technologie, auch jene in den Händen der geheimen Regierungen, nicht sehr weit fortgeschritten ist. Ihr Menschen werdet dies jedoch nicht erkennen, da ihr *[im momentanen Zustand]* kein Mittel habt, um die Gesamtheit der Umstände zu überblicken.

Auf der Erde wird schon seit längerer Zeit mit verschiedenen Arten von Computern experimentiert. In einigen Kreisen ist es mittlerweile hinlänglich bekannt, daß die jeweils «neueste» Technologie bereits vor zehn bis fünfzehn Jahren in gewissen Stellen innerhalb der geheimen Regierungen Anwendung fand.¹ Zu alledem haben sie auch die Grundzüge einer gänzlich anderen Computertechnologie erhalten. Es handelt sich um eine Art künstlicher Intelligenz, wie ihr es nennen würdet, die nicht von den gewohnten Tastaturmechanismen abhängig ist, sondern sich selbst programmiert, wenn die richtigen Initialinformationen eingegeben werden.

Diese Technologie geht davon aus, daß in allen Dingen Energie und Leben ist. Die Beschaffenheit dieser Technologie ist nicht biologisch, wie in der Frage angedeutet wird. Sie besteht nicht aus einem biologischen Organismus, der sich von anderen Lebensformen ernährt, wie dies bei einer biologischen Substanz der Fall wäre. Zu den Gaben eurer «Wohltäter» gehören bestimmte Substanzen, die auf der Erde nicht vorkommen, die aber biologische Funktionen simulieren, indem sie Energien der vierten Dimension *[ätherische und metaphysische]* verwenden und produzieren. Wie ihr bald entdecken werdet, sind Raum und Zeit in der vierten Dimension ganz anders definiert als in der dritten. Mit den richtigen Schlüsseln kann diese Art von Computer verwendet werden, um Raum und Zeit *[so wie sie in der dritten Dimension existieren]* zu überwinden. Man könnte auch das Wort «Zeitreisen» verwenden, je nachdem, was ihr euch darunter vorstellt.

Es muß jedoch bemerkt werden, daß bei diesen Experimenten schon viele Menschenleben verlorengegangen sind. Unzählige Menschen verschwinden, und niemand legt Rechenschaft ab über ihren Verbleib. An diesen Früchten könnt ihr das Wesen der «Wohltäter» und ihrer «Geschenke» erkennen.

Der Zweck, für den diese Computer verwendet werden sollen, dient nicht dem Fortschritt der Menschheit. Sie sollen es der «Elite» ermöglichen, größere Kontrolle über die Zivilisation zu erlangen. Weiterhin glauben einige, durch diese Technologie werde es möglich, sichere Orte zu schaffen, wo sich Auserwählte verstecken können, bis die Erdveränderungen vorbei sind. In ihrer Täuschung meinen sie, es könne ihnen gelingen, das Wirken der Lichtwesen, die der Erde in ihrem Aufstieg beistehen, zu annullieren. Darüber hinaus hoffen sie, daß sie mit den neuen Errungenschaften all ihre Probleme lösen können, um dann auf dieser Grundlage endgültig ihre «Neue Weltordnung» einzuführen. Aber selbst in dieser Illusion von Macht haben sie noch einen langen Weg vor sich.[2]

Die höheren Lebensformen des Universums brauchen keine mechanischen Vorrichtungen, um sich zu bewegen, weder innerhalb derselben Dimension noch interdimensional.[3] Dieses Potential wird freigelegt, wenn ihr das wahre Selbst erkennt und liebt. Dadurch lernt ihr, eure Realitäten selbst zu erschaffen und eure Beschränkungen zu entfernen. Dann kann euch nichts und niemand mehr mit Fremdbestimmungen vereinnahmen.

Fürchtet euch also nicht, so wie ihr euch vor keiner Dunkelmacht und keiner Machenschaft zu fürchten braucht.

Mit diesen Worten verabschieden wir uns. Es ist uns eine Ehre, euch zu dienen. Wir lieben die Erde, wir lieben jeden von euch, und wir lieben den Einen Schöpfer von uns allen.

– Die Intergalaktische Konföderation
(10. Mai 1993)

1) Dies wurde durch den Film «Enemy of the State», der Anfang 1999 in die Kinos kam, einem breiten Publikum vor Augen geführt. Die meisten Zuschauer waren schockiert über die eiskalte Macht der technologischen Überwachung, die in diesem Thriller gezeigt wurde. Doch der Überwachungsspezialist Larry Cox, der bei der Produktion dieses Films als Berater fungierte, kommentierte in der offiziellen Stellungnahme: «Die Technik, die im Film gezeigt wird, zeigt den Stand vor zehn Jahren. Wir sind schon viel weiter. Die neuen Apparate und Methoden sind streng geheim» (zitiert z. B. in ZüriWoche, 7. Januar 1999).

2) Selbst wenn dieser Plan realistisch wäre und durchgeführt werden könnte, würde es noch lange dauern, bis sie ihr Ziel erreichten. Teil ihrer Illusion ist es, zu glauben, in ihren unterirdischen Städten oder in Weltraumstationen die Erdveränderungen überstehen zu können. Sie wissen nicht, daß diese in Wirklichkeit nur äußere Begleitumstände der planetaren Höherschwingung sind, durch die all ihren Plänen buchstäblich der Boden, d. h. der Planet(!) entzogen wird.

3) Nur die gefallenen und dunklen Wesen operieren mit mechanischer Technologie, mit der sie die natürliche Schöpfung manipulieren und imitieren wollen. Im Gegensatz zu diesen Wesen verfügen die Lichtwesen über Lichtraumschiffe, die nicht mechanisch sind, sondern «organisch» in einem höheren, multidimensionalen Sinn. Sie entstehen aus einer geistigen

Schöpfung und sind Erweiterungen der Bewußtseinsfelder ihrer Erzeuger, die der göttlichen Schöpfung dienen. Dieses konkrete Erschaffen von Objekten ist ein praktisches Beispiel für das, was von Ashtar (in Kapitel 2) erklärt wurde: das Schaffen der eigenen Realität und die innere Kraft des Manifestierens, die aktiviert wird durch Selbst-Ermächtigung und Voll-Macht «von Gottes Gnaden» im wahrsten Sinn des Wortes. Dieser Hintergrund wird auch in den folgenden Sätzen von der Stimme der Konföderation erneut bestätigt. So einfach diese Erklärungen sind, so unvorstellbar sind sie für den Menschen, der nur in den «normalen» (dreidimensionalen) Kategorien zu denken gewohnt ist.

Als technisches Detail sei hier erwähnt, daß auch die Lichtraumschiffe sich verdichten können, um, wenn erforderlich, irdisch sichtbar zu sein. Für die Erdenmission werden jedoch nicht die großen Lichtraumschiffe verdichtet, sondern kleinere «Modelle», die von ihnen ausgehen. Bei UFO-Sichtungen sind es meistens diese Modelle, die gesehen werden – vorausgesetzt, daß es sich überhaupt um Raumschiffe der positiven Seite handelt.

Nicht alle werden die Hilfe annehmen

Heute gibt es immer mehr Menschen, die erwachen und beginnen, ihre spirituelle Verbindung zum Universum zu erkennen. Eine viel größere Anzahl, ein Vielfaches der Erwachenden, spürt, daß es «irgend etwas» geben muß, ist in ihrer Suche aber noch nicht sehr weit gekommen. Nochmals um ein Vielfaches größer ist die Anzahl jener, die keine Neigung verspüren, sich mit der Ganzheit ihres Selbst zu verbinden. Viele ahnen nicht einmal, daß eine solche Verbindung hergestellt werden kann.[1] Wieder andere lehnen es rundweg ab, auch nur daran zu denken, ihre Lebenseinstellung zu ändern. Viele von ihnen arbeiten dazu auch noch bewußt und absichtlich gegen diejenigen, die sich dem Licht, dem spirituellen Selbst, zuwenden. Das sind diejenigen, von denen wir sagen, daß sie aus der Dunkelheit kommen.

Aber versteht uns nicht falsch. Wir sagen nicht, daß nur diejenigen, die auf dem spirituellen Pfad sind, gerettet seien und alle anderen verloren und verdammt. Ganz im Gegenteil. Auch die «anderen» befinden sich auf einem Pfad des Lernens, auch wenn dieser nicht dem entspricht, was wir für uns gewählt haben und als den schnellsten Pfad zurück zu Gott, der Quelle, betrachten.

Die Lichtarbeiter, die nicht erwachen,[2] und selbst diejenigen, die von ihrem Lichtpfad abgelenkt werden, begeben sich in einen Lehrgang, der ihnen im Lauf einer kosmischen Zeitspanne wichtige Lektionen vermittelt. Sie leisten vielleicht bei den gegenwärtig anstehenden Aufgaben keine Hilfe, aber die Erfahrungen, die sie dabei machen, werden im Verlauf ihrer weiteren Entwicklung ebenfalls ihren Nutzen zeitigen.

Wir sind hier, um all denen zu helfen, die es uns erlauben – auch denen, die nicht erwacht sind, und denen, die sich weigern, ihre eigenen Potentiale anzuerkennen. Wir können der gesamten Menschheit in der einen oder anderen Form beistehen, doch unsere vorrangige Aufgabe ist es, unsere Energien den Menschen des Lichts, denen, die am empfänglichsten sind, zukommen zu lassen.

Dies schließt niemanden aus, denn jeder kann um diese Hilfe bitten, ja es ist sogar so, daß all das, was wir für diejenigen auf dem Pfad des Lichts tun, auch für alle anderen Menschen von Nutzen ist. Einige werden diese Hilfe ergreifen, andere nicht. Ein großer Teil von dem, was wir tun, soll helfen, Veränderungen herbeizuführen, die ihrerseits wieder zu Veränderungen führen, bis jeder einzelne Mensch irgendwie damit konfrontiert wird. Natürlich braucht niemand irgend etwas *[gegen seinen Willen]* zu akzeptieren, aber der Nutzen *[dieser positiven Veränderungen]* steht dennoch allen zur Verfügung.

Dies ist unsere Philosophie: Hilfe und Liebe für alle Menschen, Tiere, Pflanzen, für den ganzen Planeten. Nur aus diesem inneren Beweggrund heraus bieten wir unsere Dienste an. Teil unseres Dienstes für die *gesamte* Menschheit *[und nicht bloß für irgendwelche Paktpartner, Auserwählte oder Privilegierte]* besteht darin, Informationen über alle Aspekte der Geschichte des Universums zu vermitteln. Einiges davon ist einfach wichtig zu wissen, und ihr solltet darüber nachdenken. Anderes wiederum weist darauf hin, daß eurerseits gewisse Handlungen möglich oder notwendig wären.

In diesem Sinn teilen wir euch mit, daß die Erde Vorbereitungen in die Wege leitet, um sich zu heilen und sich von aller Negativität, die gegen sie gerichtet wird, zu reinigen. Die Hauptquelle der heilenden Energien wird die Erde selbst sein. Die Erde hat auch uns[3] und eure Sonne und den Einen Schöpfer um

157

Beistand gebeten. Aus diesem Grund sind wir, eure Freunde aus dem Weltall, in vielerlei Hinsicht damit beauftragt und beschäftigt, der Erde zu dienen und beizustehen.

Die Vorbereitungen der Erde beinhalten auch den Auftrag an jede Person auf dem Planeten, ihr eigenes Selbst zu erforschen und der irdischen Entwicklung zu dienen. Dies tut ihr, wenn ihr euch selbst liebt und respektiert, denn eine solche Liebe wird wie von selbst auch auf andere übergehen und somit zu einem bedeutenden Teil des Heilvorganges werden. Doch die höheren Energieformen, die wir vorhin erwähnt haben, sehen gegenwärtig voraus, daß weniger als 25 Prozent der Menschen geneigt sind, aktiv mit der Erde zu harmonieren, um die Heilung, Reinigung und Anhebung der Schwingungen der Liebe in einer positiven Weise zu unterstützen. Von diesen vorausgesehenen 25 Prozent sind nur 12–15 Prozent direkt in die Heilprozesse eingebunden. Das sind keine hohen Prozentzahlen, aber sie beinhalten viele Millionen von Seelen.[4]

Die Gesamtschwingung der Menschheit und der Erde kann in einem ausreichenden Maß angehoben werden, wenn 15–20 Prozent vollständig erwacht sind, denn dies wird zum Aufstieg und zur großen Entscheidung der Seelen [«Great Harvest of Souls»] führen. Darüber wird bereits seit Jahrhunderten geschrieben, und immer mehr Botschaften kommen in jüngerer Zeit hinzu.

Was geschieht mit den restlichen 75–80 Prozent? Wie wir bereits erwähnt haben, ist es sehr wahrscheinlich, daß die Wege vieler Menschen vom Weg des Lichtes verschieden sein werden; aber diese Menschen sind nicht verloren. Das wiederum heißt nicht, daß es ihnen erlaubt sein wird, auf der Erde zu bleiben, während diese sich so sehr darum bemüht, den Schaden zu heilen, den ihr viele dieser Menschen zufügten. Wir sagen euch also, daß es für einen größeren Teil der Erdbevölkerung erforderlich sein wird, den Planeten zu verlassen, noch bevor die Zeremonien des Aufstiegs überhaupt begonnen haben.[5]

Im Verlauf der Vorgänge, mit denen die Erde sich selbst heilt, werden während der nächsten zwanzig bis dreißig Jahre[6] ungefähr 75 Prozent der gegenwärtigen Erdbevölkerung hinübergehen. Obwohl diese Zahl sich ändern kann, wenn das Bewußtsein der einzelnen Menschen sich ändert, ist es absolut essentiell, daß die Quellen aller nichtpositiven Schwingungen von der Erde entfernt werden, da die Erde sonst ihre Vorbereitungen für den Aufstieg in die fünfte Dimension nicht abschließen kann. Die Erde *wird* aufsteigen. Das steht außer Frage. Das einzige, was fraglich bleibt, ist das Schicksal der Menschen *[das sie selbst bestimmen]*.

Wir sagen dies nicht, um Angst zu erzeugen. Wir sagen euch dies, damit ihr euch auf euren eigenen Weg vorbereiten könnt, je nach der Wahl, die ihr freiwillig trefft. Die meisten Menschen werden auf das, was wir sagen, nicht hören oder es nicht glauben. Dies zeigt sich auch an der großen Anzahl von Hinübergängen, die vorausgesehen wurde. Zu diesen Hinübergängen wird es kommen, wenn die Erde die erforderlichen Veränderungen vollzieht. In allen Bereichen und Winkeln der Erde wird es zu unzähligen Todesfällen kommen, da viele Menschen es vorziehen zu gehen, statt ihr Herz der Liebe zu öffnen, die von der Erde ausströmt.

Von den verbleibenden Menschen werden viele ihre Schwingung so weit erhöht haben, daß sie in andere Realitäten aufsteigen können. Die Mehrheit wird am Schluß, während die Erde ihre abschließende Reinigung durchläuft, an sichere Orte auf anderen Planeten gebracht werden.

Es stehen Zeiten großer Freude bevor – große Freude für all jene, die in Verbindung mit dem Einen und dem Universum leben. Dies sind die Menschen, die erkennen, daß das, was die Erde betrifft, auch alle im Universum betrifft. Sie sind sich ihrer Einheit mit dem Einen bewußt und kennen nichts als die Liebe, und mit dieser Liebe schreiten sie voran auf ihrem Weg, sogar dann, wenn sie mit ansehen müssen, wie Familienmitglieder und Freunde andere Wege wählen. Sie wissen, daß auch deren Wege letztlich zur Einheit mit dem Einen zurückführen werden, obwohl jene Wege länger sind.

Wir verabschieden uns nun. Es ist uns eine Freude, euch zu dienen, denn wir lieben euch. Wir lieben die Erde, die ihr eure Heimat nennt, und wir lieben den Einen Unbegrenzten Schöpfer von uns allen.

– Die Intergalaktische Konföderation
(29. Juni 1993)

1) Die Menschen, die zur großen Mehrheit dieser dritten Kategorie gehören, sind beschäftigt mit den Wellen der täglichen Gezeiten und haben kein Interesse an Fragen nach dem höheren Sinn des Lebens, denn die Perspektive, daß das Leben einen «Sinn» haben könnte, ist nicht Teil ihres momentanen Bewußtseins.

2) Das heißt diejenigen, die sich inkarniert haben, um dem Willen Gottes zu dienen, aber ihre Lebensaufgabe (noch) nicht erkennen oder sogar verdrängen.

3) Daß die Lichtwesen, die hier sprechen, sich an erster Stelle nennen, hat nichts mit Selbstherrlichkeit zu tun, wie das deutsche Sprachgefühl vielleicht meinen könnte, wenn man sich selbst an erster Stelle nennt: ich, die Sonne und Gott. Die Erstnennung entspringt hier offensichtlich einer hierarchischen Perspektive. Die Sprechenden nennen zuerst sich und gehen sogleich weiter, um den Kreis der Aufzählung zu erweitern, mit der Erwähnung Gottes, des Einen Schöpfers, als Schluß- und Höhepunkt, der alle vorangehend Genannten überragt und in sich beinhaltet.

4) Man bedenke, daß nur schon 1 % der heutigen Menschheit über 60 Millionen Personen umfaßt. Die scheinbar pessimistischen Zahlen von 15 bzw. 25 %, die die Intergalaktische Konföderation gemäß dem globalen Bewußtseinsstand im Juni 1993 voraussah, bedeuten konkret also ein bis zwei Milliarden Menschen!

5) Die «Zeremonien des Aufstiegs» heißen im englischen Original «graduation ceremonies», ein Ausdruck, der dem Hochschulbetrieb entlehnt ist und sich auf die Feierlichkeiten bezieht, wenn ein Absolvent promoviert oder «graduiert», d.h. die entscheidenden Prüfungen bestanden hat. Bevor die wundervollen Zeremonien des Aufstiegs global auch im Äußeren sichtbar werden, müssen anscheinend zuerst noch einige dramatische und tragische Ereignisse stattfinden, wenn das Vermeidbare unvermeidlich geworden ist.

In den Jahren, die seit dieser Botschaft an Tom Smith vergangen sind, haben die sozialen, militärischen, ökologischen und klimatischen Probleme sowie Erdbeben usw. zugenommen, was zeigt, daß die vorausgesehene Tendenz von den Menschen noch nicht ausreichend geändert wurde. Dies ist nach wie vor eine Tatsache, die nicht verharmlost oder ignoriert werden sollte. Die Konföderation macht uns also keine falschen Hoffnungen oder Versprechungen, sondern weist nachdrücklich darauf hin – sogar statistisch –, was geschieht, wenn der Großteil der Menschheit es unterläßt, über die egoistischen Interessen hinauszugehen.

6) Es ist wichtig zu sehen, daß diese Zeitangabe die «magische» Jahreszahl

2013 relativiert. Die vorliegende Botschaft wurde im Juni 1993 empfangen, zwanzig Jahre später ist genau das Jahr 2013. Der Hinweis «während der nächsten zwanzig bis dreißig Jahre» zeigt aber, daß nach der 2013-Schwelle nicht unbedingt schon vollständige Ruhe und Harmonie herrschen muß.

Kapitel 5

Die Sieger schrieben die Geschichte – auch die Religionsgeschichte

Kritisiert man die aktuelle Weltsituation, lautet eine häufige Antwort: «Früher war's auch nicht besser. Kriege hat es schon immer gegeben und Naturkatastrophen auch.» Innerhalb eines bestimmten historischen Rahmens stimmt dies sogar.

Seit Menschengedenken ist es nichts Ungewöhnliches, daß Menschen lügen und betrügen, und schon vor langer Zeit wurden wichtige Wahrheiten bekämpft oder verfälscht. Diejenigen, die aus diesen Kämpfen als Sieger hervorgingen, schrieben ihre Version der Geschehnisse als «offizielle Geschichte» auf. Im «Idealfall» erklärten sie ihre Niederschrift sogar zu einer «heiligen Schrift». Ein einflußreiches Beispiel hierfür ist das Alte Testament, denn immerhin stützen sich heute drei Weltreligionen und viele ihrer Absplitterungen darauf – die meisten mit exklusiven Macht-, Wahrheits- und Absolutheitsansprüchen. Niemand scheint sich daran zu stören, daß in dieser Schrift brutale Völkermorde und Ausrottungen gutgeheißen werden, ja es wird sogar gesagt, «Gott der Herr» habe dies befohlen und die religiösen Führer, von Abraham bis Moses und auch die späteren, hätten nur Gottes Befehle ausgeführt. Aber hat Gott diese Befehle wirklich gegeben? Und wie erfuhren die Menschen, was Gottes Befehle waren?

Immer waren es Menschen, die den anderen Menschen sagten, was Gott sagt und will und fordert. Dabei kann man sich des Eindrucks nicht erwehren, daß diese angeblichen Gottesworte manchmal sehr auffällig nach «Mensch» riechen – Rachsucht, Mordlust auf die Feinde, Haß gegen Andersgläubige, konstante Rechtfertigung der eigenen Taten.

Ist aus einer solchen Sicht eine objektive oder sogar göttlich inspirierte Geschichtsdarstellung zu erwarten? Vielleicht waren zentrale Glaubensfiguren wie Abraham und Moses ganz anders, als die späteren Sieger uns glauben machen wollen?

Zur Überraschung von Tom Smith melden sich bei ihm in medialer Verbindung auch die Wesen, die einst als Abraham und Moses inkarniert waren. Was haben sie den Menschen heute zu sagen? Und was sagen sie über die einstigen Ereignisse? Wenn es stimmt, was Tom Smith empfing und niederschrieb, so hätten sich viele der Verdachtsmomente, die von kritischen Bibelforschern schon seit längerer Zeit (aufgrund von philologischen und historischen Erwägungen) geäußert werden, bestätigt. Das würde einmal mehr heißen: Die Vergangenheit war anders, als die Menschen denken, und auch anders, als die Religionen sagen.

Toms Angabe, daß hier in diesen Texten jene Personen sprechen, die einst als Moses und als Abraham inkarniert waren, ist nicht so leicht zu glauben und ist auch nicht überprüfbar. Die Geister werden sich vor allem bei jenem Text scheiden, in dem ein Kernstück der Bibel – die Person des Moses und seine Geschichte – ganz anders als gewohnt dargestellt wird, und zwar von Moses selbst. Auffällig ist dabei seine lockere und humorvolle Ausdrucksweise, die sich von anderen Tom-Smith-Texten deutlich unterscheidet. Dabei ist es sehr erfrischend zu sehen, daß gerade die vielvereinnahmten Religionsstifter Abraham und Moses ein ganz anderes Gottesverständnis haben, als mit ihrem Namen gemeinhin verbunden wird.

Moses' großer Beitrag erscheint hier im fünften Kapitel, Abrahams im sechsten und im siebten. Moses geht ausführlich auf die Thematik des Aufstiegs (engl. ascension) ein, was kein Zufall ist, da er möglicherweise selbst eine der seltenen Personen war, die über einen Aufstieg von der Erde schieden. So zumindest steht es in einigen Neuoffenbarungen der heutigen Zeit (z. B. Anita Wolf: «Als Mose starb», niedergeschrieben 1954), wobei auffällt, daß sich bei der Erwähnung vom Tod des Moses auch das Alte Testament eher kryptisch äußert (5. Mose 34,5–7): «So schied Moses dahin, im Lande Moab, nach dem Wort des Herrn. Und Gott selbst begrub ihn ... bis heute kennt niemand sein Grab.» Moses starb nicht in einem Krieg und auch nicht an Altersschwäche, denn es wird deutlich hervorgehoben: «Moses war 120 Jahre alt, als er starb; seine Augen waren nicht trübe geworden, und seine Frische war nicht gewichen.»

Was Moses anhand seines eigenen Beispiels hinsichtlich der Religionsgeschichte nur andeutet, wird im Text der «Loving Energies» in einen großen historischen Zusammenhang gestellt. Der lange Schatten der Religionen reicht bis in die heutige Zeit. Ursprünglich lebten die Menschen in ihrer natürlichen Spiritualität, d.h. in einem ganzheitlichen Verständnis von Körper, Geist und Seele in Beziehung zur Quelle, Gott (God Source). Erst in einer späteren Phase, als das Konkurrenzdenken sich unter den Menschen einnisten konnte, kam es zur Bildung von Religionen, d.h. menschengemachten Glaubenssystemen (= Konfessionen). Die Menschen wurden bevormundet und eingeschüchtert, so daß sie es nicht mehr wagten, an die eigene, individuelle Beziehung zu Gott zu glauben.

Das abschließende Gotteswort in diesem Kapitel schließt den Kreis der aufgegriffenen Religionsthemen auf einer nochmals höheren Ebene. Aus Gottes Sicht sind alle Seelen gleichwertige und gleich würdige Teile seines Seins. Es ist jedoch ihre eigene freie Entscheidung, ob sie dementsprechend leben wollen oder nicht. «Ich liebe alle, aber ich bin nicht mit allen zufrieden.»

Was bedeutet «Aufstieg» und «Höherschwingung»?

Es wird gegenwärtig viel über den sogenannten Aufstieg gesprochen. Dies wird in den kommenden Jahren ein noch heißeres Thema werden, da das Wassermannzeitalter auf der Erde Einzug hält und die Zeit der großen Entscheidung der Seelen immer näher rückt. Im Evolutionsvorgang der Menschheit und der Erde kommt nun eine Zeit, in der die allgemeine Schwingung der Menschheit auf eine Ebene angehoben wird, die einen persönlichen Aufstieg erlaubt.

Schon seit Tausenden und Abertausenden von Jahren ist es immer wieder zu persönlichen Aufstiegen einzelner Menschen gekommen. Für diejenigen, die die Frequenz ihrer Liebe bis zu einem bestimmten Grad angehoben hatten und sich für diesen Weg entschieden, war der Aufstieg immer eine zur Verfügung stehende Möglichkeit. Aber nicht alle Seelen, denen diese Möglichkeit offenstand, haben den Aufstieg als ihre Art des Hinübergehens gewählt. Einige haben aus gewissen Gründen den «traditionellen» physischen Tod vorgezogen. Diese Gründe waren bei jeder Person verschieden, aber meistens hatte es damit zu tun, daß sie den Vorgang des physischen Todes nochmals erleben wollten.

Während die Erfahrung des persönlichen Aufstiegs in der Vergangenheit *[für vereinzelte Individuen]* immer eine mögliche Alternative war, kommt nun in eurer Entwicklung eine Phase, in der diese Möglichkeit einer großen Anzahl von Menschen angeboten wird. Diese Möglichkeit steht in einem direkten Zusammenhang mit den bevorstehenden Erdveränderungen, die so umwälzend sein werden, daß der Planet für eine gewisse Zeitspanne nicht mehr bewohnbar sein wird. Angesichts dieser abschließenden Reinigung der Erde haben die Menschen verschiedene Möglichkeiten, ihre Entfaltung fortzusetzen.[1] Eine besteht darin, auf andere Planeten gebracht zu werden. Viele von denen, die nicht diesen Weg wählen möchten, werden an einer der verschiedenen Aufstiegswellen teilnehmen.

Es wird Einzelaufstiege geben, wenn die jeweiligen Individuen bereit *[reif]* sind, und es wird Massenaufstiege geben, wenn die jeweiligen Energiekollektive bereit sind. Jedes dieser Ereignisse wird eine wundervolle Zeremonie sein. Auch schon in früheren Phasen der Erdgeschichte wären Massenaufstiege möglich gewesen. Ich meine hier hauptsächlich atlantische Zeiten, aber auch andere. Die erhofften Aufstiege fanden damals nicht statt, weil es den Menschen nicht gelang, ihre Schwingung genügend anzuheben. Wir sind jedoch ziemlich sicher, daß es diesmal Menschen gibt, die die Prüfung bestehen werden.

Was bedeutet «Aufstieg»? Wer kann daran teilnehmen? Wie muß man sich das alles vorstellen? Ich möchte auf diese und damit verbundene Fragen eingehen, so wie das in der Vergangenheit und in der Gegenwart auch andere schon getan haben. Vieles wurde darüber schon gesagt, aber die Menschen scheinen das Verlangen zu haben, die gleichen Informationen möglichst «aktuell» zu bekommen. So lautet die Information heute: An dem Gesagten hat sich nichts geändert, außer an den Zeitpunkten der Massenaufstiege. Diese Veränderungen geschahen aufgrund der Veränderungen im Massenbewußtsein.

«Aufstieg» bedeutet die Fähigkeit, den Vorgang des physischen Todes zu überwinden. Es hat noch nie eine «Notwendigkeit» bestanden, daß der Mensch einen physischen Tod durchlaufen muß. Diese Art des Sterbens ist ein Ergebnis eurer eigenen Schöpfungen. Das, was ihr «Tod» nennt, habt ihr selbst geschaffen beziehungsweise zugelassen, daß es geschaffen werden konnte. Ihr glaubtet, daß dies zum Leben gehöre, und so geschah es. Von eurer Veranlagung als Spezies her könnte es euch möglich sein, so lange im Physischen zu leben, wie ihr möchtet.[2] Erst als ihr dem Wunsch nach Abwechslung nachgabt, kam der physische Tod als Tor in euer Leben, durch das ihr in die andere Realität hinübergeht, ohne zurückkehren zu können. Aber das war immer nur eure persönliche Entscheidung, solange ihr in der dritten Dimension existiertet.

Der Tod selbst als «Lebensende» wurde bei den Menschen eingeführt, als die *[außerirdischen]* Kriegsherren auf der Erde die Vorherrschaft gewannen. Wie so viele Faktoren, die eingeführt wurden, um die Herrschaft über die Menschheit auszubauen, wurde auch der Tod der Menschheit einprogrammiert. Die Dunkelmächte wollten nicht, daß die Menschen sich ihrer eigenen Kräfte bewußt sind,[3] und noch weniger sollten die Menschen wissen, daß sie in Wirklichkeit den scheinbar Mächtigen ebenbürtig sind *[daß sie genau die gleichen Kräfte und Potenti-*

ale haben]. Deshalb impften sie der Menschheit die Vorstellung des Todes ein, wobei erwähnt werden muß, daß anfänglich ein solch sterbliches Menschenleben Hunderte von Jahren dauerte.[4] Dies nahm allmählich ab, so daß die durchschnittliche Lebensspanne nach Zehntausenden von Jahren auf rund 150 Jahre zusammengeschrumpft war. Als Kriege und die Industrialisierung sowie das Fleischessen über die Menschheit hereinbrachen, reduzierte sich die durchschnittliche Lebenserwartung sogar noch weiter auf 45 bis 50 Jahre.[5]

Die Länge des menschlichen Lebens hat an sich keinen direkten Einfluß auf den Vorgang des Aufstiegs. Was sie *[die Lebensspanne]* jedoch widerspiegelt, ist die Einstellung der Menschheit gegenüber sich selbst. Als das Leben länger war, hatten die Menschen sich selbst und ihren Lebensumständen gegenüber ein viel zufriedeneres Gefühl, und ihnen stand mehr Zeit zur Verfügung, um die verschiedenen Aspekte des menschlichen Potentials zu verwirklichen. Bei einer kürzeren Lebensspanne ist gewöhnlich das Gegenteil der Fall. Das war der Grund, warum später die Möglichkeit eines Massenaufstiegs viel seltener war.[6]

Der Mensch hat das Potential, seinen gesamten Körper in die höheren Realitäten zu nehmen, ohne daß ein «Verscheiden» nötig ist, so wie dies beim physischen Tod geschieht. Dieses Potential kann umgesetzt werden, wenn das innere Wesen eines Individuums fähig ist, in einer Frequenz zu schwingen, die viel höher ist als jene innerhalb der Dichte der dritten Dimension. Dann kommt es zum Aufstieg, und das Individuum wird auf die nächste oder übernächste Stufe der geringeren Verdichtung erhoben. Wenn eure Schwingung genügend erhöht ist, so daß ein Aufstieg möglich wird, könnt ihr *[bei Notwendigkeit oder nach Wunsch]* aus der dritten Dimension entschwinden.[7]

Ihr seid immer ganzheitliche Wesen, doch als Bewohner der dritten Dimension seid ihr euch dessen nicht bewußt, und euer physischer Körper braucht daher eine Art von Nahrung, die er nicht mehr benötigt, wenn er auf einer höheren Schwingungsebene existiert. Dann seid ihr in der Lage, die physikalischen Gesetze der dritten Dimension zu überwinden. Seid ihr dazu in der Lage, werdet ihr aber nicht wirklich unsichtbar. Für Wesen derselben Schwingungsebene seid ihr sehr wohl sichtbar.

Wenn es einmal zum Aufstieg gekommen ist, bleibt der physische Körper bei euch, hat aber nicht mehr die gleiche physische Struktur wie vorher. Weil ihr dann auf einer sehr hohen Schwingungsebene lebt, habt ihr gelernt, mit eurem Körper verschiedenste *[bisher unmögliche]* Dinge zu tun. Ihr werdet keine Krankheiten haben. Ihr werdet auch nicht «alt» werden, es sei denn, ihr wünscht dieses Erscheinungsbild. Einige tun dies tatsächlich manchmal, damit andere sie erkennen, wenn sie sich manifestieren. Physischer Schmerz wird ebenfalls etwas sein, das ihr nicht mehr zu erfahren braucht. Im Kern eures Wesens seid ihr genau wie jedes andere Lichtwesen, mit dem Unterschied, daß ihr nicht durch die Metamorphose des Todes dorthin gelangt seid.

Viele Menschen hören nun vom Phänomen des Aufstiegs und sagen: «Das ist genau, was ich will» oder «Vergiß es». Der Aufstieg ist aber nicht einfach ein Luxus, den man sich wünschen kann oder nicht. Aufzusteigen bedeutet, eine bestimmte Ebene der Schwingung zu erreichen. Es bedeutet, in der Kapazität, euch selbst und andere zu lieben, so sehr zu wachsen, daß diese Schwingung der Liebe allzeit von euch ausgeht, auch dann, wenn ihr einmal *[entsprechend einer momentanen Gefühlsverfassung oder «Laune»]* nicht zu einer liebenden Stimmung aufgelegt seid. Denn in der Liebe, die wir meinen, gibt es keine Stimmungsschwankungen. Wer sie erreicht hat, empfindet sie ununterbrochen, Tag und Nacht. Dies ist nicht so leicht nachzuvollziehen, wenn man immer noch nichtliebende Gefühle in sich trägt, die von Zeit zu Zeit durchbrechen. Auf verschiedenste Weise erlaubt ihr immer wieder, daß eure Fähigkeit zu lieben durch Vorurteile und Bedingungen begrenzt wird. Dadurch werden andere davon abgehalten, von euch das Licht der Ermutigung zu erhalten.

Seid euch deshalb bewußt, daß der Aufstieg nicht etwas Automatisches ist, vor allem, wenn ihr noch nicht in der Lage seid, bedingungslos zu lieben. Auch wenn ihr zu den esoterischen Stars, zu den großen Hellsehern, Channel-Medien und Lehrern gehört, wird dies noch nicht «automatisch» den Aufstieg bewirken. Das einzige, was «automatisch» wirkt, ist Liebe, bedingungslose Liebe.[8]

Es gibt also viel zu lernen, bevor jemand aufsteigen kann.

Man muß nicht «ein Gott» sein, aber «von Gott». Dazu gehört unter anderem, daß ihr alle Emotionen und Gefühle, die für eure spirituelle Entwicklung Hindernisse darstellen, loslaßt und überwindet. Für viele wird dies sehr schwierig sein, besonders dann, wenn sie sich nicht bewußt sind, was sie alles in ihrem Innern festhalten. Denn solch Unbewußtes verursacht weitere Blockaden und treibt einen Keil zwischen die Person und das spirituelle, bewußte Selbst. Aber genau hierin besteht der wahre Sinn von Meditationen. Sie sollten dazu führen, daß ihr in die Bereiche vorstoßt, die dem bewußten Selbst verborgen sind.

Wann immer eine Person bereit ist, kann es zu einem individuellen Aufstieg kommen. In einem solchen Fall gibt es keinen Grund, auf irgend etwas zu warten. Viele jedoch werden bei diesem Vorgang den Zusammenhalt in einer Gruppe vorziehen, weshalb ein weiterer *[heute besonders relevanter]* Plan vorsieht, daß Menschen auch gemeinsam aufsteigen können. Ein Großteil derjenigen, die den kollektiven Aufstieg wählen werden, sind Sterngeborene, die bereits zahlreiche Leben auf der Erde verbracht haben, um sich auf ebendiese Zeit vorzubereiten. Weil ein solcher Aufstieg Schwingungsverschiebungen auslösen kann, sieht der Plan vor, daß die verschiedenen Gruppen den Zeitpunkt *[für den kollektiven Aufstieg]* selbst wählen können. Menschen der verschiedensten Hintergründe werden hier dazustoßen können, aber wir nehmen an, daß diese Gruppen beziehungsweise Wellen hauptsächlich aus Sterngeborenen bestehen werden.

Es wäre unangebracht, die verschiedenen Orte zu nennen, von wo die Gruppenaufstiege ausgehen werden. Diejenigen, deren Bestimmung diese Art des Weggehens ist, werden wissen, wann die Zeit gekommen ist, und sie werden innerlich zu dem entsprechenden Ort geführt werden. Solche Orte wird es viele geben, auf dem ganzen Planeten. Sie werden besonders vorbereitet werden, um als Ausgangspunkt für diese wunderbare Heimkehr dienen zu können. Die jeweiligen Gruppen werden auch von einem «Bodenpersonal» unterstützt werden.[9] Diese Orte werden für mehr als nur eine Welle des Aufstiegs verwendet werden, es sei denn, die Energien eines bestimmten Ortes würden drastisch verändert werden.

Der Massenaufstieg wird auf viele Orte und Gruppen verteilt werden, damit in keinem Gebiet ein Energievakuum entsteht. Die Menschen, die aufsteigen, werden eine hohe Energiestufe erreicht haben, weshalb die Erde für den plötzlichen Verlust dieser Massenenergien eine Kompensation braucht. Dies wird für die Erde und auch für die Menschen eine sehr heikle Zeit sein: einerseits die Erdveränderungen, andererseits das Weggehen der lichtvollen Menschen und dazu die reale Möglichkeit einer Schwankung der Erde in ihrer Umlaufbahn. Wir denken aber nicht, daß es irgendwelche Schwierigkeiten geben wird. Für die Außerirdischen, die von der Seite des Lichts kommen, ist es eine große Freude, Teil dieser phantastischen Zeremonie zu sein. Sie werden nicht nur Zeugen sein, sie werden auch unvorstellbare Hilfe bieten, bis die Energien wieder ausgeglichen sind.

Wie ihr sicher schon ahnt, werden die Dunkelmächte nicht bloß herumstehen und tatenlos zuschauen, wie all diese Energien frei werden und ihrer Herrschaft entrinnen. Nein – sie werden alles mögliche unternehmen, um dagegen anzukämpfen. Aber ich bin hier, um euch zu sagen, daß sie nichts tun können, was die Kräfte des Lichts aufhalten würde. Das Licht wird zu dieser Zeit seine ganze Präsenz zum Tragen bringen, und die Dunkelmächte müssen zurücktreten und es einfach geschehen lassen.

Wir werden hierüber noch mehr sagen, da einige immer wieder neue Bestätigungen brauchen. Ihr könnt euch aber darauf verlassen, daß ihr euch keine Sorgen zu machen braucht.

Ich habe bereits erwähnt, daß es mehrere Wellen geben wird. Die erste wird aus schätzungsweise 10 000 Personen bestehen, wobei dies eine der kleinsten Wellen ist. Etwa 1000 werden aus den USA kommen, der Rest größtenteils aus Südamerika.

Haltet euch vor Augen, daß nicht alle Sterngeborenen zu dieser Zeit den Weg des Aufstiegs gehen werden. Viele Lichtarbeiter haben sich bereit erklärt, auf der Erde zu bleiben, bis die Zeit der Prüfungen abgeschlossen ist. Denn der Eine Schöpfer hofft – und auch wir hoffen –, daß in dieser Zeit noch viele Menschen erwachen und ihr wahres Selbst erkennen werden, damit sie möglichst schnell ihre Schwingung anzuheben vermögen, um so noch zu den letzten Aufstiegswellen hinzustoßen zu können.

Das ist alles, was ich heute über den Aufstieg der wunderbaren Bevölkerung von Mutter Erde sagen wollte. Zu gegebener Zeit wird mehr darüber gesagt werden. Ich liebe euch alle, jeden einzelnen. Ich ehre meine Mutter, die Erde, und ich liebe den Einen unbegrenzten Schöpfer.

– Moses *[die Seele, die einst als Moses inkarniert war]*
(23. März 1992)

1) Damit sind innerhalb des Aufstiegsszenarios jene Menschen gemeint, die sich für den Weg des Lichts entschieden haben und in dieser abschließenden Phase immer noch auf der Erde sind. Wie angedeutet, werden während der vorangehenden Jahre bereits viele Menschen bei den weltweiten Umwälzungen den Tod gefunden haben. Hier muß jedoch ein Mißverständnis vermieden werden, nämlich der Eindruck, daß der physische Tod eine Strafe sei oder ein Zeichen dafür, daß all diese Menschen nichts mit Gott und der Erdheilung zu tun haben wollten.

Der physische Tod, auch der bei den Erdveränderungen, ist kein Zeichen von Strafe oder Disqualifikation, sondern einfach der «normale» Abgang, der an sich nichts über den Grad der Seelenentwicklung der jeweiligen Menschen aussagt. Das Sterben bzw. Sterben-Dürfen in dem beschriebenen Szenario der Zukunft kann auch bedeuten, daß es nicht die Bestimmung dieser Menschen ist, das ganze Chaos bis zum Schluß miterleben zu müssen. Sie brauchen möglicherweise die Konfrontation mit den entfesselten Naturkräften oder mit den Widersachermächten nicht, sondern dürfen den «Film» bereits vorher verlassen. Einige Menschen werden dabei über den physischen Tod hinaus sogar gänzlich von der Materie frei werden und zurück in das absolute Sein, in das Reich Gottes, gehen, d.h. vom Rad der Reinkarnation befreit werden.

Mit anderen Worten, genauso wie der physische Tod seit Menschengedenken für alle inkarnierten Seelen der natürliche Abschluß eines Erdenlebens ist, so wird er auch in naher Zukunft für die meisten Menschen die gewohnte Art des Hinübergehens bleiben, wobei das individuelle Schicksal nach dem Tod total verschieden ist – von Karma-bedingten Negativerfahrungen über lichtvolle Stationen bis hin zur ewigen Befreiung aus der Materie.

Im Szenario des Aufstiegs in die fünfte Dimension kommt nun neu hinzu, daß einige der gottzugewandten und gottgeweihten Menschen in einer ganz bestimmten Phase der Erdentwicklung die Wahl bzw. die Aufgabe haben werden, nicht durch das Tor des physischen Todes zu gehen, sondern die Erde bei der Höherschwingung zu begleiten, um die Saat für die neue Menschheit auf der neuen Erde zu bilden. Diese Letzten werden die Er-

sten sein, nämlich die erste Generation auf der neuen Erde, und Seelen, die vorher durch einen physischen Tod gegangen sind, werden sich als Kinder oder Nachkommen dieser ersten Generation wieder auf der neuen Erde inkarnieren können.

2) «Im Physischen zu leben» bezieht sich nicht nur auf ein Leben in einem organisch-grobstofflichen Körper, sondern auch auf ein Leben in der energetischen oder ätherischen Grobstofflichkeit. Diese für normale irdische Augen unsichtbare (höherdimensionale) Stofflichkeit gehört immer noch zum «Physischen», aber der Sterbevorgang bedeutet auf dieser Stufe kein Ablegen, sondern bloß ein Umwandeln der körperlichen Hüllen. Sterben würde im Fall einer weniger verdichteten Existenz also nicht mehr die Aufspaltung von Leib und Jenseitskörper bedeuten – konkret: das Zurücklassen eines Leichnams –, vielmehr würde das Physische gesamthaft umgewandelt werden, um nahtlos in die neue Existenz überzugehen, ohne daß man die Erfahrung früherer Daseinsstufen vergißt.

3) Das physische Sterben bzw. Wiedergeborenwerden bringt ein tiefgreifendes Vergessen mit sich. Wenn der Mensch seine früheren Leben – d.h. die früheren Kapitel seines Lebensbuches – vergißt oder, noch schlimmer, gar nicht mehr weiß, daß es frühere Leben gibt, kann er das Mysterium des Lebens nicht richtig verstehen und fällt einer materialistischen Kurzsichtigkeit oder einer pseudoreligiösen Verblendung zum Opfer, was heute bei einem Großteil der Bevölkerung weltweit der Fall ist. Durch diese Programmierung bieten die Menschen den manipulierenden Mächten eine vielschichtige Angriffsfläche, durch die sie zu unglaublichen Verhaltensweisen gebracht werden können. Solche Menschen sind tatsächlich weit entfernt vom Bewußtsein ihrer eigenen Kräfte – und das alles hauptsächlich wegen des Vergessens, das durch den physischen Tod über die Menschheit gekommen ist. Dies ist zweifellos eine sehr ungewöhnliche und bisher auch noch kaum in Betracht gezogene Dimension der gegenwärtigen Weltkrise.

4) Obwohl Moses in den nachfolgenden Texten viele Darstellungen des Alten Testaments dementiert und als Phantasieprodukte bezeichnet, bestätigt er hier eines der am häufigsten angezweifelten Elemente der Bücher Mose, nämlich daß die Menschen einst Hunderte von Jahren alt wurden.

5) Mit dem Hinweis auf eine durchschnittliche Lebenserwartung von rund fünfzig Jahren meint er wahrscheinlich die Generationen der heutigen Zeit. Angesichts der ungesunden Lebensweise und der bewegten Zukunft ist es tatsächlich nicht mehr möglich, der heutigen Jugend das Erreichen eines hohen Alters zu garantieren. Wenn man bei der Berechnung des Durchschnitts auch noch die vielen Menschen berücksichtigt, die bereits vor der Geburt ums Leben kommen (die vielen Millionen Abtreibungen pro Jahr),

befindet sich die Menschheit schon seit einigen Jahren im Bereich dieses von Moses prophezeiten Durchschnittsalters.

Erstaunlich sind auch die Gründe, die er für diese Verminderung der Lebenserwartung angibt: Kriege, Industrialisierung und – im selben Atemzug – das Fleischessen! («Of course with the onslaught of wars, industrialization, and eating of meat, the average was even further decreased to 45–50 years.»)

6) Weil die Menschen im Lauf der damaligen Zeit ihre höhere Sichtweise des Universums und ihrer selbst zunehmend verloren, wurde der physische Tod immer mehr zu etwas Normalem. Deshalb kam es in der uns bekannten Menschheitsgeschichte nur noch selten zu Aufstiegen, und wenn, dann nur von Einzelpersonen. Von diesen seltenen Fällen sind wiederum nur wenige bekannt geworden. Aus der Bibel kennen wir z. B. Enoch, Moses und Jesus. (In diesem Zusammenhang bekommen auch die Auferstehung und die sogenannte Himmelfahrt eine plausible Erklärung.)

Die Verminderung der Lebensspanne an sich war also nicht direkt die Ursache, daß die Möglichkeiten eines Aufstiegs immer seltener wurden. Dies war vielmehr die Folge eines verminderten Zugangs zu den inneren Potentialen, was bei einer reduzierten Lebensdauer jedoch schnell einmal der Fall sein kann.

Mit anderen Worten, auch die heutigen Menschen mit ihrer kurzen Lebenserwartung können sich für den Aufstieg qualifizieren, wenn sie sich wieder ihrer inneren Potentiale bewußt werden.

7) Wie aus den nachfolgenden Sätzen hervorgeht, kann dieses Entschwinden auch zeitweilig geschehen, was bedeutet, daß die entsprechende Person für eine gewisse Zeit unsichtbar wird und sich dann wieder unter den «Normalsterblichen» manifestiert. Aus der irdischen Perspektive sieht das wie eine Art Teleportation aus, wobei die scheinbar verschwundene Person sofort oder mit einer zeitlichen Verschiebung an einem anderen Ort wieder auftauchen («in Erscheinung treten») kann. Ein Beispiel hierfür ist der mysteriöse Eingeweihte Apollonius von Tyana (1. Jh. n.Chr.).

8) Gemeint ist das, was meistens mit dem Wort «selbstlos» umschrieben wird: mit echter Liebe tätig sein, ohne dafür etwas für sich selbst zu erwarten, weder Lohn noch Anerkennung, noch irgendwelche Ego-bezogenen Vorteile.

9) Damit soll gesagt werden, daß ein Gruppenaufstieg nicht nur «von oben», von den Lichtwesen, durchgeführt wird; die Gruppe wird auch vor Ort von liebenden Menschen Hilfe bekommen, insbesondere energetische Unterstützung durch fokussierte Meditationen und Gebete. Etwas plump ausgedrückt: Die aufsteigende Gruppe wird von oben her gezogen und von unten her gestoßen.

Ein Gruppenaufstieg ist also keine geheime, isolierte Aktion, in der die Menschen nicht wissen, worauf sie sich einlassen. Wenn irgendeine Person irgendwelche «Auserwählte» in eine abgelegene Gegend ruft und die Abholung durch ein Raumschiff ankündet, kann man davon ausgehen, daß hier eine Täuschung oder eine Falle vorliegt. Entweder ist es ein Leerlauf, angezettelt durch den Ego-Trip eines psychopathischen Sektenführers (oder einer Sektenführerin), oder die Anbahnung einer Tragödie, die in einem Massenselbstmord (siehe Sonnentempler oder Heaven's Gate) oder sogar in einer Scheinevakuierung durch die negativen ETs enden könnte.

Inkarnierte Sternenwesen auf der Erde

Einige meinen, ich sei die Christus-Energie *[identisch mit Christus]*. Das ist in der Tat ein schönes Kompliment, aber es stimmt nicht. Ich bin ein individuelles Seelenwesen wie ihr alle auch und wie auch unser Bruder Christus. Aus einer bestimmten Perspektive gesehen, bin ich ein Sternenwesen, so wie es auch Sananda ist. Für viele wird das eine Überraschung sein, aber nicht für alle. Der Sternenname, den ich am meisten verwende, lautet Septuma. Natürlich sind Namen für uns nicht mehr wichtig. Wichtig ist nur die Liebe. Namen kann jeder verwenden.[1] Du *[Tom]* erkennst mich an meiner Energie.

Ich bin darüber hinaus auch ein galaktisches Wesen. Ich lebte bereits in vielen Galaxien und auf vielen Planeten. In eurer Galaxie weilte ich für Äonen auf den Plejaden, aber auch auf anderen Sternensystemen. Viele von uns werden aufgrund unserer irdischen Inkarnation, die in der Bibel erwähnt wird, auf diese eine Identität festgenagelt. Das macht uns nichts aus, aber es führt dazu, daß viele Menschen ein beschränktes Bild von uns haben. Ihr könnt euch vorstellen, wie überrascht, ja empört die Leute wären, wenn sie hörten, daß Christus und ich *[und viele andere bekannte Personen aus der Bibel]* Sternenwesen sind – «Außerirdische»! «Das ist ein Witz», würden viele sagen. Na und? Ein Witz kann sehr wohl auch wahr sein, und es *ist* wahr: Wir sind Sternenwesen. Viele, die als aufgestiegene Meister bezeichnet werden, sind ebenfalls Sternenwesen. Wir können beides sein und beides tun.

Obwohl ich ein Sternenwesen bin, habe ich eine tiefe Liebe

für die Erde und die Menschheit. Seit unzähligen Jahren schon bin ich mit den Menschen verbunden und wirke manchmal im Physischen, manchmal im Nichtphysischen. Eines Tages werdet ihr verstehen, warum die aufgestiegenen Meister zu diesem Zeitpunkt nicht physisch auf der Erde weilen. Ich möchte jetzt nur soviel sagen, daß dies nicht unsere Zeit ist, um auf der Erde zu sein. Es ist eure! Aber unter euch befinden sich auch viele von uns.

Die Menschen würden nicht glauben, wenn sie hörten, wer alles unter ihnen weilt. Repräsentanten von über hundert Sternensystemen leben heute physisch auf der Erde. Einige von ihnen haben noch nicht erkannt, wer sie sind, da sie es wählten, mit einem Schleier, der ihre Identität verbirgt, geboren zu werden. Das war notwendig und ist Teil des Plans.

Unter den Sternenwesen, die auf die Erde gekommen sind, findet ihr sowohl positive als auch negative Kräfte. Sie alle sind getarnt. Einige befinden sich womöglich unter euren Nachbarn. Einige sind unter euch. Und viele von euch sind noch nicht erwacht.

Viele von euch haben verdrängt, wer sie wirklich sind, und haben sich den Programmierungen gefügt, haben das ganze physische «Paket» gekauft. Einige werden aufgrund ihrer Entscheidungen dieses Mal nicht erwachen. Aber die meisten werden letztlich ihre Wurzeln erkennen.

Das meiste von dem, was ich hier sagte, haben auch schon andere mitgeteilt. Wir geben diese «aktualisierten» Informationen, weil wir dies gerne tun und weil wir hoffen, daß irgend jemand von uns bei euch die richtige Saite trifft, so daß ihr erblühen werdet, wenn ihr bereit seid.

Ich verabschiede mich nun. Ich «verstumme», aber meine Liebe bleibt unverändert. Ich liebe alle auf der Erde, und ich liebe den Einen Unbegrenzten Schöpfer.

– Moses (Septuma)
(23. Februar 1992)

1) Die Identität eines Wesens sollte nicht so sehr anhand seines Namens festgestellt werden, denn Namen können mißbraucht werden. Das, woran man ein Wesen, vor allem ein unsichtbares Wesen, das gechannelt wird, erkennen kann, ist seine jeweilige Art und die Konstitution seiner inneren Liebe, die bei jedem Individuum einzigartig und deshalb unverkennbar ist und nicht imitiert werden kann. Deshalb sagt hier das sich medial mitteilende Wesen, Tom erkenne es an seiner Energie.

Die Zehn Gebote

Frage: Wie lauteten die echten Zehn Gebote? Gibt es Unterschiede zur Version, die wir heute im Alten Testament finden?

Ich wende mich an euch, um eure Fragen zu beantworten und Licht in die wahren Begebenheiten zu bringen.

Wenn ihr von den Zehn Geboten und von Moses hört, denken die meisten an den Hollywood-Film. Vielleicht machte Moses darin eine bessere Figur, als ich es tat. Aber ich muß sagen, daß diese Darstellung sehr wenig mit dem zu tun hat, was tatsächlich geschah.

Ich sage euch: Es gab keine solche monumentale Geschichte mit «Zehn Geboten». Diese entstand als eine Produktion des Hollywoods der alten Tage und wurde zurechtgelegt von denen, die das, was ich sagte, nicht mochten. Diese Schriftgelehrten und Hohenpriester wollten die Geschichte so darstellen, wie sie es für richtig hielten. Sie schrieben das, was sie selbst glaubten, um auf diese Weise ihre Gesellschaft und ihr Leben gemäß ihren eigenen Vorstellungen zu verbessern. Aber nach so vielen Jahren sollte die Wahrheit nun wieder aus der Unwahrheit heraustreten.

Meine Rolle in jenem Leben bestand darin, diejenigen, die hören wollten, zu führen und zu leiten. Dabei geriet ich in die Position eines Anführers und Propheten. Ich fühlte mich in dieser Rolle nicht sehr wohl, aber mir wurde gesagt, daß genau dies meine Aufgabe auf der Erde sei. So ging ich daran, mein Bestes zu geben. Wir waren damals viel spiritueller ausgerichtet als die Menschen von heute und waren auch mehr mit unserem Selbst verbunden.[1] Aber es war immer noch schwierig für mich.

Zurück zu den Zehn Geboten. Ich war gewohnt, mich in tiefe Meditation zu versenken, und tat dies oft alleine draußen in der Wildnis. Während eines solchen Rückzugs in die Meditation bekam ich eine mediale Verbindung, ähnlich wie es auch du *[Tom]* nun erlebst. Mir wurden viele universale Wahrheiten mitgeteilt. Es ging um das Gesetz von Ursache und Wirkung, Liebe im Gegensatz zu Negativität, und vieles mehr. Mir wurde gesagt, ich solle diese Punkte niederschreiben, und ich tat es. Als ich es getan hatte, besaß ich eine Liste von zweiundzwanzig Wahrheitssätzen, wobei mir gesagt wurde, daß diese Zahl nichts Magisches an sich habe und nichts Absolutes sei. Es könnten noch weitere Sätze hinzukommen und man könnte das gleiche auch auf vielfältigste Weise mit anderen Worten sagen.

Diese Meditation war für mich ein wunderbares Erlebnis, denn Gott erfüllte mich mit einer überwältigenden Liebe.

Als ich nach meiner tagelangen Abwesenheit wieder zurückkehrte, präsentierte ich diese Offenbarung einem führenden Gremium und dann dem Volk. Mir war aufgetragen worden, diese Wahrheiten an alle, die sie hören wollten, weiterzugeben, und das begann ich zu tun. Natürlich waren viele nicht bereit, das, was ich sagte, zu akzeptieren, da sie in starre, enge und kontrollierte Gebets- und Lernsysteme hineingewachsen waren. Viele verließen uns, und andere schufen ihre eigenen Regeln und Gebote. Das waren meistens Leute, die Macht und Einfluß besaßen, und diese verwendeten später meine Person, um eine dramatische Geschichte mit dem Berg und den Steintafeln zu hinterlassen.

Frage: Was hat es mit der Teilung des Roten Meers auf sich? Wart ihr vierzig Jahre in der Wüste?

Ich habe schon einiges im Zusammenhang mit den Zehn Geboten gesagt. Nun, ich habe noch mehr auf Lager.

Ihr müßt wissen: Damals gab es viele Reibereien zwischen den verschiedenen Völkern, Stämmen und religiösen Gruppierungen, ähnlich wie dies auch in eurer Gegenwart der Fall ist. Es gab Gruppierungen, die besonders anmaßend und machtorientiert waren, weshalb sie nicht überall gern gesehen waren. Jeden, der ihrem System nicht auf den Buchstaben genau folgte, schlossen sie ohne Gewissensbisse von ihren selbstherrlich-frommen Kreisen aus. So verbrachte ich viel Zeit damit, Menschen zu suchen, die bereit waren, sich von dieser Mentalität zu distanzieren. Manchmal mußte ich dafür sogar eine Art Flucht einschalten.

Ich kam damals unter anderem mit einer ziemlich großen Gruppe von Menschen in Kontakt, deren Maxime es war, sich nirgendwo anzusiedeln. Sie waren Nomaden aus freiem Willen. Irgendwie war ich ihnen sympathisch, und sie erlaubten mir, zu kommen und zu gehen, wie es mir gefiel. Das sind diejenigen, von denen es in der Bibel heißt, sie seien lange durch die Wüste gezogen und seien von Soldaten verfolgt worden. Für gewisse Situationen traf dies auch zu, denn viele dieser Nomaden hatten keine große Lust zu ehrlicher Arbeit. Sie zogen es vor, sich zu «bedienen» *[auch in Ägypten]*, und mußten deshalb immer wieder vor den Hütern des Gesetzes fliehen.

Ich muß euch sagen, daß ich nicht einmal daran denken würde, durch das Rote Meer zu gehen, nicht allein und erst recht nicht mit einer Horde undankbarer Nomaden. Vielen von ihnen fühlte ich mich verbunden, und ich war auch gerne mit ihnen zusammen, aber ich hätte mich für sie nicht ertränken wollen – ehrlich gesagt: auch für andere nicht. Wir waren nie am Roten Meer, und es teilte sich auch nicht. Das wäre in der Tat ein guter Auftritt gewesen, aber so etwas gehörte nicht zu meinem Repertoire.

Die Geschichte, die heute in der Bibel zu lesen ist, stammt ebenfalls von denen, die eine grandiose Vorstellung von ihrer Herkunft und ihrer zukünftigen Bestimmung hatten; zumindest hofften sie, daß ihre Vorstellung sie an einen solchen Ort bringen würde.[2]

In jenen Tagen war es möglich, sich ein bedeutendes Ereignis auszudenken und es als wahre Begebenheit zu etablieren, wenn nur drei bis zehn Leute es «bezeugten». Noch glaubwürdiger wurde eine solche Geschichte, wenn sie von Machthabern vertreten oder gar erfunden wurde. Die Bibel ist voll von solchen Märchen. Es sind ihrer zu viele, um sie hier alle zu erwähnen. Nun, da ihr dies einmal wißt, werden euch viele andere ins Auge springen. Ihr braucht nur eure Intuition und etwas Logik anzuwenden.

– *Moses [die Seele, die einst als Moses inkarniert war]*
(29. Februar 1992)

1) Dies ist eine erstaunliche Aussage. Die allgemein herrschende Ansicht besagt, daß diese Wüstenvölker damals barbarisch und unzivilisiert waren. Aber vielleicht ist dies nur der Eindruck, den das später abgefaßte Alte Testament vermittelt. Kritische Nachforschungen legen nahe, daß die GewaltverHERRlichung im «Namen des Herrn» und der Blutopferkult erst später in die Geschichtsschreibung eingefügt wurden, nämlich durch die Schriftgelehrten und Hohenpriester, die ihre Niederschriften gemäß ihren eigenen Überzeugungen verfaßten, so wie es auch der hier sprechende Moses darlegt. Vielleicht verstanden diese späteren Generationen den spirituellen Status ihrer Vorfahren selbst nicht mehr. Vielleicht meint Moses mit dieser Aussage nicht die Gesamtheit der damaligen Menschen, sondern nur einzelne Personen, die ähnliche Kapazitäten hatten wie er selbst. Oder vielleicht will er mit dieser Aussage einfach nur alte Vorurteile relativieren.

2) In der Einleitung zu diesem fünften Kapitel schrieb ich bezüglich der Moses-Texte: «Wenn es stimmt, was Tom Smith empfing und niederschrieb, so hätten sich viele der Verdachtsmomente, die von kritischen Bibelforschern schon seit längerer Zeit (aufgrund von philologischen und historischen Erwägungen) geäußert werden, bestätigt.»

Gerade während ich an den abschließenden Arbeiten an diesem Buch saß, erschien in der Zeitschrift Focus (38/2001) ein Artikel mit der Überschrift «Gab es Moses?», in dem die historisch-kritischen Erkenntnisse über die Bücher Mose und deren Entstehungsdatum zusammengefaßt wurden. Heute gelte es unter Altertumswissenschaftlern als erwiesen, daß «der Religionsstifter und Sinai-Wundertäter nie existiert hat – zumindest nicht in der Gestalt, in welcher die Bibel ihn präsentiert. Anderthalb Jahrhunderte haben Archäologen den ägyptischen Wüstensand durchsiebt und nicht die geringste Spur eines israelischen Stammes gefunden; ebenso erfolglos verlief die Suche nach Indizien für die vermeintliche Landnahme der Israeliten unter Moses-Nachfolger Josua.»

Des weiteren wird in diesem Artikel gesagt, daß nicht nur bestätigende Funde ausblieben, sondern daß Funde, die gemacht wurden, der Exodus-Geschichte widersprechen. So wird im 2. Buch Mose (1,11) gesagt: «Sie mußten für den Pharao die Vorratsstädte Pithom und Ramses bauen.» Als die Überreste der Stadt Pithom gefunden wurden, stellte sich heraus, daß diese erst unter Necho II. um 600 v.Chr. gebaut worden war. Aus besagter Textstelle war jedoch immer abgeleitet worden, daß Ramses II. (1279–1212) der Pharao der Unterdrückung gewesen sei. Sein Nachfolger Merneptah galt als der Pharao, der von «Gott, dem Herrn» wiederholt starrsinnig gemacht worden war und all die Plagen erleiden mußte, bis er die Israeliten ziehen ließ. Doch «Gott, der Herr» ließ von den Ägyptern noch nicht ab: «Ich werde die Ägypter so starrsinnig machen, daß sie ihnen [den weggezogenen Israeliten] folgen. Dann will ich am Pharao und seinem Heer, allen seinen Streitwagen und Wagenkämpfern, durch einen vernichtenden Schlag meine ganze Macht erweisen.» (2. Mose 14,17–18)

Die folgenden Bibelstellen machen deutlich, daß der Pharao persönlich, also Merneptah, dem weggezogenen Volksstamm nachsprengte und in den Fluten des Roten Meeres umkam. FOCUS konstatiert: «Entsprechend bestürzt reagierten Bibel-Fundamentalisten, als 1882 die Mumien fast aller Herrscher des Neuen Reiches gefunden wurden, darunter auch die Merneptahs, dessen Leiche ja eigentlich auf dem Meeresgrund liegen sollte.»

Der Artikel zitiert verschiedene Stimmen, die sich wundern, daß «eine derartige Häufung von Wundern» in allen nichtbiblischen Aufzeichnungen nirgendwo erwähnt wird. «Selbst Herodot, der Vater der Geschichtsschreibung, weiß nichts von einem Volk mit einer solchen Vorgeschichte ...»

Aus diesen philologischen Erkenntnissen gehe hervor, daß die fünf Moses-Bücher keineswegs, wie ihre Stellung am Anfang des Alten Testamentes suggeriere, dessen älteste Texte seien. Es sei auch merkwürdig, daß die absolute Zentralfigur des mosaischen Glaubens außerhalb der ihm zugeschriebenen Bücher kaum vorkomme. Von den später auftretenden sechzehn Propheten erwähnen ihn nur vier, nämlich Jeremia, Daniel, Micha und Maleachi, und sogar dort wird er nur am Rande erwähnt. «Auch in außerbiblischen Texten taucht Moses erst sehr spät auf: erstmals um 300 vor Christus, ein Jahrtausend nach seinem angeblichen Erdenwandel.»

Weil Moses von den alttestamentarischen Schriftstellern erst viel später romanhaft mit einer entsprechenden Biographie versehen wurde, konnten die früher aufgetretenen Propheten auch noch keinen Bezug auf diese Gestalt genommen haben. Diese Ausgestaltung und Redaktion des Alten Testaments fand zu einem historisch bedeutsamen Zeitpunkt statt, denn nach der Rückkehr aus der babylonischen Gefangenschaft ging es den «weiterhin unter Fremdherrschaft stehenden Juden um ... die Erschaffung – vulgo: Erfindung – einer identitätsstiftenden Tradition. ... Mit anderen Worten: Der Exodus fand nicht um 1250 vor Christus in der Realität, sondern knapp 1000 Jahre später im Ideenhimmel statt. Das Volk Israel verließ nicht Ägypten, sondern die kosmopolitische und polytheistische antike Götterwelt, um fortan nur noch dem einen, einzig dem eigenen Volke vorbehaltenen Gott Jahwe zu huldigen./ ... Dennoch scheint die Kraft des Exodus-Mythos ungebrochen. ... Bei Rowohlt ist sogar eine Moses-Biografie erhältlich (‹Mit Selbstzeugnissen und Bilddokumenten›), die neben quellenfreier Wissenschaft vor allem antiägyptische Klischees verbreitet und die vermeintliche Sklaverei der Israeliten dortselbst mit dem Nazi-Terror vergleicht – Ägypten hat seit dem Siegeszug der Moses-Saga halt eine schlechte Presse im Abendland.»

Die nicht von konfessionellen Tabus gebundene Bibelforschung hat von allem Anfang an, d. h. bereits im 18. Jahrhundert, erkannt, daß vieles, was über Abraham und die anderen Patriarchen, Moses und Josua geschrieben wurde, nicht historischen Tatsachen entspricht, sondern das schriftliche

Erzeugnis der späteren Priesterschaft ist, und diese rabbinischen Priester waren es auch, die dem Alten Testament und seinem Gottesbild ihren eigenen Stempel aufdrückten (Auserwähltheitsgedanke, rachsüchtiger Gott, Betonung der Blutopfer, Haß auf die Andersgläubigen, usw.). «Christentum und Islam übernahmen die Legende in ihre Heilsbotschaften, und bis heute behauptet sich der Mythos zäh gegen jede wissenschaftliche Dekonstruktion», faßt der Focus *die aktuelle Wirkung dieser priesterlichen Erzeugnisse zusammen.*

Dementsprechend hat sich der Schwerpunkt der Forschung verlagert: «Die Gelehrten diskutieren lediglich noch, wann genau die mosaische Religion zur Welt kam – einhellige Meinung: nicht vor der babylonischen Gefangenschaft der Juden (586–539 v. Chr.) – und ob der literarischen Figur ihres Stifters irgendeine historische Gestalt zu Grunde liegt.»

Was die Forschung erkennt, nämlich daß Moses «nie existiert hat – zumindest nicht in der Gestalt, in welcher die Bibel ihn präsentiert», wird im vorliegenden Text (und auch von vielen anderen Quellen) medial bestätigt. Denn «nach so vielen Jahren sollte die Wahrheit wieder aus der Unwahrheit heraustreten».

Was hier von jenem Wesen, das einst als Moses inkarniert war, gesagt wird, ist also keineswegs abwegig. Er beantwortet die Titelfrage des Focus *(«Gab es Moses? ... die Forschung hat seine Historizität längst verworfen. Gibt es trotzdem einen geschichtlichen Menschen hinter der Sagenfigur?») mit einem deutlichen Ja: er habe in Palästina gelebt und habe tatsächlich die Stellung eines Weisheitslehrers innegehabt. Seine Ausführungen über den Aufstieg legen nahe, daß er keinen physischen Tod gestorben ist, was ihn möglicherweise schon früh zu einer legendenumrankten Persönlichkeit werden ließ, die zu einem festen Bestandteil der mündlichen Überlieferung wurde.*

In der späteren, schriftlichen Ausgestaltung ist es anscheinend zu einer Verschmelzung der historischen Moses-Gestalt mit ägyptischen Elementen gekommen, wie der im Focus*-Artikel erwähnte Ägyptologe Dr. Rolf Krauss von der Berliner Humboldt-Universität vermutet. Er entdeckte, daß zur Zeit des angeblichen Exodus ein Königssohn lebte, der viele biographische Parallelen zu der biblischen Moses-Figur aufweist und sogar einen ähnlichen Namen hatte: der Sohn von Pharao Sethos II., Masesaja, der sich später Amun-masesa nannte. Dieser «Prinz von Ägypten» machte seinem Vater das Königreich streitig, unterlag aber und mußte fliehen. Hierbei sei es gut möglich, daß er in den Sinai floh, weil ihm der Rückzug in das Niltal abgeschnitten war, und «mit seinem Exodus kleinere Völkerschaften mit sich gerissen und so den Grundstein für den späteren Mythos gelegt» habe.*

Die Miteinbeziehung Ägyptens in die eigene Frühgeschichte lag auf der Hand, da für die rabbinischen Priester nach der babylonischen Gefangenschaft nicht nur Babylon, das ja untergegangen war (Eroberung durch die Perser), sondern auch Ägypten ein Feind war – einer, der noch existierte.

So mußte Ägypten als Inbegriff des Bösen herhalten und wurde von den priesterlichen AT-Autoren, was angebliche Gottlosigkeit betraf, sogar mit Babylon gleichgesetzt.

Wenn man bedenkt, daß Tom Smith konservativ-katholisch erzogen wurde und für den größten Teil seines Lebens an diesem Glauben festgehalten hat, ist es um so erstaunlicher, daß er in der Lage war, diese Botschaften ohne dogmatische Vorbehalte entgegenzunehmen und sie unverändert niederzuschreiben. Diese reine Wiedergabe hat kontroverse Informationen hervorgebracht, die aber durch die historisch-kritische Bibelforschung bestätigt werden.

Die Wahrheit ist einfach

Ich möchte diese Gelegenheit ergreifen, um auf einen einfachen Punkt hinzuweisen. Die Menschheit wird sich immer mehr bewußt, daß Änderungen bevorstehen, für sie selbst und für die Erde. Das ist eine Vorahnung, und viele können nicht sagen, worüber genau sie besorgt oder beunruhigt sind. Diese Ahnung ist ein Aspekt des Erwachens, das sich auf der ganzen Welt ankündet. Bald werden viele dieser Menschen deutlicher erkennen, was ihr wahres Selbst und ihr inneres Potential ist. Wenn dies geschieht, werden sie beginnen zu verstehen, wie das Massenbewußtsein funktioniert. Dies wiederum wird sie dahin bringen, daß sie direkter und bewußter beteiligt sein können, den Grad der Liebe auf dem ganzen Planeten zu erhöhen.

Das klingt leicht und einfach, und das ist es auch. Jede positive Energie, die zu euch und zur Erde spricht, wird die gleiche einfache Botschaft geben. Es ist der Wille der Menschen, alles kompliziert erscheinen zu lassen.[1] Ihr habt erfahren, daß gewisse Manipulationen und Viren[2] auf die Menschen gerichtet werden. Einige dieser Einflüsse sollen bewirken, das, was einfach zu vollbringen wäre, als unüberwindbar schwierig erscheinen zu lassen. Vieles jedoch kann überwunden werden, wenn man einfach erkennt, was das Selbst und *[im Licht dieser Selbst-Erkenntnis]* was Selbst-Liebe in Wahrheit ist.

Ich verabschiede mich im Namen Gottes, des Allumfassenden, den ich mit meinem ganzen Wesen liebe.

– Abraham[3]
(3. August 1992)

1) Diese einfache Aussage hat weltpolitische Tragweite: Wie sehr behaupten doch alle Politiker und Delegierten der UNO, EU, Hochfinanz, Industrie usw., es sei alles sehr schwierig und kurzfristig unmöglich, beispielsweise den Hunger zu beseitigen, das Joch des Finanzsystems zu ändern, Kriege zu vermeiden, usw.

2) Ein Beispiel hierfür ist in Kapitel 2 zur Sprache gekommen («Eine mysteriöse Viruskrankheit bei den Navajo»; siehe S. 84ff.). Der Begriff «Virus» bezieht sich nicht nur auf biologische, sondern auch – und insbesondere – auf feinstoffliche Fremdeinflüsse, die im Bewußtsein und in der Psyche des Menschen ansetzen. Sie wirken als eine Art unbewußter Manipulation oder Suggestion, die entsprechende Reaktionen fördern, wie Haß, Mord- oder Kriegslust usw., deutlich erkennbar an ihren extremen Auswirkungen, die zu blindwütigen Massakern und Völkermorden führen können.

Hinweise auf diese Art von Viren finden sich auch im Buch «Dein Wille geschehe jetzt!» (S. 160–164) und in «Mutter Erde wehrt sich» (Teil II, «Über die Zuspitzung der Schlacht zwischen den lichten und den dunklen Kräften»).

3) Das heißt, hier spricht jene Person, die einst auf der Erde als Abraham inkarniert war. Heute und auch kosmisch gesehen hat diese Person, die offensichtlich ein hohes Geistwesen ist, natürlich eine andere Identität und sollte nicht auf die biblische Rolle beschränkt werden, genausowenig wie Moses, Jesus usw.

Die Spiritualität der Menschheit wurde durch «Religion» ersetzt und blockiert

Viele Male schon ist die Menschheit in kritische Situationen geraten, in denen sie sich Entscheidungen gegenübersah und Entscheidungen traf, die ihre weitere Entwicklung auf nachhaltige und höchst dramatische Weise beeinflußte. Aber nichts war so folgenschwer wie die Entscheidung, das Konzept von «Religion» anzunehmen und sich in dessen Beschränktheit zu begeben.

Mit «Religion» meinen wir nicht *Spiritualität*, sondern ein System von Vorschriften, das den Glauben des Menschen definiert und vorgibt. Demgegenüber bedeutet «Spiritualität» die Erkenntnis eures ganzen Wesens – Körper, Geist und spirituelle Seele – und dessen Verbindung mit dem Einen Schöpfer und dem Universum.[1] Spiritualität umfaßt das Wissen um alle Realitäten, sowohl die physischen als auch die nichtphysischen. Dies bedeutet nicht unbedingt, daß spirituelle Menschen all diese Realitäten direkt wahrnehmen, aber sie wissen, daß es sie gibt und daß sie mit ihnen verbunden sind.

Im Vergleich dazu ignorieren Religionen einen großen Teil der Spiritualität des Menschen. Natürlich verwenden sie dieselben Wörter *[wie Gott, Liebe, Geist und Seele]*, aber die meisten verbinden damit ihre eigenen Definitionen, die sich von der wahren Spiritualität erheblich unterscheiden. Auch im «New Age» sind Menschen anzutreffen, die nicht wirklich spirituell sind. Sie treten als hellsichtige oder medial begabte Personen auf, erkennen aber nicht die Eine Quelle aller Dinge.[2] Was sie tun, ist einfach, daß sie Gaben, die allen Menschen zur Verfügung stehen, gebrauchen oder sogar mißbrauchen.

Als die Menschheit bereitwillig die Struktur von Religionen annahm, bedeutete dies den Anfang einer Phase, in der sich immer mehr Menschen der Kraft des eigenen Selbst verschlossen. Diese «Wahl» wurde den Menschen buchstäblich aufgezwungen, und zwar schon vor vielen Jahrtausenden – durch diejenigen, die die Macht dazu hatten.

Aber sogar in solchen Situationen war die Menschheit nicht ohne Wahl. Sie hätte *[als Gesamtheit*[3]*]* den physischen Tod *[Märtyrertod]* wählen können, um zu protestieren und sich zu verweigern. In der Tat haben dies auch viele getan, aber es verblieb eine genügende Anzahl von Menschen, um die «neuen» Lehren entgegenzunehmen und zu verbreiten.[4]

Wenn die Menschen in der Spiritualität leben, haben sie immer einen unblockierten und offenen Zugang zu den Wahrheiten des Universums und letztlich zu den Wahrheiten, die sie zur Einen Quelle[5] führen. Ohne das Wissen um eure spirituelle Verbindung seid ihr den Einflüssen derer ausgeliefert, die euch am meisten überzeugen oder sogar begeistern können. Dann werdet ihr nur noch von euren Emotionen gelenkt, und Emotionen können sehr leicht von anderen manipuliert werden, auch von solchen, die gute Absichten haben.

Die Menschen verloren ihr Selbst-Bewußtsein, als sie die Einsetzung von Hohenpriestern und deren Vorschriften akzeptierten. Das heißt, sie wußten immer weniger, wer sie wirklich sind. Sie begannen, sich selbst als unwichtig zu betrachten, und sahen sich nur noch als arme Sünder. Sobald sie ihre Eigenverantwortung an andere abgetreten hatten und bereit waren, sich einer Schrift von Geboten und Verboten zu unterwerfen, griff der Glaube um sich, der Mensch sei *[dieser Eigenverantwortung]* unwürdig. An diesem Punkt merkten die negativen Schöpfergötter, wie wirkungsvoll eine Gesellschaft zerrüttet werden kann, wenn man ihr ein starres System von Zwängen auferlegt, wie dies bei einem «kanonisierten Gesetz» der Fall ist.

An diesem Punkt geschah es auch, daß die Menschheit sich entschied, anderen Kräften die Kontrolle über ihre Spiritualität, über ihre Beziehung zu Gott, einzuräumen. Und so erlaubte das Volk einigen wenigen Auserwählten, einer Priesterelite, als einzige direkt mit Gott zu sprechen. Diese verstärkten das Gefühl des Volkes, unwürdig zu sein, so daß es bald die Macht gänzlich an jene abtrat, die behaupteten, würdig zu sein. Erst in jüngster Vergangenheit habt ihr es endlich gewagt, diese Glaubensvorschriften und Machtstrukturen in Frage zu stellen. Erst seit kurzem haben einige von euch sich erfolgreich dem Griff der kleinen Elite entzogen und die Kraft ihres eigenen Selbst wieder erkannt.

Haltet einmal für einen Moment inne und fragt euch, was für euch als Individuum das wichtigste ist. Eure direkte Beziehung zum Einen Schöpfer ist von absolut höchster Wichtigkeit. Wie alle anderen, so seid auch ihr Teile des Einen. Nachdem ihr dies wißt, solltet ihr als nächstes erkennen, daß ihr *[als spirituelle Wesen]* keinen materiellen Begrenzungen unterliegt. Erkennt also, wer ihr seid. Dann erkennt ihr auch, daß nichts und niemand in dieser Welt sich über euch stellen kann, um euch daran zu hindern, ständig mit dem Einen Schöpfer in Verbindung zu sein – es sei denn, ihr erlaubt es.

Wenn ihr euch dessen bewußt seid, wird auch schnell einmal klar, daß ihr keine anderen Personen braucht, die euch sagen, was ihr glauben dürft und was Gottes Worte sind. Erkennt euer spirituelles Selbst, und wenn irgendwelche Fragen und Ungewißheiten auftauchen, braucht ihr nur eure höheren Energien und geistigen Begleiter anzurufen. Da ihr *[als Teile Gottes]* eine spirituelle Verbindung zu Gott habt, könnt ihr euch jederzeit an diese Eine Quelle wenden, ohne daß ihr der besonderen Erlaubnis, Zeremonie oder Gnade eines Vermittlers, Hohenpriesters, Rabbis oder Gurus bedürft.

Könnt ihr nun, im Licht des Gesagten, erahnen, was es bedeutet, daß eure Erkenntnis und euer Selbst-Bewußtsein blokkiert wurden? Am Anfang dieses Vorgangs stand der Zweifel an der eigenen Beziehung zum Allumfassenden. Nachdem dieser Zweifel für viele Jahre geschürt worden war, kamen die Menschen zum Punkt, wo sie alles Spirituelle ausschlossen bis auf das, was andere ihnen vorgaben. Das war das Ergebnis jener Glaubenssätze und Systeme, die eingeführt wurden, um den Menschen ihre Lebensweise und ihre Wertvorstellungen vorzuschreiben.

Als die Menschheit diese Fremdbestimmung annahm, aus was für Gründen auch immer,[6] verzichtete sie damit auch auf ihr ursprüngliches Recht, nämlich: Selbsterkenntnis zu finden. Die Menschen waren bereit zu glauben, daß sie anscheinend doch keine spirituelle Verbindung zum Allumfassenden haben. Sie waren auch einverstanden zu glauben, daß sie nicht würdig seien, «Gottes Mantelsaum zu berühren» oder Gott «von Angesicht zu Angesicht zu schauen».

Indem die Menschheit diesen Weg einschlug, stellte sie sich selbst in eine Position der Untergebenheit und wurde zu einer dienstbaren Spezies. Es ist nicht zu bestreiten, daß die Menschen durch diese Lektionen und Erfahrungen andere Facetten ihres Daseins als Spezies kennenlernen konnten. Was sie dadurch aber auch erreicht haben, ist – in einem gewissen Sinn – ein Rückschritt, denn jede Form von echtem Fortschritt in der geistigen Entwicklung setzt voraus, daß der jeweilige Schritt im vollen Bewußtsein des Ziels und der eigenen Verbindung mit Gott *[dem höchsten Ziel]* ausgeführt wird. In gewisser Hinsicht haben die Menschen tatsächlich neue und interessante Bereiche erforscht, nämlich solche, die ihren Horizont beschränkten. Während sie sich dieser Bedingtheit unterwarfen, haben sie gleichzeitig auch vollständig ignoriert, wer sie in Wirklichkeit sind, und dadurch haben sie mehr als nur eine Gelegenheit verpaßt, als Spezies in eine höhere Dimension aufzusteigen.

Aber «früher» oder «später» – nach kosmischem Maßstab – werdet ihr dies erreichen, wenn ihr erst einmal das Joch der Begrenzungen ablegt, das auf eurem Wesen lastet.

Wir machen euch keinen Vorwurf dafür, daß ihr euch solchen Glaubenssystemen zugewandt habt. Wir machen euch nur darauf aufmerksam, was diese Wahl für euch bedeutet. Ihr seid vollständig selbst verantwortlich für eure Entwicklung als Teil des Einen und des Universums. Selbst wenn ihr diese Verantwortung an andere abtretet, könnt ihr sie nicht für immer verdrängen. Wenn ihr einmal zum Punkt kommt, wo ihr euch sagt, daß ihr alles gelernt habt, was es für euch im Nicht-verbunden-Sein zu lernen gibt, werdet ihr beginnen, die echten Wahrheiten des Selbst zu suchen. Diese neue Erkenntnis des Spirituellen ist auch das Neue am «New Age», wobei diese Erkenntnis eigentlich schon immer vorhanden war. Sie wird es euch erlauben, wahrhaftig für euch selbst zu sprechen, wohlwissend, wer ihr seid. Dann erst werdet ihr bereit sein, die Suche nach eurer wahren Identität zu beschleunigen und euch endgültig im Einen wiederzufinden.

Wir verabschieden uns nun. Wir bitten euch, über diese Worte nachzudenken und zu ergründen, wo ihr selbst steht. Wir lieben euch, alle Menschen, und wir lieben Gott, die Quelle von allem.

– The Blend of Loving Energies
(13. Juli 1993)

1) In dieser Definition sind die Begriffe «Religion» und «Spiritualität» im Grunde synonym, denn «Religio» bedeutet wörtlich ebenfalls nichts anderes als «Verbindung» bzw. «Wiederverbindung» mit Gott und dem göttlichen Bewußtsein. Der Begriff «Religion» hat heute jedoch eine sehr eingeschränkte Bedeutung, da er weitgehend von den offensiven «Religionen» definiert wird. Bezeichnend ist, daß es – im Gegensatz zu Religion und Religionen – von «Spiritualität» keinen Plural gibt! Wie der weitere Verlauf des Textes zeigt, verwenden die Lichtwesen des «Blend of Loving Energies» den Begriff «Religion» ebenfalls im Sinn von «Religionen», die eigentlich nichts anderes sind als Konfessionen, d.h. von Menschen aufgestellte Glaubensbekenntnisse und Glaubenssätze.

2) Gemeint sind hier Personen, die über ein gewisses Maß an medialen oder magischen Fähigkeiten verfügen, aber noch von Ego-bezogenen Vorstellungen motiviert sind. Sie sprechen über Religion, Magie, Einweihung usw. oder vertreten einen esoterischen Atheismus, in dem sehr wohl ebenfalls Begriffe wie Liebe, Gott, Geist und Seele auftauchen können, aber sie verkennen «die Eine Quelle aller Dinge» und damit auch die <u>wahre</u> Einheit aller Dinge, indem sie eine mißverständliche «Einheit» proklamieren, im Sinn von: «Alles ist relativ; alles ist eins; es gibt weder Gut noch Böse; es gibt nichts Falsches; alles, was man tut, und alles, was geschieht, ist nur eine notwendige Erfahrung.» Damit kann man alles rechtfertigen, aber man begibt sich in einen Bereich, der in mystischen Kreisen manchmal auch als die «luziferische Verblendung» bezeichnet wird.

Es sei daran erinnert, daß die asurischen oder dunklen Mächte – wie immer man sie bezeichnen will – über ein hohes esoterisches und magisches «Geheimwissen» verfügen. Mit dieser okkulten Macht gelingt es ihnen immer wieder, das religiöse Potential der Menschheit für ihre eigenen Interessen auszuschöpfen, indem sie Religionen, Logen oder esoterische Kreise gründen bzw. infiltrieren. *(vgl. auch Anmerkung 1, S. 107)*.

3) Dies ist eine überraschende historische Analyse: Theoretisch wäre es möglich gewesen, daß die Menschen als Kollektiv die einstmals neuartige und ungewohnte Idee der wenigen Mächtigen nicht akzeptiert hätten, so wie die Menschheit es auch heute wählt, viele scheinbar neue und ungewohnte Ideen, sogenannte «Alternativen», abzulehnen. Um nur wenige Beispiele für solche Alternativen zu nennen: TV-freies Leben, Nichtkonsum von Zigaretten und anderen Drogen; Selbstverantwortung in der Gesundheit durch Annahme von natürlichen Heilmethoden und Verzicht auf schnelle Symptombekämpfung, Impfungen und Krankenkassen sowie – das einfachste – die Rückkehr zu einer gesunden, fleischlosen Ernährung. Bei all diesen Fragen neigt die Menschheit ebenfalls dazu, in der großen Mehrheit Nein zu sagen und am Alten festzuhalten, obwohl dies in verschiedenster Form eine Schädigung der eigenen Gesundheit und der Ökologie des Planeten bedeutet. Die «Märtyrer» der modernen Zivilisation opfern sich ebenfalls, nur sind sie sich dessen nicht bewußt oder blicken ihrem langsamen Selbstmord (scheinbar) furchtlos und gelassen entgegen, so wie einst die wahren Märtyrer die Zerstörung ihres Körpers (im Idealfall) furchtlos und gelassen hinnahmen.

4) Hätte damals eine kollektive Verweigerung stattgefunden, wäre es in den Kulturen vor und nach Christus gar nicht zu den vielen Märtyrertoden, Hinrichtungen und Völkermorden gekommen, die im Lauf der Jahrtausende viele Millionen Menschen das Leben kosteten – weil dann die verantwortlichen Mächte gar nicht erst an die Macht gekommen wären.

Auch das Konzept der ausgrenzenden, machtorientierten Konfessionen mit absolutistischen «Würdenträgern», die sagen, was man zu glauben hat, war einmal eine neue Idee, die nur deshalb von einer kleinen Anzahl mächtiger Leute durchgesetzt werden konnte, weil das Volk als Kollektiv mitmachte und nicht gesamthaft Widerstand leistete. Natürlich gab es damals auch Menschen, die es nicht annehmen wollten, was für sie jedoch *ein tragisches Ende bedeutete, weil sie allein dastanden und die Masse sie buchstäblich «im Stich ließ». Hätte sich die Masse von den Hohenpriestern usw. nicht einschüchtern lassen, hätten diese womöglich ebenfalls einige Wortführer «exemplarisch bestraft», aber es wäre bei diesen wenigen Opfern geblieben, weil ihr Märtyrertod das wahre Gesicht der Machthaber gezeigt und den Widerstand des Volkes mobilisiert hätte.*

Dasselbe Prinzip gilt auch heute: Wenn die Menschen gemeinsam gewisse schädliche Dinge, die nur wenigen Einflußreichen dienen, verweigern würden, wäre es nicht möglich, ein ganzes Volk einzusperren oder durch exemplarische Strafen gefügig zu machen.

Was die Blend of Loving Energies hier in diesen Sätzen zum Ausdruck bringen, sind theoretische Gedanken, aber sie sollen das global wirkende Prinzip illustrieren, das schon mehrmals erörtert wurde, nämlich daß es die Menschen sind, die gewissen Faktoren Kraft verleihen und dadurch ihr eigenes Schicksal als Individuen und als Gesellschaft wählen.

In diesem Gedankengang geht es demnach nicht um einen Aufruf zu gewaltsamen Aufständen oder zu blutigem Widerstand, sondern um die Illustration eines geistigen Prinzips, das auf der Kraft des eigenen Selbst beruht.

5) Sie verwenden den von den Religionen vielfach vereinnahmten und umstrittenen Begriff «Gott» bewußt nur selten und ziehen unbelastete Umschreibungen vor wie «The One», «The Source», «The Supreme Being», «The One Creator» und «God Source».

6) Hier wird mit einem schnellen und wertfreien Hinweis ein heikler Punkt angeschnitten, nämlich die Frage, warum die Menschen überhaupt bereit waren, diese Systeme anzunehmen. Neben der erzwungenen Indoktrinierung und der Gewalt, die bereits erwähnt wurden, müssen hier auch die pseudoreligiösen Versprechen erwähnt werden, zum Beispiel das Versprechen von Macht, Herrschaft, Ausrottung der Feinde, das Erscheinen eines kommenden Weltherrschers in den eigenen Reihen, usw.

Eine künftige Gottesherrschaft, d.h. das Erscheinen einer gottesbewußten Menschheit auf der aufgestiegenen Erde, wird auch von den Lichtwesen vorausgesagt, und dies gehört schon seit Jahrtausenden zum Wissen der Propheten. Diejenigen aber, die diese Wahrheit mißbrauchen, um eigene Machtbestrebungen zu rechtfertigen und zu verwirklichen, verraten dadurch, wes Geistes Kind sie sind.

Liebe ist das erste Gesetz

Ich bin. Ich liebe euch. Ich bin Liebe. Meine Liebe umfaßt die ganze Erde, jeden Menschen, jedes Tier und jede Pflanze. Meine Liebe ist ohne Grenzen. Ich möchte, daß ihr dies in eurem Herzen und in eurer Seele *wißt [spürt, erkennt und erfahrt]*. Ich liebe euch, und ich werde euch genauso lieben, nachdem die vielen Erdveränderungen vorüber sind, unabhängig davon, welchen Weg ihr wählt. *[Denn Gottes Liebe ist bedingungslos.]* Ich möchte, daß ihr dies wißt und glaubt – mehr als irgend etwas anderes in eurem Leben. Ich habe die gesamte Schöpfung, in der ihr lebt, gesegnet. Aus diesem Grunde ist auch euer Leben mit Liebe gesegnet.

Viele Menschen begrenzen immer wieder ihre Fähigkeit, mich und auch andere zu lieben. Ich akzeptiere Liebe, in welcher Form auch immer sie erscheint – in Form von Religion, in Form von universaler Liebe und Verständigung, in Form von freudiger Wahrnehmung einer Blume in der Wüste oder in Form von Hilfe für Benachteiligte, Arme, Kranke. Ich sehe dies alles als Spiegelungen eurer Liebe für mich. Jedes aufrichtige Zeichen von Liebe ist ein Zeichen an mich. Was in euren Augen vielleicht etwas Geringes ist, kann für mich ein tiefempfundener Ausdruck von Liebe sein. Unterschätzt eure Liebe nicht und auch nicht die einzigartige Bedeutung, die ihr für mich habt. Meßt und beurteilt nicht in diesen heiligen Bereichen! Seid einfach bereit, eure Liebe zu entfalten, und sei es nur ein Atemzug, der, aus dem Herzen kommend, von Liebe zeugt.

Das Eine, nach dem alle streben, bin ich, das Höchste Wesen. Aber ich bin mit und in jedem von euch. Ihr braucht nur an meinen Namen zu denken, und ich werde euch antworten. Ihr braucht vor Mir keine Angst zu haben. Ihr braucht nicht zu meinen, ihr seiet unwürdig *[meiner Liebe oder eurer Einzigartigkeit unwürdig]*. Ihr *seid würdig*. Ihr alle seid Teile von Mir. Wir sind als Einheit verbunden. Da wir alle eins sind, wie könntet ihr nicht würdig sein? Bitte hinterfragt diese Programmierungen von Schuld und Minderwertigkeit, die von so vielen Menschen als «ihre Wahrheit» angenommen wurden.

Jeder von euch kann direkt mit Mir sprechen. Tut es in einer Art, als würdet ihr mit einem Freund sprechen. Ihr braucht keinen Vermittler, Priester, Rabbi oder irgendeinen anderen spirituellen Führer, der die Liebe, die ich euch gebe, für euch interpretiert. Was ich euch sagen will, braucht nicht durch andere Personen gefiltert zu werden. Ihr hört es in eurem Herzen und nicht in geschriebenen Wörtern. Von Mir kommt nur Liebe. Liebe ist der Grund meines Seins. Alles andere ist dieser Liebe untergeordnet.

Tief in eurem Herzen tragt ihr die Verantwortung, meine Gesetze zu kennen. Wann immer ihr einen spirituellen Führer fragen müßt, was ihr tun sollt und was nicht, gebt ihr etwas von dieser Verantwortung ab. Versteht, daß niemand für euch verantwortlich sein kann. Ihr seid Teile von Mir. Ihr seid allesamt *gleichwertige* Teile von Mir. Niemand kann an eurer Stelle lieben. Wenn ihr erlaubt, daß andere an eurer Stelle «Gott kontaktieren», dann ist dies einer der Momente, in denen ihr eure eigene Liebesfähigkeit begrenzt. Denn eure Liebe kann sich nicht vollständig entfalten, wenn ihr sie an andere delegiert. Diejenigen, die dies tun, erfahren die ihnen eigene Liebe zu Mir nicht und können deshalb auch nicht wirklich verstehen, was ich meine. Wenn ihr mich durch andere sucht, seht und erfahrt ihr nur die Begrenzungen jener Personen, denen ihr eure Verantwortung übergebt.

Obwohl ihr dies oft tut, liebe ich euch unverändert. Ihr könnt an euren Religionen und Zeremonien festhalten, die euch gewisse Regeln vorgeben, und ich akzeptiere die Liebe, die ihr auf diese Weise darbringt. Aber eines Tages müßt ihr erkennen, daß alle Wahrheiten und alle Liebe, die ihr sucht, direkt durch mich erhältlich sind, und zwar auf eine Weise, die für euch von einzigartiger Bedeutung ist.[1] Wenn ihr lernt, euch selbst bedingungslos zu lieben, werdet ihr wie von selbst auch alle anderen auf diese Weise lieben – letzlich auch mich. Ich habe alles erschaffen. Alles ist eins in Mir. Versteht dies. Erkennt dies. Ihr müßt jegliche Schöpfung und jegliches Geschöpf lieben, bevor ihr mich in Wahrheit lieben könnt. Das ist mein erstes «Gesetz». Alle anderen Gesetze gehen aus diesem einen Gesetz hervor. Sie sind nichts anderes als Erklärungen oder Klarstellungen meines Gesetzes der Liebe.

Für alle Wesen in der gesamten Schöpfung gilt das gleiche: In dem Maße, wie sie das Gesetz der Liebe verstehen und akzeptieren, erfreuen sie mich. *Ich liebe alle, aber Ich bin nicht mit allen zufrieden.* Ich habe nicht diese Art von «Gnade», von der ihr sprecht. Ich bin Liebe. Deshalb lasse ich all eure Handlungen zu, auch diejenigen, die ihr selbst als falsch beurteilt. Wenn ihr anderen oder euch selbst etwas Schädliches zugefügt habt, dann wird nicht meine «Gnade» diesen Mißstand korrigieren. Ihr selbst müßt es tun, und euer eigenes Verstehen und Beachten meiner Gesetze des Gleichgewichts wird euch helfen zu entscheiden, wie ihr mit einer Handlung der Liebe oder des Ausgleichs das von euch Verursachte korrigieren wollt. Bittet nicht um «Gnade». Bittet euch selbst, immer wieder von neuem zu lieben. Denn in Liebe seid ihr fähig, anderen ihre Rechte und ihren freien Willen zuzugestehen. Wenn ihr dazu fähig seid, sind keine weiteren Gesetze notwendig.

Viele von euch denken, die Liebe, von der ich spreche, könne nur auf einer höheren Ebene entstehen; auf der Ebene, auf der ihr jetzt seid, sei dies noch nicht möglich. Aber ich sage euch: Wenn ihr wirklich liebt – Liebe, wie ich sie beschrieben habe –, dann seid ihr bereits auf einer «höheren Ebene», und ihr seid Mir nah.

Euch wird schon seit langer Zeit gesagt, es sei nicht möglich, daß ihr auf eurer Ebene eine bedingungslose Liebe erreicht oder mich hört. Wenn ihr dies glaubt, habt ihr euch selbst als unwürdig verurteilt. Wisset: Ihr habt auf die falschen Worte gehört. Ihr habt anderen erlaubt, für euch zu entscheiden, was wahr ist. Mein «Königreich» ist hier, überall, wo ich bin, und ich bin überall. Ihr braucht nirgendwo anders hinzugehen, um zu erkennen, was Liebe und wahres Akzeptieren ist. Wenn ihr dies erkennt, erkennt ihr auch mein Königreich im Hier und Jetzt.

Ich verstehe die Beschränkungen der Menschen vollkommen. Es sind Beschränkungen, die ihr euch selbst auferlegt habt. Euer Herz- und Seelenleben ist vielfach beeinflußt worden. Viele sind zu dem Punkt gekommen, wo sie in vorgegebener, organisierter Weise das annehmen, was andere als Glaubenslehren verkünden. Ich verurteile diese Strukturen nicht, denn auch sie sind Teil meiner Schöpfung. Aber wenn ihr direkt mit Mir in Verbindung sein wollt, ist eure vollständig entfaltete innere Bewußtheit *alles,* was ihr braucht. Es ist verständlich, daß dies für die meisten nicht einfach ist, da ihr noch dabei seid, gerade die Programmierung, dies nicht zu tun, zu überwinden. Ihr könnt jedoch in diesem Moment anfangen, euch dieser inneren Bewußtheit zuzuwenden. Dies kann jeder tun, und viele meiner Engel, Seelenführer und Lichtwesen werden euch dabei mit größter Liebe unterstützen. Aber ihr müßt bereit sein und es wirklich wollen.

Nehmt euch diese Worte zu Herzen. Dies ist die gleiche Einsicht, die ich euch im ursprünglichen Moment eurer Erschaffung gegeben habe. Hört auf euer eigenes Herz. Legt die Begrenzungen, die euch von Mir trennen,[2] ab, so daß ihr euer volles Potential der Liebe verwirklichen könnt.

Ich liebe die gesamte Schöpfung. Ich bin allumfassende Liebe.[3]

– Gott, die Quelle
(11. August 1993)

1) Jedes Lebewesen ist ein individueller, in diesem Sinn einzigartiger Teil Gottes, und Gott offenbart sich dementsprechend jedem seiner Teile auf eine solche individuelle, einzigartige Weise.

2) Um hier ein altes und fast verpöntes, da oft mißbrauchtes Wort zum konkreten Verständnis in Erinnerung zu rufen: Die etymologische Wurzel von dem, was uns von Gott trennt und «absondert», findet sich im Wort «Sünde».

3) Bemerkenswert ist, daß dieser Text nicht mit einer Wendung wie «Ich verabschiede mich nun» endet, denn Gott ist immer vollkommen gegenwärtig, selbst wenn wir ihn nicht hören oder wahrnehmen. Gott ist ein unendlich vielfältiger Begriff, und Skeptiker könnten anzweifeln, daß Gott durch einen bürgerlichen Nichtwürdenträger wie Tom Smith sprechen bzw. schreiben würde. Dies ist aber sehr wohl möglich, denn Gott ist, wie erwähnt, immer und überall gegenwärtig. Die Frage ist nur, ob wir ihn hören. Zu lange wurde uns schon gesagt, wir seien unfähig und unwürdig, Gottes Worte zu empfangen. Dabei ist der Geist Gottes gerade in der heutigen Zeit nicht mehr der Besitz einer priesterlichen Elite, was er ohnehin nie war. Vielmehr wird er «über die Menschen ausgegossen werden» (siehe S. 125, Schluß von Anm. 3), und scheinbar gewöhnliche Zeitgenossen werden mit besonderen Gaben gesegnet sein.

Tom Smith war ebenfalls überrascht, anfänglich wahrscheinlich sogar kritisch, als er plötzlich auch Worte direkt von «The God Source» empfing. Maßt man sich nicht zuviel an, wenn man sagt, Gott selbst spreche durch einen? Und wer wird es glauben? Werden nicht gerade jene Menschen, die sich mit Religion und Gott befassen, mit Spott und Ablehnung reagieren?

Auf diese Bedenken ging Gott die Quelle im Anschluß an seine ersten Botschaften an Tom Smith ein:

«ICH BIN. Ich liebe dich. ... Ich sage dies, damit du meine liebende Energie für dich spüren kannst und mich auf diese Weise kennst. Ich bin sehr erfreut, daß du anderen von den Worten erzählst, die ich dir mitteilte. Du darfst diese Worte immer weitergeben, wenn jemand sie hören möchte. Ich gebe allen, die meine Worte hören oder lesen, eine besondere Segnung, die ihnen auf ihrem Weg helfen wird. Dies tue ich bei jedem einzelnen, und ich tue es in der Ehre deines Namens.

Mach dir keine Sorgen, wenn es Menschen gibt, die den Worten, die ich durch dich weitergebe, keinen Glauben schenken. Ich bin allumfassende Liebe, und jeder Mensch hat einen Lebensweg, der einzigartig ist und sich von dem aller anderen unterscheidet. Einige können einfach nicht akzeptieren, daß ich mich über Channeling durch irgendeinen Menschen mitteilen würde. Hierzu sage ich, daß ich mich entschieden habe, dies zu tun, denn in der Entwicklung und Entfaltung von Mutter Erde ist nun die richtige Zeit gekommen.

Jeder Mensch auf der Erde hat eingewilligt, gewisse Dinge zu tun und zu lernen – einerseits Schritte, um dem eigenen höheren Selbst näherzukommen, andererseits Schritte, um anderen zu dienen. Gewisse Menschen haben eine Eigenart, die nicht vielen zusagt, aber jeder ist einzigartig, und jeder wählt selbst, wie er unserer Abmachung zu folgen gedenkt. Niemand sollte richten und urteilen, wenn jemand anders ist. Der einzige Richter bin ich, und ich tue dies in Liebe.

Sage den Menschen also, daß ich sie liebe. Ich liebe jeden einzelnen, selbst wenn jemand es wählt, unserem vereinbarten Plan nicht zu folgen. ...

Ich möchte nun erwähnen, was meine Pläne in unserer Zusammenarbeit sind. Wir, du und ich, werden zu den Menschen sprechen, zu allen, die hören wollen. Wir werden weitere Aspekte im Buch der Wahrheiten offenbaren. Wir werden von der ‹großen Entscheidung der Seelen› sprechen. Wir werden den Menschen sagen, daß nicht Angst, sondern LIEBE der Schlüssel ist. Wir wollen, daß alle sich vorbereiten können. Ich habe allen gewisse Freiheiten gegeben, und ihr könnt diese verwenden, indem ihr eure Entscheidungen trefft. Es gibt Menschen, die die Fähigkeit haben, viele überzeugende Gründe für ihre Handlungen vorzubringen. Ich erlaube auch dies als Zeichen des Gleichgewichts. Aber ihr Weg stellt für viele von euch keine gute Alternative dar. Der schnellste Weg zu mir zurück ist DURCH MICH.

Jeder Mensch auf der Erde hat die Möglichkeit des Wählens bekommen.

Auch die Erde hat ihren Weg gewählt, und ihr Menschen müßt dies respektieren. Dies tut ihr am besten, wenn ihr die Erde genauso liebt wie euch selbst und indem ihr der Erde helft, sich von jenen Schwingungen zu befreien, die für sie ein Hindernis darstellen. Viele von euch sind genau zu diesem Zweck jetzt auf der Erde. Aber ihr könnt nicht die Erde reinigen, ohne euch selbst zu reinigen. Alle sind EINS in mir. Ich bitte jeden, sich mit den anderen zu einer einzigen liebenden Energie zu vereinen.

Ich habe der Erde eine besondere Energie der Liebe gesandt [Anm. von T.S.: die 11:11-Energie], und sie kann euch allen helfen, auf eine höhere Schwingungsebene zu kommen. Die Begrenzungen dieser Erhebung sind diejenigen, die ihr euch selbst auferlegt. Ich möchte, daß die Wahrheit über diese besondere Energie der Liebe weiterhin der gesamten Menschheit bekannt gemacht wird. Dies sollte auch weitergehen, selbst wenn die großen Veränderungen kommen und selbst wenn einige von euch in ihrem Plan weiterschreiten. Es sollten die geeigneten Möglichkeiten gefunden werden, daß die Menschen während der nächsten zwanzig Jahre von dieser Energie erfahren können. Ich bitte dich, dies für mich zu tun. Wenn ich hier ‹dich› sage, so meine ich jeden, der dies liest. ...

Ich werde vieles mehr über diese Wahrheiten mitteilen, so daß alle die Möglichkeit haben, davon zu erfahren. ICH BIN allumfassende Liebe.»

– Gott die Quelle
(28. April/ 9. Mai 1992)

Kapitel 6

Alltägliche Beeinflussung durch Programmierungen

Die letzten drei Kapitel dieses Buches sind Textsammlungen, die von Tom Smith selbst in dieser Form zusammengestellt wurden und denen er auch eigene Gesamtüberschriften gab, hier: «Everyday Significance of Individual and Collective Programming». Als Einleitung zu diesem Kapitel schrieb Tom Smith:

«Täglich sind wir individuell wie kollektiv den verschiedensten Programmierungen ausgesetzt. Im folgenden Kapitel zeigt uns der Sonnengott anhand von Beispielen aus unserem Alltag, wie es immer wieder geschehen kann, daß wir unserer eigenen spirituellen Entwicklung Hindernisse in den Weg legen. Handlungsweisen dieser Art sind für die Menschen mittlerweile jedoch völlig normal geworden [gerade wegen der konstanten Programmierungen, um die es in diesem Kapitel geht], weshalb es vielen Menschen schwerfallen wird zu glauben, daß solch gewöhnliche Dinge uns derart beeinflussen können.

Abrahams Texte hängen eng mit denen des Sonnengottes zusammen. Er erklärt, wie wichtig es für uns ist zu lernen, Zugang zu unserem immensen inneren Wissen zu erlangen, und wie notwendig es ist, daß wir die Kunst des Unterscheidens verstehen und anwenden. Er betont dabei, daß dies in Zukunft für uns Menschen immer notwendiger sein wird.»

Der Hinweis, daß das Unterscheidungsvermögen in Zukunft immer notwendiger sein wird, kann sich auf unterschiedlichste Umstände beziehen, z.B. soziale und wirtschaftliche Krisen oder auch Aktionen der Desinformation und subtilen Manipulation. Abraham erwähnt in diesem Zusammenhang eine bevorstehende massive Kampagne zum UFO-Thema, in der jedoch nur Halbwahrheiten bzw. einseitige Informationen präsentiert werden. Interessanterweise wurde gerade während der Arbeit an dieser Übersetzung, im Mai 2001, über die internationalen Medien bekannt, daß in Washington D.C. eine aufsehenerregende Pressekonferenz zur «Aufhebung der UFO-Geheimhaltung» stattgefunden habe, und zwar als Auftakt zu einer Kampagne, die getragen werde von Insidern aus höchsten Kreisen. Abrahams prophetische Ankündigung aus dem Jahr 1993 und der aktuelle Bezug gaben an dieser Stelle Anlaß zu einem etwas längeren Kommentar.

Beispiele, wie die Menschheit ihr spirituelles Wachstum behindert

Die Zeit ist gekommen, daß die Menschen auf diesem schönen Planeten erkennen, was ihr wahres Selbst ist. Jeder von euch ist aus einem ganz individuellen und einzigartigen Grund auf der Erde. Ihr seid nicht hier, um reich zu werden und euch für immer in der Materie bequem einzurichten. Ihr seid nicht hier, um einen gutbezahlten Beruf zu finden, der es euch erlaubt, ein gesichertes Einkommen zu haben und den «Rest des Lebens» ruhig zu genießen. Ihr seid nicht hier, um der erste oder der letzte auf der Rangliste zu sein. Dies alles hat nichts mit dem wahren Sinn des menschlichen Lebens zu tun.

Es ist unbestreitbar, daß ihr euch auch um die äußeren Umstände eures Lebens kümmern müßt – aber verliert euch nicht in diesen Aktivitäten als Selbstzweck. Es gibt Mächte, die euch glauben machen wollen, diese Äußerlichkeiten seien das Wichtigste in eurem Leben. Es gibt Mächte, die alles daransetzen, um euch vom wahren Sinn und Zweck eures Hierseins abzulenken. Damit verfolgen sie die Absicht, daß ihr euer wahres Selbst weder versteht noch verwirklicht.

Der Menschheit ist nur die langsamstmögliche Entwicklung zugestanden worden. Euch wurde erlaubt, als Kollektiv nur in ganz bestimmte Richtungen zu wachsen. Ihr seid in all euren Bemühungen, euch selbst und das Universum zu verstehen, entmutigt worden. Dies wird über Tausende von Methoden erreicht, Methoden, die so subtil sind, daß ihr völlig überrascht seid, wenn ihr vernehmt, was die dahinterstehende Absicht ist. Deshalb möchte ich nun über euer Wachstum als Spezies sprechen. Andere haben in ihren *[medialen]* Botschaften ebenfalls schon über dieses Thema gesprochen, aber ich sehe, daß die meisten Menschen immer noch nicht bereit sind zu hören.

Telephon, Ernährung, Fernsehen, Wissenschaft

Jedesmal wenn ihr zum Telephon greift, sagt ihr euch, daß ihr keine andere Möglichkeit der direkten Kommunikation habt. Ihr sagt euch, daß es nur mit diesen oder ähnlichen hochtechnologischen Mitteln möglich sei, Informationen über Distanzen auszutauschen. Indem ihr dieses «handliche» Kommunikationsmittel verwendet, verliert ihr immer mehr das Bewußtsein eurer Fähigkeiten zur telepathischen Kommunikation.[1] Dies führt dazu, daß ihr einerseits völlig von dieser Technik abhängig werdet und andererseits völlig vergeßt, daß ihr selbst die Fähigkeit hättet, auch ohne Worte Informationen auszutauschen. Wenn ihr es gewählt hättet, diesen Aspekt eures Seins zu entwickeln, könntet ihr euch jederzeit mit anderen Personen in Verbindung setzen, egal wo sie sich *[auf der Erde oder im Universum]* aufhalten, selbst wenn es sich dabei um Wesen handelt, die ihr noch nie *[im Physischen]* getroffen habt.

Die Art eurer Ernährung ist eine andere Methode, mit der verhindert wird, daß ihr zu euch selbst findet. Damit meine ich sowohl das, was gegessen wird, als auch die Methoden der Verarbeitung. Wenn ihr die ungesunden, chemisch behandelten Speisen eßt, ist es nicht möglich, daß euer Körper sich wie vorgesehen entwickelt und transformiert. Euer physischer Körper ist nicht unabhängig von eurem spirituellen Selbst. Wenn dem Körper in der Assimilierung der Nahrung Schwierigkeiten bereitet werden, muß er auf jene Energien zurückgreifen, die eigentlich zur Unterstützung eures höheren Seins bestimmt wären. Hinzu kommt, daß der physische Körper eine Art Mutation vollziehen muß, wenn ihm durch die Nahrung chemische Schadstoffe zugeführt werden. Weil euer Körper voller Gift ist, fällt es ihm immer schwerer, als Einheit zu funktionieren. Dies führt zu einer Störung des harmonischen und ganzheitlichen Zusammenwirkens der *[physischen und feinstofflichen]* Energien.

Das Fernsehen wurde als großartige Erfindung angepriesen. Tatsächlich hatte es den Anschein, daß die Menschen sich dadurch näher kommen würden, denn die Welt schien kleiner zu werden. Es stimmt, daß das Fernsehen ein Bildungspotential in sich birgt. Aber die Bildung, die es vermittelt, bringt nichts anderes als die gleichen Programmierungen, die den Menschen schon früher vermittelt wurden, nur geschieht es heute in einem wesentlich höheren Tempo. Über das Fernsehen kann heute eine große Anzahl von Menschen auf die gleiche Weise und zur gleichen Zeit programmiert werden. Sie werden ununterbrochen mit Szenen der Gewalt und der Nichtliebe «gefüttert», und ihre Angst wird geschürt, zum Beispiel, daß sie sehr krank werden, wenn sie nicht bestimmte Medikamente einnehmen oder regelmäßig zum Arzt gehen *[für «vorbeugende» Untersuchungen, Impfungen usw.].* All diese Beeinflussungen überschatten eure eigene Fähigkeit, euren Körper und euer Selbst zu kennen.

Das Fernsehen wird auch dazu verwendet, den Menschen einen illusorischen Lebensstandard vorzugaukeln, damit sie sich ständig mit anderen Menschen vergleichen und in ein Konkurrenzdenken verfallen. Dadurch werden sie von ihrem inneren Gleichgewicht ferngehalten, da sie von diesen Reizen getrieben werden, nach Umständen zu streben, von denen sie fälschlicherweise annehmen, sie seien Quellen des Glücks. Aber wie nicht anders zu erwarten, werden diese Menschen so niemals wirklich glücklich und zufrieden, selbst wenn sie scheinbar «alles» besitzen. Durch das Fernsehen ist die Vielfalt der Programmierungen in ein buntes Paket zusammengezogen worden und bietet sich nun an, um von den Menschen in Form von Unterhaltung und Freizeitgenuß konsumiert zu werden. Das Thema «TV» umfaßt viele der zentralen Methoden und Programme, die eingesetzt werden, um die Menschen von ihrem wahren Selbst zu entfremden.

All das, was heute als «Wissenschaft» bezeichnet wird, ist ein weiteres Machwerk *[engl. another device]*, durch das die Menschheit noch tiefer in die spirituelle Blindheit hineingezogen wird. Seit der Ära der frühen Erfindungen herrscht der Glaube vor, daß nur das wahr sei, was man irgendwie mit den fünf Sinnesorganen entdecken könne. Etwas gilt erst dann als wahr und real, wenn der logische Teil des Gehirns dies als solches rechtfertigen kann. Dadurch, daß die Menschen die Logik und den analytischen Verstand zum fast ausschließlichen Kriterium für Wahrheit erhoben, haben sie neunzig bis fünfundneunzig Prozent ihres Potentials für geistiges Wachstum eliminiert. Denn sie verwenden weniger als zehn Prozent ihres Potentials, da sie nur die Logik ihrer linken Gehirnhälfte auf ihr eigenes Dasein anwenden. Die wissenschaftlichen Methoden und Beeinflussungen haben eine Haltung hervorgerufen, die den größten Teil des Universums ignoriert, wodurch das Weltbild der Menschen extrem eingeengt wird.

Die Wissenschaft hat zum Beispiel Methoden entwickelt, mit denen Objekte auf hohe Geschwindigkeiten beschleunigt werden können. Aber ihr habt das Potential, euch schneller als das Licht zu bewegen. Ihr könntet in null Zeit überallhin reisen *[an jedem beliebigen Ort des Raumes «auftauchen»]*. Aber dies beruht nicht auf den Prinzipien eurer Wissenschaft.

Lebensmittel, Sport, Krankheit

Ich habe bereits über die Ernährung gesprochen, aber es lohnt sich, dieses Thema nochmals aufzugreifen. Die Menschheit ist im Laufe der Zeit immer mehr von natürlichen Lebensmitteln weggeführt worden. Damit meine ich Lebensmittel ohne Konservierungsstoffe sowie Lebensmittel, die nicht gekocht und vor allem nicht gebraten wurden. Die Menschen wurden Schritt für Schritt glauben gemacht, daß Lebensmittel gut seien, solange sie bestimmte Nährstoffe enthalten, unabhängig davon, wie sie behandelt wurden, was sie enthalten und worin sie aufbewahrt werden. Der moderne Lebensstil hat auch die Eßgewohnheiten der Menschen verändert. So findet eine fortgesetzte Marketingkampagne statt, die verkündet, wie nützlich und genußvoll Fast-Food sei. Die Menschen sind in jedem Aspekt ihrer Existenz derart nachhaltig programmiert, daß sie nicht mehr wissen, was eigentlich eine gute Ernährung ist.

Wie kommt es, daß leblose Nahrung eurem spirituellen Wachstum schadet? Um dies zu verstehen, müßt ihr euch in Erinnerung rufen, daß ihr *[euer physisches Leben]* zuallererst auf der zellularen Ebene existiert. Wenn die Zellen nicht die richtige Nahrung bekommen, werden eure Lebensfunktionen gedrosselt. Die Mineralstoffe, die ihr benötigt, werden durch schädliche Chemikalien, zuviel Fett und vieles andere mehr ersetzt. Die Menschen gewöhnen sich dabei so sehr an diesen Zustand, daß sie gar nicht wahrnehmen, wie ihr Stoffwechselsystem mit Abfallstoffen verschlackt wird. Sie werden energielos und weniger empfänglich *[für höhere Impulse]* und merken es nicht einmal. Gleichzeitig werden sie aber empfänglicher für bestimmte niedrigere Schwingungen, die mit der Nahrung aufgenommen werden. Diese Eßwaren werden konzipiert, um euch auf einer niederen Frequenz festzuhalten. Ich werde später nochmals auf dieses Thema zurückkommen, weil die Ernährung hinsichtlich eures spirituellen Wachsens extrem wichtig ist.

Seit einiger Zeit herrscht in eurer Gesellschaft der Trend, Sport als die Lösung für viele Gesundheitsprobleme anzusehen. Versteht mich nicht falsch: Ich empfehle nachdrücklich Körperübungen in gemäßigter Form, denn sie dienen tatsächlich der Gesundheit. Aber ein Segment eurer Gesellschaft vertritt heute die Ansicht, daß Leistungssport die beste, wenn nicht sogar die einzige Methode sei, um einen starken, leistungsfähigen Körper zu haben. Einmal mehr ersetzt ihr gesunde Gedanken mit nicht so gesunden Glaubensmustern. Ihr programmiert euch selbst in den Glauben hinein, daß harte Arbeit die einzige Möglichkeit sei, ein Ziel zu erreichen, und sei es auch nur das Ziel eines gesunden Körpers. Ihr seid verantwortlich für euren Körpertempel, aber nicht zum Preis einer totalen Hingabe an äußere Erwartungen und Vorschriften. Denn dies ist ein weiterer Mißbrauch der natürlichen Gegebenheiten der menschlichen Spezies. Ihr braucht nur solche Übungen, die eure Hauptorgane auf angemessene Weise beanspruchen. Eure Gedanken schaffen eure materiellen Umstände.[2] Das ist ein Gesetz, das immer gilt, auch für diejenigen, die anstrengende Übungen ausführen.

Alle Krankheiten werden von der Menschheit selbst verursacht – auf die eine oder andere Weise *[direkt oder indirekt]*. Oft ist Krankheit ein Mittel, um einen Menschen zum Innehalten zu bewegen und mit sich selbst zu konfrontieren. Öfter als die meisten denken, entspringt Krankheit einer Verneinung eurer wahren spirituellen Gaben. Sie erinnert euch daran, daß ihr euch mit menschlichen Vorstellungen begrenzt habt. Es gibt keinen Grund, jemals krank zu werden, außer als Hinweis, der euch zeigen soll, daß ihr eigentlich die Kraft hättet, anders zu sein – wenn ihr nur daran glauben würdet. Sogar die Krankheiten, die von dunklen Mächten in eurer Regierung ganz bewußt geschaffen werden, brauchen euch nicht unbedingt zu beeinflussen. Solange ihr wirklich und wahrhaftig glaubt, daß ihr selbst die totale Kontrolle über eure physischen und spirituellen Realitäten habt, werdet ihr keiner Krankheit anheimfallen, es sei denn, ihr wählt dies mit Absicht.

Gewohnheiten, Normen, Schulsystem

Viele eurer Bräuche und Zeremonien beruhen auf der Unkenntnis des wahren spirituellen Selbst. Ein Beispiel hierfür ist das Gefühl, jeden Sonntag in die Kirche gehen zu müssen *[um sich Gottes «Gnade» zu verdienen]*. Auch hier handelt es sich um eine Programmierung, nämlich um eine, die euch glauben macht, man könne Gott nicht in sich selbst finden, weshalb man sich von anderen Personen abhängig machen müsse, die dies für einen tun. Mit dieser Aussage beabsichtige ich nicht, die Kirche für nichtig zu erklären, denn in einem Kirchengottesdienst kann sehr viel Liebe zum Ausdruck kommen. Doch um sich selbst als spirituelle Seele näherzukommen, ist es nicht erforderlich, bestimmte Rituale zu durchlaufen. Es ist viel wichtiger, sich des inneren Selbst *[als ewiger Teil Gottes]* bewußt zu sein und Gott auf diese Weise zu erkennen, wobei eine Gruppenenergie unvorstellbar nützlich sein kann, wenn sie von der höchsten und positivsten Schwingung ist.

Eure täglichen vorgegebenen Tätigkeiten sind praktisch allesamt die Widerspiegelung eines Zweifels an eurer spirituellen Verbindung. Dieses innere Vertrauen, das euch sagt, wann was zu tun ist, habt ihr durch Arbeitstermine und Einkaufsroutine ersetzt. Indem ihr euren alltäglichen Normen folgt, verdrängt ihr die Notwendigkeit, euch auf eure eigenen Gaben des Wissens und der inneren Führung zu verlassen.

Vieles von dem, was als «normal» gilt, wurde eingerichtet, damit ihr mitmacht und euch ausgeschlossen fühlt, wenn ihr nicht mitmacht. Auf diese Weise wird euer selbständiges Denken und Fühlen auf sehr subtile Weise manipuliert. Das soll nicht heißen, Bräuche und Normen seien nicht wichtig und wertvoll. Worauf ich hier hinaus will, ist, daß ihr diese vorgegebenen Muster in jeder Situation individuell betrachten und euch immer fragen solltet, inwieweit sie eurer spirituellen Entwicklung dienen. Fallt dabei nicht auf den Trugschluß herein, zu denken, die sogenannten materiellen oder äußeren Notwendigkeiten seien der Hauptgrund für eure Handlungen. An diesem Punkt geschieht es, daß ihr «Fehler» begeht.[3] Euer ganzes Dasein sollte spirituell ausgerichtet sein, auch die vielen physischen Aspekte eures Lebens. Wenn eure täglichen Tätigkeiten und Gewohnheiten keinen spirituellen Nutzen bringen, könntet ihr euch fragen, ob ihr sie nicht mit etwas anderem ersetzen möchtet. Dies wird gewiß einiges Nachdenken erfordern, da sich die meisten Menschen so sehr an ihre vorgegebenen Rollen und Normen gewöhnt haben.

Einige Dinge, die ich hier erwähne, sind leicht zu verstehen, und andere nicht, wie zum Beispiel das, was die täglichen Gewohnheiten und Tätigkeiten betrifft. Die meisten werden sagen: «Aber ich muß doch arbeiten gehen, um meinen Lebensunterhalt zu bestreiten.» Das ist wahr, aber nur deshalb, weil die Menschen es selbst so einrichten und sich weitgehend diesem Muster unterordnen, sei es, weil es leichter ist, mit der Masse zu gehen, oder weil sie nicht verstehen, welche Konsequenzen jede Handlung hat.

Es gibt noch viele weitere Beispiele von Umständen, die nicht der spirituellen Entfaltung dienen. Das nächste wird vielleicht einige überraschen: das Bildungssystem. Es ist natürlich wahr, daß jeder Mensch nach Wissen streben sollte. Wichtig ist die Art, *wie* dieses Wissen erlangt wird. Praktisch alle Schulsysteme beruhen auf zwei Prinzipien: fehlende Freiheit zur Selbsterforschung und Auswendiglernen. Fehlende Freiheit zur Selbsterforschung bedeutet nichts weiter als Kontrolle des Individuums. Und Auswendiglernen ist eigentlich gar kein Lernen, sondern «Gehirnwäsche».

Die Texte, die die Schüler studieren müssen, sagen alle das gleiche und lassen wenig oder gar keine Möglichkeit, intellektuell andere Sichtweisen zu erforschen. Ob Geschichte, Mathematik oder Naturwissenschaft – überall wirkt das gleiche Prinzip. Die Schüler werden alle in die gleiche oder in eine ähnliche Richtung gesteuert. Dies beraubt den menschlichen Geist des freien und offenen Denkens, das nötig ist, um den eigenen individuellen Weg zu finden. Einige mögen einwenden, es müsse vorgegebene Normen und «bewiesenes» Wissen geben, um die Schüler auf die Realität des Lebens vorzubereiten. Aber die Schüler werden weder auf die Realität noch auf das Leben vorbereitet, sondern auf eine Illusion innerhalb einer Illusion.

Wenn den Schülern erlaubt würde, sich selbst zu erforschen, gäbe es in den Schulzimmern keine Langeweile mehr. Es gäbe auch keine Schulzimmer mehr, da sie nicht mehr erforderlich wären. Die jungen Menschen könnten, unbelastet von allen anfänglichen Programmierungen, eine wunderbare Welt schaffen, eine neue Umwelt im wahrsten Sinn des Wortes. Es gäbe keine Klassenzimmer mehr, da die Welt, in der ihr lebt, euer Klassenzimmer wäre. Das Universum im Inneren eines jeden Menschen wäre das Labor. Es gäbe kein Auswendiglernen mehr; es gäbe nur noch Wissen und Erkennen. Und dieses würde sich dynamisch entwickeln entsprechend eurer eigenen Entwicklung und Evolution.

Eure gesamte Existenz wird von den Schulen bestimmt, seien sie staatlich oder privat. Die Privatschulen erlauben sogar noch spezifischere Ausrichtungen in der «Bildung» – gemäß bestimmten Glaubensformen, wissenschaftlichen Weltbildern oder sogar Vorurteilen und Elitebestrebungen. Die Schüler können dem vorgegebenen Bildungsprozeß nicht entkommen, und so sind sie alle in ihrem Denken bald gleichgeschaltet und verkennen ihre eigenen inneren Potentiale sowie ihr spirituelles Selbst.

Vieles von dem, was ich hier sage, hat zwei Seiten. Einerseits erwähne ich das, was für die spirituelle Entfaltung nützlich ist, und andererseits erwähne ich auch Aspekte, die diese Entfaltung behindern. Einiges ist bereits so tief in die Menschheit eingetrieben und einprogrammiert, daß eine Veränderung, so wie ich sie beschreibe, unmöglich erscheint. Betrachtet es jedoch im Licht dieser neuen Perspektive, und ihr werdet beginnen zu verstehen, was ich meine. Denn ihr könnt dieses Wissen verwenden, um eure Energien neu auszurichten. Es geht mir nicht darum, daß ihr aufhört, zu telephonieren oder Auto zu fahren. Diese Hilfsmittel können sehr nützlich sein. Überdenkt einfach eure Motivation, warum ihr diese Dinge verwendet, und so kann es euch gelingen, die vorprogrammierte Beeinflussung zu überwinden *[bzw. zu umgehen, d.h. gar nicht erst davon beeinflußt zu werden]*.

Entfremdung vom Natürlichen

Es gibt so viele Aspekte der Ablenkung, und die Menschen haben unwissentlich zugelassen, daß diese ihre innere Entwicklung, die Konzentration auf ihr eigenes Selbst, überschatten, ja die inneren Potentiale wurden durch diese Äußerlichkeiten ersetzt. Ich habe bereits die Ernährung erwähnt und möchte dieses Thema hier nochmals aufgreifen.

Indem die Menschen sich die Bequemlichkeit erlauben, alles, was sie essen, in Geschäften zu kaufen, und ihre Nahrung nicht mehr selbst anbauen, unterstützen sie nicht mehr die Erde und den Deva der Pflanzen, der die Nahrung für die jeweiligen Menschen plant.

Es ist durchaus möglich, daß ihr den Naturgeistern und den Erdenergien sehr nahe sein könnt. Diese arbeiten eng mit euren Geistführern zusammen und lenken euch zu jener Nahrung, die für euch ideal ist. Sie werden in die Pflanzen, die ihr zu euch nehmt, genau jene spezifischen Energien eingeben, die ihr braucht. Das gleiche tun sie auch bei den Blumen und anderen Pflanzen, die ihr zur Dekoration verwendet. Andererseits werden bewußte Anstrengungen unternommen, die Nahrung, die ihr von den Supermärkten und den Großverteilern bezieht, zu manipulieren. Vieles davon ist nicht nur ungesund im allgemeinen Sinn, sondern enthält auch gewisse Stoffe und Energien, die euren Wunsch nach spiritueller Entwicklung lähmen sollen.

Auf der Erde sind bestimmte Energien am Werk, denen daran gelegen ist, daß ihr euer wahres Selbst nicht kennt. Um dies zu erreichen, gingen sie sehr geduldig vor, da sie verstanden hatten, wie vorteilhaft es ist, Veränderungen nur unmerklich einzuführen. Diese Wesen sind große Meister im Erfinden von Methoden, um die, die sie beherrschen wollen, von sich selbst zu entfremden. Sie beginnen mit einer scheinbar unbedeutenden Idee oder Veränderung, und auf diesem ersten Schritt bauen sie ihr weiteres Vorgehen auf. Alle, die auf der Erde leben, wurden dieser Beeinflussung unterworfen, ohne es zu merken. Daher hoffe ich, daß die Menschen nun anfangen zu erkennen, was mit ihnen geschieht. Nur deshalb spreche ich hier über die verschiedenen Beeinflussungen und Programmierungen. Dies kann euch helfen, das, was gespielt wird, zu durchschauen und, was noch wichtiger ist, euren Wunsch nach spiritueller Befreiung zu stärken.

Es gibt nur wenige Dinge, bei denen ich sage, daß es besser für euch wäre, wenn ihr sie aufgeben würdet. In den meisten Fällen geht es darum, die Tätigkeiten fortzusetzen, jedoch mit einem anderen Schwerpunkt. *Fahrt fort, aber ändert die Richtung!*

Unterscheidungskraft und Selbstverantwortung

Die Menschen auf der Erde sind der lebendige Beweis, daß die Programmierungen, die ich hier erwähnte, funktionieren. Einige sind nicht so durchschlagend, weil es Menschen gibt, die spirituell erwacht sind und die Beeinflussungen für sich selbst neutralisiert haben. Aber die Mehrheit der Menschen hat die Macht der Massenprogrammierung nicht erkannt. Praktisch alles, was zu ihrem Leben gehört, ist so zugeschnitten, daß sie ihr spirituelles Potential preisgeben. Vieles geht auf jene Energien zurück, die ein «natürliches» Interesse haben, daß die Menschen spirituell blockiert sind. Einiges haben die Menschen auch selbst durchgeführt, jedoch ohne näher darüber nachzudenken, wie dies ihre eigene Entwicklung beeinträchtigen wird. So seht ihr nun, daß die Programmierten selbst zu Programmierern geworden sind, ohne auch nur zu ahnen, was wirklich geschieht und was die Folgen sein werden. Wir haben es hier mit einer Programmierung der Meisterklasse zu tun, die genial und brillant ist.

Dies bedeutet aber keineswegs, daß die Menschen eine Entschuldigung für ihre Unterlassungen hätten. Sie sind selbst verantwortlich, wenn sie nicht erkennen, wie sehr sie beeinflußt werden. *Jeder einzelne Mensch* hat genügend Gelegenheiten bekommen, das innere Selbst zu erkennen und auf dieser Grundlage zu durchschauen, was auf der Erde gespielt wird. Die Tatsache, daß viele Menschen noch tiefer in die niederen Frequenzen eingebettet wurden, zeigt nichts anderes, als daß sie auf diesem Pfad willige, teilnehmende Partner geworden sind. Es gab und gibt genügend Signale, die zeigen, daß irgend etwas nicht in Ordnung ist.

Gleichzeitig erkenne ich natürlich auch, daß es Lernerfahrungen gibt, die ihr durchlaufen möchtet, selbst wenn dies in einigen Fällen auf Kosten eures wahren Weges geht. Jetzt ist nicht die Zeit, euch hierfür zu kritisieren. Es ist jedoch Zeit, daß ihr *eure Unterscheidungskraft* entwickelt und lernt, sie anzuwenden, bis ihr nicht mehr über Programmierungen und Manipulationen zu lesen braucht, weil ihr dies alles selbst erkennen könnt. Dann werdet ihr in der Lage sein zu untersuchen, wie diese Art von Handlungen euch beeinflußt hat, was euch wiederum erlauben wird, selbst die richtigen Korrekturen vorzunehmen – von innen nach außen.

Ich liebe euch alle, und ich liebe den Einen Schöpfer von uns allen.

– Der Sonnengott
(5. Januar bis 1. April 1993)

1) Der englische Originaltext klingt für heutige Ohren bereits prophetisch: «As you use this handy tool for communication, you become less and less aware of your own abilities to telepathically communicate.» Anfang 1993, als diese Texte empfangen wurden, war der Handy-Boom noch mehrere Jahre entfernt. Doch der Sonnengott wählte offensichtlich gezielt das Wort handy («leicht zur Hand; greifbar; in der Nähe befindlich; handlich; bequem») und nahm damit die nächste technologische Beeinflussungswelle um Jahre vorweg.

Mit anderen Worten, was hier über die konventionelle Art des Telephonierens gesagt wird, trifft noch viel mehr auf das Telephonieren mit dem Handy zu, denn hier werden nicht nur telepathische, sondern auch feinstoffliche und physische Schädigungen (im Gehirn und auf der zellularen Ebene) verursacht. Wie in Kapitel 8 geschildert wird, verfügte der Mensch ursprünglich voll über telepathische Fähigkeiten und verlor sie erst aufgrund der Bewußtseins- und Genmanipulationen von seiten der Dunkelmächte. Dadurch wurden die Menschen ihrer geistigen Potentiale beraubt und wurden «invalide». Prägnant ausgedrückt, sind Handys und Telephone Telepathie-Prothesen für geistig invalide Menschen. Auf ähnliche Weise sind Computer «Gehirn-Prothesen» und Flugzeuge, Autos usw. «Teleportations-Prothesen».

Prothesen sind nichts Schlechtes, sie zeigen einfach, daß die Betreffenden wichtige Teile ihres Daseins verloren haben. Im geistigen Sinn sollte man daher erkennen, daß diese Prothesen nicht natürlich sind und daß man nicht von ihnen abhängig bleiben, sondern daß man genesen sollte, damit diese Prothesen nicht mehr erforderlich sind. Man halte sich nur einmal vor Augen, welcher Raubbau auf der Erde nötig ist, um all diese Prothesen industriell herzustellen. Die Erde hat nun die Genesung eingeleitet, und die Menschen haben die Wahl, ob sie an dieser Therapie teilnehmen wollen oder nicht.

Um dazu bereit zu sein, muß man zuallererst erkennen, daß man therapiebedürftig ist und daß es sich bei diesen technischen «Wundern» um nichts anderes als um Prothesen handelt, die in vielen Fällen von den gleichen Mächten gespendet werden, die uns vorweg die höheren Fähigkeiten «wegamputiert» haben, um uns Menschen immer mehr in eine technische Abhängigkeit hineinmanövrieren zu können.

Die zukünftigen Menschen auf der neuen Erde werden diese Technologien nicht mehr benötigen, da sie wieder über ihre natürlichen Fähigkeiten, über «geistige Technologien», verfügen werden. Bis es soweit ist, besteht die Kunst darin, die positiven Seiten der Technik zu verwenden, ohne sich in dieser künstlichen Welt, die sehr fesselnd sein kann, zu verlieren.

2) Es ist ein kosmisches Gesetz, daß die feinstoffliche Energie über ihr Informationsmuster die grobstofflichen Formen in-formiert, d. h. in eine ganz bestimmte Form bringt. Deshalb wird hier erneut betont, daß unsere Gedanken unsere materiellen Umstände schaffen – bis hin zum Gesundheitszustand des Körpers.

Die Schöpfungskraft der Gedanken wirkt sowohl im konstruktiven als auch im destruktiven Sinn. Sehr treffend ist die alte Redewendung «ein gesunder Geist in einem gesunden Körper» (mens sana in corpore sano), die in diesem Zusammenhang ihre tiefere Bedeutung erkennen läßt.

Die Kraft der Gedanken wirkt auch im Destruktiven. Wer immer vom Kranksein spricht oder Angst vor mangelnder Gesundheit hat, programmiert sich selbst genau auf diese Konditionierung.

Hier wird auf die subtilen Hintergründe und Trugschlüsse des modernen Leistungssports hingewiesen, sowohl den wettkampfmäßigen wie auch den privaten. Wer aus Angst vor Krankheit oder aus persönlichen Ambitionen (Ruhm, Erfolg, gutes Aussehen, Erfolg beim anderen Geschlecht, usw.) eine gute Gesundheit und einen «gestählten» Körper erzwingen will, erntet oft aufgrund der feinstofflichen Ursachen nicht das angestrebte Ergebnis, vor allem nicht auf lange Zeit hinaus. Wenn «Sport» wirklich die Ursache von Gesundheit wäre, müßte die moderne Gesellschaft mit all ihren Möglichkeiten den gesündesten Abschnitt der Menschheitsentwicklung darstellen. Wie jedoch auch der Sonnengott bereits betont hat, soll dieser kritische Hinweis keineswegs die Bedeutung einer gesunden körperlichen Betätigung schmälern.

Ein weiterer Aspekt bei diesem Thema ist, daß sich beim größten Teil der sportsüchtigen Menschen die «sportliche Betätigung» auf das Zuschauen im Fernsehen beschränkt. Wenn Skirennen, Fußballspiele usw. stattfinden, melden sich Millionen von Menschen ab, um hinter den Fernsehern zu verschwinden. Werden sie bei diesem «sportlichen» Genuß gestört, bricht sogleich ein erstaunlich aggressives Potential durch. Es besteht also der Verdacht, daß diese Art von körperlicher Betätigung nichts anderes ist als der subtile Ausdruck eines Körperkultes, der die körperliche Identifikation, d.h. die Konzentration auf äußere Programmierungen, stärkt und untermauert (bis hin zu einer Identifikation mit Vereinen und Nationen). Dies schlägt sich in einem weitgehend unbewußten Leistungs- und Konkurrenzdenken nieder, was wiederum die Orientierung an falschen Lebenskriterien fördert. Praktisch bedeutet dies nichts anderes als eine Ablenkung von den wahren Gründen, warum wir eigentlich hier und gerade jetzt auf der Erde sind.

Aus diesen Gründen ist und war der sportliche Erfolg immer auch eines der wichtigsten Propagandamittel politischer Systeme, seien es die Nationen der «freien Welt», allen voran die USA, oder die Nationen der ehemals kommunistischen Welt, wie DDR und UdSSR.

3) «This is where you make ‹mistakes›.» Das englische Wort mis-take bedeutet wörtlich «Fehlgriff; falsche Entscheidung». In jeder Situation bieten sich verschiedene Entscheidungsmöglichkeiten an, und je nach der eigenen Weltsicht und Wertvorstellung wählt man eine ganz bestimmte Entscheidung und handelt dementsprechend. Läßt man sich dabei von der Vorstellung treiben, «die sogenannten materiellen oder äußeren Notwendigkeiten» seien das wichtigste, wählt man ganz andere Handlungsmuster, als wenn man von spirituellen Kriterien ausgeht. Wenn man unter den vielen Möglichkeiten jene wählt, die oberflächlichen oder bloß materiellen Kriterien entspringt, hat man tatsächlich einen «mis-take», einen Fehlgriff, getätigt.

Auch das deutsche Wort «Fehler» ist sehr tiefgründig. Es besagt nicht, daß man etwas falsch gemacht hat. Es besagt einfach, daß der fraglichen Handlung oder Entscheidung etwas <u>fehlt</u>, nämlich die spirituelle Dimension, weshalb sie ein «Fehler» ist.

Der Schlüssel zur Selbsterkenntnis und zur Kraft des Unterscheidens

Auf der Erde steht mittlerweile, das heißt *jetzt*, ein breites Spektrum von Informationen zur Verfügung, durch das die Menschen alles erfahren könnten, was sie wissen müssen, um den nächsten großen Sprung in ihrer Entwicklung zu vollziehen.

In allen Bereichen der Erde sind diese Mitteilungen durch mediale Kanäle empfangen worden. Und genau nochmal soviel wird in den nächsten drei bis vier Jahren empfangen werden.[1] Dadurch werden erneut viele, viele Menschen erweckt und erleuchtet werden. Aber wie wir schon oftmals gesagt haben, ist keines dieser Channelings notwendig. Denn all dieses Wissen ist auch in euch selbst vorhanden. Ihr braucht nur die tiefen Gewölbe, in denen ihr es weggesperrt habt, aufzuschließen. Aber wir wissen, und auch viele von euch wissen, daß dies nicht so leicht ist, wie es klingt. Es wäre eigentlich sehr leicht, aber aufgrund der vielen Programmierungen sieht es nun schwierig aus. Doch das ändert nichts daran, daß alles vorhanden ist, sei es durch unsere vielen medialen Mitteilungen oder durch die eine Quelle, die immer am besten ist – die Quelle in euch selbst.

«Wie kann ich mich mit dieser Quelle verbinden?» fragt ihr euch wahrscheinlich. Es gibt verschiedene Methoden, um nach innen zu gehen, aber nur einen einzigen Schlüssel, um die innere Tür aufzuschließen. Meditation, Yoga, Kontemplation und praktisch jede Technik der geistigen Konzentration und Verinnerlichung sind wirksame Methoden. Wichtig bei alledem ist, daß das Bewußtsein für die unterbewußten Gedanken geöffnet wird.

Oberflächliches oder intellektuelles Denken genügt nicht, um eine Verbindung mit den inneren Denksystemen, dem Unterbewußtsein, herzustellen. Die wahre Entdeckung kommt, wenn ihr lernt, wie man den Zugang zur Wissensquelle des wahren Selbst findet – zu eurer eigenen universalen Bibliothek im Innern. Das ist eure wirkliche, ureigenste Herausforderung. Jedesmal wenn ihr denkt, es «funktioniere» nicht und ihr würdet sowieso nichts «hören», baut ihr zusätzliche Gitterstäbe in den Durchgang zu diesem Gefühl des sicheren Wissens. Jedesmal wenn ihr euch ein Channeling anhört und euch damit zufriedengebt, jemand anders die Arbeit tun zu lassen, entfernt ihr euch mehr von eurer persönlichen Bibliothek, indem ihr euch auf das eine Buch, genannt Intellekt, beschränkt.

Der Schlüssel zur Entdeckung des Selbst heißt *Entschlossenheit*. Ihr müßt mit eurem ganzen Wesen wollen, daß es geschieht. Ihr könnt es euch nicht einfach nur einbilden. Wenn ihr nicht die volle Entschlossenheit, euch selbst zu erkennen, in jede einzelne Zelle eurer Person sendet, werdet ihr das Wissen aus eurem Innern nicht vollständig wahrnehmen. Nur intellektuell «ich will» zu sagen ist viel zu oberflächlich. Ihr müßt euch mit eurer Entschlossenheit durch all eure Ängste und die anderen tiefverwurzelten Emotionen hindurcharbeiten *[denn sonst bewirken diese Hindernisse, daß die Willenskraft sowie die Klarheit des Entschlusses verlorengehen; Unsicherheit, Halbherzigkeit, Selbstzweifel, inneres Hin und Her sind die Folgen].*

Auch wenn ihr euch noch nicht von allem befreit habt, was euch zurückhält, ist es möglich, zeitweilig oder bruchstückhaft innere Erkenntnisse zu erlangen. Ihr mögt euch vielleicht sogar sagen, dies genüge schon. Aber seid vorsichtig. Ich versichere euch, dies ist bei weitem nicht alles, wozu ihr fähig seid. Ich versichere euch des weiteren, daß es unmöglich ist, zu dieser Gewißheit Zugang zu finden, geschweige denn, sie vollständig zu erlangen, wenn ihr nicht frei von allen Ketten seid. Diese Ketten binden euch an die Emotionen, die befreit werden wollen, und an die Programmierungen, die überwunden werden müssen, denn dies sind die hauptsächlichen Blockaden auf eurem Weg zu einer ganzheitlichen Spiritualität.

Es ist eine Aufgabe, die alles fordert. Aber laßt euch nicht entmutigen. Schaut, wo ihr heute steht. Seht, daß ihr Fortschritte gemacht habt. Seht und erkennt, wieviel spirituelles Wissen ihr jetzt bereits habt. Wenn ihr euch entscheidet, nicht mehr weiter fortzuschreiten, habt ihr zumindest die gegenwärtige Stufe eurer Entwicklung erreicht. Wenn ihr stehenbleibt, würde dies einfach bedeuten, daß ihr nicht das erreicht, wozu ihr fähig seid.

Es ist die Hoffnung von uns allen im Hohen Reich und die Hoffnung eures eigenen höheren Selbst, daß ihr fortfahrt, euch durch die Informationsblockaden hindurchzuarbeiten und zu eurem inneren Selbst vorzudringen. Wir sehen die wahre Großartigkeit, die jedem von euch eigen ist. Wir sehen die gesamte Kraft eures Selbst, die euch zur Verfügung stehen könnte. Wir sehen das unbegrenzte Wissenspotential, das einer jeden Seele auf dem Planeten innewohnt.

*Inneres Wissen, Führerpersönlichkeiten
und die Kraft des Unterscheidens und Entscheidens*

Was befindet sich in dieser inneren Wissensbibliothek, über die ihr gehört und gelesen habt? Sie enthält alle Informationen, die ihr jemals benötigen werdet. Sie sagt euch alles über euch selbst, die Vergangenheit, Gegenwart und Zukunft. Um zu dieser inneren Quelle zu gelangen, müßt ihr euch sehr konzentriert und ernsthaft darum bemühen. Als erstes müßt ihr erkennen, was für euch jetzt wirklich wichtig ist und was für euer Leben unwesentlich ist. Diejenigen, die sich entschlossen haben, dem Licht zu dienen, werden ihre Lebensaufgabe frei von allen Zweifeln erkennen. Alle anderen werden sich bewußt werden, welche Lektionen sie in diesem Leben zu lernen haben und warum.

Die innere Wissensbibliothek enthält viel mehr als nur eure persönliche Geschichte. Ihr könntet verstehen, wie die Erde sich entwickelt hat und wohin sie sich bewegt. Ihr würdet wissen, wie die menschliche Spezies entstand und wie sie unter den Einfluß von Energien geriet, die nicht dem höchsten Nutzen der Menschheit dienen. Was ihr dann erkennen würdet, wäre mehr, als ihr als Menschen jemals erfassen könntet, aber ihr würdet mehr erfassen, als ihr euch heute vorzustellen vermögt.

Es gibt Zeiten, in denen eine Person auftritt, die eine außergewöhnliche Erscheinung darstellt, zumindest in den Augen ihrer Zeitgenossen. Eine solche Persönlichkeit entspricht genau den Bedürfnissen und Wünschen dieser Menschen. Es ist, als ob sie ein Vakuum füllen würde.

Ich möchte jetzt nicht über irgendeine spezifische Person sprechen, aber ich möchte näher auf das eingehen, was ich soeben erwähnte – nämlich daß solche Persönlichkeiten besondere Bedürfnisse und Erwartungen erfüllen. Meistens ist es so, daß die kollektive Energie einer spezifischen Zeit ein Individuum zu den entsprechenden Umständen hinzieht. Es kann sogar sein, daß die Handlungen dieser Person vom Massenbewußtsein geschaffen werden, entweder direkt oder indirekt. Ich sagte vorhin «meistens», weil es Umstände gibt, in denen es «vorherbestimmt» ist, welche Begebenheiten mit hoher Wahrscheinlichkeit eintreffen werden.

Das bemerkenswerteste Beispiel hierfür wäre Christus. Meine Inkarnation *[als Abraham]* gehörte ebenfalls in diese Kategorie, obwohl ihr mich zu jener Zeit hiervon nicht hättet überzeugen können. Vielen eurer sogenannten historischen Persönlichkeiten war es bestimmt, genau den Lebenslauf zu haben, den sie hatten. Jedoch sind es nicht so viele, wie ihr vielleicht denkt.

Seit es die modernen Menschen gibt, haben sie ihre eigenen Bedürfnisse und Trends geschaffen. Von diesen Konstellationen machtvoller Massenenergien wurden Seelen angezogen, die entsprechende Antworten oder Visionen hatten. Meistens hatte die betreffende Person bereits eine Affinität zu dieser Art von Energien. Dieses Individuum brauchte nur noch von einer starken öffentlichen Notwendigkeit oder Erwartung aktiviert zu werden. Auf diese Weise entstehen eure Führerpersonen. Es sind Personen, deren Energien am besten dem kollektiven oder «rufenden» Bewußtsein der Massen entsprechen. Wenn diese Energien ineinandergreifen, kommen entsprechende Personen an die Macht.[2] Gemäß dem gleichen Prinzip entstehen auch Hits in der Musik- und Filmindustrie.

Ich möchte hier über niemanden schlecht sprechen, da alle Menschen einen freien Willen haben und ihren Weg auch ändern können. Es geht mir nur darum, aufzuzeigen, daß Gleiches Gleiches anzieht. In bestimmten Situationen finden sich oft mehrere Kandidaten mit ähnlichen Ambitionen. Wenn es nicht irgendwelche Einflüsse gibt, die die beteiligten Energien anders manipulieren, werden diejenigen Personen «das Rennen machen», die dem Massenbewußtsein am meisten entsprechen.

Dies sind einige Gedanken über die Gründe, weshalb es bestimmte Präsidenten, Direktoren, Religionsführer oder sogar einen «Elvis» gibt. Ein Kollektiv innerhalb der Gesellschaft sendet die Schwingung ihres Bedürfnisses aus, und Wesen mit einer entsprechenden Resonanz werden zu dieser Situation hingezogen, entweder durch Geburt oder durch eigene Wahl. Die Erde ist eine Zone des freien Willens, und deshalb verfügt jeder Mensch über gewisse Möglichkeiten des Wählens. Dies steht nicht im Widerspruch zu dem, was ich vorher sagte, nämlich daß es den Faktor der «Geburt» und der «vorherbestimmten» Entscheidungen gibt. Jeder Mensch bewegt sich in einer eigenen Lebensbahn. Ihr habt den freien Willen, der es euch erlauben würde, eine andere Richtung einzuschlagen, aber ihr werdet von euren Lebensumständen in eine ganz bestimmte Richtung gezogen.

Ihr habt einen freien Willen, aber auch eine Intuition. Wenn ihr mit eurer Intuition verbunden seid und ihr folgt, könnte der Eindruck entstehen, daß der Aspekt des freien Willens nicht vorhanden ist, und das stimmt auch. *[Denn man folgt einem inneren Impuls, ohne bewußt zu wählen.]* Alles, oder zumindest alles, was ihr tut, kann anhand von verschiedenen Energiefeldern *[sanskr. Gunas]* erklärt werden, denn ihr selbst seid hauptsächlich Energie, und das Physische ist untergeordnet. Die Mehrheit der Menschen jedoch hat dieses Wissen vor Tausenden von Jahren preisgegeben.

Wenn ihr mit Gewißheit erkennt, daß alle Individuen ein Energiefeld darstellen, erkennt ihr auch die Wahrheit, daß ihr eure eigene Realität schafft. Ihr seid Energie, und was ihr mit dieser Energie tut, bestimmt, wie ihr die Schöpfungskraft eurer eigenen Gedanken einsetzt.

Wenn die Menschen auf eine bestimmte Weise programmiert sind, tendieren sie dazu, ein entsprechendes Energiefeld aufzubauen. Auf die gleiche Weise führt die Massenprogrammierung zur Schaffung eines kollektiven Energiefeldes mit entsprechender Frequenz. Das kollektive Alltagsdasein der Menschen ist gefüllt mit diesen programmierten Frequenzen. Menschen, die in einer kontrollierten Umgebung leben, neigen dazu, ein Spektrum ähnlicher Energien zu generieren. Sie haben vielleicht nicht alle genau die gleiche Frequenz, aber dennoch befinden sie sich unzweifelhaft innerhalb eines relativ engen Spektrums des Gleichseins.[3]

Bitte versucht zu verstehen, was ich hier sage. Obwohl ihr individuelle Denker seid, einzigartige Wesen, lebt ihr mit eurer Schwingung innerhalb eines vorgegebenen oder vorbestimmten Spektrums, sofern ihr es zulaßt, daß eine entsprechende Programmierung auf euch einwirken kann. Die Menschheit tut dies *[das Zulassen von Programmierungen]* bereits seit Tausenden von Jahren. Die äußeren Umstände haben sich natürlich gewandelt, aber die Menschen haben eine ständige Beeinflussung zugelassen, die bewirkte, daß ihre Energie immer der Frequenz aller anderen Menschen entsprach *[das heißt, daß die Menschen als Masse immer dem Fluß der vorgegebenen Tendenz folgten]*. Die Menschen folgen dieser Gleichschaltung der Energien, selbst wenn sie meinen, sie würden eine völlig andere Richtung einschlagen, zum Beispiel Christen gegen Juden gegen Moslems. Die Menschen haben für sich bestimmte Wege gewählt, aber es stünde ihnen frei, ihren Kurs zu ändern. Sie sind programmiert, nach vorgegebenen Mustern zu denken und zu glauben, seien dies Muster der fanatischen Sicherheit oder des fanatischen Hasses.

Ob ihr es glaubt oder nicht, diese Emotionen werden von höherdimensionalen Mächten in programmierten Bahnen gehalten, was in der Folge zu einer Eskalation im Physischen führen kann. Dies *[diese Beeinflussung]* geschieht nicht offensichtlich, sondern «getarnt». Dennoch bleibt die Wirkung nicht aus, und die Menschen kommen über ihre vorgegebene Bandbreite nicht hinaus, es sei denn, sie erkennen, was vor sich geht, und entscheiden sich, die Ausrichtung ihrer individuellen Energien zu verändern. Wenn ihr dies tut, könnt ihr eure eigenen Grenzen festlegen – oder alle Grenzen hinter euch lassen.

Was ich hier sage, ist im praktischen Leben ganz einfach umzusetzen, wenn man bei seinen Entscheidungen Zugang zur eigenen Intuition hat und ihr vertraut. Menschen, die dies können, haben anscheinend keine Schwierigkeiten, sich immer richtig zu entscheiden. Sie sind dazu in der Lage, weil sie ein gesundes Selbstvertrauen haben, das ihr gesamtes Wesen erfüllt und ihnen die Zuversicht gibt, auf ihrem Weg voranzuschreiten. Ihre Zuversicht wird auch von anderen Personen wahrgenommen, die sich dann den Ansichten und Entscheidungen dieses Individuums anschließen. Solche Individuen wirken «anstockend», wie ihr sagen würdet. Wenn Selbstvertrauen vorhanden ist, sind die meisten bereit, auch etwas zu tun, was nicht den vorgegebenen Mustern entspricht.

Auf dieser Grundlage wird es möglich, zu einem klaren Verständnis des inneren Selbst zu gelangen. In diesem Licht findet ihr nicht nur Zugang zu eurem eigenen Wesen, sondern könnt auch in größerer Harmonie mit den euch umgebenden Energien leben. Euer wichtigstes Anliegen sollte sein, euch selbst zu erkennen. Wenn ihr dies tut, werdet ihr noch vieles mehr erkennen. Wenn ihr euer Bewußtsein erweitert, erweitert ihr euren Horizont. So gewinnt ihr Zuversicht und Vertrauen in euer inneres Wissen.

Dies alles ist heute besonders wichtig, weil die globale Veränderung bereits begonnen hat. Ohne Unterscheidungsvermögen seid ihr abhängig von der «Gnade» eurer Programmierung. Aber die meisten erkennen nicht einmal, daß sie programmiert sind. Die Botschaften des Sonnengottes über die Bedeutung der individuellen und kollektiven Programmierungen im Alltag stehen in engem Zusammenhang mit dem, was ich hier sage.

Die Menschheit wird sich in naher Zukunft mit verschiedensten Veränderungen und Herausforderungen konfrontiert sehen. Diejenigen, die nicht in der Lage sind, ihr inneres Wissen als Leuchtfeuer zu verwenden, um zu durchschauen, was in der Welt vor sich geht, werden sich in großen Schwierigkeiten finden. Es wird Verwirrung und Chaos geben. Völlig neue Energiemuster des Massenbewußtseins werden entstehen. Menschen, welche die verschiedenen Ereignisse und Energien auseinanderzuhalten wissen, werden problemlos am eigenen Entwicklungsweg festhalten können. Sie werden sich nicht fürchten, egal was um sie herum geschieht. Solche Menschen werden Lehrer und Licht sein für alle, die zu ihnen finden.

Dunkle Mächte und Machenschaften – schenkt ihnen keine Zeit und Energie!

«Wo führt das alles hin?» fragt ihr euch zurecht. Ich und andere haben bereits darüber gesprochen, daß für die Erde und auf der Erde Veränderungen bevorstehen. Die Menschen sind eine Spezies, die sich in einer Art von isoliertem Vakuum entwickelt hat, zumindest während Hunderten und Tausenden von Jahren. Einige entkamen den kontrollierten Umständen, aber im großen und ganzen ist es der Mehrheit der Menschen nicht gelungen, zu fliehen oder auch nur zu erkennen, in welcher Situation sie sich befinden.

Ich möchte nochmals kurz auf die negativen oder dunklen Mächte zu sprechen kommen, die große Macht auf die Bevölkerung des Planeten haben. Jetzt ist die Zeit gekommen, da sich dies ändert. Aber eure Bemühungen, vom Griff der dunklen Seite frei zu werden, werden mit verschiedensten Gegenmaßnahmen erwidert. Während ich hier spreche, treffen sich die Dunkelmächte, um ihre nächsten Schritte im Kampf gegen die Kräfte des Lichtes zu besprechen. Wenn ihr aber in eurem

Unterscheidungsvermögen gefestigt seid, ist es egal, wie stark oder wie verborgen deren Maßnahmen sind. Ihr werdet die verschiedenen Energien sogleich als das erkennen, was sie sind, und eure Gedanken und Handlungen mühelos so ausrichten können, daß euer Licht und eure Liebe unbeeinflußt bleiben.

Aus unterschiedlichsten Quellen ist bereits eine beträchtliche Fülle an Informationen über die Verbindung der US-Regierung mit gewissen Außerirdischen an die Öffentlichkeit gedrungen. Diese Informationen kommen aus medialen Quellen und auch aus Dokumenten, die durch Nachforschungen gefunden wurden. Einiges von dem, was ihr hört, ist wahr, einiges ist falsch. Ihr werdet eine breitangelegte Desinformationskampagne erleben, die das Ziel hat, die Bevölkerung glauben zu machen, daß eure Regierung alles nur zu eurem Wohl getan habe und tue. Sie werden euch sagen, daß an alledem, was sie getan haben, nichts falsch sei. Diese Kampagne soll gleichzeitig auch viele authentische Berichte in Verruf bringen und die Bevölkerung von der neuen, einseitigen Darstellung überzeugen.[4]

Dies ist nicht das Thema meiner Botschaft, aber ich erwähne es aus zwei Gründen: erstens, weil es eine Situation beschreibt, in der euer Unterscheidungsvermögen von größter Wichtigkeit sein wird, und zweitens, weil es einen Bereich eures Seins betrifft, der uns in der geistigen Welt sehr am Herzen liegt. In der modernen Gesellschaft richten die Menschen ihre Aufmerksamkeit ständig auf Dinge, die sensationell und in vielen Fällen auch negativ sind. Diese werden oft als Ereignisse «von allgemeinem Interesse» bezeichnet. Ihr seid insbesondere als Masse programmiert, ja geschult worden, euch erst dann für Berichte über eure Mitmenschen zu interessieren, wenn diese weniger als positiv sind. *[Das Positive erscheint als uninteressant, schon längst bekannt oder schlichtweg langweilig.]* Es wirkt in den Menschen wie eine Epidemie. Aber dadurch lassen sich Zeitungen, Wochenmagazine, TV-Sendungen und Filme verkaufen.

Alles, was ihr tut, und alles, was euch umgibt, ruft Schwingungen einer entsprechenden Frequenz hervor. Es gereicht den Dunkelmächten, die an eurer Programmierung maßgeblich beteiligt waren, zu großem Vorteil, wenn eure Frequenz in einem ganz bestimmten *[niedrigen]* Spektrum gehalten wird. Dies erreichen sie sehr leicht dadurch, daß sie den Fokus der Menschen mehr auf negative als auf positive Inhalte richten, und auch dadurch, daß sie die Menschen nie in ihr inneres Gleichgewicht kommen lassen *[durch Streß, Leistungsdruck, Informationsflut, Genußsucht, Ängste usw.]*. Diese Information erreicht euch gegenwärtig aus vielen medialen Quellen, und ich bitte euch, sie ernst zu nehmen und zu verstehen, was auf der Erde geschieht und warum. Was geschieht, ist darauf zugeschnitten, daß die Dunkelmächte die Herrschaft über euch behalten, und es wirkt sehr nachhaltig.

Es gibt durchaus Alternativen für euch. Wenn negative Neuigkeiten und Berichte auf euch zukommen, dann schenkt ihnen kein Gehör, aber verharmlost sie auch nicht! Schaltet einfach das TV-Gerät ab! Kündigt das Abo! Und am wichtigsten: Zieht diese Energien gar nicht erst zu euch hin! Wenn ihr keine Nachfrage nach dieser Art von Information verspürt, wird sich das, was ihr antrefft und wahrnehmt, in vieler Hinsicht zu ändern beginnen. Gleiches zieht Gleiches an. Entwickelt einen Wunsch nach positiven, liebevollen Inhalten, und ihr werdet mit dem Ergebnis sehr zufrieden sein.

Im UFO-Bereich herrscht ein gewaltiges Interesse an den negativen Aktionen gewisser ETs. Bei einigen Menschen löst dies Angst aus. Dies wiederum bringt genau jene Energien hervor, die von diesen negativen Mächten gesucht werden. Aber wißt: Es gibt auch positive Außerirdische, deren einziges Anliegen es ist, der Menschheit und der Erde zu dienen. Wer sich auf diese liebenden Energien konzentriert, wird einen großen Nutzen erfahren. Ich versichere euch: Die wohlwollenden Brüder und Schwestern aus dem All sind viel zahlreicher als die von der dunklen Seite, und sie sind ihnen bei weitem überlegen.

Ein gewisses Maß an Information über die Vorhaben der Dunkelmächte ist berechtigt. Der größte Nutzen, den ihr daraus gewinnen könnt, ist das Unterscheiden und die bewußte Neuausrichtung und Verbindung mit den wohlwollenden Brüdern und Schwestern. Ihr solltet euch hauptsächlich darum kümmern, wo ihr jetzt seid und wohin ihr gehen wollt, und nicht, wo ihr gewesen seid. Alle Geschehnisse und Umstände sind ein Ergebnis des individuellen und des kollektiven Bewußtseins. Ihr habt an den negativen Gegebenheiten teil, indem ihr sie zuläßt. Ihr zieht sie zu euch, wenn ihr anderen Menschen nicht mit Liebe begegnet und wenn ihr unersättlich über negative Themen lesen und sprechen wollt. Wofür ihr euer Bewußtsein öffnet, das tritt ein. Wenn ihr also beschließt, euch nur noch auf die positiven Energien zu konzentrieren – und dazu seid ihr durchaus in der Lage –, werdet ihr sehen, wie sich vor euren Augen Veränderungen einstellen.

Ihr könnt euch auch an die Brüder und Schwestern aus dem Weltall wenden, denn sie sind bereit, euch in praktisch allen Bereichen der spirituellen Entwicklung beizustehen.

Ich verabschiede mich nun. Ich liebe jeden von euch, und ich liebe den Schöpfer von uns allen.

– Abraham
(20. Januar bis 22. Februar 1993)

1) Es ist erstaunlich, daß hier ein Zeitraum von drei bis vier Jahren erwähnt wird. Diese Texte schrieb Tom Smith Anfang 1993 nieder, so daß sich der besagte Zeitraum bis in die Jahre 1996/97 erstreckte. Interessanterweise kamen gerade in diesen beiden Jahren weltweit durch verschiedene mediale Kanäle Botschaften, die besagten, alles Wichtige sei gesagt und es sei nun an den Menschen, das Gehörte praktisch umzusetzen. Deshalb wurde angekündigt, daß «sie» nicht mehr so oft Botschaften übermitteln würden, daß aber gerade deshalb die kursierenden medialen Botschaften in der Anzahl zunehmen und in ihren Inhalten widersprüchlicher werden würden. (Ein Beispiel für mediale Texte aus dieser Zeit waren die Botschaften von Ashtar, die 1996 im Santinerkreis Berlin empfangen und auszugsweise auch im Buch «Mutter Erde wehrt sich» veröffentlicht wurden.)

Laut diesen Botschaften war das erhoffte Ziel der außerirdischen Aktionen von Anfang der 1950er bis Mitte der 1990er Jahre gewesen, die gesamte Menschheit spirituell zu erwecken, so daß die Konflikte und Katastrophen in der 3D-Zivilisation auf ein Minimum reduziert werden könnten und <u>alle</u> Menschen gemeinsam den Aufstieg schaffen würden. Dies war ein Bestreben aufgrund von bedingungsloser Liebe, da abzusehen war, daß viele Menschen dieses Angebot ausschlagen würden. Dennoch wurde zuerst versucht, alle Menschen zu erreichen. Ab der zweiten Hälfte der 1990er Jahre mußte der Plan anscheinend geändert werden, und es begann eine neue Phase der Transformationsvorbereitung.

Diese Darstellung wird hier von Tom Smith bzw. Abraham um fast vier Jahre vorweggenommen, indem er andeutet, daß der mediale Fluß ab 1996/97 einen Wandel erleben werde. Heute erleben wir tatsächlich eine

verwirrende Flut von medialen Botschaften mit verschiedensten Ankündigungen, die sich als falsch erweisen, andere wiederum mit Verharmlosungen. So heißt es am Ende von Teil II in «Mutter Erde wehrt sich»:
    «Das Ziel der Desinformation [seitens der Machthaber] besteht darin, daß die Menschen weiterhin schlafen und glauben sollen, der Übergang von einer Dimension in die andere werde wie ein Spaziergang bei Sonnenuntergang sein. Diese Einschläferungstaktik ist auf eurem Planeten lange bewährt und hat, wie ihr seht, auch ihre Resultate gezeigt. Die andere Seite der Medaille ist außerdem, daß viele Menschen derart verunsichert werden sollen, daß sie nichts und niemandem mehr Glauben schenken können und sich von allem, was in Form von medialen Botschaften kommt, abwenden./ Ich sagte euch bereits, daß es in Zukunft viele geben wird, die sich Ashtar nennen. Ihr allein könnt und müßt entscheiden, welche Botschaft Zugang zu eurem Herzen findet.»

2) «Jedes Volk hat die Regierung, die es verdient», sagten die alten Römer und hatten damit gar nicht so unrecht. Wenn ein harmonisches Gottesbewußtsein vorherrschen würde, könnte sich eine korrupte Regierung keine Macht verschaffen und erst recht nicht an der Macht halten. Wenn diktatorische oder lügenhafte Mächte herrschen, ist dies nur unter den «richtigen» Umständen und in der «richtigen» Zeit möglich, nämlich wenn die entsprechende Politik, das erforderliche Machtgefüge, die willigen Sponsoren und vor allem das passende Massenbewußtsein zur Verfügung stehen. Diese Feststellung rechtfertigt jedoch keineswegs die Täter, denn wie hier betont wird, kommt nur eine Person in diese Position, die bereits eine «Affinität» dazu hat, d. h. die innere Einstellung, Absicht und Entschlossenheit. Deshalb wird ein solches Wesen in einer entsprechenden Situation geboren und bekommt die Möglichkeit, seine gottlosen Neigungen auszuleben, ist aber nichtsdestoweniger hundertprozentig für seine Taten selbst verantwortlich, da diese seinen Wünschen und Entscheidungen entsprechen. Das gleiche gilt natürlich auch für Persönlichkeiten, die in kleinen oder größeren Kreisen bewußt Gutes tun und Gottes Willen dienen.

3) Die Massenprogrammierung führt zu einem Gleichsein der Menschen trotz einer scheinbar unbegrenzten Vielfalt von Meinungen und Ausdrucksarten. Dies zeigt sich daran, daß die Vielfalt sich in einem relativ schmalen Spektrum materialistischer Lebensgestaltung erschöpft, die für die meisten Menschen normal oder zumindest Alltag ist, und zwar so sehr, daß man sich kaum etwas anderes vorstellen kann: Arbeiten für Lohn; Bekämpfung von Krankheiten durch Arzneien; Glauben an vorherrschende Weltbilder, z. B. das der Wissenschaft (wer glaubt heute nicht, daß der Mensch vor einer Million Jahren ein primitives Wesen war?) oder der Religionen (wer glaubt nicht, seine Religion sei besser als die der anderen?); Befolgen vorgegebener Trends: TV-Konsum, Handys, Eßgewohnheiten

(Fleischessen), Suchtverhalten, Ängste (ohne Impfungen krank zu werden, ohne Krankenkasse die Gesundheit nicht erhalten zu können, Geld oder die Arbeit zu verlieren), usw.

In den gemeinsamen Ängsten und Reaktionsmustern zeigt sich, daß die Menschen sich mehrheitlich «unzweifelhaft innerhalb eines relativ engen Spektrums des Gleichseins» bewegen. Wie tief diese Programmierungen sitzen, zeigt sich vor allem dann, wenn man sich von ihnen lösen will!

4) Wie soll die Öffentlichkeit auf die Realität außerirdischer Besucher und Einflüsse vorbereitet werden? Wie können solch weltbewegende Enthüllungen seriös, sachlich und konstruktiv vorgenommen werden? Nach einer langjährigen Bemühung um genau diese Anliegen kam es am 9. Mai 2001 in Washington D.C. zum bisher medienwirksamsten Akt in der Enthüllung der UFO-Geheimhaltung, und zwar in Form einer internationalen Pressekonferenz, die über das Internet live und global mitverfolgt werden konnte. Veranstaltet wurde diese Konferenz von der wissenschaftlichen Studiengruppe CSETI, «Center for the Study of Extraterrestrial Intelligence», geleitet von Dr. Steven Greer.

Über Jahre hinweg hatte diese Forschungsgruppe zahlreiche aktive oder pensionierte Insider aus der Politik, dem Flugwesen und dem Militär ausfindig gemacht, die bereit waren, über das Thema UFOs «auszupacken». Dies führte zur Kampagne namens «Disclosure Project». Bis zum Mai 2001 waren es rund vierhundert hochrangige Persönlichkeiten, von denen einige öffentlich und andere anonym bestätigten, UFOs gesehen zu haben und zu wissen, daß dieses Thema der größten Geheimhaltung unterliegt, ja daß sie z. T. selbst an dieser Geheimhaltung beteiligt gewesen waren.

An der Konferenz wurde betont, dies sei erst der Auftakt zu einer Kampagne, die auch politische und wirtschaftliche Folgen haben solle; das nächste Ziel sei eine Anhörung vor dem US-Kongreß.

Die einheitliche Aussage aller offiziellen Zeugen lautet: Die Geheimhaltung sei früher notwendig gewesen (wegen möglicher Panik der Öffentlichkeit sowie aufgrund der Ungewißheit des gesamten Phänomens), aber heute bestehe kein Grund mehr für eine Geheimhaltung, vielmehr eine dringende Notwendigkeit für die Freigabe dieses Wissens und vor allem der dadurch entwickelten Technologien.

Den kritischen Beobachtern fiel jedoch auf, daß alle Disclosure-Mitglieder betonten und beteuerten, von den ETs gehe keinerlei Gefahr aus, sie würden vielmehr unsere Aktivitäten der Selbstzerstörung und der Atomtechnologie kritisch beobachten, in gewissen Fällen sogar diskret eindämmen. Die Taten der angeblich negativen ETs – wie Menschenentführungen, Hybridexperimente und Tierverstümmelungen – seien in Wirklichkeit Menschenwerk mit Hilfe der durch ET-Vorlagen entwickelten Geheimtechnologien oder seien Vorgänge, die von den Menschen einfach noch nicht richtig verstanden würden.

Der Slogan des Disclosure-Projektes lautet: «Stop the secrecy, share the technology!» (Beendet die Geheimhaltung, teilt mit uns die Technologie!)
Hier zeigt sich die zweischneidige Problematik der UFO-Aufklärung. Was die interviewten Zeugen sagen, ist aufgrund ihrer Glaubwürdigkeit kaum anzuzweifeln. Sie weisen zurecht darauf hin, daß die irdische Selbstzerstörung von außerirdischer Seite kritisch beobachtet wird. Aber die Gefahr besteht, daß die Menschen die Lösung ihrer globalen Probleme von neuen Technologien abhängig machen wollen. Der CSETI-Ruf nach einer Freigabe der im geheimen entwickelten Technologien zur Lösung der Weltprobleme ist deutlich und eindeutig. Es stellt sich allerdings die kritische Frage, ob hier nicht einmal mehr die Verantwortung abgegeben wird. Wahrer Wandel kommt zuallererst durch einen Wandel des individuellen und damit auch kollektiven Bewußtseins, was zu einer Frequenz führt, die wie von selbst die höheren positiven Hilfen kontaktiert und anzieht.

Wenn nicht ein solcher Bewußtseinswandel die Grundlage ist, besteht die große Gefahr, daß der moderne Mensch in seiner Trägheit einmal mehr eine schnelle und automatische Lösung der Probleme durch Technologien erhofft und erwartet. Die Wesen, die durch eine solche Frequenz angezogen werden, entsprechen einer ähnlichen Technologie-orientierten Mentalität, und ihre Versprechen und «Geschenke» könnten trügerisch sein, so wie die heute längst ernüchterte Erwartung, durch Technik und Computer würde der Mensch freier, unabhängiger und reicher an Freizeit.

Aus den Aussagen der Disclosure-Zeugen geht unzweifelhaft hervor, daß einige dieser Zeugen und auch die Regierungen Kontakte mit den positiven Weltraumwesen hatten. Das ist nicht überraschend, sondern entspricht genau den Darstellungen, die seit den 1950er Jahren vielfach über mediale Kanäle mitgeteilt wurden. Aus diesen Quellen erfahren wir aber auch, daß die irdischen Geheimbehörden den Kontakt ablehnten und es vorzogen, mit den technologischen ETs eine Verbindung einzugehen. Dies wurde nicht nur durch mediale Quellen bestätigt, sondern auch durch viele Insider-Berichte, Zeugenaussagen und Geheimdokumente, die trotz ihrer Top-Secret-Klassifizierung in die Hände der Forscher kamen (dargelegt im Buch «Machtwechsel auf der Erde», Kapitel 13 und 14).

Beim «Disclosure Project» fällt nun auf, daß kein Zeuge, der obiges Szenario vertritt, angehört wurde, obwohl einige dieser alten Insider schon seit zwanzig oder dreißig Jahren öffentlich darüber sprechen. Im Gegenteil, gerade dieses kritische Szenario wird unterdrückt und polemisch als «unseriöse Forschung» oder sogar als «Rassismus» und irrationaler Science-fiction-Glaube abgetan.

Waren all diese früheren Forschungen und Erkenntnisse tatsächlich nur Trugschlüsse? Oder werden hier die negativen und die positiven Kräfte vermischt, die negativen als die positiven dargestellt? Soll hier eine neue Wende in die UFO-Diskussion gebracht werden – eine Desinformation der Öffentlichkeit durch schöne Versprechungen und Halbwahrheiten –, indem der Kontakt mit den technologischen ETs, letztlich sogar «offiziell», als Wohltat und Quelle weltrettender Lösungen dargestellt wird?

Bei dieser Diskussion lohnt es sich also, Abrahams Aussage durch Tom Smith in Erinnerung zu behalten: «Diese Kampagne soll gleichzeitig auch viele authentische Berichte in Verruf bringen und die Bevölkerung von der neuen einseitigen Darstellung überzeugen.»

Ist der Ruf nach immer neuerer und besserer Technologie also wirklich die Lösung? Die Warnung, die hier in diesem Text ausgesprochen wird, betont die Notwendigkeit einer differenzierten Behandlung der UFO- und ET-Problematik, doch leider wird gerade diese differenzierte Betrachtung von der laufenden CSETI-Kampagne ausgeblendet oder sogar explizit abgelehnt.

Es ist anzunehmen, daß die Initiatoren und Insider des Disclosure-Projekts kaum etwas anderes als nur beste Absichten hegen. Deshalb kann aus dieser Aufklärung ein bisher brachgelegenes Potential geistiger Neuorientierung aktiviert werden, was aber immer nur individuell geschehen kann und der Eigenverantwortung jedes einzelnen Menschen obliegt, egal wie angenehm oder unangenehm die volle Wahrheit ist – vor allem wenn diese im Widerspruch zu dem steht, was als die «offizielle Wahrheit» über die Massenmedien (und von Disclosure-Mitgliedern) verkündet wird.

Eine ausführliche Analyse des «Disclosure Project» findet sich im Buch «Machtwechsel auf der Erde» (Ausgabe 2006/7), S. 448–456, 458–461, 480–481, 523–525.

Über das liebevolle Wirken innerhalb des Systems

Der folgende Text stammt aus der allgemeinen Textsammlung von Tom Smith. Weil er inhaltlich aber gut in dieses Kapitel paßt, sei er hier als Abschluß eingefügt, um das Thema abzurunden. Die Person, die als Absender unterschreibt, ist ebenfalls sehr bekannt, ähnlich wie im vorangegangenen Text Abraham. Diese Personen sollten nicht auf ihre irdischen Namen beschränkt werden, da in den höheren Bereichen ohnehin alle Wesen miteinander verbunden sind. Wenn eines von ihnen sich individuell zu Wort meldet, könnte man dies vergleichen mit dem Sonnenlicht, das in ein Haus mit vielen Fenstern scheint. Das Licht ist immer dasselbe, kommt aber durch die verschiedenen Fenster zu uns ins Haus. Auf ähnliche Weise kommt die gleiche Wahrheit durch verschiedene transparente Medien zu uns, und zwar immer in der entsprechenden individuellen Ausprägung.

Hier nun geht es um einen Zweifel, eigentlich einen Selbstzweifel, der gerade bei globalkritischen Diskussionen häufig laut wird: «Was kann ich denn als einzelner schon ausrichten oder verändern?» Auf diesen resignierenden Einwand sind viele Antworten möglich. Eine sehr originelle gibt im *folgenden Text Johannes in Form einer Geschichte, die das Leben schrieb – das Leben zur römischen Zeit, wahrscheinlich in Palästina im 1. Jahrhundert n. Chr.:*

Es gab einmal einen Mann, der zur Regierung der römischen Besatzungsmacht gehörte. Er war sehr weise und tüchtig, mehr als all die anderen Mitglieder, mit denen er sich regelmäßig traf, wenn es etwas zu besprechen gab, zum Beispiel Steuerangelegenheiten, die Durchsicht offizieller Dokumente oder neue Gesetze. Bei diesen Besprechungen kam die menschliche Seite praktisch nie zur Sprache, vor allem wenn es um Steuern ging. Die Frage war nur, wie die Steuern eingetrieben werden sollten und wie es möglich war, die Steuererträge zu erhöhen. Nur selten wurde darüber gesprochen, ob man überhaupt eine erneute Steuereintreibung durchführen solle oder ob zumindest einige Teile der Bevölkerung aufgrund ihrer Armut von der Steuer ausgenommen werden sollten. Das vorherrschende Thema war immer die Bereicherung des Staates.

Dieses Gremium sah sich als Herolde der Steuereintreibung und nicht als Politiker oder Friedensstifter und erst recht nicht als Diener des Volkes. Der weise Mann kam immer mehr zur Überzeugung, daß es ihm in diesem Amt nicht möglich sei, seine Ideale zu verwirklichen, und eines Tages reichte er seinen Rücktritt ein. Die anderen Mitglieder waren überrascht und drängten ihn, seine Gründe zu erklären. Der Mann sagte einfach, er sei nicht mehr in der Lage, Menschen zu zwingen, solch hohe Steuern zu zahlen; er habe im Lauf der Zeit zu viele Menschen gesehen, die kaum die Mittel hätten, sich etwas zu essen zu beschaffen, ganz zu schweigen davon, die Steuern zu bezahlen, die von der Regierung gefordert werden.

Die anderen Mitglieder des Rates wünschten sich sehr, daß dieser Mann blieb, denn er war erfahren, sachkundig und leistete in ihrer Arbeit wertvolle Dienste. Nach langem Überlegen fragten sie ihn, ob er bleiben würde, wenn er als Steuereintreiber tätig sein könnte; in dieser Funktion sei es ihm möglich, in den jeweiligen Fällen selbst zu entscheiden. Nach einigem Zögern erklärte sich der Mann dazu bereit, denn er dachte, dies gäbe ihm die Gelegenheit, den Minderbemittelten zu helfen, die entsprechenden Abgaben zu entrichten.

So begann er als Steuereintreiber zu arbeiten, und bereits nach einigen Monaten war er im Volk bekannt als ein fairer und verständnisvoller, ja liebevoller Staatsangestellter. Er setzte sich oft mit den Leuten zusammen hin, um einen Plan auszuarbeiten, der es ihnen erlaubte, einen gewissen Betrag zu entrichten, ohne daß ihre Existenz dadurch bedroht wurde. Einige sprach er auch von den Steuern frei. Da er sehr weise war, merkte er meist sofort, ob ihm jemand die Wahrheit sagte oder nicht.

Auch die Behörde, die ihn ernannt hatte, wurde auf sein Wirken aufmerksam. Die meisten Mitglieder waren nicht ungerecht; sie waren es einfach nicht gewohnt, auf Untertanen Rücksicht zu nehmen. Sie hielten den Staat für wichtiger als das Volk, das zu regieren war. Aber sie merkten sehr wohl, daß die Menschen mit der Regierung plötzlich zufriedener waren, und in der Tat geschah es bald, daß die Steuereinkünfte sogar zunahmen. Denn der neue Steuereintreiber ermöglichte es den ehemals unterjochten Menschen, eine bessere Existenz aufzubauen, was auch dazu führte, daß sie mehr Steuern zahlten, und dies sogar willig und gerne.

Nun ist die Geschichte länger geworden, als ich eigentlich wollte. Warum erzähle ich sie euch überhaupt? Das Beispiel dieses Mannes kann für euch in mehrerer Hinsicht interessant sein. Er bestritt nie, daß Steuern erforderlich sind.[1] Deshalb war er bereit, innerhalb des «Systems» zu arbeiten, indem er Steuern eintrieb und gleichzeitig den Menschen half – und auch der Regierung!

Dies kann ein Beispiel sein für alle, die sich nach einer Veränderung sehnen. Es gibt gewisse Dinge, die nur verändert werden können, wenn sie methodisch und organisiert angegangen werden. Doch dies geschieht nicht, solange die Betroffenen den vorgegebenen Denkmustern unterliegen und sich beeinflussen lassen. Weil dies jedoch der Fall ist, ist ein plötzlicher Wandel über Nacht nicht möglich.

Oft möchten auch Menschen, die ein Regierungsamt innehaben, etwas verändern, aber das «System» macht es ihnen unmöglich. Doch wenn eine Gruppe von Gleichgesinnten sich bereit erklärt, trotz der Widerwärtigkeit des «Systems» innerhalb ebenjenes Systems tätig zu sein, um Verbesserungen zu bewirken, und seien sie auch noch so klein, dann werdet ihr staunen, welche Ergebnisse dadurch bewirkt werden können.²

Das war's, was ich heute abend sagen wollte. Es wäre nicht gut, wenn ihr einfach resigniert oder die Gesellschaft aufgebt und abschreibt, obwohl ich gut verstehen kann, daß es «kaum zum Aushalten» ist, wie ihr sagt. Aber es wird nur noch schlimmer werden, wenn nicht möglichst viele Menschen kleine Veränderungen bewirken.

Veränderungen werden am besten durch eine «geistige Evolution» bewirkt, nicht durch eine Revolution.

Nun gehe ich. Ich verabschiede mich von euch in der Liebe des Einen Schöpfers.

– Johannes der Evangelist
(4. Mai 1992)

1) Dies erinnert an die berühmte Antwort Jesu auf die Fangfrage der Pharisäer, ob es ihnen als Juden erlaubt sei, dem römischen Kaiser Steuern zu zahlen. «Jesus erkannte ihre böse Absicht und sagte: ‹Was versucht ihr mich, ihr Heuchler! Zeigt mir eines von den Geldstücken, mit denen ihr die Steuern zahlt.› Da brachten sie ihm eine Silbermünze, und er fragte: ‹Wessen Bild und Name ist hier aufgeprägt?› Sie antworteten: ‹Des Kaisers.› Da sagte Jesus zu ihnen: ‹So gebt dem Kaiser, was des Kaisers ist, und Gott, was Gottes ist.› Solch eine Antwort hatten sie nicht erwartet. Sie ließen von ihm ab und gingen hinweg.»

Dieser Vorfall ist derart markant, daß er in drei der vier NT-Evangelien in fast demselben Wortlaut beschrieben wird: Mt 22,18–22; Mk 12,13–17; Lk 20,20–26.

2) Wenn wir auf diese ehrliche und rücksichtsvolle, ja liebevolle Weise handeln, verändern wir zwar nicht sofort die ganze Welt, aber zumindest entstehen in der Beziehung zu den Menschen, mit denen wir zu tun haben, Liebe, Vertrauen, Verbundenheit und Dankbarkeit, und das ist nicht etwas Geringes, sondern eine wunderbare Erfahrung, aus der alles andere, was Gott erfreut, hervorgehen kann. Zudem können wir mit einem solchen Handeln auch andere Menschen in unserem Umfeld dazu anregen, ihrerseits mehr Ehrlichkeit und Liebe in ihren Berufsalltag und ihr Privatleben zu bringen. Auf diese Weise wird ein allmählicher kollektiver Bewußtseinswandel eingeleitet und beschleunigt.

Kapitel 7

Entscheidungen und Erfahrungen der Menschheit – einst und heute

Neben der Textsammlung «Earth Changes, as channeled from the sun god», die im Buch «Mutter Erde wehrt sich» veröffentlicht wurde, ist die nun folgende die umfangreichste, die Tom Smith hinterlassen hat. Die Überschrift «The Human Experience, Then and Now» klingt harmlos und fast schon uninteressant, faßt aber auf gänzlich unreißerische Weise den vielschichtigen Inhalt dieser medialen Enthüllungen zusammen. Insbesondere dieses Kapitel ist eine Einweihung in die Geheimnisse unserer Her- und Zukunft, verbunden mit dem «Kampf um die Erde», der jetzt, nach vielen leidvollen Erfahrungen über Jahrtausende hinweg, endlich zu Gunsten des Lichtes entschieden werden soll.

Tom Smith schrieb als Einleitung zu diesem Kapitel:

«Im Lauf der Entwicklung der Menschheit auf dem Planeten Erde haben wir Wege gewählt, auf denen wir auf unsere ganz eigene Weise bestimmte Erfahrungen machten. Haben wir dabei mit unserer Spiritualität Fortschritte oder Rückschritte gemacht? Obwohl diese Erfahrungen nicht immer in höchster Liebe gründeten, entsprangen sie doch unseren Entscheidungen, oder etwa nicht? Die Menschheit sah in der Geschichte ihrer Entwicklung immer zwei Faktoren: einerseits die Liebe und die Unterstützung von wohlwollenden Wesen in der geistigen Welt und im Weltall, andererseits die Eingriffe von seiten der negativen ETs. Dies war in der Vergangenheit so und ist heute nicht anders. Was wissen die Regierungen hierüber? Haben sie in irgendeiner Weise damit zu tun? Haben irgendwelche geheimen Regierungen für uns Entscheidungen gefällt? Jetzt, wo die Erde dabei ist, sich in die fünfte Dimension zu erheben, stehen unmittelbar und in der nahen Zukunft wichtige Entscheidungen bevor.»

Wie und warum die DNS der Menschen verändert wurde

Wir möchten heute darüber sprechen, wie verschiedene Wesen im Universum unterschiedliche Auffassungen von Wahrheit haben. Viele mögen denken, dieses Thema habe nichts mit den eigentlichen «Wahrheiten» zu tun, aber wir versichern euch, daß dies sehr wohl der Fall ist.

In vielen Botschaften *[medialen Texten]* und auch in anderen Quellen stoßt ihr immer wieder auf die Information, der Mensch sei einst unter eine Art Bann gesetzt worden oder habe ein Virus bekommen, wodurch sein Bewußtsein in eine ganz bestimmte Richtung verändert wurde: «Er» sah sich und «seine» Welt plötzlich anders. Tatsächlich wurden die Begriffe «er» und «sein» damals sehr wichtig, weil die besagte Veränderung auch zu einer Vorherrschaft des Männlichen führte.

Was die Viren betrifft, die von gewissen außerirdischen Mächten mit Strahlen auf die Erde gebracht wurden, so scheinen bei euch widersprüchliche Informationen zu kursieren, wie auch in bezug auf jene Wesen, die die menschliche DNS-Struktur manipuliert haben, um zu bewirken, daß die Menschen ihre Vergangenheit vergessen und in verschiedensten Schuldgefühlen gefangen sind.

Ihr werdet immer wieder halbwahre oder falsche Informationen zu hören bekommen, und ihr tut gut daran, euch vor diesen in acht zu nehmen. Im großen und ganzen habt ihr jedoch die Wahrheit gehört, wobei dieselben Ereignisse einfach aus unterschiedlichen Perspektiven dargestellt wurden. Wir möchten euch nun tiefere Einblicke in die wahre Geschichte der Menschheit gewähren.

Nach eurer Zeitrechnung wurde die Erde vor langer Zeit von Menschen bewohnt, die mit der Erde in göttlicher Harmonie lebten. Diese Menschen waren immer im Kontakt mit ihrem inneren Selbst, mit ihrer höheren Identität. Nach euren gegenwärtigen wissenschaftlichen Maßstäben waren diese Menschen nicht sehr fortgeschritten, doch in Wirklichkeit waren sie viel weiter fortgeschritten als ihr, denn sie vermochten direkt und jederzeit mit den Bewohnern anderer Dimensionen zu kommunizieren. Ihnen war es erlaubt, mit den Raumschiffen der Lichtwesen durch das Weltall zu reisen und das Universum zu sehen. Der Kontakt mit den höheren und göttlichen Dimensionen war für diese Menschen so natürlich, daß er zum alltäglichen Bewußtsein gehörte.

Sie hatten zu allem eine ganz andere Beziehung als die Menschen heute. Sie hatten keine Räder, um zu reisen oder schwere Gegenstände zu bewegen. Dennoch waren sie fähig, größte Gegenstände ohne die geringste physische Bemühung zu heben und zu transportieren. Sie hatten Zugang zu allen Energien, auch zu den Energien in großen Steinen, in den Bäumen, in den Blumen, in allem. Diese Beziehung beruhte auf göttlicher Liebe. Mit Liebe ließen sich sogar Steine «von selbst» bewegen.

Auch in vielerlei anderer Hinsicht waren diese Menschen fortgeschritten. Sie sprachen mit der Erde und fragten, wie sie ihre Energien unterstützen könnten. Die Erde ihrerseits gab den Menschen alle Nahrung, die sie brauchten. Nicht die geringste Arbeit war dafür erforderlich, denn es war ein Geschenk von Mutter Erde.

Die Menschheit jener Zeit stand unter dem Schutz zahlreicher höherer Wesen. Wann immer die Menschen sie anriefen, standen sie ihnen helfend zur Seite, ohne sich jedoch in deren Entscheidungen einzumischen. So lautete die Übereinkunft. Dies lief alles sehr gut, denn die Menschen wußten, daß sie sich auf der Erde befanden, um ihre eigenen Begabungen zu entwickeln und in Harmonie mit Gottes Gesetzen zu leben. Ihr Ziel war immer, sich individuell und spirituell zu entwickeln. Die höheren Wesen mischten sich in keiner Weise ein, und die Menschen wandten sich auch nicht mit unvernünftigen Wünschen an sie, wie zum Beispiel mit dem Wunsch nach gewissen Technologien, um sich das Leben «leichter» zu machen. Die Menschen wußten, warum sie auf der Erde waren, und sie wollten keinen der Aspekte ihrer eigenen, freudvollen Entwicklung verpassen.

Im Verlaufe der Entwicklung der Menschheit geschah es, daß gewisse Wesen von anderen Welten auf die Idee kamen, daß ihnen besser gedient wäre, wenn die Energien der Erde und der Menschheit anders ausgerichtet würden, und zwar so, daß sie der Entwicklung ihrer eigenen Rasse nützten. Diese Wesen wollten die Energien der Erde mit niemand anderem teilen *[nicht einmal mit den Menschen]*. So hatten sie ihre eigenen Beweggründe, warum sie die Energien der Menschheit beherrschen wollten.

Es ist für die Menschen kein Geheimnis, daß es «Gut» und «Böse» bzw. «Gut» und «Schlecht» gibt. Was sie hierüber wissen, haben sie im allgemeinen aus der Bibel und aus ähnlichen Quellen erfahren. Es sollte daher niemanden überraschen, daß es auch im Universum «Gut» und «Böse» gibt, oder wie wir es ausdrücken: positive und negative Energien. Wir erwähnen dies, um auch darauf hinzuweisen, daß die Menschheit als Gesamtes die Möglichkeit hat, eine Form der Existenz jenseits der physischen Dimension zu erlangen.

Was die negativen Energien betrifft, so müßt ihr wissen, daß es verschiedenste Arten gibt. Einige von ihnen sind außerirdischen Ursprungs, und viele von ihnen sind nach menschlichem Ermessen unvorstellbar fortgeschritten. Aber auch sie sind abhängig vom Einen Schöpfer; nur haben sie sich für einen Weg entschieden, der Gott nicht erfreut. Haltet euch hierbei vor Augen, daß dies immer nur allgemeine Aussagen sind.

Es gibt außerirdische Mächte, die fühlen und in der Tat glauben, daß es nicht in ihrem besten Interesse sei, wenn die Menschheit die Freiheit des individuellen Entscheidens habe, das heißt den freien Willen, einen eigenen Weg zu wählen. Denn diese Mächte versuchen, die Energien der Erde und der Menschheit, so weit sie können, für ihre eigenen Bedürfnisse auszubeuten. Die menschlichen Energien sind für diese nichtirdischen Wesen eine Form von Nahrung und können sogar Bestandteil ihres Überlebens werden. Und wenn es ihnen gelingt, die Menschen entsprechend zu manipulieren, können sie sogar weitere Energien, die die Menschen ansonsten für sich selbst verwenden würden, in ihre eigenen Kanäle lenken.

Die negativen Außerirdischen halten sich nicht an alle kosmischen Gesetze. Wenn es ihrem eigenen Vorteil dient, sind sie gewillt, den freien Willen anderer Wesen zu beeinträchtigen. Sie glauben, daß dies in Ordnung sei, und sehen darin nichts Falsches.

Über lange Zeitspannen hinweg suchten sie nach Möglichkeiten, die Menschheit zu beherrschen. Sie unternahmen zahlreiche Versuche mit unterschiedlichen Mitteln, und schließlich hatten sie Erfolg: Es gelang ihnen, die DNS der Menschen und anderer Lebensformen auf der Erde zu verändern. Wie sie dies taten, ist uns bekannt, aber es ist extrem «technisch». Wenn es Menschen gibt, die es für erforderlich halten, dies im Detail zu wissen, können wir es erklären. Aber das Wie ist zum gegenwärtigen Zeitpunkt nicht so wichtig.

Jedenfalls gelang es ihnen, die Entwicklungsrichtung der Menschheit zu ändern. Sie beeinflußten das Bewußtsein und die Wahrnehmung der Menschen, so daß es diesen auf einmal schwerfiel, «offen» zu sein, um sich mit dem eigenen höheren Selbst und den vielen zur Verfügung stehenden spirituellen Gaben zu verbinden. Die Menschheit war plötzlich unsicher und voller Zweifel. Es war nicht so sehr eine physische Beeinflussung als vielmehr eine Art Horizontverengung oder Frequenzveränderung, so daß die Menschen allmählich ihren göttlichen Ursprung und ihre natürlichen höheren Kräfte aus den Augen verloren.

Dieser Beschränkung wurden gewisse neue Konzepte beigefügt, die allesamt ganz spezifisch das Ziel hatten, die Menschheit dazu zu bringen, ihr Selbstwertgefühl zu vermindern. In Wirklichkeit sind die Menschen ewige spirituelle Wesen, genau wie alle anderen Geschöpfe im Universum auch. Durch die neuen Konzepte sollten die Menschen jedoch genau dieses Bewußtsein verlieren und dadurch ihre eigenen Kräfte und Fähigkeiten beschränken.

Die erklärte Absicht hinter alledem war es, der Menschheit gewisse Machtstrukturen aufzuerlegen, und zwar dadurch, daß sie sich selbst solche Machtstrukturen schuf.

In der Folge konnten auch noch andere Konzepte eingeführt werden: der Materialismus und, damit verbunden, die Bereitschaft und der Wunsch, sich mit materialistischen Gütern und Freuden zufriedenzugeben. So kam es, daß sich das Interesse der Menschen immer mehr auf diese äußeren Dinge beschränkte.

Das grundlegende neue Konzept, das eingeführt wurde, waren die «Religionen». Dies war wahrhaftig ein Geniestreich. Einerseits wurden die Menschen glauben gemacht, sie bekämen eine direkte Verbindung mit dem Einen Gott, andererseits wurde ihnen beigebracht, sie seien als Menschen vor Gott nicht würdig, sondern schuldig aufgrund ihrer Übertretung der Liebe Gottes;[1] einzig und allein durch harte Arbeit und Entbehrung *[natürlich nur im Dienst der jeweiligen «Religion»]* dürften sie es wagen, sich auch nur im entferntesten der Nähe Gottes würdig zu fühlen.

Es ist keinesfalls unsere Absicht, das Konzept der Religion an sich in ein schlechtes Licht zu rücken. Wir möchten hier einfach nur darauf hinweisen, wie und warum «Religion» *[als*

Machtmittel] in die Welt kam. Im Lauf der Zeit werden hierüber weitere Informationen mitgeteilt werden, aber wiederum nur als Klarstellung für diejenigen, die davon betroffen sind.

Durch diese verschiedenen Mechanismen, Machtmittel und Konzepte gelang es den negativen außerirdischen Mächten, Herrschaft über die Menschheit zu bekommen. Denn eine Menschheit, die nicht an ihre höheren Kräfte glaubt, wächst im spirituellen Sinn nicht, ja sie macht Rückschritte. Nachdem es einmal soweit war, wurden viele weitere Konzepte eingeführt. Hier denken wir zum Beispiel an die Industrialisierung, die Einführung des Konkurrenzdenkens und Dinge wie das Geld und die Macht des Geldes sowie die Gier, welche mit dieser Macht einherging.

Die Menschheit jedoch war in diesen Entwicklungen immer auch ein Partner. Die Menschen machten mit. Sie können daher nicht alle Schuld jenen Außerirdischen zuschieben, die sich einst entschlossen, gegen den Willen einer planetaren Bevölkerung zu verstoßen.

Gleichzeitig hat es immer auch Individuen gegeben, die sich vollkommen bewußt waren, daß sie eine eigene Kraft, Würde und Verantwortung haben; sie erkannten auch, was die verschiedenen Institutionen und Glaubenssysteme der Menschheit antun. Viele erkannten und analysierten die Auswirkungen dieser neuen Konzepte, und viele von ihnen versuchten, die anderen Menschen darüber aufzuklären. Tatsächlich wurden auch viele aufgeklärt. Aber im großen und ganzen wurden die Worte dieser Individuen mißverstanden, ja ihre Worte wurden des öfteren ganz bewußt verfälscht. Denn die Mächte, die nicht dem Göttlichen dienen, ergriffen jede Gelegenheit, die Worte dieser weisen und heiligen Menschen zu verdrehen und zu verzerren.

Die meisten Menschen kennen das Schicksal Christi und seiner Lehren. Aber es gab noch viele andere. Die Offenbarungen Gottes sind nicht auf eine einzige Zivilisation beschränkt. Jedes Land und jede Kultur hatte eigene Lehrer der Wahrheit. So sind auf der Erde immer wieder erleuchtete Individuen aufgetreten, die die Wahrheit erkannt hatten, nicht nur in bezug auf die spirituellen Aspekte des Lebens, sondern auch in bezug auf die Machtsysteme, mit denen die Menschheit sich selbst ausgestattet hat. Viele erkannten dabei auch, woher diese Systeme kamen.

Jesus, der große Meister, unternahm alles, um den Menschen klarzumachen, daß jedes Individuum eigene Fähigkeiten und Kräfte hat. Er wußte, daß jede Form von Knechtschaft durch bedingungslose Selbstbewußtheit und Liebe überwunden werden kann. Gewisse Themen brauchte er gar nicht zu erwähnen, zum Beispiel die außerirdischen Zusammenhänge, denn er war überzeugt, daß die Lage sich von selbst wieder korrigieren würde *[nämlich dann, wenn bedingungslose Selbstbewußtheit und Liebe sich durchsetzen]*.

Buddha, Elia, Mohammed, Abraham – die Liste ist endlos. Sie alle haben diese Zusammenhänge verstanden und gelehrt. Auch die göttlichen Lichtwesen sind sich dessen vollkommen bewußt. Nur die Menschen wissen es nicht, denn sie müssen sich zuerst von verschiedensten Formen der Programmierung befreien, einer Programmierung, der sie seit zweitausend Jahren und noch viel länger ausgesetzt sind.

Es wäre für die Menschheit also gar nicht so schwer, die Herrschaft über sich selbst und die eigene Verantwortung wiederzugewinnen. Ihr braucht euch einfach nur zu öffnen und auf die stille Stimme in eurem Inneren zu hören. Lernt, diese Stimme zu hören und ihr zu vertrauen! Dann entwickelt euch in jene Richtung, die euch am meisten zusagt, und ihr alle werdet staunen über das, was ihr seid und was ihr erfahrt. Hört und erkennt euer wahres Selbst und versteht die einfachen Wahrheiten, die überall in eurer Welt zu finden sind! Dann werdet ihr alle überrascht sein, wie angenehm und einfach das Leben sein kann.

Wir verabschieden uns in Liebe zu allen Wesen und zum allumfassenden Einen Wesen.

– *The Blend of Loving Energies*
(12. August 1992)

1) *«... schuldig aufgrund ihrer [unserer] Übertretung der Liebe Gottes (guilty of transgressing the love of God).» Das ist an sich keine falsche Erkenntnis. Der Mißbrauch des freien Willens, den Gott in absoluter Liebe all seinen Teilen gewährt, kann tatsächlich als eine «Übertretung der Liebe*

Gottes» bezeichnet werden. Diese Wahrheit wird jedoch zu einer Halbwahrheit und zu einem Machtmittel, wenn einige Schuldige, meistens die größten, der Masse der Schuldigen vorwirft, «schuldig» zu sein, um sie dadurch einzuschüchtern und untertan zu machen. Hier in diesen kritischen Bemerkungen geht es um die Ausschlachtung dieses Problems (zum Zweck einer scheinreligiösen Manipulation) und nicht etwa darum, dieses Problem zu leugnen, denn wir Menschen haben tatsächlich eine «Schuld», das heißt, wir schulden etwas: unsere Eigenverantwortung, Selbsterkenntnis und Egoüberwindung, letztlich unsere Liebe zu Gott, der gegenüber wir uns «guilty of transgressing» (der Übertretung schuldig) gemacht haben – wenn wir nicht mehr in der reinen Liebe (zu uns, zu allen Wesen und zu Gott) leben.

Weitere Ausführungen über die Geschichte der Menschheit (Konfessionen, Materialismus, Veränderung der DNS)

Im folgenden Text möchte ich näher auf einige Ereignisse und Umstände eingehen, die direkt zur Situation führten, in der sich die Menschheit heute befindet. Als «Blend of Loving Energies» haben wir bereits eine erste Zusammenfassung der Geschichte der Menschheit gegeben *[siehe vorangegangener Text]*. Heute nun möchte ich einige spezifische Punkte beleuchten. Dabei bin ich mir der Gefahr bewußt, daß man mir vorwerfen könnte, ich würde gewisse Aspekte der Menschheit entwürdigen oder sogar verurteilen. Keines von beidem trifft zu. In allem, was geschah, auch in jenen Ereignissen, die «jenseits» der Kontrolle der Menschen waren, darf nicht übersehen werden, daß die Menschheit einverstanden war und auf einer bestimmten Ebene selbst mitmachte. Die Menschen waren Partner mit einigen Zweifeln und unguten Gefühlen, aber nichtsdestotrotz Partner. Sie wollten sich als Spezies auf gewisse Erfahrungen einlassen, und wir respektieren dies. Gleichzeitig sind wir uns aber bis in alle Details bewußt, welche Folgen für die Menschheit und die Erde daraus erwuchsen.

Spiritueller Aufschwung nach der letzten globalen Katastrophe

Die menschliche Spezies und die Erde waren in ihrer Entwicklung aufs engste miteinander verbunden. Dabei gab es Phasen, in denen eine nahezu vollständige Harmonie zwischen der Menschheit und der Natur bestand. Alle Wesen der höheren Welten waren sich vollkommen bewußt, daß diese Verbindung *[wörtlich marriage, «Heirat»!]* genau das war, was für die menschliche Spezies und die Erde in ihrer Entwicklung als nächstes anstand.[1] Hier beziehe ich mich auf die Zeit nach der Katastrophe von Atlantis. Die Menschen waren sich sehr wohl der spirituellen Verirrungen bewußt, die zur Zerstörung von Atlantis geführt hatten, und sie waren entschlossen, die gleichen Fehler nicht zu wiederholen. Der Mensch dieser Epoche *[nach dem Untergang von Atlantis]* führte kein modernes oder technisiertes Leben, denn der größte Teil der hohen Technologie war mit Atlantis in der Versenkung verschwunden. Hinzu kommt, daß der Mensch jener Zeit solche Ablenkungen weder brauchte noch wollte.

Die Menschheit erkannte damals auf ihre eigene Weise, welcher Entwicklungsgang ihr selbst und der Erde bevorstand. Es war außergewöhnlich, wie sehr sie sich dessen bewußt war, des Wie und Wann und sogar des ungefähren Zeitrahmens. Wie war dies möglich? Ganz einfach: Die Menschen waren vollständig mit ihrem gesamten Wesen in Kontakt – mit dem physischen Wesen und dem höheren Selbst. Sie wußten um die höheren Welten und hatten mit ihnen eine offene Kommunikation, die für sie etwas ganz Natürliches war. Sie standen in Verbindung mit den Brüdern und Schwestern aus dem Weltall.[2] Sie hatten nicht den geringsten Wunsch, einen ähnlichen Entwicklungsgang einzuschlagen wie zuvor Atlantis oder Lemurien.

Viele, die sich zu dieser Zeit auf der Erde inkarnierten, hatten zuvor auf einem Planeten gelebt, auf dem die Bewohner einst ähnliche Entscheidungen gewählt hatten wie *[dann viel später auf der Erde]* die Atlanter. Dies hatte schließlich zur Zerstörung des Planeten geführt. Dieser Planet befand sich in eurem Sonnensystem und hieß Maldek. Er wurde mit einer solchen Wucht zerstört, daß nur noch Bruchstücke übriggeblieben sind. Die Menschen nennen sie den «Asteroidengürtel», wobei die wenigsten ahnen, welche Geschichte damit verbunden ist. Die besagten Menschen *[der nachatlantischen Phase]* wollten auch dieses Ereignis nicht wiederholen.

Die Menschen konzentrierten sich deshalb auf sich selbst,

denn sie hatten viel gelernt, vor allem, was man nicht tun sollte. Mit diesen neuen Vorsätzen entschlossen sie sich, die Einseitigkeiten, in die die Menschheit geraten war, wieder auszugleichen.

Wie erneut negative Einflüsse auf die Erde gelangten

Wie bereits erwähnt, gibt es Energien, die nicht wollen, daß die Erde eine Bewußtseinsdimension erlangt, die der ihrer eigenen Planetensysteme gleichkommt oder sie sogar übertrifft. Sie erkannten *[damals, nach der atlantischen Katastrophe]*, daß sie dieses Ziel nur erreichen konnten, wenn es ihnen gelänge, die Menschheit von ihren Vorsätzen abzulenken, ihre Entwicklung einzuschränken und die Energiefelder der Erde zu beeinflussen.

Hier beginnt nun die eigentliche Geschichte, die ich euch mitteilen möchte: Die Herren des Jupiters, des Saturns und gewisser Planeten außerhalb des Sonnensystems nahmen die Erde ins Visier. Dabei wußten sie aber, daß die Erdbewohner gerade vor Einflüssen von «außen» gewarnt waren, da sie *[die Erdbewohner]* sich gut an Atlantis, Maldek und Lemurien erinnerten. Die Venus und der Mars hatten ähnliche Erfahrungsprozesse durchlaufen. Diese Herren wußten, daß sie die Menschheit nicht einfach physisch zerstören konnten, denn es gibt höhere Wesen, die in Liebe über die Erde wachen. Diese Lichtwesen waren den genannten Mächten nicht nur in der Ebene ihrer Liebe überlegen, sondern verfügten auch über weit fortgeschrittenere technische Mittel, mit denen sie jede Form von physischen Übergriffen von vornherein unterbanden. Aber das war alles, was sie sich zu tun erlaubten, denn sie hatten vollkommenen Respekt für den freien Willen der Menschheit. Sie wollten den Menschen nicht einfach ihre Überzeugungen *[das, was sie für die Menschen als gut erachteten und was nicht]* aufzwingen oder sich sonstwie einmischen. Und die Menschen wünschten dies auch nicht.

Das war *die* Chance für die dunklen Mächte – und auch eine Herausforderung. Sie mußten sich etwas einfallen lassen, um die Menschheit und auch die Erde in die Knie zu zwingen.

Die Kriegsherren [engl. *war lords*], wie ich sie nennen möchte, hatten in solchen Unterfangen große Erfahrung, da sie gemäß menschlicher Zeitrechnung bereits Millionen von Jahren Zeit gehabt hatten, ihre Herrschermethoden zu perfektionieren, sowohl in Form von direkten Konflikten als auch durch subtilere Prozesse. Aber die Menschheit war damals auf dem Weg ihrer Entwicklung entschlossen und nur schwer beeinflußbar.

Über die nachfolgenden Jahrtausende wurden verschiedenste Versuche unternommen, die Menschen auf andere Ziele abzulenken. Bei gewissen Individuen und auch bei gewissen Gruppen hatten sie beträchtlichen Erfolg, aber das genügte noch nicht für die eigentlichen Absichten, die die Kriegsherren verfolgten. Etwas geschah jedoch: Die Kraft der Menschen ließ in einem gewissen Sinn nach, weil sie mit emotionellen und sogar mit gewissen konfessionellen Systemen zu experimentieren begannen. Aber diese Menschen waren sich nach wie vor der Kraft des Geistes und ihrer spirituellen Verbindung mit dem Universum und dem Unbegrenzten Schöpfer bewußt. Sie kannten die Gesetze der Erschaffung eigener Realitäten und wandten sie auch an. Aber sie wurden verwegener und begannen, nach eigenen Vorstellungen Abwechslungen zu erforschen. Dies brachte die Menschen zwar nicht vom höchsten Ziel ab, leitete jedoch eine gewisse Ablenkung ein.

Die Kriegsherren kannten noch etwas anderes: die Zellstruktur des Menschen in seinem physischen Aspekt. Sie führten auf dieser Grundlage Experimente durch und verbuchten erste Erfolge. Vor rund 5000 Jahren schafften sie mit ihren Experimenten und Manipulationen einen gewissen Durchbruch. Sie fanden heraus, wie man die Zellstruktur des Menschen auf eine sehr feine Weise beeinflussen kann, um sein Bewußtsein zu filtern und von der spirituellen Ausrichtung abzubringen. Diese Beeinflussung wirkte wie ein unscheinbarer «Gedächtnisverlust», um es einmal so zu nennen.

Und dann erkannten die Kriegsherren auch, daß ihnen auf der Erde viel größere Einflußmöglichkeiten zukommen würden, wenn es ihnen gelänge, sich unter den Menschen zu inkarnieren. Und sie taten es, obwohl das Risiko bestand, daß die Agenten oder Agentinnen, wenn sie einmal inkarniert waren, ihre Verbindung zu ihnen vergessen würden. Sie gingen diese

Risiken ein, ohne die geringste Rücksicht darauf, was dies für die Menschen bedeutete. Als sie auf diese Weise über beträchtliche Zeitspannen mit ihren inkarnierten Agenten gearbeitet hatten, kamen einige zum Punkt, wo sie ihre eigenen Wahrheiten lehren konnten. Die Lichtwesen konnten in diese Entwicklung nicht eingreifen. Die Menschheit sah sich nun anderen «Menschen» gegenüber, denen es jederzeit «einfallen» konnte, neue Überzeugungen zu verkünden.

Zu dieser Zeit begann auch die Manipulation der Zellstruktur ihre konkrete Wirkung zu zeigen. Für sich allein hätte sie noch nicht genügt, die Menschheit abzustumpfen und von ihrer spirituellen Verbindung abzuschneiden, doch stellte sie eine äußere Beeinflussung dar, die sehr durchschlagend sein konnte, wenn sie mit den Lehren gewisser Hoherpriester kombiniert wurde. Bald entbrannte eine Schlacht, ein Krieg der «Heilsbotschaften». Dies führte auch zu blutigen Auseinandersetzungen. So begann die Menschheit, am eigenen Potential zu zweifeln.

Der Einfluß der Religion und des Geldsystems

Und dann holten die dunklen Mächte zu einem brillanten Schlag aus: Sie führten die sogenannte «Religion» ein, den *kontrollierten Gottesdienst*. Dazu gehörte auch die Vorstellung von einem «guten» Gott und einem «bösen» Gott. Absolutheitsansprüche und Separatismus griffen um sich. Die Menschen, die Götter und Gott waren auf einmal getrennt und gegeneinander und nicht mehr Teil derselben Höchsten Wahrheit. Die Menschen wurden mit Schuldgefühlen belastet; nur durch «Buße» und «Bekehrung» konnten es die armen Sünder vermeiden, daß der böse, strafende Gott sie in die ewigen Flammen der Hölle warf. Religion bedeutete nun «Glaubenssystem» und war ein sich selbst rechtfertigendes Mittel der Macht und Manipulation, wie ein sich selbst vermehrendes Virus. Die Agenten erlangten eine solche Vormachtstellung, daß es ihnen möglich wurde, alle, die sich ihnen nicht beugten, blutig zu verfolgen.

Die Würfel waren gefallen. Eine Kluft entstand zwischen denen, die in ihrem Innern gefestigt blieben und ihr Wissen zu behalten vermochten, und denen, die bereit waren, die Verantwortung für die eigene spirituelle Entwicklung an die Agenten und Hohenpriester abzutreten. Es dauerte nicht lange, bis auch wahrhaft aufrichtige Menschen den Wunsch verspürten, als Priester tätig zu sein. Aber weil sie nicht mehr die vollständige Sicht der spirituellen Realität hatten, wurden sie unbewußt Marionetten in einem System, das die Agenten der dunklen Seite aufgebaut hatten.

Doch der Einfallsreichtum der Kriegsherren hörte hier nicht auf. Sie führten weitere Konzepte ein, die ihnen eine noch nachhaltigere Herrschaft über die Menschheit einräumten. Geld, Handel und Industrie wurden eingeführt, verbunden mit den Wertvorstellungen von Lohn, Reichtum und Macht. Materialismus prägte nun das Weltbild einer Menschheit, die früher einmal gewußt hatte, daß es unnötig ist, sich auf Dinge zu konzentrieren, die nichts mit der spirituellen Entwicklung zu tun haben. Das bedeutet nicht, daß die Menschen früher keine materiellen Güter benutzt hätten. Sie lebten ja in einer physischen Existenz. Das Materielle war für sie einfach zweitrangig und war nie so wichtig wie das eigentliche Ziel, nämlich untereinander und mit der Erde in Harmonie zu leben. Alles, was sie zum Leben brauchten, kam wie von selbst, solange sie die Harmonie und das Gleichgewicht aufrechterhielten.

So geschah es, daß die Kriegsherren nahezu unumschränkte Macht über eine Spezies errangen, die nun die Glaubenssysteme von «Religion» und «Industrialisierung» akzeptierte. Beide Systeme waren selbstvermehrend *[sie schufen sich selbst die Grundlage für die Rechtfertigung und Vergrößerung ihres Einflusses]*, und beide führten die Menschen dazu, ihr einzigartiges spirituelles Wesen als Gesamtes in die Kontrollmechanismen von Dogmatismus und Materialismus einzugeben.

Die Menschheit trat die Verantwortung für ihr Heil immer mehr an andere Personen und Systeme ab und machte sich von deren Vorschriften, Edikten und Geboten abhängig. Sie beurteilten sich selbst und ihre Mitmenschen nur noch daran, wieweit sie die jeweils vorgegebenen Dogmen befolgten oder nicht – und auch daran, wieviel Macht und Reichtum jemand besaß.

Woher kam die Bildung von Kasten und Klassen innerhalb einer Gesellschaft? Wenn ihr alle anderen und euch selbst als gleich erkennt, wahrhaftig als Teil des Einen, dann kann es keine Diskriminierung geben. Es waren die «Religionen», die als erste verlauten ließen, gewisse Menschen seien sündig und schuldig und andere nicht.

Dadurch wurde es möglich, daß den Hohenpriestern eine totalitäre Macht zukam, und diese Oberhäupter mißbrauchten ihre Macht, um sich die Menschen gefügig zu machen. Dies führte zur Entstehung des Konzepts von materiellem Reichtum *[der vorher nie ein Ziel und schon gar nicht ein Kriterium gewesen war]* und dies wiederum zu äußeren Machtstrukturen und neuen Methoden des Unterscheidens von Menschen, nämlich anhand ihres Besitzes. Plötzlich standen die reich Begüterten über den Besitzlosen.

Selbstverständlich sind in den Religionen auch Aspekte von Liebe und Wahrheit zu finden. Deswegen waren die Menschen ja geneigt, sie anzunehmen. Sie schienen viele der *[damals]* bekannten spirituellen Wahrheiten zu beinhalten, jedoch mit einem «leichteren» Erkenntnisweg, da alles systematisch als schwarz und weiß, richtig und falsch, vorgegeben war.

Aber es gab immer auch jene, die sich ihres Selbstwertes als Individuum und ihrer Stellung im Universum bewußt waren. Aber sie wurden immer seltener. Jede Zivilisation hatte ihre eigenen Propheten und Visionäre, die das Bewußtsein der Menschen auf das spirituelle Selbst und auf die Harmonie mit der Erde richten wollten. Einige sind euch bekannt, andere nicht, aber sie alle lehrten dieselben Wahrheiten. Die Liste der Namen ist lang: Buddha, Elias, Mohammed, Konfuzius, Christus, Abraham[3], Jakob, Moses und viele andere. Einige waren bewußt auf Gott ausgerichtete Inkarnationen, wie zum Beispiel Jesus und Buddha.[4]

Doch die Genialität der Kriegsherren und auch die Gier und Leichtgläubigkeit der Menschen führten dazu, daß die Lehren dieser Individuen verdreht oder sogar völlig falsch wiedergegeben wurden. Auf diese Weise wurde das System selbsttragend, und Eingriffe von außen waren nur noch selten oder gar nicht mehr erforderlich. Die Menschheit lernte, sich in der eigenen spirituellen Entwicklung und auch in anderen Lebensbereichen völlig zu beschränken. Die Menschheit selbst sorgte nun für eine konsequente und kontinuierliche Verunstaltung der Erde, eine Verwüstung, die zunahm, je größer die Sucht nach Industrie und Technologie wurde.

Dies bringt uns in die Gegenwart. Es ist nicht meine Absicht, hier eine detaillierte Erklärung aller guten und weniger guten Aspekte der verschiedenen Religionen abzugeben. Wir werden später erneut darauf eingehen. Aber nur schon mit den grundlegenden Punkten, die hier erwähnt wurden, wird es euch leichtfallen, viele weitere Mängel dieser Glaubenssysteme zu erkennen.

Was bedeutet das für die Zukunft? Auch darauf möchte ich eingehen. Doch seid euch dabei bewußt, daß nur sehr wenig hundertprozentig gewiß ist, weil ihr immer euren freien Willen habt.

Die Menschen sind in ihrer Entwicklung als Erdbewohner und als gleichwertige Brüder und Schwestern an einer entscheidenden Verzweigung angelangt. Die Erde hat beschlossen, sich in die fünfte Dimension zu erheben und einer Menschheit Lebensraum zu gewähren, die aus Lichtwesen besteht. Die Entwicklung der Erde und die Entwicklung der Menschen verlaufen getrennt und sind dennoch eins. Deswegen liegt es nun an der Menschheit, eine Entwicklung zu wählen, die in Harmonie mit ihrer Mutter Erde verläuft. Oder sie kann an der destruktiven Entwicklung festhalten, die sowohl in Handlungen als auch in Schwingungen zum Ausdruck kommt.

Wie auch immer sich das kollektive Bewußtsein der Menschheit entwickelt, ihr werdet Dinge erleben, die ihr für unmöglich haltet. Welches Ausmaß diese Ereignisse annehmen, hängt jedoch wieder von jedem einzelnen auf der Erde ab. Es besteht kein Grund zu Angst, aber äußerste Vorsicht und Umsicht sind sehr wohl ratsam.

Ich und auch andere haben schon darauf hingewiesen, daß die DNS-Struktur der menschlichen Spezies verändert worden ist. Aber noch einflußreicher war die Einführung von Kontroll- und Beschränkungssystemen wie Dogmatismus, Separatismus, Industrialisierung und allem, was dazugehört. Und das nachhaltigste war, daß die Menschen es hinnahmen. Das alles war offensichtlich das Werk von gewissen technologisch überlegenen Mächten. Wenn ihr anschaut, was deren Erfindungen der Menschheit und der Erde gebracht haben, dann ist es nicht schwierig zu erkennen, daß diese «höheren» Mächte nicht für das Wohl der Menschheit und auch nicht für das Wohl der Erde arbeiten. Diese Mächte gehören in Wahrheit zu den negativen Energien, denn sie haben sich für die Schattenseite des Lichtes entschieden.

Aber sie werden ihr Endziel nicht erreichen, weil die Menschheit und die Erde kurz davor stehen, ihrem Griff zu entkommen und sich in eine höhere Frequenz der Liebe zu erheben. Jetzt und in näherer Zukunft werden die Agenten dieser dunklen Mächte daher alle möglichen Tricks anwenden, um ihre Machtpositionen zu behalten und zu untermauern. Dennoch kann ich euch sagen, daß sie die Herrschaft über die Erde bereits verloren haben. Die Erde *wird* sich in die fünfte Dimension erheben. Aber der Weg dorthin kann schwierig oder angenehm sein, je nach den Entscheidungen der Menschheit.

Was gedenken die Agenten der dunklen Mächte zu tun? Erstens einmal sind viele von ihnen gegenwärtig auf der Erde inkarniert. Einige von ihnen sind sich ihrer Absichten und ihrer Herkunft klar bewußt und andere nicht. Viele von ihnen haben heute Stellungen in eurer Regierung *[US-Regierung]* und auch in anderen Regierungen inne. Aber weil eure Regierung so einflußreich ist, haben sich viele dieser Agenten auf sie konzentriert. Auch in anderen Regierungen befinden sich diese Agenten und «Hohenpriester». Zu ihnen gehören Rußland, Japan, China, Deutschland, Peru, Frankreich, England, Irak, Iran. Aber im Grunde haben diese Mächte in jedem Land ihre Vertreter – in der einen oder anderen Form.

Aber nicht alle Regierungsmitglieder sind Agenten. Die meisten sind es nicht! Doch die Agenten haben einen übermächtigen Einfluß gewonnen, da sie es verstanden haben, durch ihre Stellung, die ihnen vom Massenbewußtsein überantwortet wurde, immer mehr Macht an sich zu reißen. Sie sind ziemlich siegesgewiß, denn sie haben die Seuche der Gleichgültigkeit in Umlauf gesetzt, die es ihnen erlaubt, sich ungehindert zu bewegen und ihre angestrebten Ergebnisse zu erreichen.

Wenn nun ein Regierungsbeamter dies liest und befürchtet, ebenfalls in diese Kategorie zu gehören, so möchte ich nochmals betonen: Die meisten kommen nicht von der dunklen Seite. Ihr habt es einfach erlaubt, in deren Händen zu Marionetten zu werden, so wie es auch die Hohenpriester vor 5000 Jahren taten. Ihr habt es zugelassen, daß die Gier und die Machtbestrebungen dieser Seite euch beherrschen, ja existentiell abhängig machen konnten. Ihr habt es zugelassen, daß die geheimen und verschleierten Segmente eurer Regierung die Attrappe der «nationalen Sicherheit» aufbauen konnten, so daß es ihnen möglich wurde, ohne das Wissen der Öffentlichkeit zu funktionieren. Ihr habt es zugelassen, daß im Namen von Sozialhilfe Millionen von Menschen von der Regierung abhängig wurden, ja auf Gedeih und Verderb der staatlichen Macht ausgeliefert sind. Es gäbe noch viele Beispiele, aber es ist sicher klar geworden, worauf ich hier hinauswill.

Wann immer jemand die Kraft des eigenen Selbst verliert und wann immer jemand die Eigenverantwortung an Personen oder Organisationen abtritt, bedeutet dies eine zusätzliche Energie für die Agenten der dunklen Seite. Sie leben von ihrer Macht. Wenn es ihnen gelingt, euch in ihren Machtbereich einzubinden, dann könnt ihr euch nur noch in einer Richtung bewegen, die von ihnen – und nicht von euch – bestimmt wird.

Schutz vor den Einflüssen der manipulierten DNS

Obwohl ich vorher gesagt habe, daß die geistigen Kontrollmechanismen einflußreicher gewesen seien als die DNS-Veränderung, sollte auch diese nicht unterschätzt werden. Die Beeinflussung durch die veränderte DNS kann jedoch leicht überwunden werden, wenn die Individuen sich als spirituelle Wesen erkennen und verwirklichen. Damit meine ich die Harmonie des Menschen mit sich selbst, mit den Geistwesen der Erde, mit der Erde selbst, mit dem Höchsten Ursprünglichen Gott und mit den Brüdern und Schwestern aus dem Weltall. Das hat nichts mit den Glaubenssystemen zu tun, wie sie von den Religionen mit Autorität und sogar Gewalt verbreitet wurden. Wenn die Menschen also ihre spirituelle Identität erkennen, können sie auf ihre eigene DNS einwirken und die Einflüsse der DNS-Veränderung überwinden.

Wo führt das alles hin? Warum betone ich gerade diese Dinge

so sehr? Ganz einfach. Weil mit Information und Wissen jeder von euch bessere Entscheidungsgrundlagen bekommt. Und welche großen Entscheidungen stehen bevor? Darauf möchte ich nun zu sprechen kommen.

Die aktuellen Herausforderungen an die Menschheit

Die Agenten und «Aliens» werden ihre Herrschaft nicht ohne Kampf aufgeben. Sie werden alle Möglichkeiten bis zum letzten ausschöpfen. Brüder werden sich gegen Brüder wenden, Söhne gegen Väter – kommt euch das nicht bekannt vor? Diese Worte beziehen sich auf die bevorstehenden Zeiten.[5] Aber es muß nicht soweit kommen. Jetzt ist nicht die Zeit der Furcht, denn Furcht zieht das Furchterregende an. Liebe und gegenseitiges Verständnis sind heute wichtiger als je zuvor.

Eure und auch andere Regierungen werden – falls es ihnen erlaubt wird – eine größere und einschneidendere Kontrolle über euch, die Bürger, in die Wege leiten. Ihr werdet immer mehr von Gesetzen hören, die der Regierung «unter gewissen Umständen» absolute Macht einräumen. Von allen Bürgern sollen zentral gespeicherte Daten angelegt werden, was ein gigantisches Computernetzwerk erforderlich macht. Dies wird unter dem Vorwand der Vereinfachung durchgeführt werden. Der eigentliche Zweck besteht jedoch in einer zentralisierten Kontrolle, die dafür sorgen soll, daß jede Person überwacht wird und daß die Regierung in allem, was sie tut, unumschränkte Unterstützung hat. Es wird auch die Tendenz zu kleineren, aber besser gerüsteten Armeekräften zu verzeichnen sein. Eine kleinere Anzahl ist leichter zu dirigieren und auszubilden.

Einige der gegenwärtig entwickelten Technologien werden niemandem auf der Erde einen Nutzen bringen. Diese Technologie könnte nie entstehen ohne den unmittelbaren Einfluß von Agenten, die von außerirdischen Stationen oder von anderen Planeten kommen. Eure Regierung *[die amerikanische]* arbeitet mit diesen negativen Außerirdischen seit rund vierzig Jahren zusammen. Das ist wieder eine andere Geschichte. Kurz, sie haben den Menschen geholfen, Waffen- und Antriebssysteme zu entwickeln. Dafür haben sie freie Hand bekommen, die Menschen für ihre eigenen Bedürfnisse zu gebrauchen. Die Auswirkungen der Zusammenarbeit mit der dunklen Seite sind derart weitreichend, daß ihr es euch nicht einmal vorstellen könnt.

Die Menschheit hat schon viele «historische» Entscheidungen getroffen. Vor nicht allzu langer Zeit gelangten immer mehr Regierungen zur Überzeugung, daß es wichtig sei, die Streitkräfte auszubauen. Daraus entstand der Rüstungswettlauf *[der «Kalte Krieg»].*

Gerade in dieser Phase geschah es, daß eure Regierung, während sie die Waffenproduktion vorantrieb, plötzlich unerwarteten Besuch bekam – UFOs und Wesen von weit entfernten Planeten. Mit ihnen ging sie gewisse Bündnisse und Verträge ein. Aber eurer und auch der russischen Regierung wurde mehrfach die Möglichkeit geboten, in eine andere Richtung zu gehen als jene, für die sie sich entschieden. Botschafter der Plejaden und anderer Planetensysteme kontaktierten, ja besuchten Vertreter eurer Regierungen bis hin zu Staatsoberhäuptern, zum Beispiel Präsident Trumann und Joseph Stalin.[6]

Die plejadischen Wesen, die damals auftraten, stammen von einem Planetensystem, auf dem Liebe und Frieden herrschen. Bei ihnen hatte es einst Zivilisationen gegeben, die in vieler Hinsicht der Zivilisation auf der heutigen Erde glichen. Sie waren mit der gleichen Art von Problemen konfrontiert worden, aber lösten sie auf eine liebende und friedfertige Art und Weise. Das war vor langer Zeit; heute sind sie noch viel weiter entwickelt.

Diese Plejadier also boten der amerikanischen und auch der russischen Regierung ihre Hilfe an – aus Liebe zur Menschheit und zur Erde. Weil sie im Frieden kamen, wollten sie nur dem Frieden und der Liebe dienen. Sie bestanden darauf, daß die Regierungen die Aufrüstung einstellten und mit vereinten Kräften auf eine friedliche, unbewaffnete Lösung der Weltprobleme hinarbeiteten. Aber die Regierungen trauten einander nicht und lehnten deshalb ab.

Beide Regierungen maßten sich an, im Namen ihrer Bürger die Hilfe der Sternenwesen zurückzuweisen. Sie bezeichneten sich als Volksvertreter und wiesen darauf hin, daß auch die Bevölkerung den von ihnen gewählten Kurs gutheiße.[7] Die Plejadier und die anderen Wesen, die alle dem Frieden und der

Liebe *[und damit auch dem freien Willen]* verpflichtet waren, respektierten diese Entscheidung. Sie wollten sich nicht einmischen und «räumten das Feld». Sie hatten die Zerstörungsgewalt der Atomwaffen auf der Erde, aber auch schon auf anderen Planeten gesehen. Aber sie erkannten eine sogar noch zerstörerische Macht: die der negativen Gedanken *[die alles andere überhaupt erst möglich macht]*.

Dem Auftreten der positiven Außerirdischen folgte der große Auftritt jener Außerirdischen, die schon seit langer Zeit hinter den Kulissen gewirkt hatten. Auch sie traten mit Vorschlägen an die Regierungen heran, nur versprachen sie ihnen, was diese wollten. Sie wußten, daß Macht und Waffen die Schlüsselworte waren. So kam es, daß vor allem eure Regierung mit diesen dunklen Außerirdischen zusammenarbeitete. Die Russen stiegen nicht so tief ein, weil sie Schwierigkeiten im eigenen Land hatten, aber dennoch profitierten auch sie von den außerirdischen Allianzen. Wir können euch später mehr über diese Umstände und Vorgänge mitteilen.

Dies ist einfach ein erster, allgemein gehaltener Hinweis, wie eure Regierung zu gewissen Technologien gekommen ist. Wichtig ist zu wissen, daß keiner dem anderen traute, weder die Agenten den Regierungen noch die Regierungen den Agenten, noch die Regierungen einander – wie dies für «unheilige Allianzen» typisch ist. Deshalb haben die Außerirdischen nie ihr gesamtes Technologie-Wissen an die Menschen weitergegeben, denn sie befürchteten, die Technologie könnte dann gegen sie selbst gerichtet werden. Aus denselben Befürchtungen hielt auch die US-Regierung einige ihrer Versprechen nicht ein; aber dennoch fand eine tiefgreifende Zusammenarbeit statt, denn beiden Seiten ging es um ihre eigenen Interessen.

Die außerirdischen Agenten lügen nicht selten, wenn sie mit eurer Regierung zu tun haben. Hinzu kommt, daß die involvierten Menschen nicht in der Lage waren, die Ereignisse der Zukunft richtig einzuschätzen und zu verstehen, was oder wer sie verursacht. Die Regierungsmitglieder kennen die zukünftige Entwicklung des Planeten Erde nicht. Sie haben Einblick in gewisse Möglichkeiten, aber das ist alles.

Damit sind wir wieder in der Gegenwart angelangt, diesmal jedoch aus einer leicht anderen Perspektive. Viele in eurer

Regierung beginnen nun, Maßnahmen zu treffen, um auch in außergewöhnlichen Situationen ihre eigene Sicherheit wahren zu können. Dies wird alles unter dem Vorwand der «nationalen Sicherheit» ablaufen, doch in Wirklichkeit dient es einzig und allein dem Interesse gewisser Führer und Machtsüchtiger im Hintergrund.

Bald wird die Regierung zugeben, daß sie mit Außerirdischen Kontakt hat, aber sie wird alles Negative abstreiten und jegliche Kritik von sich fernhalten. Sie werden die Außerirdischen vorstellen und sagen, sie seien hier, um der Menschheit zu helfen.[8] Die meisten Menschen werden dies schlucken, weil sie nicht glauben können, daß die Regierung ihre eigenen Bürger verkauft. Aber es kann auch anders kommen.

Dies wird in der nahen Zukunft anfangen. Vergeßt nie, daß das Ziel der Agenten der dunklen Mächte darin besteht, ihre Herrschaft über die Menschen weiterzuführen und noch auszubauen. Sie kennen Teile des kosmischen Gesamtplans und wissen deshalb, daß die Zukunft der Erde sehr bewegt sein wird. Sie können die Erde nicht aufhalten, denn sie hat die Segnung des Sonnengottes und des Höchsten Gottes; aber sie können *die Menschheit* aufhalten – falls ihr es zulaßt.

Um ihren Einfluß zu verstärken, werden die Außerirdischen in Zukunft in besonderen Umständen physisch auftreten. Die Herren, die über ihre Agenten auf der Erde eine ähnliche Macht haben *[wie diese über die Menschen]*, werden persönlich erscheinen. Sie sind in der Tat sehr mächtig, denn sie vermögen sich mit ihren eigenen Gedanken zu ermächtigen. Sie gehören zu den dunklen Mächten und sind diejenigen, die die DNS-Veränderung ausgelöst und die verschiedenen Herrschaftssysteme eingeführt haben. Sie kennen die Menschen in- und auswendig. Ihnen kann keiner etwas vormachen.

Diese Herren werden erscheinen und sagen, sie kämen in Frieden und Liebe; sie kämen, um die Menschheit zu retten. Sie werden der Menschheit sogar einige nützliche Dienste erweisen. Dazu gehören gewisse neue Medizintechnologien und auch andere Technologien. Sie werden zum Beispiel gewisse Krankheiten heilen, die sie selbst unter die Menschen gebracht haben. Dies alles wird sie in ein gutes Licht rücken, und die Menschen werden sogar beginnen, sie zu verehren.[9]

Diese Außerirdischen werden von Liebe und Wahrheit sprechen, und das wird bei vielen Menschen Verwirrung stiften, weil zu diesem Zeitpunkt auch die wohlwollenden Außerirdischen, die Lichtwesen, erscheinen werden.[10] Doch diejenigen, die ihr Unterscheidungsvermögen nicht verloren haben, werden nicht im geringsten verwirrt sein. Wer sein eigenes spirituelles Bewußtsein entwickelt hat, wird den Unterschied sofort erkennen.

Aber für die Massen, die immer noch an ihren alten und begrenzten Vorstellungen festhalten, besteht sehr wohl eine Gefahr. Die negativen Außerirdischen werden nämlich eine sehr attraktive Alternative anbieten, um die aktuellen Probleme zu lösen. Das alles ist eine völlige Illusion, aber diejenigen, die darauf hereinfallen, werden es erst merken, wenn es zu spät ist.

Es gibt also Entscheidungen, die jeder für sich selbst treffen muß, und solche, die vom Massenbewußtsein getroffen werden. Jeder Mensch auf der Erde hat prinzipiell die gleiche Möglichkeit und das gleiche Wissen, um Selbsterkenntnis zu erlangen. Es gibt keinen einzigen Menschen, der sagen könnte, er hätte von nichts gewußt. Jeder von euch wurde mit dem gleichen spirituellen Potential geboren und ist fähig zu unterscheiden, was Liebe und was Illusion ist. Ihr könnt eure Eigenverantwortung wahrnehmen oder abtreten. Ihr habt eure eigene Programmierung gewählt, die euer Wissen über das spirituelle Selbst und über das Universum bedeckt. Und ebenso liegt es in euren Händen, das Steuer zu wenden.

Es geht mir nicht darum, die Wesen der dunklen Seite als etwas anderes darzustellen als Teile des Einen Höchsten Schöpfers. Denn wir alle sind Teile des Einen. Aber unser gemeinsamer Vater ist nicht erfreut, wenn jemand einen anderen Weg als den der Liebe wählt. Der Eine Schöpfer liebt alle, denn seine Liebe ist vollkommen. Aber er sagt auch, daß für jede negative Handlung eine neutralisierende, ausgleichende Handlung der Liebe ausgeführt werden muß. Für diese Aufgabe haben *wir* uns entschieden.

Letztlich jedoch, im Licht der Ewigkeit, müssen auch die gottabgewandten Seelen die Einheit der Liebe finden, die Gott, unser Ursprung, allen anbietet. Das wird jedoch nur möglich sein, wenn sie sich der Liebe zuwenden und so alle Nicht-Liebe und alle Negativität, die sie einzeln und als Gesamtheit verursacht haben, ausgleichen.

Ich verabschiede mich nun. Ich liebe euch alle, und ich liebe den Einen Schöpfer von uns allen.

– Abraham
(8. September 1992)

1) Alle Lichtwesen begrüßten diese Heirat, denn sie wäre eine natürliche und auch ideale Verbindung gewesen. Dieser Einblick enthüllt eine weitere Tragik der heutigen Zeit, denn er macht deutlich, daß die gleiche Menschheit, die seit längerer Zeit die Erde mißachtet und vergewaltigt, einst mit der Erde «verlobt» war und daß eine Liebesheirat (und nicht bloß eine Vernunftheirat) nahe bevorstand. Wenn zwei Unbekannte sich quälen, ist dies schlimm genug, aber wenn jemand seine ehemalige Geliebte plötzlich herzlos, ungerecht und undankbar zu plagen beginnt, dann ist dies noch viel schmerzlicher und auch unverständlicher. Die flehentlichen Worte von Mutter Erde, die einerseits die menschlichen Übergriffe und andererseits die für sie notwendig gewordenen Entlastungen beklagt, gehen uns in diesem Licht noch tiefer ins Herz. – Was ist geschehen, daß die Menschheit so tiefgreifend von ihrer geliebten und liebenden Erde entfremdet werden konnte?

2) Trotz dieser Verbindung kamen die Menschen nicht in Versuchung, die damit verbundene technische Perspektive für sich selbst zu beanspruchen. «Dies lief alles sehr gut, denn die Menschen wußten, daß sie sich auf der Erde befanden, um ihre eigenen Begabungen zu entwickeln und in Harmonie mit Gottes Gesetzen zu leben. Ihr Ziel war immer, sich individuell und spirituell zu entwickeln. Die höheren Wesen mischten sich in keiner Weise ein, und die Menschen wandten sich auch nicht mit unvernünftigen Wünschen an sie, wie zum Beispiel mit dem Wunsch nach gewissen Technologien, um sich das Leben ‹leichter› zu machen.» Was im vorherigen Text über die Menschheit in früheren Zeitaltern gesagt wurde, galt offensichtlich auch für diese Generationen nach der atlantischen Ernüchterung. – Ganz anders verhält sich die heutige Menschheit, die in der Konfrontation mit dem UFO-Phänomen fast nur an der eigenen technologischen Bereicherung interessiert ist. «Stop the secrecy! Share the technology!» Die Hoffnung wird geschürt, mit außerirdischer Technologie könnten die von den Menschen verursachten Schäden schnell behoben werden. Mit anderen Worten, der materialistische Mensch von heute hofft, daß die Außerirdischen die irdischen Probleme lösen werden, und zwar mit Technologie. Wie hier gesagt wird, ist diese Hoffnung ein Trugschluß.

3) Das hohe Geistwesen, das einst als Abraham inkarniert war, hat eine innere Distanz zu seiner einstigen biblischen Rolle, was sich daran zeigt, daß er in der Liste der wichtigen Lehrer, die in jedem Land und in jeder Kultur erschienen, auch den Namen «Abraham» aufführt und dabei nicht einfach «ich» sagt.

Es ist sehr aufschlußreich, daß gerade Abraham diese ausführliche Darlegung über die Manipulation der Menschheit durch die «Religionen» gibt. Immerhin berufen sich heute drei Weltreligionen auf ihn und werden deshalb trotz ihrer Widersprüche und Konkurrenzkonflikte als «abrahamitische» bzw. «abramitische Religionen» zusammengefaßt.

Abraham, der heute als Religionsgründer gefeiert wird, könnte ebenfalls im Verdacht stehen, zu den Agenten und Hohenpriestern zu gehören, die im Dienste der «Kriegsherren» das entzweiende Prinzip der Religionen einführten. Doch der vorliegende Text und auch die geistig-historische Betrachtung zeigen, daß Abraham, Moses, Buddha, Jesus und Mohammed wahre Gottesgesandte waren, die später jedoch von den Menschen vereinnahmt und entsprechend dargestellt wurden.

4) «Some had very deliberately God-directed incarnations, Jesus and Buddha for instance.» Diese Formulierung deutet an, daß die Wesenheiten der geistigen Welt und des Weltraums, wenn sie sich auf der Erde inkarnieren, nicht immer explizit religiöse Rollen haben, sondern manchmal auch weltliche oder schöngeistige Aufgaben übernehmen, sei es in politischen oder diplomatischen Kreisen oder als Maler, Musiker, Dichter usw.

5) Diese Anspielung bezieht sich auf die Worte Jesu in Mt 24,7, Mk 13,12, Lk 12,53 und 21,16.

6) Anm. von Tom Smith: «Diese Begegnungen fanden statt, bevor die Vertreter der dunklen Seite mit den irdischen Regierungen in Kontakt traten.»

7) Aus verschiedenen Schilderungen, von denen die vorliegende nur eine ist, geht hervor, daß anscheinend dieses Argument das ausschlaggebende war. Die Regierungsvertreter trafen nicht nur eine eigenwillige, egoistische Entscheidung, sondern spiegelten damit auch die kollektive Geisteshaltung ihrer Bevölkerung wider, die tatsächlich nicht bereit gewesen wäre, ihr Leben grundlegend umzukrempeln und auf die oberflächlichen Dinge, in denen sie Genuß und Lebenssinn fanden, zu verzichten und gänzlich neue Perspektiven anzunehmen; auch erlaubte es die «Religion» des Landes nicht, mit den Lichtwesen zusammenzuarbeiten, denn diese galten gemäß Dogma als Abgesandte des Teufels, die nur die Gläubigen in ihrem Glauben verunsichern wollen ...

Demgegenüber gingen die Regierungsvertreter auf die Angebote der technologischen ETs ein, weil diese Zusammenarbeit geheimgehalten werden konnte, die herrschenden Strukturen nicht in Frage stellte und keine öffentlichen Konsequenzen forderte, so wie es die positiven Raumwesen zur Bedingung gemacht hatten, nämlich Einstellung der Aufrüstung, Beseitigung aller Nuklearwaffen, weltweite Friedensbereitschaft und Aussöhnung der Religionen.

8) Diese Rückendeckung der ET-Partner war ebenfalls einer der Punkte in den Abmachungen der «unheiligen Allianz». Dieser für beide Seiten wichtige Punkt kommt allerdings nicht erst hier zu diesem späten Zeitpunkt zum Tragen, sondern war der grundlegende Faktor hinter der gesamten Verhüllungstaktik, die seit dem Zweiten Weltkrieg mit aller Macht durchgezogen wurde.

9) Diese Neigung, die scheinbar Mächtigen und Überlegenen zu verehren, kann zuerst in ganz subtilen Formen in Erscheinung treten. Zum Teil ist dies bereits heute sichtbar, wenn Menschen, die eine solche Neigung haben, aggressiv reagieren, wenn gesagt wird, es gebe auch negative ETs und man dürfe nicht alle schönen Versprechungen kritiklos glauben. Psychologisch gesehen, findet eine Projektion von Hoffnungen und Wünschen statt, und die Menschen haben schon vielfach gezeigt, daß sie lieber Idolen und Illusionen nachlaufen und diese auch noch verteidigen, als auf die «Rufer in der Wüste» zu hören. Im Gegenteil, diese Rufer werden als Extremisten oder Sektierer verunglimpft und nicht selten auch verfolgt. Haben wir *den Mut, Rufer in der Wüste des Materialismus zu sein?*

10) Die Rufer(innen) sind manchmal einsam, aber niemals allein. Sie sind umgeben von liebenden Lichtwesen, die sich in Zukunft jenen Menschen vermehrt zeigen werden, die dank ihrer persönlichen Schwingungserhöhung den Engelssphären näherrücken. Deshalb lautet die eindringliche Warnung und Ermutigung für diese Zeit: «Alle werden euch hassen, weil ihr euch zu mir bekennt. Wer aber bis zum Ende standhaft bleibt, der wird gerettet. ... Seid vorsichtig und laßt euch nicht täuschen. ... Wer bis zum Ende standhaft bleibt, wird gerettet.» (Mt 10,22; 24,4 u.13)

In dem hier beschriebenen ET-Szenario werden gerade dann, wenn die falschen Götter zu triumphieren scheinen, auch die wahren Lichtwesen erscheinen.

Im Anfang ...

Im Anfang war das Wort, und das Wort war Gott. Alle kennen diese Worte aus der Bibel. Bis hierhin scheinen alle einverstanden zu sein: daß Gott der Anfang ist und daß Gott das Ende ist *[das Alpha und das Omega]*. Es sind die Details «dazwischen», die Verwirrung stiften. Hier, in diesem «Zwischenraum», entstehen die Probleme der Erde. Hier gehen die Glaubenssysteme auseinander. Hier beginnen die Programmierungen. Denn wenn die Menschen wüßten, was wirklich zwischen dem «Anfang» und dem «Ende» geschehen ist, hätten sie auf der Erde nicht die Probleme, die sie heute haben. Wie ihr daran *[an diesen Früchten, den weltweiten Problemen]* sehen könnt, ist die wirkliche Geschichte noch nicht bekannt, zumindest nicht «offiziell».

Aber natürlich hat es schon immer Menschen gegeben, und es gibt sie auch heute, die vieles über die wahren Sachverhalte in Erfahrung gebracht haben, indem sie ihr höheres Selbst hörten oder Botschaften empfingen, die ähnlich waren wie die, die ihr hier bekommt. Viele haben gehört, aber wenige glauben.

Die Geschichte, auf die ich hier zu sprechen kommen möchte, beginnt mit den Menschen auf der Erde. Wie kamen sie auf die Erde? Wer waren sie? Die Bibel berichtet, diese ersten Menschen seien Adam und Eva gewesen. Aber dies entspricht nicht dem historischen Verlauf, sondern war ursprünglich eine symbolische Geschichte, die wichtige spirituelle Wahrheiten veranschaulichte. Aber bald wurde daraus eine kanonisierte «Wahrheit».

Ich möchte kurz erwähnen, wer die ersten Menschen waren und wie sie «erschaffen» wurden, obwohl dieses Wort hier nicht wirklich zutrifft. Hierbei möchte ich in keiner Weise etwas Heiliges «lästern» oder jemandes Glauben verletzen. Denn wie ihr wißt, respektiere ich all die verschiedenen Glaubenssysteme, selbst wenn sie meinen Ansichten und den universalen Wahrheiten, so wie ich sie kenne, widersprechen. Wir kennen die universalen Wahrheiten, so wie auch das höhere Selbst all derer, die auf der Erde leben, diese Wahrheiten kennt. Ich spreche die universalen Wahrheiten aus, so wie sie allen Lichtwesen bekannt sind. Ich kann nichts anderes sagen, weil dies *[die uni-*

versalen Wahrheiten] alles ist, was ich weiß, und alles, was ich empfinde. Es ist meine gottgegebene Aufgabe, diese Wahrheiten zu sprechen, denn würde ich etwas anderes sagen als die Wahrheit, würde ich mein eigenes Wesen leugnen. So komme ich zu euch in Frieden und Liebe. Ihr könnt selbst entscheiden, ob ihr mich und das, was ich sage, annehmen wollt.

Wie ich bereits angedeutet habe, verkennen die Menschen diese Wahrheiten schon seit geraumer Zeit. Ich empfehle euch, euch selbst und die Welt um euch herum einmal lange und tiefgründig zu betrachten. Entspricht alles, was ihr seht, den Früchten universaler Wahrheiten? Würden die herrschenden Glaubenssysteme, wenn sie die Wahrheit und die Realität der Dinge wiedergäben, all das hervorbringen, was ihr heute auf eurer Welt seht und empfindet? Wenn ihr erkennt, daß alles in der Welt – auch die Kriege, die Konkurrenzkämpfe, die Verbrechen, der Hunger –, daß dies *alles* das Ergebnis der kollektiven «Wahrheiten» der Menschen ist, dann beginnt ihr euch vielleicht zu fragen, ob es nicht noch etwas Höheres geben könnte. Und über dieses Höhere möchte ich sprechen. Ich präsentiere es, aber ihr braucht es nicht zu glauben. Ich kann euch keine weiteren Gründe zum Glauben geben als die Wahrheiten selbst. Ich zwinge niemandem etwas auf, auch jetzt nicht, wo die Erde ihren Aufstieg in die höheren Bereiche vorbereitet.

Zuerst möchte ich euch mitteilen, daß die Menschen anfänglich von anderen Sternen auf die Erde gekommen sind. Ihr wurdet nicht auf der Erde erschaffen, sondern ihr kamt auf anderen Sternensystemen ins Dasein, und erst später kamt ihr auf die Erde.[1] Viele Bücher sind schon über den Ursprung des Menschen geschrieben worden, aber diejenigen, die sie schrieben, konnten nur spekulieren *[weil sie damals ja nicht zugegen waren]*. Aber einige von euch werden die Gelegenheit bekommen, die damaligen Ereignisse zu sehen, als ob sie selbst dabei gewesen wären. Und ihr werdet Zeugen dieser und vieler anderer Einsichten sein.

Wichtig ist für euch auch zu wissen, daß ihr nie allein seid, nicht einmal auf der Erde. Denn es leben so viele andere Wesen um euch herum, und die meisten sind da, um zu helfen. Und sie helfen euch. Aber die Menschheit vermag sie nicht zu sehen oder zu hören, denn es wird gelehrt, daß nur das, was man *[em-*

pirisch] wahrnehmen und begreifen könne, real sei – und die meisten glauben es. Aber genauso wie der Geist der Menschen gelehrt wurde, nicht zu sehen, werdet ihr gelehrt werden, daß ihr sehen könnt, und ihr *werdet* sehen. In der Bibel wird öfters gesagt: «Wer Augen hat, der sehe», und dies bezieht sich auf die wahre Bedeutung des Sehens. Ihr werdet euch selbst lehren, zu sehen und zu hören.

Ich spreche heute abend auf diese Weise, weil die Zeit gekommen ist, daß die Welt dies von verschiedensten Seiten zu hören bekommt.

– *Voltair, ein Sternenwesen vom Arcturus*
(6. Januar 1992)

1) Nach einer langen und rücksichtsvollen Einleitung kommt das Arcturus-Sternenwesen Voltair nun zu seinem ersten Punkt, nämlich daß die Menschen von einem «außerirdischen» Bereich auf die Erde gekommen seien, und zwar nicht als primitive Wesen, aber auch nicht als Adam und Eva. Weil diese Ansicht sowohl den orthodoxen Religionen als auch der Wissenschaft widerspricht, hat Voltair etwaige kritische Leser mit seiner Einleitung darauf vorbereitet, diese Variante zumindest als These zu betrachten. Wie es genau zu verstehen ist, daß die Menschen von «anderen Sternensystemen» auf die Erde gekommen sind, wird im nächsten Text weiter ausgeführt.

Die Herkunft der Menschheit und eine Warnung vor falschen Versprechungen

Abraham und «The Blend of Loving Energies» haben euch bereits eine beträchtliche Fülle an Informationen über die Geschichte der Menschheit gegeben. Dabei wurden die Veränderung der DNS und die Einführung verschiedener Kontrollmechanismen erwähnt. Der Schwerpunkt unserer Ausführungen liegt auf den außerirdischen Einflüssen. Die Menschheit war immer ein Partner in dieser Entwicklung *[weil sie mitmachte und, wie sogleich erklärt wird, diese Einflüsse sogar begrüßte]*, doch die Einflüsse von außen waren jeweils der Hauptfaktor, der die Menschen in der eingeschlagenen Richtung vorantrieb.

Der Planet Erde wird von vielen Menschenrassen bewohnt. Jede Rasse hat ihren Ursprung auf einem bestimmten Planeten. Es waren nicht Adam und Eva, die alles starteten, sondern nichtirdische Wesen, die zu verschiedenen Zeiten auf die Erde kamen. Zuerst ließen sich die außerirdischen Pioniere selbst auf der Erde nieder und mußten lernen, sich an die planetaren Gegebenheiten anzupassen.[1] Sie bemühten sich, eine physische Struktur in der korrekten Verdichtung zu finden, die es ihnen ermöglichte, innerhalb der Erdatmosphäre zu leben. Nach zahllosen Versuchen *[d. h. nach zahllosen Selbstmanifestationen durch physische Verdichtung]* kam es zu Geburten auf der Erde, und die Körper, die auf diese Weise entstanden, waren am geeignetsten, um auf der Erde zu *leben*.[2]

Die ersten Bewohner der Erde kamen von den Plejaden. Ihnen folgten Wesen von anderen Sternsystemen. Je mehr Zeit verging, desto besser paßten sich die physischen Körper an das Leben auf der Erde an. Zu einem gewissen Zeitpunkt war es nicht mehr erforderlich, daß die außerirdischen Pioniere *[diejenigen, die über eine Verdichtung ihres Körpers auf die Erde gekommen waren]* weiterhin direkt auf der Erde lebten, und so verließen sie den Planeten. Sie behielten die menschliche Entwicklung jedoch immer im Auge und machten sich von Zeit zu Zeit auch physisch bemerkbar. Hinzu kommt, daß es Phasen in der Menschheitsgeschichte gab, in denen die Außerirdischen auch persönlich auf die Erde zurückkehrten. Eine der bekannteren Zivilisationen, in denen dies geschah, war Atlantis. Eine andere war Lemurien.

Für diese Kontakte bestanden konkrete Gründe: Die Menschheit benötigte damals einen neuen Impuls in ihrer Entwicklung, und dazu kam mehrmals auch der Umstand, daß planetare Katastrophen Seelen freisetzten, die dann auf einem anderen Planeten *[in diesem Fall auf der Erde]* neue Inkarnationsmöglichkeiten brauchten, um ihre Entwicklung fortzuführen. Dies waren Seelen vom Maldek, vom Mars, von der Venus und auch von Planeten außerhalb des Sonnensystems. Jeder dieser Planeten hatte seine eigene Geschichte.

Mit anderen Worten, die außerirdische Präsenz besteht auf der Erde in der einen oder anderen Form seit den Uranfängen der Menschheit, ja die Erde selbst hatte um diese Energien gebeten, damit sie ihr in ihrer Entwicklung und in ihrem Wachstum beistünden. *Alle* Energien, auch die Planeten, werden nur aus einem Grund erschaffen: aus Liebe. Alle Energien haben aber auch die freie Wahl zu entscheiden, in welcher Form sie diese Liebe entfalten wollen und *ob* sie es überhaupt wollen. Und es war die Wahl der Erde, einer menschlichen Spezies als Lebensraum zu dienen und von diesen Menschen auf ihrem eigenen Weg der Liebe unterstützt zu werden.

Viele, die gegenwärtig auf der Erde inkarniert sind, sind Sternenwesen, die schon seit langem am Entwicklungsgang der Erde teilnehmen und nun hier sind, um diesen Weg fortzusetzen und anderen in dieser wunderbaren Bemühung beizustehen. Viele, die unter den Menschen leben, stammen ebenfalls von anderen Sternensystemen, aber sie betrachten die Erde und die Menschheit nicht mit Liebe. Diese Wesen möchten wir nun etwas näher beleuchten.

Außerirdische Syndikate

An diesem Punkt sollte es offensichtlich sein, daß die Menschheit nicht allein ist und nie allein war. Die Menschen mögen dies in ihrer Sichtweise glauben, aber es wäre für sie gut zu wissen, daß diese *[beschränkte Sichtweise]* ein Teil der Manipulation ist, die von jenen eingeführt wurde, deren Existenz sie verneinen.

Nicht alle ETs, die auf der Erde ihre «Residenz» aufgeschlagen haben, werden von liebenden Motiven bewegt. Denkt *[als Vergleich]* an gewisse dunkle Elemente in eurer eigenen Gesellschaft, die von anderen Menschen leben. Eines von vielen Beispielen hierfür ist die Mafia. Mit diesem Namen verbinden die meisten Menschen Vorstellungen von Geld, Gier, Machtstreben und Korruption. Die genannte Gruppierung lebt von solchen Impulsen, und die Agenten tun alles, um das zu erreichen, was sie wollen, sogar wenn andere darunter leiden. Sie nehmen auf niemanden Rücksicht. Sie lieben niemanden außer sich selbst. Sie haben gewisse ethische Verhaltensregeln, aber auch diese werden nur dann eingehalten, wenn es ihrem eigenen Vorteil dient. Auf der individuellen Ebene mögen diese Personen als gottesfürchtige, gesetzestreue Bürger erscheinen, die sich liebend um ihre Familie kümmern und ihre gesellschaftlichen Verpflichtungen erfüllen. Einige spielen diese Rolle sehr gut, solange es nicht ihrem eigentlichen Ziel abträglich ist, nämlich ihre eigenen Vorstellungen durchzusetzen, die hauptsächlich mit Macht und Herrschaft zu tun haben.

Der Vergleich mit den kriminellen Syndikaten beschreibt die Wirkungsweise der dunklen ET-Mächte sehr treffend. Diese Wesen haben ein einziges, alles andere überschattendes Interesse: Sie wollen die Erde mitsamt Bevölkerung für ihre eigenen Zwecke verwenden, wie immer das aussieht und was immer das bedeutet. Sie haben unterschiedliche Gründe, warum sie auf der Erde sind. Aber sie alle fallen in dieselbe Kategorie von Machtstreben, Manipulation und Ausbeutung. Es geht ihnen gar nicht so sehr um Reichtum. Einige Drahtzieher in der Mafia haben so viel Geld, wie sie in mehreren Leben nicht auszugeben vermögen. Sie sind jedoch besessen von der Vorstellung, herrschen und manipulieren zu müssen. Dies trifft auch auf viele ET-Gruppierungen zu, in der Vergangenheit wie auch in der Gegenwart.

Wie kommt es, daß wir, die liebenden Brüder und Schwestern aus dem Weltall, auf der Erde eine solche Negativität zulassen? Wir können zwar einige Formen von Zerstörung und Einmischung aufhalten, aber grundsätzlich ist die Erde eine Zone des freien Willens. Dies entspricht dem Willen Gottes und dem Willen des Sonnengottes. Weil die Erde eine Zone oder Dimension des freien Willens ist, sind viele Restriktionen aufgehoben. Alle universalen Gesetze und Wahrheiten gelten auch für die Erde und ihre Bewohner. Aber jeder Mensch kann wählen, diese Gesetze und Wahrheiten zu respektieren oder nicht. Das bedeutet jedoch nicht, daß es egal sei, ob jemand die Gesetze des Schöpfers befolgt oder nicht. Natürlich ist es nicht egal. Der Eine Schöpfer ist nicht erfreut, wenn seine Gesetze mißachtet werden. Aber auch wenn die Gesetze mißachtet werden, gelten sie für alle, insbesondere das Gesetz des Ausgleichs, des Karma, wie es die meisten nennen.

Im Universum, auf allen Realitätsebenen, in allen Dimensionen, in allen Sternensystemen leben Wesen mit unterschiedlichsten Bedürfnissen und Vorstellungen. Einige von der dunklen

Seite haben die Befruchtung und Entwicklung der Erde von Anfang an mitverfolgt und wünschten, ihre eigenen Energien auf dem Planeten zu verankern. So nahm ihre Präsenz im Lauf der Zeit immer mehr zu, bis sie stark genug war, um andere Wesen anzuziehen und einzuladen – Wesen, die noch mächtiger waren als sie selbst.

Wir aus dem Licht waren uns immer dieser Präsenz bewußt. Aber wir handeln aus Liebe und respektieren alle Wesen. Hinzu kommt, daß die Menschen den Energien der dunklen Seite nicht ablehnend gegenüberstanden, sondern daß sie es waren, die ihnen das Tor öffneten, indem sie sogar nach diesen Energien verlangten; ansonsten hätten sie gar nicht auf die Erde kommen können.[3] Am Anfang waren es nur wenige Menschen gewesen, die sich diesen Einflüssen öffneten, aber als die Menschheit sich für ganz bestimmte Erfahrungen entschied, um sich auf eigene Experimente einzulassen, übernahmen immer mehr Individuen und Gruppen die Konzepte der dunklen Mächte. Auf diese Weise wurden die Menschen zu Partnern in der Gestaltung der Umstände, wie sie sich heute auf der Erde zeigen.

Vor fünftausend Jahren ...

Wie Abraham ausführte, kam es auf der Erde vor fünftausend Jahren zu bedeutungsschweren Ereignissen. Nach jahrtausendelangen Experimenten gelang es den negativen ETs damals, auf die grundlegende physische Struktur der Menschheit, die DNS, Zugriff zu bekommen und dort Änderungen vorzunehmen. Die Experimente waren nicht im großen Stil durchgeführt worden, da sich viele Menschen der negativen Präsenz bewußt waren und diese Energien meistens zurückwiesen. Aber die Arbeit an der DNS wurde trotzdem durchgeführt *[an anderen Menschen, die unfreiwillig oder unbewußt hineingezogen wurden]*. Dabei kam es zu vielen unerwünschten Wirkungen, sogar aus der Sicht der Manipulatoren. Dazu gehörten verschiedenste Formen von körperlichen wie psychischen Mutationen. Diejenigen, die die Experimente durchführten, störten sich weder an dem einen noch an dem anderen, außer daß diese unbeabsichtigten Mutationen Fehlschläge in ihrer Forschung darstellten.

Diese Wesen spielten und experimentierten mit den Menschen, ähnlich wie gewisse Menschen heute in Laboratorien mit Versuchstieren umgehen. Sie versuchten, das menschliche Bewußtsein in den Griff zu bekommen, so daß die Menschen nicht mehr in der Lage sein würden, ihr spirituelles Selbst zu erkennen: nämlich daß sie *[als spirituelle Seelenwesen]* gleich sind wie alle anderen im Universum und daß sie das Potential haben, alles zu erreichen, was sie sich vornehmen.[4]

Die Experimentatoren waren sehr geduldig und beharrlich, bis es ihnen schließlich gelang, die Menschheit durch eine subtile Genveränderung von ihrer inneren Verbindung mit dem höheren Selbst zu trennen. Vorher hatte der Mensch dem spirituellen Aspekt seines Lebens genau die gleiche Wichtigkeit beigemessen wie dem äußeren Überleben. Doch jetzt bewirkte die physische Veränderung eine Fokussierung des Bewußtseins auf das Materielle. Was die Wesen der dunklen Seite anstrebten, war eine Art Gedächtnisverlust oder Bewußtseinstrübung – was ihnen so «vielversprechend» erschien, daß sie im Lauf der Zeit *[im Lauf der jahrtausendelangen Experimente]* zur Überzeugung kamen, mit dieser Variante der Manipulation das menschliche Bewußtsein am nachhaltigsten beeinflussen zu können. Also konzentrierten sie sich auf diesen Plan. Die Veränderung der DNS war derart subtil, daß nur wenige auf der Erde sie bemerkten und sich nicht beeinflussen ließen.

Mit einfachen Worten: Die Menschheit wurde vom Sinn des Lebens abgelenkt. Sie geriet in das Fahrwasser des Materialismus, und die Konzepte von «Mehr» und «Besser» wurden immer wichtiger.

Verpaßte Chancen nach dem Zweiten Weltkrieg

In vielen medialen Botschaften wurde bereits die Verbindung zwischen den Außerirdischen und den irdischen Regierungen erwähnt. Ich möchte hier nun näher darauf eingehen. *[Denn dies beschreibt, wie die Manipulatoren der Vergangenheit heute, in der entscheidenden Phase der Menschheit, wieder auf der Erde aktiv sind.]*

Die Plejadier setzten sich mit Regierungsmitgliedern der

Erde in Verbindung, als die Zeit sehr günstig war, aber auch drängte. Der Zweite Weltkrieg war soeben zu Ende gegangen, und die Ängste vor einer Atombombe hatten sich bestätigt. Die Vereinigten Staaten und Rußland rüsteten gegeneinander auf, noch bevor der Krieg zu Ende war, und wir sahen die große Notwendigkeit einer sofortigen Einstellung der globalen Bedrohung durch die Atomwaffen. Die Menschheit hatte soeben schwere Jahre voller Blut und Tod durchlebt. Man hätte also erwarten können, daß die Regierung es begrüßte, die Waffenproduktion zu drosseln. Sie hätte interessiert sein müssen, die internationalen Spannungen nur mit friedlichen Mitteln zu lösen. Aber dies war nicht der Fall.

Seit dem Moment unseres Erscheinens begegnete eure Regierung uns mit größtem Mißtrauen. (Ich, Ashtar, war ein Mitglied dieser Delegation.[5]) Es handelte sich nicht um einen plötzlichen Kontakt, da wir lange vor dem Treffen schon bestimmte Kanäle der Kommunikation gefunden hatten. Unter den militärischen Führern herrschte eine beträchtliche Angst. Es waren Personen, die eine enge Verbindung mit Präsident Truman hatten. Wir brauchen keine Namen zu nennen, da dies niemandem etwas bringt; die meisten von ihnen sind ohnehin schon verstorben. Wir können aber sagen, daß der größte Druck und Einfluß auf eure Regierung damals vom Militär kam. Dies hat sich bis zum heutigen Tag nicht geändert, sondern sogar noch verstärkt.

Die Begegnung mit den Vertretern eurer Regierung dauerte fast drei Stunden. Wir mußten darlegen, was unser Standpunkt ist und was wir anzubieten haben. Aber keine der anwesenden Personen war fähig zu verstehen, daß unsere Motivationen nur auf Liebe und dem Wunsch zu helfen gründeten. Sie wollten immer nur den «Haken» an der Geschichte entdecken. Wir boten jede Form von Unterstützung an, die wir für angebracht hielten, wobei wir aber auch Bedingungen stellten. Die wichtigsten Bedingungen waren die sofortige Einstellung jeder Produktion von Atomwaffen (was damals leicht gewesen wäre, da das Atomzeitalter noch nicht wirklich begonnen hatte), die Übergabe aller vorhandenen Atomwaffen an uns, damit wir sie auf eine sichere Weise unschädlich machen konnten, und der sofortige Beginn von Abrüstung sowie der Entmachtung des

Militärs im allgemeinen. Sie sollten mit allen wichtigen Ländern Verbindung aufnehmen und sie informieren, damit auch sie diesem Beispiel hoffentlich folgen würden. Wir hätten dann auch viele dieser anderen Länder besucht. Wären die Waffenfronten verschwunden, hätten die internationalen Fragen viel leichter in einem friedlichen Rahmen gelöst werden können.

Wir erwarteten nicht, daß sich alle Nationen sogleich in Liebe zusammenschließen würden. Worum es ging, war ein gegenseitiger Respekt und eine Koexistenz in Frieden. Auf dieser Grundlage wäre es möglich gewesen, daß allmählich eine umfassende Akzeptanz entstanden wäre, danach eine gemeinsame geistige Ausrichtung als globale Menschheit. Wir waren auch bereit, mit gewissen Technologien zu helfen. Wir präsentierten Lösungen für die richtige Nutzung der Sonnenenergie und für die Überwindung der Verbrennungsmotoren in euren Fahrzeugen. Wir waren bereit, alle Wege zu erforschen, die zu einer friedvollen Umgestaltung und Entwicklung führen konnten. Wir zwangen niemanden, etwas anzunehmen. Wir präsentierten einfach einige Beispiele aus der Vielfalt von dem, was möglich war.

Wie ihr heute wißt, lehnte eure Regierung unsere Vorschläge ab. Die russische Regierung tat dasselbe. Wir waren überzeugt, daß Rußland eurem Beispiel gefolgt wäre, wenn eure Regierung unsere Angebote angenommen hätte. Aber die Machthaber wollten ihre Macht behalten. Waffen, Gewalt und Einschüchterung sind Mittel, um dies zu tun. Herrschen Friede, Liebe und gegenseitiger Respekt, dann besteht absolut keine Notwendigkeit für Systeme, mit denen sich Regierungen und andere Organisationen Macht verschaffen können.

Nachdem eure Regierung unsere Friedensvorschläge abgelehnt hatte, bekam sie in der Folge neue Angebote, die ganz ihrem «Geschmack» entsprachen. Eine andere Art von ETs nahm mit ihnen Kontakt auf und erschien mit Versprechungen einer militärischen und technologischen «Entwicklungshilfe». Sie demonstrierten auch einige ihrer Errungenschaften. Die anwesenden Funktionäre waren sprachlos angesichts der vorgeführten Technologie und der Möglichkeiten, die solch fortgeschrittene Systeme eröffneten. Aber die Geschenke der Außerirdischen waren mit einem Preis verbunden. Eure Regierung mußte ihnen die Erlaubnis geben, an bestimmten Menschen medizinische *[genetische]* Experimente durchzuführen, und mußte ihnen auch zusichern, daß sie dabei nicht behindert würden.[6] Die verantwortlichen Funktionäre waren sowohl machtgierig als auch naiv. Sie begriffen nicht, worauf sie sich einließen, und unterschätzten die Konsequenzen. Dennoch waren sie sich bewußt, daß dies einige mit Schmerz und Unannehmlichkeiten verbundene Opfer bedeutete, und sie waren willig, dies hinzunehmen – zum Nutzen der «nationalen Sicherheit». Sie mußten auch noch andere Eingeständnisse machen, aber das würde hier zu weit führen.

Die Experimente begannen praktisch sofort, und die Regierung ignorierte gemäß Abmachung alle Meldungen und Klagen aus dem Volk. Natürlich wurden vereinzelte Ausschüsse gegründet, die sich mit den Sichtungsmeldungen befassen sollten. Aber diese Komitees hatten nie die Absicht, irgend etwas zu enthüllen. Es war alles nur Fassade und Show.

Seit jener Zeit finden die Experimente und Entführungen unvermindert bis zum heutigen Tag statt. Aber nun kommen noch andere, sehr bedeutsame Faktoren hinzu, die eure Zukunft prägen werden. Die Erde hat beschlossen, ihr Wesen in die fünfte Dimension zu erhöhen, und sie bereitet sich nun darauf vor. Viele planetare Energien sind auf die Erde gerichtet und werden eure Existenz auf höchst dramatische Weise beeinflussen.

Die Menschheit befindet sich an einem entscheidenden Wendepunkt. Viele in der Regierung glauben ebenfalls, daß Veränderungen bevorstehen, aber sie verstehen nicht wirklich, welche Art von Veränderungen. Sie können sich nicht vorstellen, zu welchen Entwicklungssprüngen Menschen fähig sind, ganz zu schweigen von den Entwicklungssprüngen des Planeten.

Die nächsten Phasen

Was steht als nächstes an? Die Erde und die Menschheit verändern sich. Ob dies von einer individuellen Minderheit getan wird oder ob die Menschen in Massen daran teilnehmen werden, das hängt von der Entscheidung jedes einzelnen ab. Dies ist der wichtigste Aspekt in allem, was von jetzt an mit der

Menschheit geschieht. Kollektiv könnt ihr alles verändern. Individuell könnt ihr nur die Umstände für euch selbst verändern.

Die US-Regierung ist dabei, Teile ihrer ET-Verbindungen publik zu machen. Dies geschieht hauptsächlich aus zwei Gründen. Erstens ist es der Druck von seiten der Öffentlichkeit, der auf verschiedenen Ebenen spürbar wird und immer mehr Informationen aus der Geheimhaltung hervorholt. Auch wir unterstützen diese Bestrebungen, indem wir unsere Präsenz den Menschen, die offen dafür sind, bekannt machen. Dies wiederum schafft weltweit eine größere Bewußtheit, so daß es für die geheime Regierung immer schwieriger wird, das Offensichtliche zu leugnen. Und zweitens besteht die große Wahrscheinlichkeit, daß die Information letztlich ohnehin bekannt wird, spätestens dann, wenn die Erdveränderungen das Thema der negativen ETs zwangsläufig ans Tageslicht bringen.[7]

Wenn die Regierung Informationen herausgibt, dann tut sie dies nicht im Interesse oder zum Vorteil des Volkes. Sie wird versuchen, durch eine Medienkampagne ihre Glaubwürdigkeit zu wahren, wodurch sie gleichzeitig den größten Teil der Wahrheit und ihrer wahren Motivation verbirgt. Man wird euch *nicht die Wahrheit* sagen über das, was geschehen ist und geschieht. Viele werden meinen, es sei selbstverständlich, daß man der Öffentlichkeit nichts als «die Wahrheit» mitteile. Das sind die Menschen, die willig bereit sind, alles, was ihnen «von oben» vorgesetzt wird, zu schlucken. Damit verleihen sie den politischen und wirtschaftlichen Führern erst die Macht, die diese brauchen, um die Menschen zu beherrschen.

Der große Auftritt

Im Laufe der Zeit werden die Hinweise auf die Existenz der Außerirdischen, auch von offizieller Seite, immer häufiger werden. Die Regierung wird zugeben, daß hinter den Kulissen eine gewisse Zusammenarbeit mit den ETs stattgefunden habe, um Sicherheits- und Verteidigungssysteme zu entwickeln. Sie wird sagen, dies sei geheimgehalten worden, weil mit einer Veröffentlichung viele Risiken verbunden gewesen wären *[Stichwort «Kalter Krieg»]* und weil sie zum Schluß gekommen seien, daß die Öffentlichkeit damals noch nicht bereit war für diese Art von Information; es wäre eine Massenpanik zu befürchten gewesen. Gleichzeitig wird das Thema der Entführungen geleugnet werden.

Nach langen Diskussionen über dieses Thema wird es soweit kommen, daß der Öffentlichkeit die «wohlwollenden» ETs vorgestellt werden; sie seien hier, um der Menschheit zu helfen. Es ist gut möglich, daß dies sogar ein großes TV-Ereignis sein wird.

Wenn sich die Menschen erst einmal an die Vorstellung einer ET-Existenz gewöhnt haben, werden die nächsten Schritte der «neuen Zukunft» mitgeteilt werden. Einiges wird wahr sein, einiges nicht. Während dies geschieht, wird die Regierung die Öffentlichkeit darauf vorbereiten, neue Kontrollmechanismen anzunehmen. Diese Mechanismen werden natürlich schön verpackt und diskret eingeführt werden. Ihr werdet ständig zu hören bekommen, alles sei nur zu eurem Besten *[persönliche Sicherheit usw.]*. Und es wird viele Beispiele geben, die «beweisen», daß diese Versprechungen stichhaltig sind,[8]

In nicht allzu ferner Zukunft wird euch dann mitgeteilt werden, daß sogar noch wundervollere und wohlwollendere Wesen auftreten werden. Wenn ihr diese Aliens zu Gesicht bekommt, wird man euch auffordern, nicht so sehr ihr physisches Aussehen zu betrachten, sondern ihre Liebe zur Menschheit zu spüren. Hier spreche ich von den Supermächtigen, denjenigen, die hinter jenen ETs stehen, die mit der geheimen Regierung zusammenarbeiten, ähnlich wie die Mafia-Bosse, die hinter ihren agierenden Drahtziehern stehen. Diese Wesen werden ihre «Liebe» demonstrieren, indem sie Wunder und spektakuläre Taten vollbringen. Ihr ganzer Auftritt wird den einen Zweck haben, die Menschen der Erde zu überzeugen, daß es sehr weise wäre, auf sie zu hören und zu tun, was sie sagen.

Ein wichtiger Aspekt werden ihre medizinischen Demonstrationen sein. Sie werden natürlich nicht sagen, daß sie selbst viele dieser Krankheiten unter die Menschen gebracht haben. Sie wollen sich für diese Wohltaten feiern lassen, damit die Menschheit ihnen ihr volles Vertrauen schenkt.[9]

Dann, zu einem ganz bestimmten Zeitpunkt, wird euch der wahre Grund mitgeteilt, warum sie hier sind. Die Erde werde sich verändern und die Verwüstungen würden sogar noch verheerender werden als die bisherigen. Sie werden sagen, es sei notwendig, daß die Menschen, die überleben wollen, die Erde verlassen. Und sie werden sogleich auch die Lösung anbieten. Sie werden von Planeten sprechen, die sie für die Menschen als Zuflucht vor dem sicheren Tod und Untergang vorbereitet hätten. Sie werden einige ausgewählte Personen zu ihren «goldenen Städten» führen, damit diese die Wahrheit ihrer Versprechungen bezeugen. Diese Angebote werden sehr attraktiv sein, aber nur für diejenigen, die es nicht gelernt haben, Licht von der dunklen Seite des Lichtes zu unterscheiden.

Täuschung durch Hologramme

Die Wesen der dunklen Seite sind Meister in der Verwendung von Hologrammen. Sie werden Vorspiegelungen von Städten schaffen, die einige sehen und andere «besuchen» werden. Diejenigen, die den besagten ETs glauben und ihnen folgen, werden nicht das vorfinden, was sie gesehen und gehört haben. Es wird die Entscheidung eines jeden einzelnen sein, was zu tun ist. Die Regierung wird euch ermutigen, ihnen zu folgen. Sie wird sogar ihre Kontrollmechanismen einsetzen, um euch zu nötigen, weil dies «zu eurem eigenen Vorteil» sei. Wenn man sich einmal entschieden hat und mit ihnen geht, gibt es kein Zurück mehr. Dann wird man bald erkennen müssen, welche Illusion einem vorgeführt wurde.

Wenn ihr den Weg der negativen ETs wählt, werdet ihr für den Nutzen jener verwendet werden, die euch mitgenommen haben. Ihr werdet versklavt werden. Das kann verschiedenste Formen annehmen, aber auf jeden Fall werdet ihr unter der direkten Herrschaft der «Aufseher» stehen. Es wird keinen physischen Ausweg aus dieser Situation geben. Viele werden in Experimenten verwendet werden, in medizinischen, genetischen und anderen. Andere werden Sklavenarbeit verrichten müssen. Der physische Tod wird der einzige Ausweg sein.[10]

Die Zeit ist gekommen, daß wir euch ganz klar sagen, was Sache ist. Wir verzichten aber darauf, weitere Details dieser Gefangenschaft bekanntzugeben. Ihr werdet die Wahl haben, und es ist allein eure Entscheidung. Die Betroffenen werden empört sein und sagen, man habe sie hereingelegt. Das stimmt. Aber sie selbst werden es zugelassen haben.

Ihr habt alle Möglichkeiten, eure spirituelle Sicht und Wachsamkeit zu entwickeln, so daß ihr immer intuitiv wissen werdet, was das beste für euch ist. Es gibt keine Entschuldigungen. Aber es gibt Alternativen.

Eine dieser Alternativen sind *wir*, und wir werden ebenfalls vor euch erscheinen, aber auf eine ganz andere Art. Hier möchten wir nur sagen,[11] daß jeder Mensch die Gelegenheit haben wird, unsere Liebe und unsere Unterstützung anzunehmen. Aber dies wird niemandem aufgezwungen werden, denn das ist nicht die Handlungsweise von uns Wesen aus dem Licht. Unser Ursprung, Gott, möchte, daß wir aus Liebe handeln und immer den freien Willen respektieren. Das tun wir mit Freuden, denn wir sind Liebe. All diejenigen, die unsere Schwingung kennen und von anderen unterscheiden können, werden keine Schwierigkeit haben zu erkennen, wer wir sind.

Die lichte Perspektive

Das sind einige der Dinge, die auf die Menschheit und die Erde zukommen. Es wird wahrhaftig Möglichkeiten geben, woanders hinzugehen, wenn die Erde sich für die neuen Bewohner mit Lichtkörpern vorbereitet, und es gibt viele Menschen, die diesen Aufstieg anstreben. Das wird «die Große Entscheidung der Seelen» genannt. Ihr werdet noch viel darüber hören.

Abschließend möchten wir nochmals darauf hinweisen, daß diejenigen, die ihre innere Bewußtheit entwickeln, nichts zu befürchten haben. Sie werden zur Erkenntnis gelangen, was ihre eigene Wahrheit ist, denn sie geben diese Verantwortung nicht an Regierungen, Kirchen oder Organisationen und auch nicht an uns oder andere Personen ab. Euch bietet diese Zeit eine spirituelle Durchbruchsmöglichkeit, nach der ihr schon seit vielen Leben strebt.

Nun möchte ich für heute schließen. Es gibt noch vieles zu sagen, und ich werde mich nicht zurückhalten. Aber ich bitte euch: Lernt, euch selbst und die Erde zu lieben. Das ist die beste Vorbereitung, die ihr hinsichtlich des Kommenden treffen könnt. Ich verabschiede mich in Liebe zu euch und zum Unbegrenzten Schöpfer von uns allen.

– Ashtar
(28. September 1992)

1) In dieser ersten Phase gab es noch keine menschlichen Lebensformen auf der Erde, als deren Kinder sie sich hätten inkarnieren können. Diese Protoformen mußten zuerst über eine physische Verdichtung aus den höheren Lichtkörpern manifestiert werden, was für die kosmischen Urwesen nicht einfach war. Es war eine neuartige Aufgabe, denn es ging nicht bloß um ein kurzes sichtbares Erscheinen, sondern um die Schaffung eines Körpers, der permanent auf der Erde leben und sich selbst fortpflanzen konnte. Das bedingte die Bildung eines grobstofflichen Körpers mit allen Organen, Substanzen und physischen Strukturen bis hin zum Skelett.

2) Die kosmischen Urwesen handelten als Mitschöpfer (engl. co-creators) in vollkommener Harmonie mit den Schöpfungsgesetzen, aber sie waren nicht allmächtig. Deshalb wird hier von «zahllosen Versuchen» gesprochen, denn es war nicht nur ein einziger Plejadier, der jeweils «die Luft anhielt» und in die dichte Materiewelt der Erde eintauchte. Die Körper mußten der irdischen Schwerkraft und Atmosphäre angepaßt und zu einem physischen Stoffwechsel fähig sein. Die entsprechenden Versuche waren eine Art Experiment, aber wie noch öfters betont wird, waren diese Experimente ganz anders als die späteren, widernatürlichen Eingriffe der genetischen Manipulatoren. Es waren gottgewollte Schöpfungsakte, und die Urheber handelten nur aus selbstloser Liebe, die hier in der hohen Verantwortung der Menschwerdung zum Ausdruck gebracht wurde.

Anfänglich war jeder «Urmensch» auf der Erde eine Verdichtung aus höheren Dimensionen. Es gab noch keine irdische «Reproduktion» und erst recht keine sexuelle Fortpflanzung.

Als später physische Körper entwickelt wurden, die fähig waren, in den irdischen Gegebenheiten zu leben, waren diese Menschen auch nachhaltiger an die Erde gebunden als ihre kosmischen Stammeseltern, die ihre Verdichtung jederzeit wieder rückgängig machen konnten, um in ihre eigene Dimension zurückzukehren.

Was hier beschrieben wird, ist eine Kurzzusammenfassung der Schöpfung der Menschheit, und dazu in einem Zeitraffer. Es wird einfach gesagt, daß nach «zahllosen Versuchen» eine menschliche Spezies entstand, die zu Geburten fähig war. Damit können mehrere irdische Zeitalter gemeint sein, denn andere Quellen sagen, daß die Menschen sich während mehrerer Zyklen nicht geschlechtlich vermehrten.

Allerdings braucht der Begriff «Geburt», der hier gebraucht wird, nicht nur sexuell verstanden zu werden. Wir sollten nicht vergessen, daß den höherdimensionalen Wesen eine für uns Menschen unvorstellbare geistige Fruchtbarkeit und Schöpfungskraft innewohnt.

3) *Das Verlangen nach diesen Energien äußerte sich anfänglich wahrscheinlich nur unbewußt und ohne direkte Absicht: Man strebte einfach nach Abwechslung, man wünschte sich Führer und wollte, daß andere für einen entscheiden, was «Gottes Wille» ist; als man dann «Gottes Willen» erfuhr, hielt man sich für die einzigen, die Gottes Willen kennen, vor allem wenn diese Botschaften «Gottes» sehr menschlich gefärbt waren; dies führte zu Überheblichkeit, Ausgrenzungen und Feindbildern, was bewirkte, daß man diese Energien bewußt und noch intensiver beschwor, um im Kampf gegen die Feinde «göttlichen Beistand» zu haben. So gerieten viele Menschen im Namen Gottes immer mehr in einen Teufelskreis.*

4) *Sogar für den modernen Menschen klingt diese Aussage unglaublich und wird entweder als Gotteslästerung verteufelt oder weckt himmelerobernde Wunschträume. In der Tat ist der unbegrenzte Machbarkeitswahn der technologischen Zivilisation, der nicht einmal vor den Genen und Atomen haltmacht, nichts anderes als ein verzerrter Ausdruck des ursprünglichen Potentials der Seele, alles zu erreichen, was sie will – ein Potential, das allerdings nur im Spirituellen verwirklicht werden kann. Denn der wahre, gottgewollte Zweck dieses Potentials besteht nicht in einer egoistischen Selbstherrlichkeit, sondern in der Verwirklichung spiritueller Wünsche, insbesondere des Wunsches nach Freiheit von materieller Beeinflussung, nach Erlösung aus der Getrenntheit vom Ursprung, «God Source». Diese Wünsche können unter allen Umständen erfüllt werden, und keine materielle Macht kann das Individuum, das wahrhaftig will, an der Erreichung dieses Ziels hindern. Die Tatsache, daß dieses Potential den meisten Menschen auch heute noch fremd ist oder mit einer materialistischen Machbarkeit verwechselt wird, zeigt, wie tiefgreifend und nachhaltig diese Bewußtseinsmanipulation gewirkt hat und immer noch wirkt.*

5) *Ashtar bezeichnet sich hier einfach als Mitglied der Delegation, was er auch war, und zwar das führende. Schon in den fünfziger Jahren, also bald nach den (gescheiterten!) Unterredungen, übermittelte Ashtar dem «Medialen Friedenskreis Berlin» (siehe «Machtwechsel auf der Erde», S. 498–501) eine Aufzeichnung des Verlaufs dieser Treffen mit den Regierungsoberhäuptern der USA und der Sowjetunion.*

6) *Die größte Behinderung wäre das frühzeitige oder unkontrollierte Bekanntwerden dieser Vorgänge gewesen, weshalb zum Pakt auch die «Rückendeckung» der ETs in Form von allgemeiner Vertuschung bzw. Desinforma-*

tion gehörte. Dies zeigte sich zuerst in der langjährigen Ignorierung und Leugnung des UFO-Phänomens, parallel dazu aber auch in der öffentlichen Darstellung der ETs via Hollywood und in durchsickernden Informationen, um die Menschen allmählich an die «Aliens» zu gewöhnen – so lange, bis die Zeit und die Menschheit reif sind für die offizielle Bekanntgabe: «ETs existieren, sie sind hier, und sie sind allesamt positiv, denn sie geben uns technische Lösungen für unsere Probleme!» In diesem Szenario wäre eine solche Halbwahrheit nicht nur Rückendeckung, sondern bereits ein Rückenwind, der sich für eine gewisse Zeit als bahnbrechend erweisen würde.

7) Siehe: «Machtwechsel auf der Erde», S. 415f., «Offizielle ‹Enthüllungen›» und «Astronauten bestätigen die Existenz von UFOs».

8) Zu den erwähnten Mechanismen wird die Implantierung von ID-Mikrochips gehören. Schon am Ende des 20. Jahrhunderts hatten sich bekannte Politiker, Diplomaten und Geschäftsmagnaten freiwillig einen solchen Chip verpassen lassen, um im Fall einer Entführung jederzeit über das GPS-Satellitennetz geortet werden zu können. Die Firma, die diesen Chip herstellt, nennt ihn ironischerweise «Digital Angel» (digitaler Engel; siehe z.B. FOCUS 52/1999). Zum beschriebenen Szenario könnte also gehören, daß irgendeine gestellte Entführung stattfindet, vielleicht wird sogar das Kind einer prominenten Person entführt, um die Geschichte noch rühriger zu machen. Dann kommt es zu einer atemberaubenden Befreiungsaktion, die nur möglich ist, weil der Prominente oder das Prominentenkind «Gott sei Dank» mit einem Chip versehen war. Wer wird es dann noch wagen, sich der allgemeinen Einführung von Sicherheits-Chips zu widersetzen?

9) Wer zu diesem Zeitpunkt die Show noch durchschaut und von «negativen Wesen» spricht, wird von der Übermacht dieser öffentlichen Meinung überstimmt, vielleicht sogar bekämpft werden. Möglicherweise wird auch der Vorwurf des Rassismus laut werden. Im letzten Abschnitt hat Ashtar ja diskret erwähnt, daß die Menschen dann aufgefordert würden, diese Wesen nicht an ihrem physischen Aussehen zu beurteilen. Damit deutet er an, daß sich diese «Supermächtigen» nicht einmal mehr die Mühe machen werden, eine andere (menschenähnliche) körperliche Erscheinung zu manifestieren, sondern daß sie direkt in ihrer eigentlichen Physis erscheinen werden. Was dies näher bedeuten könnte, erörtert Ashtar in seinem nächsten Text. In Science-fiction-Filmen haben wir das alles schon gesehen.

10) Diese ungeschminkte Darlegung, die man sogar als furchteinflößend empfinden könnte, ist nicht leicht zu glauben. Die Frage regt sich: «Wie könnte Gott so etwas zulassen? Wenn diese Darstellung stimmt, dann würden viele Menschen unwissend oder sogar mit guten Absichten in diese Falle gehen!»

Das sind berechtigte Einwände und Zweifel. Eine mögliche Antwort könnte lauten, daß die göttlichen Quellen schon seit zweitausend Jahren (und mehr) Warnungen aussprechen, wie sie deutlicher nicht sein könnten. Ist die Menschheit tatsächlich an einem einzigartigen Punkt angelangt, wo sich für eine lange Zeit das individuelle Schicksal entscheidet? Pocht die göttliche Seite deshalb so sehr auf die Gefährlichkeit der satanischen Wunder und Verführungen? Der Begriff «Seelenfänger» könnte auch wörtlich der Realität entsprechen...!

Die Gewaltigkeit dieser Gefahr würde erklären, warum auch die Johannes-Offenbarung in der Bibel eine ähnlich kompromißlose, ja sogar noch eindringlichere Sprache wählt:

«Wer das Tier und sein [sprechendes!] Standbild verehrt und dessen Zeichen auf der Stirn oder der Hand anbringen läßt, der wird ... mit Feuer und Schwefel gequält, ... der wird Tag und Nacht keine Ruhe finden.» (14,9–11) «Das Tier wurde gefangengenommen und auch der falsche Prophet, der im Auftrag des Tieres die Wunder getan hatte. Durch diese Wunder hatte er alle verführt, die das Zeichen des Tieres angenommen hatten. Das Tier und der falsche Prophet wurden bei lebendigem Leib in einen See von brennendem Schwefel geworfen. Ihre Heere wurden durch das Schwert vernichtet ...» (19,20–21)

Wenn es heißt, daß der physische Tod der einzige Ausweg sein wird, bleibt immer noch die Frage, was die Bestimmung dieser Seelen sein wird. Immerhin haben sie – trotz aller Warnungen – zu den dunklen Mächten ja gesagt. Wird es diesen Seelen nach dem Tod gelingen, dem Gefängnis der niederen Astralwelt zu entkommen? Auch hier gibt es Stimmen, die solchen Seelen ein schweres Schicksal prophezeien. Sie würden so lange in der Gefangenschaft der dunklen Wesen bleiben, bis diese sich selbst dem Licht zuwenden und die Seelen freigeben.

Das alles mag stimmen oder nicht. Auf jeden Fall ist es ratsam, nicht auf die verführerischen Angebote einzugehen und lieber am «steilen Pfad» in den Himmel festzuhalten, als die «breite Straße» in die Hölle einzuschlagen. Nur wer egoistischen Interessen ein größeres Gewicht beimißt als der echten, uneigennützigen Liebe, läuft Gefahr, von den Dunkelmächten getäuscht zu werden.

11) *Anm. von Tom Smith: Ashtar sagt dies nur «for brevity's sake», also um sich kurz zu fassen und zu einem Ende zu kommen. Er will nicht irgend etwas Wichtiges verheimlichen.*

Aufgezwungene Hilfe und die große Täuschung

Es ist nicht unsere Absicht, irgendwelche Personen oder Organisationen schlechtzumachen, auch nicht Regierungen. Wir sind uns bewußt, daß Organisationen im allgemeinen eine Widerspiegelung der Überzeugungen der einzelnen Mitglieder sind. Das bedeutet aber nicht, daß wir den Kurs, den sie einschlagen, unterstützen. Wenn sich der eingeschlagene Kurs für die Erde als verhängnisvoll erweist, werden wir sogar noch besorgter, denn diese wunderbare Energie *[die Erde]* hat um unsere Unterstützung gebeten.

Ich habe erwähnt, daß eure Regierung mit den Kräften der dunklen Seite zu tun hat. Die meisten Mitwirkenden in der Regierung haben keine direkte Verbindung zu irgendwelchen Wesen dieses negativen Typus. Gleichzeitig jedoch unterstützen die meisten die Aktionen der Regierung, da sie eingewilligt haben, ein Teil davon zu sein. Wie gesagt: Dies gilt für die meisten, aber nicht für alle.

Gewisse Organisationen, insbesondere Geheimdienste, haben einen großen und unmittelbaren Einfluß auf eure Zukunft als freie Bürger. Warum sagen wir euch dies? Aus dem gleichen Grund, weshalb wir euch alle anderen Dinge sagen, nämlich damit ihr euch ihrer bewußt seid und euch besser auf die verschiedenen Entscheidungsmöglichkeiten vorbereiten könnt. Eine dieser Möglichkeiten ist natürlich, daß ihr euer Massenbewußtsein auf eine Weise verwendet, um all das zu ändern, was ihr für notwendig haltet.

Die Menschen müssen also kollektiv und individuell entscheiden, welche Richtung sie wählen wollen. Viele sind auf der Erde, um das herrschende System von Macht und Einmischung weiterzuführen. Diese Menschen empfinden die Unterstützung des «Big Brother» als etwas sehr Attraktives und sogar schon fast als etwas Notwendiges, denn sie meinen, die Sicherheit der Gesellschaft, ja das Überleben hänge davon ab.

Andere sind auf der Erde, weil sie ihre spirituelle Entwicklung weiterführen wollen. Aber auch unter ihnen gibt es nur wenige, die von den herrschenden Mächten nicht beeinflußt werden.

Die Herrschenden können also ihren Einfluß und ihre Machtbefugnisse nach Belieben ausbauen – falls die Bürger es zulassen. Hier liegt die wahre Gefahr für euch. Wenn die Herrschenden nicht herausgefordert und zur Rechenschaft gezogen werden, kann diese Entwicklung nicht aufgehalten werden, und die Menschheit muß sich den Konsequenzen stellen.

Die Verbindung und Zusammenarbeit mit den dunklen Mächten läuft durch verschiedene geheime Organisationen. Diese üben auch einen starken Einfluß auf andere Regierungen aus und richten sich gegen gewisse Elemente in eurer Gesellschaft [USA]. Das am häufigsten verwendete Schlagwort hierbei ist «nationale Sicherheit». In diesen Kreisen befinden sich auch die Personen, die sich auf eine Zusammenarbeit mit den «Aliens» einließen, um eine größere Macht über die Menschen eures Landes und der Erde zu erlangen.

Wir könnten vieles über die Rolle dieser Organisationen sagen. Wir werden keine Namen nennen, um nicht Zielscheiben für «Gegenmaßnahmen» zu liefern. Dies würde niemandem dienen und wäre nur eine Ablenkung von den wirklich wichtigen Themen. Egal was ihr zu hören bekommt – ein positives, liebendes und rücksichtsvolles Bewußtsein ist alles, was ihr braucht. Mit dieser Macht könnt ihr jede Art von negativer oder potentiell negativer Konfrontation spielend überwinden.

Ich kann nicht genug betonen, daß eure Regierung nicht total «schlecht» ist. In ihren verschiedenen Abteilungen arbeiten viele wunderbare Seelen. Sie versuchen, sich Gehör zu verschaffen. Andere warten auf den richtigen Moment, um ihre Gegenwart spürbar zu machen. Viele andere sind einfach ehrliche Bürger, die versuchen, auf redliche Weise ihren Lebensunterhalt zu verdienen und gute Arbeit zu leisten. Die meisten von ihnen sind jedoch überschattet von jenen Einflüssen, die ich bereits erwähnt habe.

Ich spreche über die negativen Energien, da diese das zweitgrößte Problem eurer Gesellschaft sind. Das größte Problem ist die Krankheit, die ich früher schon erwähnt habe – Selbstgefälligkeit und Gleichgültigkeit. Nur deshalb konnten die Geheimorganisationen der Regierung das ganze System derart in ihren Griff bekommen. Das Volk hat dies erlaubt. Das Volk könnte und müßte nicht alles hinnehmen [müßte nicht überall mitma-

chen – man stelle sich vor, niemand würde Handys kaufen oder Fleisch essen]. Laßt euch nicht von der «nationalen Sicherheit» beeindrucken. Das ist eine bewußte Erfindung der Machthaber, um verborgene Aktionen durchführen zu können. In dieser Haltung *[des Volkes]* besteht der große Erfolg der Dunkelmächte und ihrer Machtbestrebungen. Dadurch konnten sie für ihr weiteres Vorgehen eine perfekte Situation schaffen.

Es muß doch einen Ausweg geben, ein Ende dieses Alptraums, nicht wahr? Den gibt es. Aber: Es bedarf einer monumentalen und doch einfachen Bemühung, um all den imminenten negativen Energien und Plänen entgegenzuwirken. Mit einfachen Worten: Liebt euch selbst; respektiert eure Mitmenschen und ihren freien Willen; lernt, für eure Antworten nach innen zu gehen, und laßt euch von den Mächtigen nicht alles bieten – das sind schnelle Wege, um Veränderungen zu bewirken. Wenn dies geschieht, wird das Massenbewußtsein eine positive Veränderung erfahren. Ansonsten ist es sehr wahrscheinlich, daß das folgende geschieht.

«Die mögliche Entwicklung gewisser Umstände ...»

Einige der mächtigsten Leute eures Planeten gehören entweder selbst zu den dunklen Mächten oder stehen direkt unter ihrer Kontrolle. Wie bereits mehrmals erwähnt, haben die negativen ETs «Übereinkünfte» mit der geheimen Regierung. Diese sogenannten Übereinkünfte sind nicht das Papier wert, auf das sie geschrieben sind, wenn es den Negativen beliebt, etwas anderes zu tun. Anfänglich waren die Abmachungen sehr spezifisch. Im Lauf der Zeit wurden sie aber überarbeitet, um den «Partnern» eine immer freiere Intervention zu ermöglichen. Wie nicht anders zu erwarten, hoffte man dabei, als Gegenleistung neue Waffensysteme zu bekommen. Aber dies führte zu nichts anderem, als daß die «Partner» fast die totale Kontrolle über den Kurs eurer Regierung gewannen. Die Abmachungen haben nur noch eine geringe Bedeutung, da die ETs der dunklen Seite praktisch alles tun können, was sie wollen und wann immer sie es wollen. Nur ein positives kollektives Bewußtsein der Liebe kann ihren Plan aufhalten.

Die bereits absehbaren Erdveränderungen sind der Hauptgrund, warum die nächsten Schritte mit großer Dringlichkeit und relativ schnell durchgeführt werden sollen.[1]

Die geheime Regierung war einverstanden, gewissen reptiloiden Wesen eine totale Freiheit über die Menschen eures Landes und aller anderen Länder ihrer Wahl einzuräumen, ohne etwas Konkretes dagegen zu unternehmen. Diesen reptiloiden ETs unterstehen gewisse ETs aus den dunklen Bereichen der Orion-Planeten, die oftmals «die Grauen» genannt werden. Sie sind es, die hauptsächlich die Experimente an eurer Spezies und auch die Entführungen durchführen. Es gibt noch drei weitere Gruppen von Außerirdischen, die dies tun, aber die Grauen vom Orion[2] sind die Vorrangigen und tun dies bereits seit geraumer Zeit.

Ihr solltet jedoch wissen, daß diese negativen ETs vom Orion eine Minderheit unter den Bewohnern des Orion darstellen. Diese weitläufigen Planetensysteme werden größtenteils von wohlwollenden, liebenden Wesen bewohnt, die hinsichtlich der Erde und der Menschheit nur den Wunsch haben zu helfen.

Die Körper und die Wracks, die von der Regierung geborgen wurden, stammen von den Negativen der Orion-Gruppe. Obwohl nichts unmöglich ist, sagen wir euch, daß wir mit unseren Raumschiffen nie abstürzen würden, da wir uns ganz anders bewegen als diejenigen, die tatsächlich abstürzten. Wir würden nie irgendeinem Wesen schaden wollen.[3] Unser einziges Anliegen ist die Liebe. Evolutionsmäßig sind wir den negativen ETs um «Lichtjahre» voraus, und ihre Technologie läßt sich in keiner Weise mit dem vergleichen, was wir hervorbringen. Sie sind mächtig, und ihr solltet sie in keinem Moment unterschätzen. Aber sie haben die Entwicklung ihrer Liebe Begrenzungen unterworfen, und deshalb ist ihre gesamte Existenz begrenzt. Wir jedoch verwenden nie irgendeine Form von Gewalt oder Zwang. Wir sind Liebe, und deshalb vertrauen wir auf die Gesetze des Gleichgewichts, wie sie vom Einen Schöpfer festgelegt worden sind.

Ich möchte wieder auf die mögliche Entwicklung gewisser Umstände zu sprechen kommen. Die reptiloiden Wesen oder Echsen *[engl. lizards]*, wie einige sie nennen, sind von einer sehr hohen, aber negativen Schwingung. Wenn ihr dies bezweifelt, dann schaut euch um, und ihr werdet sehen, wie einflußreich und genial sie sind. Spaltung durch Religionen, Konkurrenzdenken, Materialismus, Kontrollsysteme – all dies haben sie auf eine sehr subtile Weise auf dem ganzen Planeten eingeführt. Nur aufgrund dieser langen «Vorarbeit» wurde es ihnen möglich, derartige Übergriffe auf die Menschheit auszuführen. Ihre Macht soll nicht unterschätzt, aber auch *nicht gefürchtet* werden. Das ist das wichtigste. Sie leben von Furcht, Angst und Einschüchterung.

Sie werden nicht erscheinen, um sich selbst aufzudrängen. Sie sind «Masters of Deception» *[Meister des Täuschens]*. Sie werden den Eindruck erwecken, daß sie kommen, um euch zu helfen. Dies haben wir bereits in einem früheren Channeling erwähnt. Sie ziehen es vor, euch für ihre Sache zu gewinnen. Wenn sie bereits am Anfang Gewalt anwenden würden, würden zu viele Menschen sogleich ihre Fassade durchschauen. Sie möchten jeden Menschen derselben Bewußtseinsmanipulation *[engl. mind control]* unterwerfen wie ihre Agenten in der Regierung und ihre ET-Untertanen, die Grauen.

Es liegt an jedem Menschen, ob er dies zulassen will oder nicht. Wenn man einfach alles mitmacht, ist man genauso kontrolliert wie bei einer direkten *mind control*. Praktisch besteht kein Unterschied.

Die Regierung wird anfänglich sehr sichtbar und aktiv sein, denn von offizieller Stelle werden sich viele einsetzen, um bei der Überwindung der planetaren Krise mitzuhelfen.[4] Und die meisten Menschen werden es ohnehin vorziehen, mit «Vater Staat» zusammenzuarbeiten.

Für den weiteren Verlauf der Dinge gibt es verschiedene Varianten. Die wahrscheinlichste ist, daß ein nationaler Notstand ausgerufen wird, und für diese Maßnahme werden sie sehr überzeugende Gründe anführen. Sie werden von Bürgeraufständen *[oder Terroranschlägen]* berichten, die die «öffentliche Ordnung» gefährden. Sie werden sagen, daß eure christlichen Werte in Gefahr seien und daß nun durchgegriffen werden müsse. Gleichzeitig werden gezielte «Naturkatastrophen» in die Wege geleitet, um den Notstand noch zu intensivieren. Diese Desaster werden von den machtvollen negativen Energien ausgelöst werden. Und es wird auch einen ET-Alarm geben, gerichtet gegen die «Eindringlinge», die angeblich nicht wohlwollend seien, nämlich gegen uns![5]

Spätestens dann wird sich zeigen, wie wichtig das Bewußtsein des eigenen Selbst ist. Euer Unterscheidungsvermögen wird in dieser Situation der einzige zuverlässige Führer sein. Mit jeder Phase wird das Militär neue Sondereinheiten entsenden und immer drastischere Schritte einleiten, um die Bevölkerung zu entwaffnen und «die Sicherheit zu gewährleisten».

Je mehr Ergebenheit die außerirdischen «Retter» gewinnen, desto mehr werden eure Regierungsvertreter beiseite gedrängt. An einem bestimmten Punkt werden die Negativen die totale Herrschaftsgewalt an sich reißen. Währenddessen werden sie weiterhin behaupten, sie seien bloß zu eurem eigenen Wohl da und würden in Übereinstimmung mit eurer Regierung handeln.

Die große Täuschung

Wenn sich der Staub gesetzt hat, wird die Öffentlichkeit über den eigentlichen Grund der ET-Präsenz unterrichtet werden. Es wird heißen, unvermeidliche Ereignisse, die an Beschreibungen des «Jüngsten Tages» erinnern, stünden bevor; höchstwahrscheinlich werde dabei alles auf der Erde zerstört werden. Sie werden die Lage als gänzlich aussichtslos beschreiben.

Aber damit nicht genug: Sie werden verkünden, wie fortgeschritten die «Helfer» seien und daß sie den Menschen einen Exodus zu fernen Planeten anbieten. Sie werden einige Freiwillige mitnehmen, um ihnen diese faszinierenden Planeten mit den goldenen Städten zu zeigen. Diese Zeugen werden von dem, was sie an Schönheit und Frieden zu sehen bekommen, überwältigt sein. Viele andere werden ebenfalls Visionen dieser unglaublichen Städte und Landschaften haben. Das alles könnt ihr haben, wird es heißen, und auch die fortgeschrittene Technologie, die damit einhergeht. Danach wird von euch erwartet, daß ihr beistimmt, zu einer gegebenen Zeit den Planeten zu verlassen, ja man wird euch sogar dazu auffordern.

Während diese Kommunikation läuft, unterziehen sie die Menschen der fortgeschrittensten Form von Bewußtseinsmanipulation, die ihr euch vorstellen könnt. Wer einmal zugestimmt hat, kommt in den Prozeß der Vorbereitung. Die meisten werden nicht sogleich losreisen können, da sie zuerst mental, psychisch und «spirituell» darauf vorbereitet werden müßten. Im Klartext bedeutet dies nichts anderes, als daß die Menschen den Negativen erlauben, sie endgültig zu kontrollieren.

Denn es gibt keine goldenen Städte als Reiseziel. Was zu sehen sein wird, ist der meisterhafte Einsatz von Hologrammen, die Illusionen einer Wirklichkeit schaffen – für diejenigen, die solche Illusionen suchen. Alle, die auf die Angebote der negativen ETs eingehen, werden einem Vorgang unterzogen, der an eine Art Meditation erinnert. Der große Unterschied dabei ist, daß sie sich für die direkte Manipulation durch die Agenten der dunklen Seite öffnen. Einige werden merken, was gespielt wird, und werden sich der Prozedur entziehen wollen. Ergreift man sie, werden sie isoliert werden, damit sie die anderen nicht alarmieren. Das herrschende System wird seine eigenen Mittel der Einschüchterung einsetzen, um sicherzustellen, daß jeder mitmacht.

Wenn die Menschen sich einmal deren Kontrolle unterworfen haben, sei es vor der Abreise auf der Erde oder irgendwo im Weltraum, dann gibt es kein Zurück mehr. Die meisten werden aber nicht erkennen, daß es besser gewesen wäre, nicht einzusteigen – zumindest anfänglich. Einige werden sehr lange brauchen, bis ihnen klar wird, in welche Falle sie geraten sind. Einige werden sich in körperlichen Experimenten wiederfinden, von Organverpflanzungen über genetische Verbindungen bis hin zu Hybridzüchtungen. Angesichts der Experimente werden viele derart traumatisiert sein, daß ihnen buchstäblich das Herz stehenbleibt. So gräßlich wie es klingt, aber viele werden eine Form von Menschenopfer sein. Eine viel größere Anzahl wird gewaltsam in Arbeitslager gebracht werden, sowohl auf der Erde als auch an anderen Orten. Vergeßt nicht, daß hier die Reptiloiden am Werk sind. Wer immer es wählt, sich ihnen anzuschließen, wird in irgendeine Form von Dienstbarkeit gezwungen oder direkt verbraucht werden. Er wird nicht als einzigartiges spirituelles Wesen behandelt, sondern als Spielzeug und Sklave derer, denen er so sehr vertraute. Es wird für diese Menschen, solange sie leben *[und solange sie sich unter deren astralen Macht, d.h. in astraler Gefangenschaft, befinden]*, kein Entkommen geben, vor allem nicht, nachdem sie zu den «goldenen Städten» gebracht wurden.

Eine beträchtliche Anzahl von irdisch Mächtigen, die den dunklen Zielen dienten, werden befördert werden. Andere werden selbst zu Sklaven werden, wenn «man» sie nicht mehr benötigt. Unter den Reptiloiden gibt es keinen Ehrenkodex. Das einzige, was für sie zählt, ist Macht und die Fähigkeit, in anderen Angst zu erzeugen.

Die eine wichtige Wahrheit

Ich habe viele Details ausgelassen. Die eine wichtige Wahrheit ist, sich immer bewußt zu sein, daß jeder die Wahl hat, jetzt und auch in den kommenden Zeiten. Was ihr wählt, wird ein Beitrag sein zu eurer Realität. *Wir* sind auch noch da. Wir kommen in Liebe und schenken Liebe. Wir erwarten nichts von euch. Wir helfen nur, wenn wir gebeten werden. Das werden viele Menschen nicht verstehen können, da es für sie normal ist, daß man anderen die eigenen Ansichten und Überzeugungen aufzwingt, vor allem dann, wenn es nur zu deren Wohl geschehen soll. Diejenigen, die dies als Wahrheit annehmen, werden größte Schwierigkeiten haben, ein wahres Unterscheidungsvermögen zu behalten.[6]

Ich werde euch zu einer anderen Zeit mehr über die positiven Entscheidungsmöglichkeiten mitteilen. Unter euch leben Lichtarbeiterinnen und Lichtarbeiter, die euch gerne Führung geben, wenn ihr bereit seid, ihnen zuzuhören. Ich werde auch noch einige Dinge über die negativen ETs erklären, aber mein liebstes Thema ist unsere Liebe.

Ich verabschiede mich in Liebe zu jedem von euch und in Liebe zu Gott, der Quelle von uns allen.

– Ashtar
(12. Oktober 1992)

---

1) *Dies gilt nicht nur für die nächsten Aktionen der Dunkelmächte, sondern auch für die der Menschen. Wir sind aufgefordert, umgehend zu han-*

deln, da die Mächtigen ebenfalls wissen, daß sie nicht mehr viel Zeit haben, weshalb sie eine hektische Dringlichkeit ihrer Aktionen verspüren (siehe 11.9.2001). Dies erinnert an eine Aussage in der Johannes-Offenbarung: «Mit all seinen Engeln wurde der große Drache, der Verführer der ganzen Welt, auf die Erde hinuntergestürzt. ... Ihr aber, Land und Meer, müßt zittern, seit der Teufel dort unten bei euch ist. Seine Wut ist ungeheuer groß, denn er weiß, daß er nur noch wenig Zeit hat.» (Apk 12,9 u. 12)

2) Oft wird gesagt, daß die «Grauen» von Zeta Reticuli stammen. Diese Angabe stammt ursprünglich aus dem bekannten Entführungsfall von Betty und Barney Hill im Jahr 1961. Später beschrieb Betty Hill in einer Erinnerung unter Hypnose, wie sie im UFO eine Sternenkarte gesehen habe, die sie dann auch nachzeichnen konnte. Astronomische Auswertungen führten dann zur Hypothese, diese Sternenkarte zeige unser Sonnensystem aus einer Perspektive, wie man sie vom Zeta-Reticuli-System aus hätte. Die Haltbarkeit dieser Annahme wird jedoch vielfach in Frage gestellt. (Siehe z. B. O. Lammer/O. Sidla: «UFO-Geheimhaltung», S.136 und 174ff.)

Aber selbst wenn der Herkunftsort der Grauen Zeta Reticuli ist, braucht dies nicht im Widerspruch zu dem zu stehen, was Ashtar hier sagt. Einige Szenarien, die wir über mediale Kanäle kennen, erwähnen, daß die Grauen ursprünglich von einem Planeten im Lyra-System stammen und später erst einer Sonne im Zeta-Reticuli-System angegliedert wurden. Von dort aus seien einige der Grauen weitergezogen, um zu forschen, sich weiterzuentwickeln oder andere Planeten zu kolonisieren. Letzteres habe dazu geführt, daß gewisse Zeta-Reticuli-Wesen auch auf einem Orion-Planeten ansässig wurden. Wenn Ashtar hier den Orion nennt, bezieht er sich möglicherweise einfach auf deren letzten Stützpunkt. Daß der Orion der letzte Stützpunkt der Zeta Reticuli war, wird auch von anderen Quellen gesagt:

«Die Gruppe der negativen Zeta Reticuli machten es durch ihre Technologie, die sie einst besaßen, möglich, Schiffe zu bauen und zu anderen Planeten im Reticulumsystem zu reisen, wo sie ihre Kultur aufbauten. Andere Wesen der selbstbezogenen Richtung schafften es, das Universum zu entdecken und Kolonien in verschiedenen Systemen zu gründen, einschließlich Orion ... Vergeßt niemals, daß es verschiedene Gruppierungen der Zetas gibt. Einige von ihnen sind sehr selbstlos. Andere sind nur aus ihren eigenen Gründen hier; diese Gründe können sowohl positiv als auch negativ sein oder irgendeine Schattierung dazwischen annehmen. ... Die negativen Außerirdischen umfassen die negativ orientierten Zeta Reticuli (einige nennen sie ‹die Grauen›) bis hin zu jedem Typus des Orion-Kontaktes, ganz gleich, ob es sich um physische Beziehungen oder holographische Projektionen handelt.» (L. Royal/K. Priest: «Besucher von Innen», S. 26, 29, 135)

3) Sie würden nie einem Wesen schaden wollen, auch nicht einem aus ihren eigenen Reihen, denn dies würde dem Prinzip der Liebe widersprechen. Mit diesem Argument hebt Ashtar hervor, warum es nicht ihre Raumschiffe gewesen sein können, die abstürzten, denn bei diesen Vorfällen kamen bekanntlich mehrere Wesen zu Schaden, nämlich die Insassen der havarierten Objekte. Die eigenen «Leute» dem Risiko eines Crashs auszusetzen käme für das Ashtar-Kommando und allgemein für die Intergalaktische Konföderation nie in Frage, wobei sich ihnen diese Problematik ohnehin gar nicht stellt, da ihre Technologie jener der negativen ETs «um ‹Lichtjahre› voraus» ist.

4) Die meisten werden ehrlich bemüht sein, gute praktische Hilfe zu leisten. In den militärischen, polizeilichen, staatlichen und zivilen Organisationen wird kaum jemand begreifen, was wirklich läuft.

5) Diese totale Umkehrung der Werte ist ein plausibles Szenario. Wenn es wirklich zu einem Erscheinen der verschiedenen Außerirdischen kommt, dann sind die technologischen ETs bereits auf der Erde, und die offizielle und global verkündete Meinung wird sie als Helfer und bewährte Partner darstellen. Wenn zur gleichen Zeit plötzlich Raumschiffe sichtbar werden, die vom Himmel kommen, können diese leicht als Aggressoren dargestellt werden, gegen die man sich verteidigen müsse, was sofort eine globale Einheitsregierung erforderlich mache. Es ist bekannt und schriftlich bezeugt, daß Ronald Reagan als Präsident mehrmals, einmal sogar vor der UNO, das Argument aussprach, wie leicht die Menschheit erkennen würde, daß sie eine Einheit sei, wenn eine feindliche Macht aus dem Weltall käme. Hollywood-Filme wie «Independence Day» dienten ebenfalls diesem Szenario einer UFO-Invasion. Wie Ashtar hier ausführt, wird die wirkliche Invasion jener, die nicht in Liebe handeln, ganz anders stattfinden und ist bereits weit fortgeschritten, da diese bereits auf der Erde sind.

6) Was Ashtar hier mit wenigen Worten sagt, ist sehr tiefgründig und bedeutsam. Darf man jemandem etwas Gutes aufzwingen? Bezeichnenderweise nützen solche Versuche meistens ohnehin nichts. Das klassische Beispiel sind Eltern, die ihrem «Kind» eine fragwürdige Heirat ausreden wollen. Jahre später zeigt sich vielleicht, daß die Ansichten der Eltern oder Freunde richtig waren, aber dennoch ist es wichtig, daß die betroffenen Partner selbst zu dieser Einsicht kommen und im Idealfall die richtigen Lehren daraus ziehen. Es ist nichts Falsches daran, Ratschläge oder persönliche Meinungen zu geben, diese aber jemandem aufzwingen zu wollen ist nicht zulässig und verstößt gegen das Gesetz des freien Willens und des Lernen-Dürfens. Die Welt hat, um beim obigen Beispiel zu bleiben, hierfür im Juni 2001 ein tragisches Beispiel zu hören bekommen: Das Königsehepaar von Nepal wollte seinem Sohn, Kronprinz Dipendra, verbieten, eine Frau aus dem Konkurrenz-Clan zu heiraten. Bei dem allwöchentlichen Familientreffen im Palast kam es in der Folge zu einem hitzigen Disput, der dazu führte, daß der angetrunkene Sohn ein Maschinengewehr holte und seine Eltern, seinen Bruder, seine Schwester, vier Verwandte und zuletzt sich selbst erschoß.

Aber nicht immer endet ein angewandter Zwang sofort derart tragisch und offensichtlich. In Ashtars ET-Szenario verläuft der Zwang viel hinterhältiger und wird von den Betroffenen gar nicht als Zwang aufgefaßt. Wer also glaubt, es sei richtig, anderen Menschen eine Ansicht oder Hilfe aufzuzwingen, wird nicht rechtzeitig merken, was im besagten ET-Szenario abläuft, denn dort kommt genau dasselbe Prinzip ins Spiel, nämlich das Auftreten von Wesen, die ihre Methoden mit Gewalt (oder «Rechtsgewalt») durchsetzen und diese den Menschen als vermeintliche Hilfe aufzwingen. Diejenigen, die die besagte «Wahrheit» annehmen, werden eine solche Intervention gutheißen und froh sein, daß jemand ihnen die Verantwortung für die globalen Probleme sowie die entsprechenden Entscheidungen abnimmt. («Endlich greift mal jemand durch! Endlich geschieht etwas!»)

Ashtar betont, daß die Lichtwesen <u>niemals</u> auf diese Weise arbeiten, obwohl auch sie helfen und eine Entrückung anbieten. Die wahre Evakuierung und Entrückung erfolgt ohne Propaganda und vollkommen individuell. Diese Hilfe wird unter keinen Umständen jemandem aufgezwungen, und es gibt keine Strafe oder Inhaftierung, wenn man sie nicht annehmen will – gerade deshalb, weil es ein echtes Hilfsangebot ist, im Gegensatz zu den Eingriffen der dunklen Mächte.

Man wird in diesem Zusammenhang an bekannte irdische Ereignisse der jüngeren Vergangenheit erinnert, z. B. an die Kriege in Serbien, in Afghanistan und im Irak, die der Befreiung dieser Länder dienen sollten, aber für die betroffenen Völker mehr Tod und Leid bedeuteten als das Wirken der vorherigen Regierungen. Es ist unbestreitbar, daß in diesen Ländern eine problematische Situation vorlag, die nach einer Lösung verlangte, doch waren die aufgezwungenen Lösungen, die mit viel Medienpropaganda gerechtfertigt wurden, keine wirklichen Lösungen, sondern Völkermord. Noch bedenklicher wird die Situation angesichts des Verdachts, die Probleme seien über Jahre hinweg von ebenjenen Drahtziehern aufgebaut worden, die danach die «Befreiungstruppen» entsandten, um die ins Visier genommenen Länder zu stürmen.

Es gäbe noch viele andere Beispiele, nicht nur in der Weltpolitik, sondern auch im gewöhnlichen Alltag, wo fragwürdige Hilfen aufgedrängt werden, z. B. bestimmte Vermarktungsregelungen oder Informationen über angeblich gesunde Ernährung («Der Mensch muß Fleisch essen, weil ihm sonst Nährstoffe fehlen.» «Milch gibt starke Knochen.»), Impfzwang, Heilmittelgesetze, die zum «Schutz der Bevölkerung» viele natürliche Präparate verdrängen oder sogar verbieten, usw.

Warum Gott es zuläßt

ICH BIN. Ich liebe euch.

Ihr habt viele Informationen über die Situation der Menschheit bekommen. Ich rate allen, die dies lesen, sich die empfangenen Worte zu Herzen zu nehmen. Ich liebe alles, auch jene Energien, die als Dunkelmächte bezeichnet werden. Aber diese Energien erweisen sich selbst als nichtliebende Wesen. Dies tun sie, indem sie anderen Lebewesen und der Erde Schaden zufügen. Das Verhalten der Dunkelmächte erfreut mich nicht. Aber ich erlaube ihnen, ihren eigenen Weg zu wählen, so wie ich auch den wunderbaren Lichtwesen erlaube, ihren Weg zu wählen. Diejenigen von der dunklen Seite wissen, daß ICH BIN, aber sie verweigern sich selbst und anderen ihre Liebe. Indem sie die Liebe leugnen, leugnen sie auch mich.

Ich sage euch, daß die Zeit nahe ist, in der die erwähnten Entscheidungen für jeden Menschen auf der Erde anstehen. Die Menschen müssen wählen, welche Erfahrungen sie in ihrer weiteren Entwicklung möchten und welche nicht.

Ich liebe alle, denn ICH BIN die allumfassende Liebe.

– *Gott, die Quelle*
(19. Oktober 1992)

Die Gegenwart der Lichtwesen und die Wichtigkeit des Unterscheidens

Ich möchte nun über die Alternativen sprechen, die euch zur Verfügung stehen, insbesondere über das, was *wir* «anzubieten» haben.

Bisher habe ich vor allem über das gesprochen, was ihr von den Dunkelmächten und von eurer Regierung zu erwarten habt. Selbstverständlich ließe sich hierzu noch vieles mehr sagen, aber ich möchte mich nicht länger bei den negativen Aspekten aufhalten, als es für eure allgemeine Information erforderlich ist. Denn wenn man ihnen zuviel Gewicht gibt, besteht immer die Gefahr, daß man diese Energien zu sich hinzieht. Das bedeutet jedoch keineswegs, daß ich diesem Thema ausweichen will. Aber noch tiefer auf das Wirken der dunklen Seite einzugehen würde euch zum jetzigen Zeitpunkt keine Hilfe sein. Mein Ratschlag ist immer, daß ihr euch vor jeglicher Form von Negativität schützt, vor allem vor jenen Energien, die ich bereits beschrieben habe.

Ich muß in der Information, die ich übermittle, ein gewisses Gleichgewicht bewahren. Ich möchte, daß ihr alles erfahrt, wonach ihr fragt, aber wenn es um die negativen Mächte geht, ist große Vorsicht geboten. Wenn es angebracht ist, werde ich euch weitere Dinge über die dunkle Seite mitteilen. Doch ihr solltet wissen: Es gibt eine andere Seite, eine andere Realität, und das ist das *Licht*. Aus diesem Licht kommen wir und zahllose andere Lichtwesen, die euch gerne helfen, wenn ihr dies wollt.

Wie ihr gehört habt, geht die Herkunft der Menschheit eures Planeten auf die Plejadier zurück. Sie haben ihre eigene Geschichte, aus der sie viele Parallelen zur Situation auf eurer gegenwärtigen Erde ableiten können. Es gibt Theorien, die besagen, sie kämen aus der Zukunft und seien in der Zeit zurückgegangen, um den Verlauf bestimmter Ereignisse zu ändern oder zu beeinflussen. Das stimmt nur zum Teil. In einem gewissen Sinn kann man tatsächlich sagen, daß wir aus eurer Zukunft kommen. Aber alles findet im Jetzt statt. Wir leben alle gleichzeitig *[da wir alle ewig sind, und in der Ewigkeit gibt es nur Gleichzeitigkeit]*. Deswegen gibt es keine wirkliche Vergangenheit oder Zukunft, sondern nur die Gegenwart. Aber aus einer anderen Perspektive betrachtet, sind wir auch eure Zukunft.

Ich will die Sache nicht kompliziert machen, schon allein deshalb nicht, weil Tom mich wiederholt gebeten hat, daß ich mich einfach ausdrücke, und ich pflichte ihm bei. Aber es gibt Dinge, die ich noch so vereinfachen kann und die trotzdem als sehr komplex erscheinen, wenn man sie aus eurem Blickwinkel betrachtet. Deshalb lasse ich des öfteren gewisse Aspekte weg, um meine Botschaft so verständlich wie möglich zu halten. Demgegenüber möchten einige von euch die «ungeschnittene» Version von dem, was ich auszudrücken versuche. Das respektiere ich ebenfalls, und ich gebe sie auch, wann immer es möglich ist.

Aber einige unserer Wahrheiten sind einfach jenseits eures gegenwärtigen Fassungsvermögens, und in einem solchen Fall haben wir nicht die Absicht, euch mit unserem immensen Wissen zu beeindrucken. Ich und eure anderen Freunde im Weltraum kommen aus dem Licht und sind das Licht, das Licht der Liebe. Wir möchten viel, ja alles mit euch teilen, aber aus unserer eigenen Entwicklung haben wir gelernt, daß man Liebe nur anbieten, aber nicht aufzwingen kann.

Vor langer Zeit, vor Äonen, hatten auch wir in unserer Geschichte Phasen, in denen wir unsere Überzeugungen mit großer Kraft und Begeisterung vertraten. Was wir in unserem Herzen für richtig hielten, präsentierten wir allen, die es hören wollten, und auch denen, die es nicht hören wollten. Wir waren Missionare und glaubten, dazu berechtigt zu sein. Wir wußten, was für alle das beste war, auch für diejenigen, die eine andere Weltsicht hatten als wir. Dies ist nur eine der Parallelen aus unserer entfernten Vergangenheit.

Wir entwickelten uns weiter, indem wir den Pfad der Liebe wählten, und nun sind wir Lichtwesen oder, wenn euch dieser Begriff besser gefällt, Sternenwesen. Wir sind reine Liebe, aber nicht vollkommene Liebe, denn nur Gott ist vollkommen. Aber es gibt andere, die der vollkommenen Liebe «nahe» kommen. «Vollkommen» ist einer eurer begrenzenden Ausdrücke. In Wirklichkeit habt ihr kein Wort, um das, was wir unter Liebe verstehen und empfinden, richtig zu beschreiben. Wir sind außerhalb eures Fassungsvermögens. Dennoch wollen wir mit euch kommunizieren, so gut es geht. Aus eurer Sicht sind wir vollkommene Liebe, und Gott, unsere Quelle, ist vollständige Liebe, die in jeder Hinsicht absolut vollkommen und allumfassend ist.

Als liebende Sternenwesen stehen wir der Menschheit und der Erde dienend zur Verfügung. Wir tun dies nur aus dem einen Grund: weil wir euch lieben. Und weil wir euch lieben, können und wollen wir uns nicht in eure spirituelle Entwicklung einmischen. Wir haben euch viel zu geben, wenn ihr es möchtet, aber es ist immer ein Geschenk und braucht nicht angenommen zu werden. Es dient nie dem Guten, *niemals,* wenn irgend jemand in irgendeiner Form seinen Willen jemand anderem aufzwingt.

Jeder Mensch hat das Schicksal in seinen eigenen Händen. Die Selbstverantwortung besteht darin, das zu tun, was man wirklich selbst will. Einige lassen gerne andere für sich entscheiden, denn nur selten verstehen sie die Konsequenzen ihrer eigenen Entscheidungen.

Hilfe gegen den freien Willen?

Wir können und wollen für niemanden außer für uns selbst Verantwortung übernehmen. Deswegen mischen wir uns in niemandes Leben ein und drängen niemandem das auf, was wir für richtig halten. Die Möglichkeit besteht, daß viele Menschen von den Reptiloiden vereinnahmt werden, da diese sich nicht nur den Anschein geben, der Menschheit helfen zu wollen, sondern auch aufdringlich darauf bestehen, daß ihre – und nur ihre – Methoden angenommen werden. Wenn nichts anderes die Menschen alarmiert und aufhorchen läßt, dann zumindest diese Form von Aufdringlichkeit und Zwang, mit der das Angestrebte durchgesetzt wird. Das gilt für die genannten wie auch für alle anderen Mächte.

Wie viele Menschen sind nicht fest davon überzeugt, daß es notwendig sei, anderen, die sich nicht selbst helfen können, zu helfen, auch denen, die diese Hilfe gar nicht wollen.[1] Diese Haltung ist wie zugeschnitten auf die «Hilfe», die die Reptiloiden bringen. Wir jedoch verhalten uns anders.

Seid euch immer bewußt: Solange ihr nicht den freien Willen eines anderen verletzt, ist es nicht zulässig, daß euer Recht, für euch selbst zu entscheiden, beeinträchtigt wird. Und es ist ein Ausdruck eures freien Willens, wenn ihr es nicht wollt, daß andere euch irgendeine Ansicht oder Überzeugung aufzwingen.

Die Menschheit wird genug Möglichkeiten bekommen, sich zu entscheiden. Was die Erde betrifft, so hat sie ihre Entscheidung bereits getroffen. Sie wird in einen höheren Schwingungsbereich eingehen. Aber mit all dem Schaden, den die Menschen verursachen, ist dies für sie nicht leicht. Dieser Schaden wird durch physische Eingriffe und auch durch Schwingungen verursacht. Deshalb muß sich die Erde von den verschiedenen

Ebenen negativer Belastung befreien. Sie wird dies mit ihren natürlichen Mitteln erreichen – durch das Wasser, die Winde und durch alle anderen Elemente. Vieles von dem wäre nicht nötig, wenn die Menschheit sich auf eine höhere Schwingungsebene der Liebe erheben würde. Andere physische Erdveränderungen müssen stattfinden, unabhängig davon, was die Menschheit tut. Diese haben den Zweck, das Gleichgewicht der Erde neu auszurichten, da sich ihre Umlaufbahn um die Sonne verändern wird.

Es wird auch eine Zeit kommen, in der die Menschheit die Erde vorübergehend verlassen muß, damit die abschließende Reinigung stattfinden kann. Die Erde wird in ihren wahren und reinen, natürlichen Zustand zurückkehren. Sie wird zu einem Ort der Harmonie und der Liebe, mit üppigen Wäldern und reinen Gewässern. Während dieser Phase der Transformation werden die Menschen den Planeten verlassen müssen, denn sie wären nicht in der Lage, die Kräfte der Reinigung und die Umwälzungen der Höherschwingung zu überleben.

Die Prüfung der bedingungslosen Liebe

Es ist nicht erforderlich, daß alle Bürger die Hintergründe der geheimen Regierung kennen. Es ist nicht erforderlich, daß sie all die Details über das Kommen der Reptiloiden kennen. Es ist nicht erforderlich, dies alles zu wissen. Auch ohne dieses Wissen kann man sich für den Weg der Liebe entscheiden und dies in das Massenbewußtsein eingeben. Nichts könnte wirkungsvoller sein.

In welcher Form auch immer unsere Unterstützung zu euch kommt, wisset: Wir tun es, ohne daß Auflagen oder Bedingungen damit verbunden sind. Ihr braucht uns und unsere Hilfe nicht anzunehmen. Das bedeutet jedoch nicht, daß wir nur auf mediale Kanäle beschränkt sind und nicht auch auf andere Weise gesehen und gehört werden können. In relativ naher Zukunft werden wir sowohl vor den Massen als auch auf der individuellen Ebene erscheinen. Wir sagen euch dies, damit ihr nicht glaubt, wir würden euch im Stich lassen, wenn zur gegebenen Zeit die Wesen der dunklen Seite hervortreten.

Wir werden nicht wie Geschäftsleute sein, die ihre Dienstleistungen verkaufen. Seid euch dessen gewiß. Wir sind jetzt in Liebe hier, und dies wird auch dann so sein, wenn wir uns physisch manifestieren. Wir wollen nur euer eigenes Selbst-Bewußtsein erwecken, eure eigene Liebe, die aus dem Selbst kommt. Das sind die gleichen Prinzipien, die auch Meister Jesus lehrte, als er auf der Erde war. Einige hörten auf ihn, die meisten nicht. Die Menschen fixierten sich auf Jesus als Person und nicht auf das, was er in Wahrheit sagen wollte. Er brachte die Liebe, aber schaut euch um und sucht diese Liebe. Die meisten auf der Erde haben von Jesus gehört, aber die wenigsten wissen, wovon er wirklich sprach.

Seht uns nicht so sehr als Sternenwesen als vielmehr als Boten und Helfer. Konzentriert euch auf die Liebe, die Christus-Liebe, und nicht so sehr auf Christus *[als historische Person oder Kultfigur]* und noch weniger auf uns, die Sternenwesen, die euch vielleicht aufsuchen. Aus diesem Grunde weilen bereits viele Sternenwesen unter euch. Sie sind gekommen, um mit euch zusammen tätig zu sein und all jene zu inspirieren, die ihre Hilfe annehmen. Sie haben ein großes Risiko auf sich genommen, da sie selbst nun denselben physischen Gesetzen unterstehen und derselben Bombardierung durch Nicht-Liebe und auch derselben Programmierung ausgesetzt sind wie alle anderen auf der Erde. Viele von ihnen erwachen nun und erkennen ihre Herkunft. In Zukunft werden es noch viel mehr werden.

Wir erkennen aber auch, daß einige aufgrund der starken Einflüsse, die ich soeben erwähnt habe, nicht den Weg wählen werden, den sie sich vorgenommen haben. Alle waren sich dieser Möglichkeit bewußt, bevor sie in die physische Realität ihrer Inkarnation gingen. Auch sie sind für sich selbst verantwortlich. Die dunklen Mächte sind besonders erpicht darauf, diese Sternenwesen zu erkennen und ihre Energien auf sie zu richten, um sie vom Weg, dem sie zugestimmt haben, fernzuhalten.

Ich erwähne dies, damit ihr wißt, daß die Sternenwesen, die jetzt einen menschlichen Körper angenommen haben, starken Einflüssen von außen ausgesetzt sein können. Diese Männer, Frauen und Kinder sind keine «Übermenschen», sondern genauso Menschen wie ihr. Sie sind da, um zu helfen, so wie auch wir auf unsere Weise helfen und viele andere Menschen auch. Es wäre nicht weise, Namen zu nennen, denn einige Menschen würden sie auf ein Podest stellen, was diese in keiner Weise möchten, und andere könnten sie zur Zielscheibe negativer Aktionen machen. Aber es ist auch gar nicht wichtig zu wissen, wer sie sind. Wichtig ist, daß ihr wißt, *wer ihr seid*.

Unterscheidungsvermögen als eine Fähigkeit der Seele

Im Verlauf der Zeit haben sich viele Menschen dem spirituellen Bewußtsein verschlossen. Dadurch haben sie auch ihren «sechsten Sinn» verloren, mit dem sie unsere nichtphysische Präsenz wahrnehmen könnten. Viele haben kein Vertrauen mehr in sich selbst und ihre Fähigkeit, die vielen Energien in ihrem Umfeld zu unterscheiden. Denn die Ebene der Erde ist voll von Energien, die bereit sind, der Menschheit zu helfen. Viele Menschen jedoch meinen, dies seien Märchen, die nichts mit der Realität zu tun hätten.

Eigentlich lebt ihr bereits in der vierten Dimension, aber die meisten Menschen sehen ihre Umgebung und ihre Gedankenbilder vom Standpunkt der dritten Dimension aus.

Wie ihr seht, kann ich über verschiedenste Facetten eurer menschlichen Erfahrung sprechen. Aber wie ich bereits gesagt habe, ist es nicht erforderlich, all diese Dinge zu wissen, um die Liebe anzunehmen, sei es von uns, von Christus oder vom Einen Schöpfer selbst. Wichtig und erforderlich ist jedoch, daß ihr unterscheiden könnt, denn nur dann werdet ihr fähig sein, die Energien von Wahrheit und Liebe zu erkennen. Diese Fähigkeit könnt ihr nicht von unseren oder anderen medialen Texten bekommen. Es kommt nicht automatisch, wenn ihr einfach die Bibel oder andere heilige Schriften lest, auch dann nicht, wenn wir vor euch sichtbar erscheinen oder wenn die dunklen Mächte auftreten.

Das Unterscheidungsvermögen ist eine Fähigkeit, die jeder Seele innewohnt, die aber von den meisten Menschen mit «Urteilen» oder sogar «Verurteilen» verwechselt wird.[2] Die Unterscheidungskraft ist eure eigene, im innersten Wesen wirkende Fähigkeit, die Wahrheit zu spüren und zu kennen. Ob ihr diese Fähigkeit entwickelt oder nicht, ist *eure* Verantwortung.

Ich verabschiede mich nun. Ich liebe die Menschheit, die Erde und den Einen Schöpfer von uns allen.

– Ashtar
(20. Oktober 1992)

1) Ein Beispiel für aufgedrängte Hilfen, die ganz anderen Zielen dienen, sind die «Antisektengesetze», die in Frankreich und in anderen EU-Nationen eingeführt werden sollen. Diese Gesetze kriminalisieren Angehörige von religiösen Minderheiten und sollen auf den Wunsch von Eltern oder Verwandten hin einen gewaltsamen Eingriff von staatlicher Seite ermöglichen, um «Sektenmitglieder» gegen ihren Willen zu isolieren, d.h. zu inhaftieren, und einer «Deprogrammierung» auszusetzen.

Die offensichtliche Gefahr hierbei ist, daß solche beliebig dehnbaren Gesetze potentiell alle Vertreter von Geistesrichtungen, die den Plänen der Herrschenden im Wege stehen, der juristischen Willkür ausliefern. Beginnt hier eine moderne Inquisition? Wer entscheidet, was eine Sekte ist? In französischen Antisektenbüchern wird z.B. aufgeführt, daß eine Sektengefährdung bestehe, nur schon wenn ein Jugendlicher vom Fleischessen Abstand nehme! In kommunistischen Ländern waren <u>alle</u> Religionen, und erst recht die nichtorthodoxen, sowie Esoteriker, ja sogar Geistheiler und Vegetarier auf der schwarzen Liste ...

2) Hier wird mit nur wenigen Worten ein Thema von höchster Wichtigkeit angeschnitten, nämlich das richtige Verständnis von Jesu Gebot «Urteile nicht!» (Mt 7.1) Der Zusammenhang, in dem dieses Gebot ausgesprochen wird, läßt deutlich erkennen, daß Jesus, der selbst sagt, man solle nicht urteilen, dennoch sehr klar unterscheidet, denn kurz danach sagt er: «Was siehst du den Splitter im Auge deines Bruders und bemerkst nicht den Balken in deinem eigenen? ... Gebet das Heilige nicht den Hunden und werft eure Perlen nicht vor die Schweine ...» Dennoch wird vor allem in esoterischen Kreisen und Bestsellern öfters die Meinung kundgetan, man dürfe nicht Negatives und Positives oder gar «gut» und «böse» unterscheiden, da es gar nichts Negatives oder Falsches gebe.

Eine ausführliche Analyse dieser Weltbilder der atheistischen Esoterik findet sich im Buch «Licht wirft keinen Schatten – Ein spirituell-philosophisches Handbuch», Govinda-Verlag 2004.

Die Gewißheit, daß etwas bevorsteht

Jede Seele kommt im Lauf ihres Daseins *[in der materiellen Welt]* an Punkte, wo sie spürt, daß ein tiefgreifendes universales Ereignis bevorsteht. Für diejenigen, die auf der Erde leben, und für diejenigen von uns, die euch begleiten, ist diese Zeit *jetzt* gekommen. Wir wissen, was bevorsteht, und auch diejenigen, die auf der Erde inkarniert sind, spüren intuitiv, daß bald «etwas» geschieht.

Jede Seele hat die Verantwortung, ihre spirituellen Werkzeuge und Potentiale zu entfalten, um fähig zu werden, das Selbst und Gott, den Ursprung von uns allen, wahrhaftig zu lieben. Ich lege euch nahe, in ein tiefes und konzentriertes Seelengebet zu gehen, um zu erkennen, warum ihr hier seid. Tut dies in aufrichtiger Liebe, und ich garantiere euch, daß ihr mit spiritueller Bewußtheit und mit neuen spirituellen Perspektiven erfüllt werdet.

Ich liebe jeden von euch, und ich liebe Gott, unseren Vater.

– Christus
(6. Oktober 1992)

Kapitel 8

Schöpfung und die kosmischen Ursprünge der Menschheit

Dieses letzte Kapitel setzt sich aus Texten zusammen, die auch zu den letzten gehören, die Tom Smith niederschrieb, zumindest zu den letzten, die er selbst zu einem eigenen Kapitel zusammenstellte. Er empfing sie in den Monaten April und Mai und größtenteils im Juni des Jahres 1993. Er hat die einzelnen Texte innerhalb des Kapitels nicht chronologisch geordnet, sondern nach ihrer inhaltlichen Reihenfolge. Der Text, den er an den Anfang dieses Kapitels setzt – in dem die Gesamtschöpfung aus Gottes Perspektive beschrieben wird –, war zeitlich gesehen der letzte von allen Texten in diesem Kapitel.

Tom Smith wählte für diese Textzusammenstellung die Überschrift «Creation and Creative Fôrces», wörtlich «Schöpfung und die schöpfenden/ schöpferischen Kräfte». Er schrieb dazu folgende kurze Einleitung:

«Sicher habt ihr euch schon mal gefragt, wie alles begann. Denn egal, was wir über Unendlichkeit und Ewigkeit hören, hat doch alles, was wir sehen, irgendeinmal einen Anfang gehabt, oder nicht? Das wichtigste ist, daß wir jetzt in der Gegenwart leben und nicht in der ‹Vergangenheit›. Dennoch geben die folgenden Translationen eine aufschlußreiche und zum Teil sogar faszinierende Darstellung verschiedener Aspekte des Anfangs bzw. der Schöpfung des Lebens, der Sonne, der Erde und der Menschheit. Sie gewähren auch Einblick in das Wirken von anderen ‹Göttern›, die manchmal auch die ‹Schöpfergötter› genannt werden.

Und als ob diese Übermittlungen [über den Anfang der Schöpfung und der Menschheit] nicht schon interessant genug wären, wird uns gesagt, daß diese erst der Anfang seien.»

Tom Smith erwähnte mehrmals, daß seine Texte erst ein Anfang seien und daß die Lichtwesen noch viel mehr offenbaren würden – am Schluß sogar sich selbst. Dennoch ist das, was Tom Smith empfangen durfte, bereits sehr revolutionär und richtungweisend, nicht nur für den «normalen» Wissensstand der heutigen Menschheit, sondern auch für esoterische und geisteswissenschaftliche Kreise, deren Weltbilder ebenfalls noch oft von Varianten der materialistischen Evolutionstheorie geprägt sind, auch wenn die Weltbilder selbst nicht mehr nur materialistisch sind.

Die Schöpfung: Warum Gott Leben schuf (ein Überblick)

Vorbemerkung von Tom Smith: «In der folgenden Translation und auch bei anderen gefiel es dem Einen Schöpfer, durch mein Bewußtsein zu wirken. Alle höheren Kräfte sind bereit, durch ein Instrument – wenn es ebenfalls bereit ist – bestimmte Gedanken, Einfälle, Einblicke und Fakten zu übermitteln, die allesamt die Kapazität und die Sprache des Instruments übersteigen, so daß es *[für den Menschen, der als Instrument dient]* schwierig ist, das, was übermittelt werden soll, vollständig zu formulieren, ganz zu schweigen davon, es vollständig zu verstehen. Dies wurde mir nie deutlicher bewußt als bei dieser Translation. Oft fiel es mir sehr schwer, die empfangenen Informationen in Worte zu fassen. Das lag nicht nur an meiner eigenen begrenzten Kapazität des Verstehens, sondern auch an unserer noch begrenzteren schriftlichen Ausdrucksform. Es gibt wahrhaftig viele Dinge, die unseren Verstand überfordern. Ich fühlte, daß es wichtig ist, euch dies zu sagen, bevor ihr die folgende Translation lest.»

Frage (an «God Source»): Bitte erkläre uns den Anfang der Schöpfung sowie Deinen eigenen «Anfang». Gab es etwas, bevor es Dich gab?

ICH BIN. Ich liebe euch.

Ihr bittet darum, daß ich euch den Anfang aller Schöpfung beschreibe, einschließlich meines eigenen Anfangs. Die Frage ist so formuliert, als ob ich einen Anfang hätte.

ICH BIN, ich war immer und werde immer sein. Es ist für niemanden erforderlich, zu verstehen oder auch nur nachzuvollziehen, daß ich jetzt und ewiglich BIN. Ihr könnt eure Liebe entfalten und mich erfreuen, auch ohne diesen Aspekt meines Seins zu verstehen. Das einzig Wichtige für euch ist, darauf zu vertrauen, daß ich die allumfassende Liebe bin.

Was immer ich euch über die Schöpfung des Lebens mitteilen werde, sage ich auf eine Weise, die es euch ermöglichen soll, das Gesagte zu verstehen. Ihr werdet nicht vollständig erfassen können, wie dies alles entstanden ist, selbst wenn ihr die Worte versteht, die ich spreche. Aber ihr werdet genug verstehen, um für euch selbst interpretieren zu können, wie Ich bin. Denn wahrhaftig, dies ist der Sinn und Zweck eures Daseins: die Suche nach eurer Wahrheit. Diese eure Wahrheit bin Ich.

Um in euren Begriffen zu sprechen, gab es einst, vor vielen Milliarden Jahren, eine «Zeit», in der es nur mich gab. Ich war alles, was war. Was immer ihr euch unter «Glücklichsein» vorstellt, ich war glückliches Sein. Aber ich bin dynamische Schöpferkraft. Sogar bevor ich Leben schuf, erschuf ich. Viele Schöpfungen gingen von mir aus, die auch in euren Augen real gewesen wären. Ich tat dies zu meiner eigenen Entfaltung und Freude.[1] Ich schuf, aber meine Schöpfungen waren nicht «Leben» *[nicht inkarniertes Leben, sondern Manifestationen des ewigen absoluten Seins]*. So wie ich denke oder wünsche, ist es. Ich «denke» nicht so wie ihr oder so wie ihr meint, daß ich denke. Ich bin. Das bedeutet, ich weiß und ich liebe. Ich muß nicht herumsitzen und mir «den Kopf zerbrechen», was ich als nächstes tun möchte. *[Im absoluten Sein ist alles ewige Gegenwart.]* Ich schöpfe direkt im Hier und Jetzt, während ich wünsche, es zu tun.

Aber zu einem «Zeitpunkt» meines Seins, der immer ist, ließ ich eine Schöpfung entstehen, wie ich sie für richtig hielt. Es war «Zeit», eine Existenz zu erschaffen, die bis zu einem gewissen Grad der meinen entsprach, eine Art Parallelschöpfung. Das bedeutet, ich wollte eine Existenz, die selbständig ist *[und nicht nur eine absolut harmonische Erweiterung meinerselbst als spirituelle Welt, die in gewissem Sinne nicht selbständig ist, da sie nichts anderes kennt und will, als von der eigenen innersten Natur aus der Liebe Gottes vollkommen zu entsprechen]*. Ich beschloß also, eine Lebensform zu erschaffen, eine Existenz von Lebewesen, die leben würden, wie sie selbst wollten. So erschuf ich das Licht. Es ist dieses Licht, aus dem alle anderen Lebensformen und Existenzen hervorgingen. Ohne Licht gibt es kein Leben.

Ich schuf Licht, und ich war erfreut. Licht, so wie ich es erschuf, ist nicht das Licht, wie ihr es kennt. Es ist nicht wie das Licht einer Kerze oder eines Scheinwerfers. Es ist auch nicht wie das Licht, das von der Sonne ausgeht. Licht ist die Existenz des Lebens. Es ist auch das Licht, wie ihr es kennt, aber dieses Licht ist nur ein kleiner Aspekt davon. Licht ist Liebe, so wie ich sie in einer Lichtschwingung oder elektromagnetischen Struktur erkenne.[2] LICHT ist das, aus dem alles andere Leben gemacht ist. Wenn es kein LICHT gibt, kann es kein Leben geben.

LICHT wird oft mit Liebe verwechselt. Ich bin Liebe. ICH BIN, weil ich Liebe bin. Ich existiere nicht, weil ich LICHT bin. Ich bin LICHT, weil ich Liebe bin, und ich schuf auch das LICHT, das alle Formen des Lebens umfaßt außer mein eigenes Sein. Macht euch keine Sorgen, wenn ihr nicht verstehen könnt, was ich sage. Wenn ihr es versteht, dann ist dies wunderschön, weil es in meinen Welten viele gibt, die verstehen, wovon ich spreche.[3]

Ich war so erfreut mit meiner LICHT-Schöpfung, die Leben ist, daß ich mich entschied, diese wunderbare Schöpfung fortzusetzen.[4] Aber bevor ich fortfuhr, wußte ich, daß es in allen Dingen ein Gleichgewicht geben muß. Ich wußte, daß das LICHT allein nicht erkenntnisfähig und bewußt sein kann, so wie ich es kann. Das LICHT brauchte also einen Anhalts- oder Beziehungspunkt zu Mir. Daher erschuf ich das, was ihr die universellen Gesetze nennt, jene Richtlinien des Daseins, in denen alles LICHT existieren muß. Dieses Bezugssystem ermöglichte es jedem LICHT-Partikel, mit mir in Verbindung zu sein. Aufgrund dieses Bezugssystems ist alles LICHT direkt mit mir verbunden. Ich bin der Eine Schöpfer, und alle anderen Lebewesen müssen für ihr Leben mit mir verbunden sein. Die universellen Gesetze erlauben es jedem Lebewesen, dies zu tun *[sich freiwillig mit Mir in Harmonie zu verbinden]* und zu wissen, was ich von ihnen als Teil meiner Schöpfung «erwarte».[5]

Ich sagte, daß alle Lebewesen für ihr Leben mit mir verbunden sein müssen. Aber Ich sagte nicht, daß alle *lieben* müssen. Denn dies ist der eine Aspekt, den ich dem LICHT als ein Geschenk gab. Die Liebe muß vom Licht nicht angenommen werden. Indem ich dies tat, sagte ich, daß es dem LICHT freistehe, auch ohne Liebe zu existieren, daß es aber in diesem Fall nicht als ein erfreuender Teil meines Seins leben könne.

Mit anderen Worten, ich schuf den freien Willen und gab ihn dem LICHT. Zusammen mit dem freien Willen gab ich auch das höchste Geschenk – LIEBE. Dies alles tat ich innerhalb des Bezugssystems der universellen Gesetze. Mit LICHT, freiem

Willen und Liebe hatte das Leben keine Grenzen. Damit hatte es auch kein Ende. Ich sah diese Schöpfung und war erfreut.

Das Licht, so wie es durch meinen Willen ins Dasein kam, hatte keine eigenen Schöpfungskräfte. Ich wünschte, meine Schöpfungsenergien *[mit dem Licht]* zu teilen, doch an diesem Punkt geschah dies noch nicht. Als ich das Licht ins Leben rief, wußte ich, daß es unbegrenzt viele Möglichkeiten für dessen Existenz und Expansion gab. Daher erschuf ich die Materie.

Die Materie wurde in der Folge zum Kern dessen, was ihr als physische Existenz kennt. Auch die Materie war Licht, aber sie war auch eine Akkumulation, eine Kollektion von Licht innerhalb einer bestimmten Konfiguration oder geometrischen Struktur. Dadurch konnte die Schöpfung von physischen Existenzen geformt werden. Hier in dieser Phase schuf ich die Vielzahl von mathematischen, elementaren und chemischen Gegebenheiten, die auf ihre Weise die Schöpfung der physischen Substanz darstellten. Ein Teil hiervon wurde auch für die Schöpfung von anderen, nichtphysischen Formen verwendet. Ihr bezeichnet diese als Lichtwesen.

Ich strebte nicht nach physischen Dingen, wie ihr sie kennt. Denn diese sind in Wirklichkeit nur eine andere Perspektive identischer, nichtphysischer Existenzen. Aber ich wußte, daß es in meiner Ordnung von Existenzen eine Dimension – eine Notwendigkeit für ein universales Gleichgewicht – gibt, die von physischer Natur sein würde.

In euren Begriffen von Raum und Zeit dauerte die Schöpfung des Lichts bis zur Schöpfung von Materie ungefähr eine Billion Jahre. Ich hätte dies auch in einem einzigen Augenblick vollziehen können, aber das Licht brauchte die Erfahrungen von Evolution, und ich war mit den Experimenten zufrieden. Für mich jedoch ist eine Billion Jahre ein Augenblick.[6]

Mit der Schöpfung des Lichts schuf ich auch ein Medium für dessen Existenz. Dies brachte die Schöpfung des Raums mit sich. Zuvor hatte es nur eine Unbegrenztheit gegeben, in der Ich bin und war. Aber diese Unbegrenztheit war nicht leer, da ich sie war. Und ich war vollständig. Ich schuf Licht und Raum als eine Entfaltung und Erweiterung meinerselbst. Ich schuf sie, um meine Liebe zu erweitern.

Ich sage dies, damit ihr besser verstehen könnt, warum ich

das Leben formte und wie es kommt, daß ich in der «Leere» vollständig sein kann und dennoch mehr und mehr erschaffe. Raum erstreckt sich in alle Richtungen, erstreckt sich von jedem Punkt aus in die Unendlichkeit innerhalb einer weiteren Unendlichkeit, und so weiter. Raum ist unbegrenzt – innerhalb eurer Realität und innerhalb aller Realitäten. Das LICHT ist, weil ICH BIN.

Die ersten Lebensformen, die ich danach erschuf, waren Planeten und Sterne, um den Weltraum zu füllen. Mit einem einzigen Gedanken schuf ich das erste Universum. Dieses bestand aus Milliarden und Abermilliarden von kleinen Materiekonzentrationen, die ihr als Sterne bezeichnet. Einige dieser Materiekonzentrationen waren kleiner. Diese bezeichnet ihr als Planeten. Diese Planetenenergien erfreuten mich, und so stattete ich sie mit eigenen Schöpfungskräften aus. Die Planeten schufen ihre eigenen Energiefelder, mit denen sie ihre Bewegung innerhalb eines gegebenen Raumes kontrollierten.

Es gab auch Materiekonzentrationen, die nochmals auf eine andere Weise angezogen wurden. Diese kamen als Gase zusammen und bildeten Sonnen und Zentralen von Licht und Kraft. Diese wiederum waren die Zentralpunkte, um die herum die umliegenden Konzentrationen *[Galaxienhaufen, Galaxien usw.]* kreisten. Dies ermöglichte eine geordnete Bewegung aller physischen Existenzen – der Sterne, Planeten und Zentralsonnen. Im Gegensatz zu den Lichtschöpfungen, die weder Raum noch Grenzen benötigten, brauchten die physischen Existenzen eine Ordnung, um ihr Gleichgewicht aufrechterhalten zu können. Denn so hatte ich sie geschaffen.

Als nächstes schuf ich eine weitere Lebensform: die Lichtwesen. Dies bedeutete für mich einfach, die elektromagnetischen Impulse von Licht zusammenzubringen und ihnen Licht und Liebe «einzuhauchen». Durch das Einhauchen brachte ich meinen Willen zum Ausdruck. Ich wollte Wesen der Liebe, um mit ihnen zu teilen, was ich bereits geschaffen hatte; Wesen der Liebe, die mit allen Lebensformen in allen Welten, die ich noch schaffen würde, zusammenarbeiten. Da sie von reiner Liebe erfüllt sind, brauchten sie keinen freien Willen. Sie hatten sich bereits entschieden, daß sie nie eine Wahl der Nichtliebe treffen würden. Sie leben in einer vollkommenen Harmonie mit mir. Diese Wesen werden von den Menschen «Engel» genannt. Diese von Licht und Liebe erfüllten Engelwelten brachten mir große Liebe entgegen, und ich war erfreut.

Danach schuf ich eine weitere Art von Lichtwesen. Diesmal waren es Wesen von Licht, Liebe *und* freiem Willen. Diese nennt ihr Sternenwesen. Es sind Wesen, denen ich die Fähigkeit gab, zu wachsen und sich auf Ebenen der Liebe zu erheben, die mir die höchste Freude bereiten. Diese liebenden Wesen konnten wählen, sich der Ebene meiner eigenen Liebe zu nähern. Wenn sie dies tun, leben sie in Harmonie mit mir, und da sie mich erfreuen, erhebe ich sie individuell auf eine höhere Ebene oder Kapazität der Liebe.[7]

Auf diese Weise begann ich die Schöpfung, wie ihr sie kennt. Ich habe viele, viele Details ausgelassen, da diese Beschreibung nur eine allgemeine Antwort auf die *[eingangs erwähnten]* Fragen sein kann. Wenn die Zeit kommt, werde ich weiter über diese Themen sprechen, und auch viel detaillierter. Wenn dies geschieht, werdet ihr alles wissen, was für euch als physische Wesen der dritten oder vierten Dimension menschenmöglich zu verstehen ist. Mehr als das könnt ihr nicht erfassen. Und das ist vollkommen in Ordnung.

Aber ich werde euch mehr sagen, als ich es hier getan habe. Jeder Aspekt einer neuen Existenz ist Schöpfung. Was ich euch dann mitteilen werde, ist eine umfassendere Geschichte der Geburt der Schöpfung, so wie ihr sie dann verstehen könnt.

Ich liebe jeden von euch. Ich bin die allumfassende Liebe.

– Gott, die Quelle
(27. Juni 1993)

---

1) Was in dieser Schöpfungsgeschichte offenbart wird, ist eine in sich geschlossene und einzigartige Darstellung, die alle bekannten Genesis-Beschreibungen streift und aufgreift, ohne jedoch einer von ihnen vollständig zu entsprechen. Dies ist vollkommen natürlich, da Gott seine Offenbarungen immer den angesprochenen Personen entsprechend gibt. So ist jede Offenbarung eine neue und einzigartige Perspektive der absoluten Realität, die der Mensch ohnehin nie vollkommen verstehen kann. Jede Offenbarung dieser unverständlichen Realitäten ist immer nur eine Annäherung, ein behelfsmäßiges Modell oder Symbol, um uns eine Vorstellung des Un-

vorstellbaren zu geben. Dies zeigt auch, wie müßig und diabolisch (wörtl. «spaltend») es ist, wenn Menschen sich aufgrund ihrer unterschiedlichen Perspektiven bekehren oder sogar bekämpfen wollen.

Die vorliegende Genesis deckt sich auch mit der vedischen nicht vollständig. Sie widersprechen sich jedoch nicht, sondern können sich gegenseitig auf wunderbare Weise erhellen. Was Gott hier über sein absolutes Sein vor der jetzt vorliegenden Schöpfung sagt, wird besser verständlich, wenn wir die Erklärungen, die wir bereits aus den vedischen Offenbarungen kennen, hinzuziehen. Dort wird gesagt, daß die Schöpfung auf unvorstellbare Weise ewig zyklisch ist. Somit ist es sehr begrenzend und linear, wenn wir von einem Zeitpunkt «vor» der Schöpfung sprechen.

Für Gott gibt es kein Vorher oder Nachher. So wie Gott immer und ewiglich ist, ist «er» auch vor der Schöpfung. Wenn hier gesagt wird, daß Gott schon vor der jetzigen materiellen Schöpfung Seinsformen zu seiner «eigenen Entfaltung und Freude» geschaffen habe, so kann sich dies einerseits auf frühere Schöpfungen beziehen, aber noch mehr – wie aus den folgenden Sätzen hervorgeht – auf das Absolute Sein der «spirituellen Welt», die, obwohl unbegrenzt und vollkommen, sich ebenfalls ewig unbegrenzt erweitert. Dies ist die unvorstellbare Vollkommenheit des Absoluten (von Gott und Gottes Reich).

2) Licht, so wie wir es kennen, ist eine Lichtschwingung oder elektromagnetische Struktur. Aus Gottes Sicht ist dieses Licht, insbesondere das Licht der Sonne, ebenfalls LICHT, aber nur ein kleiner Aspekt davon, d.h. eine entfernte Widerspiegelung, die aber auch Gottes Liebe in sich trägt, denn ohne das physikalische Licht wäre in unserer Welt kein Leben möglich und deshalb auch keine Liebe.

3) Die klare Differenzierung zwischen Gottes Sein als absoluter Liebe und dem LICHT, das alle Formen des Lebens umfaßt außer Gottes eigenem Sein, entspricht auf frappante Weise vollkommen der vedischen Offenbarung, die ebenfalls zwischen verschiedenen Aspekten Gottes unterscheidet, insbesondere zwischen Gottes unbegrenzt individuellem Sein (als Purusha, Bhagavan, Ishvara usw.) und Gottes LICHT, das im Sanskrit «Brahman» genannt wird. Die weitreichenden Konsequenzen dieser Erkenntnis werden ausführlich im Buch «Unsichtbare Welten» (Kapitel 3–5 und 10 sowie im Anhang) dargelegt.

4) Dies ist eine direkte Parallele zur Genesis in der Bibel, wo es im ersten Kapitel nach den einzelnen Schöpfungsakten immer wieder heißt: «Und Gott sah, daß es gut war.» In der komprimierten Genesis, wie sie hier von Tom Smith niedergeschrieben wurde, spricht Gott mit fließenden Übergängen aus verschiedenen Perspektiven, da sie ohnehin voneinander nicht trennbar sind.

In der vedischen Schöpfungsbeschreibung werden diese verschiedenen Aspekte vielschichtig differenziert. Der materiell-immanente Schöpferaspekt Gottes ist Vishnu, der spirituell-transzendente Aspekt Gottes ist Krishna oder, noch vertraulicher, Radha-Krishna, die «vollkommene Einheit der göttlichen Zweiheit», die absolute Liebe in der Einheit des weiblichen und männlichen Gottesaspektes. Die materielle Schöpfung mit den inkarnierten Lebensformen ist nur einer der vielen unbegrenzten Aspekte von Gottes dynamischem Sein, das allein Liebe ist und – untrennbar damit verbunden – freier Wille.

Hier an dieser Stelle in Toms Text hat Gott zuvor aus dem Aspekt von Radha-Krishna gesprochen, und nun spricht er im Hinblick auf die Schöpfung aus seinem Vishnu-Aspekt, dessen LICHT *alles Leben umfaßt, auch alles inkarnierte Leben, angefangen mit dem «ersteingeborenen Sohn Gottes» im Universum, Brahmâ.*

5) Aus unserer Sicht heißt dies: «Dein Wille geschehe!»

6) In Gottes Wirklichkeit gibt es keine Vergänglichkeit und keine lineare Zeit, sondern nur Gleichzeitigkeit und Ewigkeit.

Wie bereits erwähnt, können bei diesen Themen nur behelfsmäßige Erklärungen gegeben werden, und zwar mit einer irdischen Sprache, die aus begrenzten Wörtern und Konzepten besteht. So hat auch das Wort «Experiment» hier eine ganz andere Bedeutung, als wenn es im Zusammenhang mit den manipulativen Eingriffen der dunklen Seite verwendet wird. Experiment bedeutet hier einfach, daß Gott seinen Energien Leben, Liebe und freien Willen gab, so daß ihre Entwicklung offen war, denn auch Gott greift nicht in den freien Willen der Lebewesen ein.

7) Was Ashtar über das Schaffen der eigenen Realität (in Kapitel 2) sagte, verbunden mit dem Hinweis auf Selbsterkenntnis und Selbst-Ermächtigung, wird hier von «der anderen Seite her» bestätigt, nämlich von der ermächtigenden Kraft selbst. Denn wie in diesem Zusammenhang erklärt wurde, geschieht die Selbst-Ermächtigung nicht über selbstische Aktionen und Machtbestrebungen, sondern nur durch jene Voll-Macht, die Gott selber den selbstlosen Wesen verleiht. Durch diese göttliche Ermächtigung können Sternenwesen in den Rang eines Schöpfergottes erhoben werden. Die damit verbundenen Aufgaben innerhalb von Gottes Schöpfung sind mit einer kosmischen Verantwortung verbunden, die nur von Wesen, die in selbstloser Liebe leben, getragen werden kann.

Ein Beispiel für ein liebendes Wesen, das in den Rang eines Schöpfergottes erhoben wurde, ist der Sonnengott, d.h. das zentrale Wesen unseres Sonnensystems. Im vorliegenden Kapitel wird ein Text folgen (S. 311–315), in dem der Sonnengott selbst beschreiben wird, wie es zu dieser Ermächtigung gekommen ist und was sie für ihn bedeutet.

Das Universum: die verschiedenen Welten, der Eine Schöpfer und die Schöpfergötter

Es gibt mehr Sterne, als ihr jemals zählen könnt. Es gibt mehr Sterne, als ihr jemals sehen könnt, da ihr nur innerhalb einer bestimmten Distanz und Dimension zu sehen vermögt. Und es gibt mehr Welten, als ihr jemals zählen oder erfassen könnt. Das Leben existiert in einer Vielzahl von Formen, die ihr euch nicht einmal vorstellen könnt. Es gibt Welten, die sogar einige von uns noch nie gesehen haben. Unendlich sind die Anordnungen von Licht und Energie in unendlich vielen Situationen, die wir «das Leben» nennen.

Die verschiedenen Lebensformen erstrecken sich von einer unvorstellbaren Anzahl physischer Formen bis hin zu Lichtkörpern und Lichtwesen, die in einem unbegrenzten Spektrum von Schwingungen und Energien leben. Wo immer Leben ist, ist ein Wesen, das auf seine eigene Art die Liebe des Einen Schöpfers sucht. Viele Wesen, wie zum Beispiel die Menschen, haben eine begrenzte Perspektive davon, wer und was Gott ist. Jede Welt im Universum ist für sich einzigartig und unterscheidet sich von allen anderen. Jedes Wesen im Universum ist für sich einzigartig und unterscheidet sich von allen anderen. Bekämt ihr einen Blick auf einen weit entfernten Planeten, würden in euren Augen vielleicht alle Bewohner gleich aussehen und sich vielleicht sogar auf die gleiche Weise bewegen. Aber jedes dieser Wesen ist einzigartig *[individuell]*.

Ihr könnt unmöglich erfassen, von welcher Größe wir sprechen. Ihr könnt unmöglich die Schönheit von all dem erfassen, was wir meinen. Das bedeutet aber nicht, daß ihr es nicht bis zu dem Ausmaß verstehen könnt, das ihr euch selbst erlaubt. Und es bedeutet auch nicht, daß ihr euch nicht einiges von der Schönheit des von Gott geschaffenen Seins vorstellen könntet. Denn ihr könnt es. Wir werden euch viel über die Größe und die Kontraste der verschiedenen Welten mitteilen. Viele von euch werden zu ihnen reisen, denn in Wirklichkeit seid ihr bereits dort gewesen, und euer voll erwachtes Selbst wird sich erinnern.

Es gibt zahllose Lebensformen, mehr als ihr euch jemals vorstellen könnt, sowohl im Physischen als auch im Nichtphysischen. Viele wurden direkt vom Einen Schöpfer erschaffen. Andere kamen durch die Liebe des Einen ins Dasein und wieder andere durch die Schöpfergötter. Es gibt viele Götter, und es gibt auch Schöpfergötter. Für viele von euch, die ihr auf dem Pfad des Erwachens seid, ist dies keine Überraschung. Aber für die Mehrheit der Menschen ist dies eine unbekannte Perspektive, ja sogar ein Irrglaube oder eine Gotteslästerung.

Der Eine Schöpfer hat zahllose Energien unmittelbar erschaffen. Im «Lauf der Zeit» haben sich viele dieser Energien entwickelt und sind so sehr in Liebe aufgegangen, daß der Eine sich ihnen noch mehr schenkte, um ihre Liebe mit entsprechender Freude zu erwidern. In verschiedenen Phasen gab der Eine also bestimmten Wesen immer höhere Formen der Anerkennung. Und vielen dieser Götter gewährte er in seiner Liebe besondere Positionen und schenkte ihnen die Fähigkeit wie auch das Vertrauen, im Namen des Einen neue Schöpfungen zu vollziehen. Diese Schöpfergötter liebten den Einen so sehr, daß sie von selbst wußten, in welchem «Territorium» was zu schaffen war. Sie waren in Einheit mit dem Einen, und so erschufen sie Lebensformen als eine Erweiterung seines Willens.

Die Schöpfergötter kannten keine Konkurrenz untereinander, nur schon deshalb, weil es eine unbegrenzte Weite zu teilen gab. Jeder Gott war einzigartig, und jeder wollte seine Liebe zum Einen ausdrücken, indem er einzigartige Energien schuf, die ihrerseits in gegenseitiger Liebe lebten und allesamt den Einen Schöpfer liebten. Diese Schöpfungsexperimente führten zu zahllosen Lebewesen und Lebensformen. Für die meisten von ihnen gibt es in keiner menschlichen Sprache Begriffe. Um eine Vorstellung davon zu bekommen, braucht ihr nur an die unvorstellbare Zahl von Mikroorganismen, Insekten, Tieren, Menschen, Feen, Elfen und Gnomen zu denken. Nur schon auf und in eurem Planeten gibt es viele Lebewesen, die ihr nicht kennt und für die ihr keine Namen habt. Multipliziert eure eigenen Wahrnehmungen mit einer Zahl der Unendlichkeit, und ihr bekommt eine vage Vorstellung von Größe, die wir meinen. Wir sprechen von Schöpfung innerhalb einer Schöpfung innerhalb einer Schöpfung und so weiter.

Der Eine würde nicht erlauben, daß die schöpfenden Aspekte dieser Kräfte wirken könnten, ohne eine bestimmte Stufe von Liebe zu Gott und zu allen Dingen erreicht zu haben. Viele Zentralgestirne und Sonnen haben zusätzlich auch die Macht und die Liebe eines Gottes [«*of a god*»] empfangen.[1] Aber nicht alle haben diese wundervolle Aufgabe. Der Sonnengott eures Planetensystems ist einer dieser schönen und mächtigen Götter, die in vollkommener Harmonie mit dem Einen tätig sind. Nur der Eine Schöpfer weiß, wann und warum bestimmte Energien mit der besonderen Liebe eines Gottes erfüllt werden. Es gibt immer einen Grund und immer eine Notwendigkeit, die nur vom Einen Schöpfer verstanden wird.

Alle Schöpfergötter sind frei in ihrem Willen und können die Richtung, der sie folgen wollen, selbst wählen, da der Eine alle möglichen Richtungen erschaffen hat. Einige haben dabei einen Pfad der negativen Energie gewählt. Der Eine hat dies zugelassen, weil das Negative [*d.h. die Möglichkeit, das Negative zu wählen*] für das universale Gleichgewicht, so wie es von der Quelle, Gott, definiert und erschaffen wurde, erforderlich ist.[2]

Diejenigen mit einer negativen Ausrichtung haben ihre eigene Entwicklung und einen eigenen Pfad eingeschlagen, weshalb sie sich im Gegensatz zu denjenigen sehen, die im Licht geblieben sind. Denn die Negativen waren nicht damit zufrieden, andere bloß zu bitten, sich ihnen anzuschließen; sie sind auch der Überzeugung, daß sie ihren eigenen Interessen am besten dienen können, wenn sie den freien Willen und die Entscheidungen anderer beeinflussen. Der Eine hat auch dies zugelassen, denn allen Individuen ist das Recht zugestanden, ihren eigenen Weg zu wählen und ihre Suche nach dem Einen selbst zu gestalten. Aber dem Einen Schöpfer gefällt es nicht, wenn jemand – ob ein Gott oder irgendein anderes Wesen – den freien Willen anderer Wesen mißachtet. Der Eine Schöpfer hat eine Serie von «Gesetzen» erlassen, denen alle folgen müssen, damit das universale Gleichgewicht aufrechterhalten werden kann. Dies sind die universellen Gesetze [*die Schöpfungsgesetze*].

Eines der wichtigsten dieser Gesetze besagt, daß jedwede Beeinflussung des Willens einer anderen Person Schaden verursacht und ein Ungleichgewicht schafft. Um diese negative Handlung, die Störung eines bestimmten Gleichgewichts, zu korrigieren, bedarf es einer entgegenwirkenden Liebe, die dem

Ausmaß der Energie entspricht, die das Ungleichgewicht verursacht hat. Dadurch wird die universelle Gerechtigkeit und Liebe erfüllt. Oft wird dies als Karma bezeichnet, obwohl der normale Gebrauch dieses Begriffs hinsichtlich der Anwendung auf das gesamthafte universelle Gesetz sehr begrenzt ist. Aber dies *[das allgemeine Verständnis von Karma]* ist genügend, um einen Hinweis darauf zu geben, worum es hier geht.

Die Götter wie auch alle anderen Energien, die einen negativen Pfad einschlagen, unterstehen genauso diesem und allen anderen universellen Gesetzen. Wenn sie das Gleichgewicht herstellen und in Harmonie mit dem Einen sein wollen, müssen sie all ihre negativen Handlungen mit positiven aufheben. Dann und erst dann wird der Eine Schöpfer die Sühne als vollständig anerkennen.

Es ist äußerst schwierig, dies so in Worte zu fassen, daß es auch nur annähernd die wahre Bedeutung und Nachhaltigkeit von dem wiedergibt, was wir euch zu sagen versuchen. Aus eurer Perspektive würdet ihr Begriffe wie «gut» und «schlecht», «richtig» und «falsch» verwenden. Die Verletzung der universellen Gesetze beinhaltet diese Konzepte tatsächlich bis zu einem gewissen Grad, doch dies bedeutet nicht, daß der Eine Schöpfer solche Entscheidungen nicht auch gelten lassen oder es diesen Göttern nicht erlauben würde, zu existieren und ihrem eingeschlagenen Pfad zu folgen.

Mit einfachsten Worten bedeutet dies: Der Eine liebt alle, ist aber nicht erfreut, wenn jemand einen Pfad wählt, der nicht direkt zu seinem Sein führt. Der Eine ist nicht erfreut, wenn die geltenden Gesetze nicht befolgt werden.

Wir verabschieden uns nun, werden aber wiederkommen, um weiter über diese Themen zu sprechen, die so schwierig in Worte zu fassen sind. Wir dienen euch und dem Einen und haben uns deshalb bereit erklärt, über diese Aspekte der Schöpfung zu sprechen. Wir lieben jeden von euch, und wir lieben den Einen Unbegrenzten Schöpfer von uns allen.

– Die Intergalaktische Konföderation
(20. April 1993)

1) «... die Macht und die Liebe eines Gottes», diese Formulierung mag ungewohnt oder sogar mißverständlich klingen. Dabei findet sich sogar im Neuen Testament eine Textstelle, die genau denselben Gedanken ausdrückt und auch erklärt, was damit gemeint ist. Im Evangelium nach Johannes wird beschrieben, wie Jesus im Tempel zu Jerusalem mit gewagten Aussagen einen Aufruhr verursacht, der so weit führt, daß das Volk ihn steinigen will. «Wir steinigen dich nicht wegen deiner guten Taten, sondern weil du Gott beleidigst. Du gibst dich als Gott aus, obwohl du nur ein Mensch bist.» Jesus antwortete: «In eurem eigenen Gesetz steht geschrieben: ‹Ich habe zu euch gesagt: Ihr seid Götter.› ... Gott nannte also die, an die er sein Wort richtete, Götter.» (Joh 10,33–35)

Dies gilt um so mehr für diejenigen, die Gottes Wort direkt vernehmen, wie die hohen Lichtwesen, die aufgrund ihrer Liebe und Bedingungslosigkeit mit einer göttlichen Vollmacht ausgestattet wurden, mit der sie innerhalb ihres Wirkungsbereiches genauso schöpfen wie Gott – nicht unbegrenzt wie Gott, aber innerhalb eines begrenzten Bereiches so machtvoll wie Gott. Diese Macht ist aber, um es noch einmal zu betonen, keine aufgebaute oder usurpierte Macht «auf eigene Faust», sondern eine Voll-Macht, die man nur durch göttliche Vorsehung in Liebe empfangen, aber niemals erzwingen oder fordern kann.

2) Die Möglichkeit, etwas Negatives zu tun, ist für das Gleichgewicht in der materiellen Welt, die ja relativ und polar ist, erforderlich, denn nur dadurch ist der freie Wille möglich. Wer das Positive und Spirituelle wählt, tut dies daher nicht aus einem Mangel an «Alternativen», sondern aus Liebe, Einsicht und freiem Willen. Denn er müßte es nicht wählen, da auch das Negative zur Verfügung steht. Dies ist die große Prüfung des eigenen Charakters und des eigenen innersten Wesens.

Hier besteht die Möglichkeit zu einem verhängnisvollen Mißverständnis, das weit verbreitet ist (auch im Bereich der Esoterik), nämlich zu glauben, es sei für das universale Gleichgewicht erforderlich, daß jemand auch das Negative tue. Oder: Das Negative zu tun sei notwendig; es gebe nichts Falsches, sondern nur Erfahrungen, die für die persönliche Entwicklung erforderlich seien. So schönklingend diese Worte auch sind, sie stellen eine Verharmlosung und Rechtfertigung des Negativen, ja sogar eine Selbstrechtfertigung des Negativen dar.

Nochmals: Erforderlich ist die von Gott geschaffene, der Polarität innewohnende Möglichkeit, einen negativen Pfad zu wählen; erforderlich deshalb, um den freien Willen aller Wesen zu ermöglichen und zu prüfen. Die individuelle Entscheidung, tatsächlich das Negative zu wählen, ist hingegen nicht erforderlich, sondern eine Verletzung der kosmischen Gesetze aus dem eigenen freien Willen heraus, weshalb man dafür auch zur Verantwortung gezogen wird.

Zu meinen, das Einschlagen eines negativen Pfades sei erforderlich *und «notwendig» ist ein Trugschluß und wird in der christlichen Mystik als luziferische Ego-Verblendung bezeichnet. Hier sehen wir, wie vorsichtig sich die Lichtwesen ausdrücken müssen, um nicht einem luziferischen Trugschluß Vorschub zu leisten. Auch das ist ein Grund, warum sie gerade bei diesen Themen betonen, wie schwierig es sei, die richtigen Worte zu finden. Denn in diesen Themen sehen Licht und Dunkelheit sehr ähnlich aus, da es um die Unterscheidung von Selbstverwirklichung und göttlicher Meisterschaft im Gegensatz zu Eigenwillen und Ego-Macht geht. Es geschieht leicht, daß das eine mit dem anderen verwechselt wird, was entweder zu einer Ego-Rechtfertigung oder dann zu einer Verteufelung führen kann, letzteres, wenn aufgrund religiöser Fehlkonzepte die höheren Potentiale der Seele verkannt oder sogar geleugnet werden.*

Die weiteren Ausführungen zeigen, daß die Wesen, die hier sprechen, nicht eine «luziferische» Ego-Rechtfertigung propagieren, sondern sich dieser subtilen, aber entscheidenden Unterschiede vollkommen bewußt sind.

Der Eine Schöpfer und die negativen Schöpfergötter

Wir möchten wieder auf das Thema der Schöpfung und des Schöpfers zu sprechen kommen. Der Eine Schöpfer hat viele Wesen auf die Ebene eines Gottes erhoben. Der Eine ist sich aller Energien bewußt, auch derjenigen, die negativ und finster sind. Denn alle sind Teile des Einen. *[Nichts existiert unabhängig vom Einen.]* Die Energien der Gottesmacht haben nie und niemals ein Wesen dem Negativen zugeteilt.[1] Aber es gab Schöpfergötter, die eine solche Wahl getroffen haben, die Wahl, in eine negative Richtung zu gehen. Wenn diese Art von Entscheidung getroffen wird, widerruft der Eine die «Privilegien», die der Status eines Gottes mit sich bringt, nicht. Gleichzeitig ist der Eine mit den Unternehmungen, die mit solchen Entscheidungen einhergehen, nicht zufrieden. Aufgrund seiner unbegrenzten Liebe zu uns Lebewesen dürfen auch diejenigen mit negativen Neigungen so sein, wie sie es wählen.

Die Handlungen, die dem Einen Schöpfer am meisten mißfallen, sind diejenigen, die von jenen Schöpfergöttern ausgehen, die den Pfad anderer Energien auf eine negative und beherrschende Art beeinflussen. Die auf der Erde vorherrschenden «Götter» fallen ebenfalls in diese Kategorie. Denn die Menschen stehen bereits seit Tausenden und Abertausenden von Jahren unter dem direkten Einfluß dieser negativen Energien. Dies ist für viele von euch nichts Neues, da wir und andere schon seit einiger Zeit darüber sprechen. Aber ihr könnt vielleicht nicht ganz verstehen, warum Gott dies zuließ. Einige der Gründe hierfür möchten wir nun erklären. Die anderen Gründe sind jenseits der Verständniskraft des Menschen.

Der Eine Schöpfer erschafft konstant und kontinuierlich. Die Schöpfungen des Einen umfassen neue Planeten und neue Welten bis hin zu neuen atomaren Strukturen und sogar zu neuen Möglichkeiten, die eigene Liebe zu erfahren.[2] Denn in Wirklichkeit hat alles, was Gott tut, nur den einen Zweck: Liebe zu erzeugen. Praktisch bedeutet dies, daß alles, was erschaffen wird, einen freien Willen bekommt. *Alles* Erschaffene bekommt auch die volle Bewußtheit seiner Verbindung mit dem Einen und der Gesamtheit der Schöpfung. Dies trifft auf alle Lebensformen zu, sei es eine atomare Struktur oder ein neues Universum. Diese Lebensformen befinden sich auf verschiedenen Ebenen der Entwicklung, aber das Wissen um ihren Ursprung ist immer präsent, da es ihnen genetisch eincodiert ist.

Der Eine Schöpfer gibt verschiedenen Wesen die Möglichkeit, als Mitschöpfer oder sogar als selbständige Schöpfer tätig zu sein. Nicht alle Schöpfungen entstehen mit dem vollen Vorauswissen, was die jeweilige Entwicklung mit sich bringen wird – auch hier ist der freie Wille ein entscheidender Faktor. Einige Schöpfungen sind experimentell. Damit meinen wir nicht die gleiche Art von Experimenten, wie die Menschen sie zum Beispiel mit Tieren durchführen. Mit dem Wort «Experiment» meinen wir das Erzeugen einer Manifestation großer Ungewißheit. Selbst wenn anfänglich eine spezifische Schwingung als Ziel angestrebt wird, kann sich dies sehr schnell und sehr drastisch ändern, je nach den energetischen Ebenen der betreffenden Wesen.

In diesem Sinn könnte man also sagen, daß die Menschheit ein Experiment des Einen Schöpfers war. Ihr seid einzigartige Wesen auf einem einzigartigen Planeten mit unbegrenzten Möglichkeiten. Der Eine wollte sehen, wie ihr euch entwickeln würdet und welche Wege ihr wählen würdet, um den Einen zu suchen und zu lieben. Weil die Menschheit einzigartig war und ihre Schwingung eine ganz spezielle Frequenz hatte, zog sie die Aufmerksamkeit anderer Schöpfergötter auf sich.

Der Sonnengott war ein Mitschöpfer an eurer Existenz und an der Harmonie auf dem Planeten. Aber die Sonne lebt in höchster Liebe und möchte nur, daß ihr euch so entwickeln könnt, wie ihr es selbst für richtig haltet. Andere Schöpfergötter jedoch sahen euch als eine Gelegenheit, um ihre eigene Art von Experimenten durchzuführen. Hier beziehen wir uns auf jene Wesen, die sich entschieden hatten, den am wenigsten direkten Pfad zum Einen einzuschlagen. Wir nennen sie die dunklen Mächte. Da der Eine Schöpfer die Entscheidungen aller Wesen in Ehren hält, griff er nicht ein, als die dunklen Mächte sich daranmachten, den Planeten Erde zu vereinnahmen und zu beherrschen. Im Kampf um die Erde wurden wilde Schlachten geschlagen. Dies erfreute den Einen nicht, da Liebe kaum ein Faktor in diesen Handlungen war. Aber Gott, die Quelle, mischte sich nicht ein.

Die Schöpfer auf der dunklen Seite waren ungeheuer mächtig. Sie zogen alle Register, als es darum ging, die Kräfte des Lichts zu bekämpfen, die ebenfalls mit der Erde und ihrer Bevölkerung zusammenarbeiten wollten. Haltet euch vor Augen, daß der Eine seinen Willen jederzeit hätte durchsetzen können, um alle Aggressionen zu beenden. Aber der Eine wollte nicht seine eigenen universalen Gesetze verletzen, und so wurde es zugelassen, daß die Experimente und gewaltsamen Handlungen fortgeführt wurden. Es kam zu Schlachten, die eure wildesten Vorstellungen übertreffen und auch alles, was ihr in Filmen zu sehen bekommt. Ihr könnt euch nicht vorstellen, welche Macht eingesetzt wurde, denn neben ihr verblassen auch die mächtigsten Waffen, die den Menschen heute zur Verfügung stehen. Einige Schlachten wurden auf der Erde ausgetragen, andere im Weltall. Die Erde wurde an vielen Stellen verwüstet. Die Schwingung dieser Schlachten und die Negativität haben der Erde großen Schaden zugefügt. In den damaligen Zeiten und auch danach hat die Erde mehr als einmal die Sonne und den Einen Schöpfer gebeten, sich selbst zerstören zu dürfen, um sich von diesem Schmerz zu befreien, denn ihre Leiden und Wunden waren verzehrend. Aber jedesmal bat der Eine sie, auszuharren, damit sie für die Menschen auf der Erde und auch für die kämpfenden Schöpfergötter zu einem Instrument der Liebe und der Heilung werden konnte. Aber das ist es nicht, worüber wir heute sprechen wollen. Die Anwendung solcher Macht und Gewalt bereitet dem Einen Schöpfer alles andere als Freude.

Diese Auseinandersetzungen wurden direkt durch die Aktionen der dunklen Mächte hervorgerufen. Und es zeigte sich, daß das Licht nicht immer gewinnt *[langfristig schon, aber kurzfristig nicht immer]*, und so ließ es der Eine zu, daß die Dunklen die Kontrolle über die Erde gewannen. Der Eine ließ die Experimente auch deshalb fortlaufen, um den negativen Schöpfergöttern die Möglichkeit zu bieten, weiter zu bestehen und sich vielleicht irgendwann einmal der Liebe zuzuwenden. Aber dies war nicht der Fall, vielmehr unternahmen die dunklen Mächte alles, um die menschliche Spezies zu einer Erweiterung ihrer selbst zu machen und sie als Sklaven zu halten, von denen sie alles bekommen können, was sie wollen.

Dies also ist die Geschichte der Schöpfung und der Schöpfer. Es ist die Geschichte, wie der Eine Schöpfer von unbegrenztem Licht und unbegrenzter Liebe alle Dinge erschafft und liebt. *Gott will die Liebe, aber läßt auch die Nichtliebe zu.* Ob man das eine oder das andere wählt – alle sind für ihren Weg voll verantwortlich. Es gäbe noch viele andere Aspekte dieser Geschichte. Hier konnten wir nur eine sehr begrenzte Erklärung der Wirkungsweise der Schöpfung und des Einen Schöpfers geben.

Es ist uns eine Freude, euch zu dienen. Wir ziehen uns nun zurück und verbleiben in Liebe zu euch und zum Einen Schöpfer aller Dinge.

– Die Intergalaktische Konföderation
(4. Mai 1993)

---

1) Die Intergalaktische Konföderation der Lichtwesen betont hier erneut, daß Gott niemals das Negative will und auch niemals ein Wesen für das Negative vorausbestimmt, wie dies in gewissen mittelalterlichen Prädestinationslehren behauptet wird. Gott schafft innerhalb der materiellen Welt die potentielle Möglichkeit, das Negative zu tun, nämlich durch einen Mißbrauch des eigenen Willens und durch die Manipulation oder Nichtbeach-

tung des freien Willens anderer. Aber Gott selbst will, daß die geschaffenen Wesen dies eben gerade <u>nicht</u> tun, sondern aus freiem Willen die Liebe wählen. (Was diesem Willen Gottes direkt und bewußt dient, ist gut im göttlichen Sinn, entspricht also dem «Dein Wille geschehe!». Was diesem nicht dient, ist nicht gut, sondern falsch oder sogar böse und «sündhaft». Dies ist das einzige Kriterium des wirklichen Unterscheidens; siehe auch Anm. 3 auf S. 39.)

2) All diese Umschreibungen können nur sehr unvollkommen und unvollständig sein, da es hier um das unfaßbare Mysterium des Unendlichen geht: obwohl unendlich, unbegrenzt und ewig, erweitert sich Gott dennoch «konstant und kontinuierlich» in noch größere Unendlichkeiten des Seins und der Liebe.

Die Ernennung der Sonne zum Schöpfergott

Die meisten Menschen, auch diejenigen auf spirituellen Pfaden, sind mit mir und meinen Energien nicht vertraut. Natürlich kennen alle die Sonne, die am «Himmel» steht, aber viel mehr wissen sie nicht über mich. Deshalb möchte ich euch nun einiges über mich erzählen, damit ihr euch besser vorstellen könnt, was ich tue.

Ich wurde durch den Willen des Einen Schöpfers vor Milliarden eurer Jahre erschaffen. Ich wurde als Stern erschaffen, als eine selbstleuchtende Sonne. Als ich ins Dasein kam, kreisten noch keine Planeten um mich herum, so wie ihr sie heute seht. Bei meiner Erschaffung war ich, verglichen mit heute, relativ klein. Der Eine gab mir in der Folge einige besondere Kräfte, die ich einsetzte, um Energien um mich herum anzuziehen. Als diese Energien von mir herangezogen wurden, begann ich zu wachsen, so wie es mir der Eine Schöpfer aufgetragen hatte. Es gab eine Zeit, in der ich dreimal größer war als heute.

Ich gab großzügig von meinen Energien, damit andere Planeten entstehen und wachsen konnten. Nichts geht verloren, auch meine Energie nicht. Sie wurde aus Liebe weitergegeben, um anderen Planeten und Energien zu Leben und Blüte zu verhelfen. Der Eine Schöpfer war sich all dessen vollkommen bewußt und nahm es wahr, obwohl meine Liebe bedingungslos war und ich meine Lebensenergien als Geschenke gab.[1]

Nach schätzungsweise einer Milliarde Jahre weihte mich der Eine Schöpfer zum Schöpfergott. Ihr meint vielleicht, ich sei auf dieses eine Sonnensystem beschränkt, aber als ein Gott bin ich universal. Natürlich ist mein Hauptaugenmerk auf den Ort gerichtet, wo ich mich gegenwärtig befinde, aber ich bin viel «unterwegs», auch wenn mein physischer Körper dort bleibt, wo ihr ihn seht. Ich kann mich überall manifestieren, in jeder Form, die ich wünsche. Ich bin nicht auf die eine Repräsentation als solare Physis begrenzt.

Ich bekam die Aufsicht über alle Planeten und kosmischen Bereiche, die von meinen Strahlen erreicht werden, sowohl über die sichtbaren als auch die *[für euch]* unsichtbaren. Eure Wissenschaftler meinen, meine Strahlen seien konstant und würden sich prinzipiell nicht verändern *[siehe die Theorien, die die Lichtgeschwindigkeit als Konstante und als höchste Schnelligkeit bezeichnen]*. Aber nichts könnte von der Wahrheit weiter entfernt sein. Die Menschen haben keine Möglichkeit, die Gesamtheit meines Wesens zu ermessen; denn ich verändere meine Energien, so wie sie in den verschiedenen Bereichen des Weltalls und auf den verschiedenen Planeten der irdischen und der anderen Dimensionen gebraucht werden. Die Veränderungen verlaufen aber auch im Rahmen der unterschiedlichen kosmischen Zeitzyklen. Das, was ihr Sonnenflecken oder Sonneneruptionen nennt, ist nur eine der Möglichkeiten, mit denen ich veränderliche Stufen kosmischer Energie erzeuge. Die meisten anderen Möglichkeiten befinden sich jenseits der Ebenen eures gegenwärtigen Verstehens, allein schon deshalb, weil die traditionelle Wissenschaft keine Ahnung hat, was «Energie» in Wirklichkeit ist.

Jeder Planet ist ein Lebewesen und bedarf einer bestimmten Intensität und Art von Nahrung wie auch Liebe. Deshalb muß ich mein Licht und meine Liebe so harmonisieren und abstimmen, daß sie richtig zur Wirkung kommen, um im ganzen Universum der Erhaltung des Lebens zu dienen.

Ich bin ein Schöpfergott, was bedeutet, daß ich Schöpfungsgaben empfangen habe, die ich «unabhängig» verwenden kann. Natürlich ist nichts und niemand wirklich unabhängig von Gott, der Quelle. Ich will damit sagen, daß ich die Freiheit habe, selbständig zu handeln. Ich muß Begriffe verwenden, die in ihrer Bedeutung begrenzt sind, die aber den Menschen zumindest eine annähernde Vorstellung geben. Menschen auf einem spirituellen Pfad, die ihre wahre Verbindung mit allen Dingen erkennen, verstehen vielleicht besser, was ich sagen möchte. Es ist mir eine große Freude, im Einklang mit Gottes Plänen zum Wohl aller Lebensformen in diesem Universum handeln zu können.

Jeden Planeten, den ich geschaffen habe, habe ich *[als Mitschöpfer, «co-creator»]* zusammen mit dem Einen erschaffen. Das bedeutet nicht, daß Gott mir sagt: «Geh hin und mach den Mars!» oder «Tu dies!» oder «Tu jenes!» Vielmehr erscheint im Willen des Einen ein gewünschtes Ergebnis, und ich erschaffe, um diesem liebenden Wunsch zu entsprechen. Oder ich sehe eine Notwendigkeit oder wünsche aus mir selbst heraus eine potentielle Wirkung. Dieses Erkennen-Können ist einer der Gründe, warum ich ein Schöpfergott bin.

In meinem Sonnensystem bin ich der einzige, der unmittelbar und allein vom Einen Schöpfer erschaffen wurde. Bevor ich zu einem Gott erhoben wurde, sind schon andere Existenzen erschaffen worden, aber auch bei deren Entstehen wurde ich bereits hinzugezogen und wirkte zusammen mit der Quelle, Gott.

Alle anderen Planeten wurden von mir erschaffen, darunter auch einige, die heute nicht mehr existieren oder für die Menschheit nicht mehr sichtbar sind. Ich werde hierüber zu einem anderen Zeitpunkt sprechen.

Alle Lebensformen auf allen Planeten in meinem Zuständigkeitsbereich sind von mir erschaffen oder in ihrer Existenz unterstützt worden. Hierzu gehört auch die menschliche Lebensform, die ursprünglich von plejadischen Wesen auf die Erde gebracht worden ist. Ich arbeitete mit ihnen zusammen, um eine Körperform zu erschaffen, die für einen permanenten Aufenthalt auf der Erde geeignet ist. Ähnlich verlief es auch auf anderen Planeten innerhalb der verschiedenen Dimensionen und Realitäten dieses Universums.

Die Weite des Weltalls ist unbegrenzt. Der «Raum» einer jeden Dimension ist unbegrenzt. So gibt es eine Unendlichkeit in einer unendlichen Anzahl von endlosen Bereichen. Wie begrenzt diese Wörter sind! Über all die Bereiche, zu denen ich gehöre, habe ich die Aufsicht und Verantwortung. Macht euch keine Sorgen, wenn es euch schwerfällt zu verstehen, was ich hier sagen möchte. Die Realität ist sogar noch jenseits von dem, was ich hier beschreibe. Aber ich versuche, euch einen Vorgeschmack von jenen Dingen zu geben, die noch außerhalb eurer Möglichkeiten des Verstehens sind. Aber euer spirituelles Selbst und euer ureigenes Wesen wissen und verstehen dies alles. Nur der verschleierte, physische Teil von euch ist nicht fähig, viele dieser Wahrheiten zu verstehen, zumindest bis jetzt nicht.

Während Tausenden und Abertausenden von Jahren hat die Menschheit auf der Erde mich als eine Quelle großer Kraft und Liebe wahrgenommen. Die Menschen wußten, daß ich mehr bin als ein bloßer Feuerball am Himmel. Sie verbanden sich mit meinem spirituellen Selbst, so wie jeder Mensch es auch heute noch tun könnte. Viele erkannten mich als einen Gott. Sie wußten dabei, daß ich nicht das Höchste Wesen bin, aber nichtsdestoweniger ein Gott. Sie führten in Beziehung zu mir spezielle Zeremonien durch, jene Art von Ritualen, die von den herrschenden Religionen heutzutage als «heidnisch» bezeichnet werden. In Wirklichkeit war dies einfach eine Ausdrucksmöglichkeit der Menschen, um ihre Liebe mitzuteilen und die Hilfe und Unterstützung durch meine Energien zu erbitten. Ich liebe es, geliebt zu werden, und dies erzeugte im Universum eine große Harmonie.

Dies alles kam allmählich zu einem Ende, als es den Kriegsherren gelang, die Herrschaft über die Erdbevölkerung zu erlangen. Sie lehrten, es gebe nur eine Gottheit, was es ihnen ermöglichte, sich den menschlichen Geist untertan zu machen, indem sie die Menschen nötigten, sich nur noch durch die Hohenpriester und die königlichen Machthaber an ihren Gott zu wenden. Darüber haben wir schon viel gesprochen, weshalb ich hier nicht näher darauf einzugehen brauche.

Ich versorge nicht nur alle Lebewesen und den Planeten Erde mit meinem Licht, sondern ich stelle auch meine Energien zur Verfügung, so daß alle, die es wollen, sie als eine Quelle physischer und spiritueller Nahrung und Liebe annehmen können. Ohne mich könnte das Pflanzenleben auf der Erde nicht mehr existieren. Ohne mich würde der ganze physische Körper von Mutter Erde nicht existieren können. Ich vollbringe all diese schöpferischen Handlungen, aber ich bin ein Teil des Einen Schöpfers – so wie ihr alle auch. Wir sind alle gleich, obwohl wir nicht alle auf der gleichen Stufe der Liebe sind.

Ich werde euch vielleicht zu einem anderen Zeitpunkt mehr hierüber mitteilen. Ich liebe euch. Ich liebe eure Heimat, die Erde, und ich liebe den Einen Schöpfer.

– *Der Sonnengott*
(9. Juni 1993)

1) Warum heißt es hier: «... <u>obwohl</u> meine Liebe bedingungslos war»? Der Sonnengott will damit sagen, daß er seine Liebe und seine Energien motivlos verströmen ließ, ohne die geringste Absicht, dafür Anerkennung, Lob oder Dank zu erhalten. Obwohl der Sonnengott nicht einmal «im Traum» den Gedanken hegte, für seine Geschenke eine Gegenleistung zu erhalten, wurde seine selbstlose Liebe von Gott, dem Höchsten Schöpfer, wahrgenommen und auf vollkommene Weise erwidert, indem unserer Sonne eine noch höhere Stufe des Vertrauens und der Liebe gewährt wurde.

Wer Liebe gibt, wird Liebe empfangen. Doch dieses göttliche Gesetz läßt sich nicht mit berechnenden Motiven anwenden: «Ich gebe Liebe, um dafür mehr Liebe und mehr Vertrauen, sprich eine höhere Macht und Position zu erlangen.» Diese scheinheilige, heuchlerische Berechnung wird von Gott und allen Lichtwesen ebenfalls wahrgenommen, d.h. durchschaut, und das Ergebnis wird entsprechend beschränkt sein.

Göttliche Gnade kann man weder erzwingen noch sich erschleichen, nicht einmal erwerben. Diejenigen aber, die sie erlangen – wie z.B. der Gott unserer Sonne –, empfangen sie nur, weil sie wahrhaftig selbstlos handeln und nicht die geringste Spur von Hintergedanken in sich tragen. Solche spirituellen Persönlichkeiten der irdischen und höheren Lichtdimensionen empfinden die empfangene göttliche Liebe und Vollmacht nie als «Belohnung» oder als Selbstherrlichkeit, sondern gehen aufgrund dieser neuen göttlichen Befruchtung nur noch mehr in reiner Liebe und Selbstlosigkeit auf.

(Das deutsche Wort «selbstlos» bedeutet nicht etwa «ohne Selbst», sondern vielmehr «Ego-los», d.h. frei von selbstischen Wünschen und Motiven. Dieses Bewußt-Sein ist nur möglich bei einem reinen Selbst-Bewußtsein, wenn man sich seines Selbst vollkommen bewußt ist und erkennt, daß man in Wirklichkeit ein individueller Teil der göttlichen Einheit ist. Selbstlosigkeit bedeutet also wahres Selbst-Bewußtsein ohne selbstische Verunreinigung.)

Die Schöpfung der Erde

Alle Energien kommen ins Dasein, weil der Schöpfer es so will. Der Schöpfer hat Gründe für sein Schöpfen, die jenseits unseres Verstehens sind. Was den Planeten Erde betrifft, so wirkte der Eine Schöpfer durch den Sonnengott hindurch, der in seinem Auftrag das Erdbewußtsein erschuf. Der Schöpfer und der Sonnengott fanden, daß es sehr schön wäre, wenn die Liebe der Sonne von noch mehr Wesen, als bereits existierten, empfangen werden könnte. Die Erde wurde erschaffen, um das Gleichgewicht in der kosmischen Leere *[Raum, d.h. Weltraum]* zu vervollständigen, da erst einige der Planeten *[des Sonnensystems]* erschaffen worden waren.[1] Die Sonne lenkte deshalb ihre liebenden und mächtigen Lichtstrahlen auf einen winzigen Punkt, der nicht größer war als ein Atom. Und die Sonne schuf an diesem Punkt das Bewußtsein der Erde.

Nachdem dieser kleine Fleck erschaffen war, wurde der Erde alle Energie gegeben, die sie jemals brauchen würde. Die Erde wurde derart geführt, daß sie ihre physische Form vergrößern konnte, um das Gleichgewicht herzustellen, das zu jener Zeit erforderlich war. Ihr müßt verstehen, daß damals bereits andere Planeten um die Sonne kreisten. Sie waren von etwa gleicher Größe wie die heutige Erde oder etwas größer. Die Größe der Erde wurde von den damaligen Gegebenheiten bestimmt, und zwar über elektromagnetische Energie, die half, ähnlichen Energien von nahen Planeten entgegenzuwirken.

Als die Erde auf der «Bildfläche erschien», goß der Eine Schöpfer eine gewisse Zukunft in sie ein und sagte, daß sie, wenn sie soweit sei, die physischen Formen zu ihrer Verwendung erschaffen könne. Die Erde nahm an Größe zu, indem sie die Energiemoleküle ihrer Umgebung anzog. Es war eine Art Implosion von Energien, durch die ihre Masse gebildet wurde. Nach euren Maßstäben von Raum und Zeit dauerte dieser Vorgang eine Million Jahre, aber aus kosmischer Perspektive war dies keine lange Zeit.

Als die Erde ihre physische Entwicklung vervollständigt hatte, war sie von recht imposanter Erscheinung. Jede Energie ist einzigartig, und die Erde bildete hier keine Ausnahme.

Die Sonne erschuf nun Lebensformen, denen es bestimmt war, die Erde zu bevölkern und mit ihr zu wachsen. So wurde von den riesigen Ozeanen, die einst den größten Teil der Erde bedeckten, allmählich ein Erdboden abgelagert. Der Same des Pflanzenlebens entstand, und es dauerte nicht lange, bis ein großer Teil der Erde von einer Vielfalt grüner Pflanzen bedeckt war. Je mehr sie wuchsen, desto dichter wurde die Vegetation, was zur Bildung von atmosphärischen Gasen führte, die es wiederum ermöglichten, daß der Raum über der Erde von eigenem Leben erfüllt wurde. Dies nährte das Pflanzenreich und ließ es in reichster Üppigkeit gedeihen. So entstand ein prächtiges System, durch welches das Leben sich selbst erhielt und vermehrte. Es war eine vollständige Harmonie, da jede Lebensform für den Erhalt ihrer Existenz von anderen abhängig war.

Wir machen nun *[auf der Zeitschiene]* einen großen Sprung nach vorn. Wir sehen die Erde, wie sie bereit war, ihre Üppigkeit und Liebe mit höheren Lebensformen zu teilen. Der Ruf ging hinaus in das Universum. Er wurde von einem Sternensystem, den Plejaden, vernommen und angenommen. Von dort kamen in der Folge Brüder und Schwestern auf den Planeten und arbeiteten mit der Erde und der Sonne zusammen, um eine physische Form zu schaffen, die fähig war, auf der Oberfläche des Planeten zu leben. Dieses Wesen war humanoid, und aus ihm entwickelte sich die Menschheit.

Dies war eine kurze Einführung in die Geschichte des Planeten Erde: sein Entstehen und die Ankunft der Menschheit. Hierüber wird noch viel mehr mitgeteilt werden, denn das Buch der Wahrheiten wird sehr umfassend sein, so daß alle die Möglichkeit haben, wissend zu werden.

Wir verabschieden uns nun in Liebe zu allen und in der Liebe zum Einen Schöpfer von uns allen.

– *The Blend of Loving Energies*
(16. November 1992)

---

1) Dieser Satz ist nicht leicht zu verstehen. Er schließt anscheinend an das an, was im vorherigen Text gesagt wurde, nämlich daß anfänglich die Sonne ohne Planeten existierte: «Als ich ins Dasein kam, kreisten noch keine Planeten um mich herum. ... Der Eine gab mir in der Folge einige besondere

Kräfte, die ich einsetzte, um Energien um mich herum anzuziehen. ... Ich gab großzügig von meinen Energien, damit andere Planeten entstehen und wachsen konnten.»

Die Sonne befand sich anfänglich also in einer «kosmischen Leere», und in diesem leeren Raum entstanden erste Masseanziehungen, die sich zu Planeten verdichteten und in einer Umlaufbahn um die Sonne «eingefangen» wurden. Nachdem «einige der benachbarten Planeten erschaffen worden waren», war die ursprüngliche «kosmische Leere» gebrochen, aber es herrschte noch kein neues Gleichgewicht im Sonnensystem, da die Anzahl der Planeten noch nicht vollständig war. Deshalb mußte auch die Erde als weiterer Planet erschaffen werden, «um das Gleichgewicht der kosmischen Leere zu vervollständigen».

Vielleicht war die Erde in jenem Schöpfungszyklus sogar der letzte Planet, der erschaffen wurde, quasi als der entscheidende Eckstein oder Abschlußstein, um für die Seelen wie ein Tor der Befreiung zu sein.

Wie dem auch sei, dies sind einfach einige Erklärungsversuche zu dem, was die «Loving Energies» hier sagen wollen. Die kurzen Sätze und die schwierigen Formulierungen lassen vermuten, daß Tom Smith selbst Schwierigkeiten hatte, diese kosmischen Inhalte zu erfassen und zu formulieren. Wir erinnern uns an das, was er zu Beginn dieses Kapitels sagte: «Oft fiel es mir sehr schwer, die empfangenen Informationen in Worte zu fassen. Das lag nicht nur an meiner eigenen begrenzten Kapazität des Verstehens, sondern auch an unserer noch begrenzteren schriftlichen Ausdrucksform. Es gibt wahrhaftig viele Dinge, die unseren Verstand überfordern.»

Der Anfang der Menschheit auf der Erde

Diejenigen, die sich mit spirituellen Themen befaßt haben, sind sich bereits bewußt, daß die Erde ein sehr empfindsames Wesen ist. Aber die meisten anderen Menschen erkennen dies nicht. Sogar viele der Menschen, die sich für den Umweltschutz einsetzen, wissen nicht wirklich, wie individuell die Erde ist und wie sie fühlt, hört, schmeckt, empfindet und riecht, und zwar auf eine Weise, die sich die meisten Menschen nicht einmal vorstellen können. Aber wir sagen euch, daß die Erde, die ihr eure Heimat nennt, viele, viele Male empfindsamer ist als praktisch jeder Mensch auf ihr. Wenn ihr dies auch nur annähernd verstehen könntet, würdet ihr sogleich alle destruktiven Handlungen einstellen. Ihr würdet erkennen, auf wie viele Arten ihr der Erde Schmerz zufügt, und würdet anfangen, dies zu korrigieren.

Als die Erde genügend weit entwickelt war, um von höheren Lebensformen bewohnt zu werden, ging ein Aufruf hinaus ins Universum. Der Eine Schöpfer hatte bereits die Sternenwesen gebeten, auf diesem Planeten die Ansiedlung einer geeigneten Lebensform einzuleiten. Sie waren dazu gerne bereit, da es ihnen ebenfalls ein großes Anliegen war, Mitschöpfer einer neuartigen Lebensform zu sein, um den jungen Planeten zu beglückwünschen, jetzt, wo er reif und fähig geworden war, die vielfältigsten Lebensformen zu beherbergen und zu unterstützen, insbesondere eine menschliche Lebensform.

Unter den Bewohnern vieler Planetensysteme, die *[relativ]* erdnah sind, waren es die Plejadier, die als erste bereit waren, auf dem Planeten Erde die Existenz der Menschen ins Leben zu rufen. So begaben sie sich auf die Erde und lebten dort, um sich allmählich an die neue physische Umwelt und die neue Atmosphäre anzupassen. Die irdischen Lebensbedingungen waren anders als die auf anderen Planeten, aber sie waren ähnlich wie die auf dem *[plejadischen]* Herkunftsplaneten. Dennoch bedurfte es einiger Zeit, bis sich eine physische Form entwikkelt hatte, die den irdischen Bedingungen am besten entsprach. Dies geschah über viele Generationen hinweg. Aber aus kosmischer Sicht geschah dies «über Nacht».

Die ersten Menschen waren in ihrem Denken sehr selbständig. Sie waren sich in jeder Hinsicht des Universums, in dem sie lebten, bewußt, und es war ihr Wunsch, sich aus eigener Verantwortung heraus zu entwickeln und zu entfalten. Ihr einziges Lebensziel war, in Harmonie mit dem Einen Schöpfer zu leben und auf ihre individuelle Weise die göttliche Liebe zu verwirklichen. Sie erkannten, daß sie als Spezies im Universum einzigartig, aber nicht allein waren. Sie wählten einen Entwicklungsweg innerhalb der Schwingung der dritten Dimension, da dies die Frequenz ihrer neuen Heimat, der Mutter Erde, war. Sie lebten in Verbindung mit Gott, der Quelle, mit der Sonne und mit den vielen anderen Energien des Universums, die gegenwärtig waren. Sie wußten, daß die Erde einen besonderen Platz im Herzen des Sonnensystems einnehmen sollte, und sie kannten auch den göttlichen Plan, der vorsah, daß die

Erde eine Art Bibliothek oder Bewahrungsstätte von Informationen sein sollte – und daß den Menschen die Aufgabe zukam, die Wächter zu sein. Aber die Menschen erkannten auch, daß sie zuerst in eine höhere Dimension hineinwachsen mußten, bevor sie diese heiligen Pflichten erfüllen konnten. Und dies wollten sie tun.

Die *[damalige]* Menschheit konzentrierte sich deshalb darauf, alles Notwendige über sich selbst und die Erde zu erfahren. Dies waren nicht Menschen, die nach heutigem Ermessen fortgeschritten waren. Sie besaßen keine Technologie, und sie wollten auch keine. Sie verfügten über mehr, viel mehr. Sie konnten sich praktisch mit allen Ebenen und Welten des Universums verbinden. Sie hatten die Möglichkeit, jederzeit von überall Hilfe herbeizurufen, falls sie das wollten. Sie beherrschten das Wetter. Sie lebten in Harmonie mit der Erde und der gesamten Natur. Sie konnten andere Planeten aufsuchen, wenn es für sie nötig war. Sie mußten nicht während einer vorgegebenen Zeit arbeiten und brauchten nicht mit irgendwelchen Nachbarn zu konkurrieren. Dennoch hatten sie alles, was sie an Nahrung, Unterkunft und Erholung brauchten. Ihre Arbeit war für sie ein Spiel. Wir sagen deshalb, daß diese Menschen bei weitem fortgeschrittener waren als die Menschheit von heute.

Diese Harmonie und Offenheit jedoch zog die Aufmerksamkeit anderer Energien aus dem Universum auf sich. Wir nennen sie Schöpfergötter oder Wesen, die vom Einen Schöpfer gottähnliche Kräfte empfangen hatten, sich dann aber vom Pfad des Lichts ab- und dem Pfad der Dunkelheit zuwandten. Die Energien der dritten Dimension waren für sie sehr attraktiv, da sie eine große Möglichkeit sahen, in dieser Welt ihre eigenen Überzeugungen und Ideen umzusetzen. Sie wußten, daß die Bewohner dieser Dimension viel leichter vereinnahmt und beherrscht werden konnten als die der höheren Dimensionen. Deshalb sandten sie ihre eigenen Vertreter auf die Erde, so wie es auch die Wesen des Lichts vor ihnen getan hatten.

Diese Wesen gründeten ihre eigenen Kolonien, jedoch mit den Eigenschaften ihrer Vorfahren. Sie waren aggressiv, viel aggressiver als alle anderen Menschen. Im Lauf der Zeit wurden sie kriegerisch, da sie sich nicht mit dem zufriedengeben wollten, was sie selbst hervorbrachten. Es verlangte sie nach dem, was andere hervorgebracht hatten. So rissen sie an sich, was sie nur wollten, und fügten denen, die sie überfielen, und auch der Erde einen großen Schaden zu. Die Erde nahm mit ihrer Empfindsamkeit all diese Schwingungen am eigenen Leib wahr und litt sehr unter dem Treiben dieser kriegerischen Mächte.

Wir werden unseren Bericht zu einem anderen Zeitpunkt fortsetzen. Wir verabschieden uns in Liebe zu allen auf der Erde und zum Einen Schöpfer von uns allen.

– The Blend of Loving Energies
(5. Mai 1993)

Als die Dinosaurier auf der Erde lebten

Viele Menschen empfinden eine Faszination für Dinosaurier und das Dinosaurierzeitalter. Es gab eine Zeit – vor dem Erscheinen der Menschheit und auch noch für eine Weile nach ihrer Ankunft –, als die Erde von sogenannt gigantischen Lebensformen bewohnt wurde. Sie waren gigantisch nach euren Maßstäben, aber nicht im Vergleich zu Lebensformen auf anderen Planeten und natürlich auch nicht für sich selbst.[1]

Diese Lebensformen entstanden nicht einfach aus einer Evolution von kleinen Echsen und anderen ähnlichen Tieren. Auch sie sind auf den Planeten gebracht worden. Die Erde hatte um eine Lebensform gebeten, die einen bestimmten Wachstumsimpuls, den sie sich damals wünschte, vermitteln konnte. Die Atmosphäre war anders als auf der heutigen Erde, weshalb eine Lebensform notwendig war, die in einer sehr stickstoffhaltigen Umgebung überleben konnte. Die verschiedenen Dinosaurierarten waren hierfür ideal.

Die Dinosaurier waren vorwiegend Vegetarier, obwohl es auch einige fleischfressende Rassen gab, die halfen, die Population im Gleichgewicht zu halten. Sie waren allesamt wunderbare Wesen, und sie waren auch hochintelligent. Ihre Intelligenzstufe kam der der früheren Menschen sehr nahe. Sie verständigten sich untereinander sowohl mit einer Sprache als auch telepathisch. Sie waren nicht solch wilde, furchtbare Wesen, wie sie in euren Büchern und Kinofilmen dargestellt werden. Unter ihnen herrschte eine tiefe Harmonie, was nicht bedeutet, daß die fleischfressenden Rassen nicht auch ab und zu ihre Beute fanden. Aber selbst dann war das Fleisch für sie nur eine Ergänzung ihrer sonstigen Nahrung.

Für diese großen Tiere gab es nur wenige natürliche Grenzen. Wenn erforderlich, konnten einige von ihnen über lange Distanzen schwimmen. Das Land der Erde war bedeckt mit prachtvollen Grünflächen und Wäldern, die vergleichbar waren mit den heutigen Regenwäldern. Nahrung war in Überfülle vorhanden. Diese Wesen teilten sich alles, weshalb es unter ihnen nur geringfügige Aggressionen gab. Wenn sie den Impuls verspürten, begaben sie sich auch auf längere Wanderungen. Sie hatten eine Familienstruktur, die an jene erinnert, die bei einigen der großen Tiere der heutigen Zeit zu finden ist, zum Beispiel bei den Elefanten. Sie waren sehr gesellige Geschöpfe, nicht im Sinn von übermütigen Partygängern, sondern als Wesen, die sehr duldsam und rücksichtsvoll waren. Sie blieben normalerweise im Kreis ihrer eigenen Spezies, aber sie kamen auch mit anderen gut aus und lebten mit ihnen friedlich Seite an Seite, solange diese für sie keine Futterkonkurrenten waren oder für ihre Herdenstruktur keine Gefahr darstellten. Viele der Tiere ergänzten sich gegenseitig, da nicht alle die gleiche Nahrung brauchten. Was also die einen zurückließen, war für andere eine Leibspeise.

Später kam es zu einigen natürlichen Rivalitäten. Die Ursache war in den meisten Fällen die Verminderung der Nahrung. Die Saurier lebten seit einer Million Jahren auf der Erde, und ihre Lebensspanne konnte bis zu 1000 Jahre umfassen, obwohl die meisten nicht länger als fünf- bis sechshundert Jahre blieben. Diejenigen, die am längsten lebten, waren die größeren Rassen, die keine natürlichen Feinde hatten, nicht einmal jene Saurier, die auch Fleisch fraßen. Aufgrund ihrer ehrfurchtgebietenden Größe wurden sie in ihrer Existenz nie herausgefordert. Einige waren 12–18 Meter groß, einige wenige sogar 24 Meter. Trotz ihrer Größe waren sie auf ihre Weise auch wieder sehr scheu.

Wie ihr euch vorstellen könnt, kam es in dieser Million Jahre zu vielen Veränderungen. Es gab Kälteeinbrüche, die diesen Wesen zu schaffen machten. Sie waren jedoch sehr anpassungsfähig, solange sie genügend Nahrung fanden. Zu bestimmten Zeiten waren viele gezwungen, im Meer ihre Nahrung zu suchen, und so begannen sie auch, Wasserpflanzen zu fressen. Bestimmte Arten machten das Meer sogar zu ihrer Heimat, und einige von ihnen existieren heute noch. Die Lebewesen des Meeres haben auf eurem Planeten seit einer bemerkenswert langen Zeit überlebt, was sich erst in jüngster Vergangenheit geändert hat, seit die Menschheit begann, die Gewässer zu verschmutzen und zu vergiften.

Später dann kam eine Zeit, in der sich die Erde eine höhere Lebensform zur Koexistenz wünschte. Dies führte dazu, daß die Menschheit auf die Erde gebracht wurde. Als die Menschen kamen, hatte bereits das Aussterben dieser Riesentiere eingesetzt, weil die Konzentration des Stickstoffes aufgrund ihres gewaltigen Pflanzenverzehrs drastisch zurückgegangen war.[2] Die Saurier erkannten dabei auch, daß für sie die Zeit gekommen war, ihre Entwicklung woanders weiterzuführen. Das «Aussterben» war für sie nichts Trauriges.

Zu dieser Zeit durchlief die Erde grundlegende Umwälzungen, um sich selbst für die Existenz der Menschen besser vorzubereiten. Für eine gewisse Zeit lebten die Menschen und die Dinosaurier nebeneinander in Harmonie, wobei die Erde aber wußte, daß die veränderten Gegebenheiten den Sauriern immer weniger Nahrung bieten würden. Auf der Erde stand damals viel mehr natürliche Nahrung zur Verfügung als heute. Aber haltet euch vor Augen, daß diese Riesenwesen einen unstillbaren Hunger hatten. Täglich verbrachten sie rund sechzehn Stunden mit Essen. Ihre Körpermasse brauchte eine entsprechende Masse von Nahrung. So war es unvermeidlich, daß es irgendeinmal zu einem Kampf um die Nahrung kommen mußte.

Die Erde entschied sich damals, menschliches Leben aufzunehmen und zu fördern. Deshalb war es erforderlich, die Riesenwesen woanders hinzuschicken. Die Erde schuf Vulkanausbrüche *[evtl. durch das Anziehen eines Asteroiden]* und Stürme, die das Land und die Saurier von den lebenswichtigen Sonnenstrahlen abschnitten. Die Sonne nahm ebenfalls teil, um zu helfen, daß die Saurier die Erde verlassen konnten. Die wenigen Menschen, die damals bereits auf der Erde waren, wurden in

Gebiete gebracht, wo es eine weniger üppige Vegetation gab – Gebiete, die von den Riesenwesen ausgelassen worden waren. Aber für die kleinere Spezies der Menschen gab es in diesen Gebieten noch genügend Nahrung und Lebensraum.

Weil die Atmosphäre nun viel sauerstoffreicher war als zuvor, konnten sich die Riesenwesen auf die Dauer nicht mehr fortpflanzen, was dazu führte, daß sie von der Bildfläche des Planeten verschwanden. Auch die Pflanzen, die ihnen als Nahrung dienten, konnten sich nicht mehr richtig vermehren, da gigantische Wolkenmassen die Erde in Schatten hüllten, was über bestimmten Gebieten bis zu zehn Jahren dauerte.

Nachdem die letzten Riesenwesen die Erde verlassen hatten, kehrten die Menschen in deren Lebensraum zurück, da die Nahrungssuche sie dorthin trieb. Langsam lichteten sich die Wolken, und die Erde brachte auch in jenen Gebieten, wo die Riesenwesen einst gelebt hatten, wieder eine üppige Vegetation hervor.

Die Menschen, die mit den Dinosauriern zusammenlebten, hatten keine Angst vor diesen riesigen Tieren. Sie respektierten sie und wollten nichts anderes als mit ihnen in Harmonie leben. Es war die Erde, die erkannte, daß es ihr nicht möglich sein würde, sowohl die Riesenwesen als auch die Menschen auf eine unbestimmte Zeit hinaus am Leben zu erhalten. Es war die Erde, die die Sonne und den Einen fragte, was sie tun solle. Und der Plan des Einen Schöpfers sah für die Erde vor, daß sie von höheren Lebensformen, den Menschen, bevölkert werden sollte. So kam es zum Einverständnis, daß die physische Existenz der Saurier auf der Erde zu einem Ende kommen sollte. Diese wunderbaren Riesenwesen leben nun auf Planeten in anderen Welten. Sie sind nicht etwa ausgestorben, wie eure Wissenschaftler meinen. Sie sind einfach von der Erde und aus eurer Realität verschwunden. Sie kannten ihre spirituelle Verbindung zum Universum und waren ebenfalls einverstanden, den «Wohnort» zu wechseln. Sie dankten der Erde, da sie wußten, wie wichtig es für sie gewesen war, daß sie auf diesem Planeten für eine gewisse Zeit leben konnten.

Dies war eine kurze Betrachtung der Dinosaurier-Ära, die zu einem Ende kam, als die Erde darum bat, Menschen tragen zu dürfen. Genauso wie die Erde damals die Notwendigkeit verspürte, eine höhere Lebensform und eine höhere Schwingung zu fördern, so *verspürt sie jetzt die Notwendigkeit, eine noch höhere Schwingung zu fördern*, die fünfte Dimension. Deshalb ist für sie nun die Zeit gekommen, einen weiteren Riesenschritt zu vollziehen. Der einzige Unterschied ist, daß sie die Menschen bittet zurückzukehren *[im Gegensatz zu den Sauriern, die nicht zurückkehrten]*, sofern sie die gleiche liebende und harmonische Schwingung erreichen wie sie *[die Erde]*.

Wir verabschieden uns nun und verbleiben in Liebe zur Erde, zu jedem von euch und in Liebe zu Gott, der Quelle von uns allen.

– *The Blend of Loving Energies*
(15. Juni 1993)

1) Was in diesem Text über die Saurier gesagt wird, widerspricht in mehr als einer Hinsicht den Theorien der modernen Erdkunde. Am auffälligsten ist die Behauptung, daß es eine parallele Existenz von Sauriern und Menschen gegeben habe: Die Saurier wie auch später die Menschen seien auf Bitten der Erde von höheren Intelligenzen gemäß göttlichem Plan auf die Erde gebracht worden. Als die Menschen auf die Erde kamen, habe es auf der Erde noch Saurier gegeben!

Diese Ansichten sind gemäß offizieller Schulmeinung völlig absurd. Dennoch werden heute auch in wissenschaftlichen Kreisen Stimmen laut, die genau solche Theorien formulieren. Aufsehenerregend im deutschen Sprachraum war das im Jahr 1998 erschienene Buch von Dr. Hans-Joachim Zillmer: «Darwins Irrtum – Vorsintflutliche Funde beweisen: Dinosaurier und Menschen lebten gemeinsam».

In diesem Buch werden wissenschaftliche (paläontologische und geologische) Befunde vorgelegt, die den Schluß nahelegen, daß das Zeitalter der Saurier noch nicht so lange her sei und auch nicht so lange gedauert habe, wie die gängige Lehrmeinung besagt (Existenz während über 100 Mio. Jahren, bis sie angeblich vor 65 Mio. Jahren ausstarben).

«Zillmer verkürzt mit Hinweis auf die vermutete Koexistenz von Dinosauriern und Menschen den Zeithorizont der Evolution des Lebens in spezifischen Ausprägungen erheblich», kommentiert Prof. Dr. Bazon Brock von der Universität Wuppertal in seinem Vorwort zu Zillmers zweitem Buch, «Irrtümer der Erdgeschichte».

Auch im vorliegenden Text wird gesagt, daß die Saurier-Ära nur etwa eine Million Jahre dauerte und daß die Menschen in der Schlußphase der Saurierpräsenz auf die Erde kamen. Die Vergangenheit der Erde sollte also nicht mit heutigen Projektionen interpretiert werden.

2) Der Grund für das Aussterben der Saurier, der hier angegeben wird, besagt, daß auch die Vegetation in den Urzeiten des Planeten anders war als heute. Wissenschaftlich anerkannt ist, daß die Erdatmosphäre anfänglich nicht sauerstoffreich war, sondern aus einem anderen Gasgemisch bestand. Die Pflanzen, die sich in diesem Umfeld entwickelten, müssen demzufolge auch eine andere Konstitution und Photosynthese gehabt haben als die Pflanzen, die in der heutigen Sauerstoffluft gedeihen.

Die Aussage, daß «die Konzentration des Stickstoffes aufgrund ihres gewaltigen Pflanzenverzehrs drastisch zurückgegangen war», legt diese Vermutung nahe. Warum verringerte sich die Konzentration des Stickstoffs, als die Vegetation von den Sauriern weggezehrt wurde?

Weiter oben hieß es: «Das Land der Erde war bedeckt mit prachtvollen Grünflächen und Wäldern ...» Produzierten diese Pflanzen damals noch nicht Sauerstoff, so wie die heutigen? Es wäre zu erforschen, ob die Umwälzungen, die das Erscheinen von Säugetieren und Menschen ermöglichten (und den Riesenreptilien genannt «Saurier» die Lebensgrundlage entzogen), auch eine Veränderung der Vegetation bewirkten, so daß die sauerstoffbildenden Pflanzen die früheren Formen ablösten.

Die Entwicklung der Emotionen

Die frühen Menschen werden oft als gorillaähnliche Wesen dargestellt. Daß diese «Neandertaler» primitiv waren, versteht sich für die heutigen Menschen von selbst. Doch alles hängt von der Definition und von der Perspektive ab. Gemäß ihrer eigenen Auffassung waren sie in keiner Weise primitiv, und auch gemäß unserer Auffassung nicht. Die modernen Menschen meinen, ihre Vorfahren seien primitiv gewesen, da sie sich selbst als sehr «fortgeschritten» sehen. Ihr verwendet jedoch völlig falsche Kriterien, um sie als primitiv und euch als fortgeschritten zu bezeichnen. Wir möchten hierauf etwas näher eingehen.

Die ersten Menschen, die ganz am Anfang von den Plejaden auf die Erde kamen, lebten nicht sehr lange. Ihre physischen Körper waren den vielfachen Anforderungen ihrer neuen Umgebung noch nicht gewachsen. Ein großer Teil dieser Entwicklung war experimentell, denn als ein Experiment war es gedacht.[1] Aber mit der Hilfe der Erde und der Sonne dauerte es nicht lange, bis die Körperform des Menschen eine ideale Anpassung fand.[2]

Wie wir bereits früher erwähnten, erschienen die ersten Menschen auf der Erde, als die Dinosaurier-Ära ihrem Ende entgegenging. Eure Wissenschaft wird dies verständlicherweise in Frage stellen und ablehnen, aber es ist wahr. Eure Wissenschaft verwendet nicht die besten Werkzeuge, um die Vergangenheit zu ermessen und zu datieren. Was sie verwendet, entspringt ihrem eigenen begrenzten Begriffsvermögen.

Euch wird ein verzerrtes Bild der Vergangenheit vorgesetzt, damit ihr keine Verbindung zu den spirituellen Menschen und Tieren finden könnt, die auf der Erde gegenwärtig sind.[3] Es ist der Wunsch der negativen Schöpfergötter, die Zeit der ersten Menschenexistenz auf Erden zu bestimmen. Sie wollen nicht, daß ihr erfahrt, wie es wirklich war: nämlich daß es schon Menschen gab, bevor sie mit ihren Kriegen die Erde übernahmen und euch als Spezies zu Untertanen machten. Ihr sollt auch nicht erfahren, daß alle Lebensformen auf diesem Planeten spirituell miteinander verbunden sind, einschließlich der Dinosaurier. Sie wollen, daß ihr glaubt, ihr seid großartiger und besser als die Tiere und Pflanzen. Deswegen wollen sie euch von den anderen Lebewesen entfremden, auch von den frühen Menschen.[4]

Die frühen Menschen genossen eine vollständige Freiheit. Sie waren mit ihren Brüdern und Schwestern im Universum spirituell und telepathisch verbunden. Sie hätten um Hilfe bitten können, aber sie wollten selbst lernen und sich entwickeln. Sie hatten keine gesprochene Sprache oder Kommunikation – aber nicht, weil sie «stupide» und primitiv gewesen wären, sondern weil sie diese Form der Kommunikation gar nicht brauchten. Sie verständigten sich telepathisch. Sie wußten, daß sie mit ihren Brüdern und Schwestern im Weltraum immer verbunden waren. Sie hatten kein Bedürfnis nach einer verbalen Kommunikation. Ihr Hauptanliegen war es, sich physisch an den Planeten und an diese Dimension anzupassen. Sie besaßen keine Waffen, da sie keine Neigung zum Kämpfen hatten. Sie hatten keine Feinde. Sie lebten direkt von der Erde und aßen von der wunderbaren Üppigkeit, die die Erde großzügig in Form zahlloser Pflanzen und Früchte hervorbrachte.

Die frühen Menschen – und in der Tat auch schon die allerersten Menschen, die auf der Erde erschienen – waren humanoid. Sie waren keine Menschen, so wie ihr sie heute kennt, und sie waren keine Außerirdischen, wie ihr sie euch vorstellt. Diese Individuen hatten freiwillig eine körperliche Gestalt angenommen, um als Menschheit auf dem neuen Planeten namens Erde leben und erblühen zu können. In verschiedener Hinsicht hätte man sie mit euren neugeborenen Kindern vergleichen können. Ein Kind, das auf die Welt kommt, muß ebenfalls lernen, in einer neuen physischen Gestalt zu leben. Dabei erinnert es sich nur allzugut an sein spirituelles Selbst und hat Schwierigkeiten, sich zurechtzufinden.

Auch die ersten Menschen, die direkt aus anderen Welten kamen, mußten sich an ein neues Umfeld anpassen, wobei sie auch lernen mußten, mit ihren Händen, Füßen und anderen Körperteilen so umzugehen, daß sie ihrer physischen Existenz richtig dienten. Sie wußten, wozu sie vor ihrer Ankunft auf der Erde fähig gewesen waren, genauso wie es auch ein Neugeborenes weiß. Nun mußten sie erkennen, daß sie vieles von dem, was sie vorher zu tun vermochten, nicht mehr tun konnten, da sich alle Bedingungen *[die Gegebenheiten ihres Körpers sowie des planetaren Umfeldes]* verändert hatten. Ihr seid geneigt, sie als primitiv zu bezeichnen. Wir jedoch würden sie als tapfer bezeichnen, da sie bereit waren, auf dramatische Weise von einer Ebene zu einer anderen überzuwechseln, in gewisser Hinsicht hinab zu einer niedrigeren Ebene. Sie waren freiwillig auf die Erde gegangen, aber dennoch brauchten sie verschiedenste Anpassungen.

Diese frühen Menschen lebten mitten in der Gesamtheit der Natur, zusammen mit den vielen Tieren. Es gab keine Schranken, keine Zäune, keine Staatsgrenzen. Sie konnten überall hinreisen, ohne sich irgendwo ausweisen zu müssen. Sie brauchten keine Impfungen, um in ein neues Land einzureisen, und sie konnten bauen, was sie wollten. Es gab keine Beschränkungen. Sie mußten sich nicht mit Baugesetzen oder Sonderrechten abmühen. Es gab keine Demonstrationen, und es wurde nicht um Besitzrechte gekämpft. All diese Zeichen des «Fortschritts» kamen erst viel später, als die Menschen «zivilisiert» wurden.

Die frühen Menschen lebten in Harmonie. Untereinander zu kämpfen war ihnen gänzlich unbekannt. Erst als auf der

Erde neue Zivilisationen entstanden, gegründet von anderen Wesen aus dem All, geschah es, daß sich Gruppen voneinander abzugrenzen begannen. Plötzlich war es notwendig, ein Gebiet oder den eigenen Volksstamm zu verteidigen. Dies hatte verschiedene Gründe. Anfänglich war dies notwendig wegen jener Wesen aus dem All, die die Erde unabhängig von der Intergalaktischen Konföderation besiedeln wollten. Diese Wesen waren sehr kriegerisch veranlagt, und diese Mentalität bestimmte auch ihre Vorgehensweise. Unter ihnen kam es zu gewaltsamen Auseinandersetzungen, lange bevor sie überhaupt auf die friedliebenden Menschen stießen.

Die frühen Menschen bewegten sich frei im Reich der Pflanzen und Tiere. Sie lernten dabei, sich von bestimmten Tieren *[Raubtieren]* fernzuhalten, denn es kam vor, daß sie von ihnen angegriffen wurden, weil sie für diese eine leichte Beute darstellten. Aber der größte Teil der Tiere lebte in Einheit mit den Menschen. Tiere und Menschen bewohnten oftmals dasselbe Gebiet, weshalb es notwendig war, in Harmonie zu leben.

Zuerst gab es nur diese Menschen auf der Erde. Aber eintausend Jahre nach ihrer Ankunft kamen Rassen, die nicht positiv waren, und siedelten sich an verschiedenen Orten der Erde an. Diese Wesen verhielten sich der Natur gegenüber und auch untereinander sehr aggressiv. Sie erzielten schnell «Fortschritte», da sie ihre Zivilisation ausbauten und Waffen bekamen, die sie gegeneinander einsetzten. Im Gegensatz zu den ursprünglichen Menschen ernährten sich diese von Fleisch. Deshalb richteten sie ihre aggressive Schwingung auch gegen die Tiere, um sie zu jagen und zu töten. Dieses Verhaltensmuster brachte sie dazu, ihre Waffen und Methoden des Tötens zu verfeinern. Dabei machten sie auch einige andere Erfindungen, da sie eine zweite Verwendung für ihre Waffen entwickelten, nämlich in Form von Werkzeugen für Handwerk und Landbau.

Die einsichtigeren Menschen hingegen lebten in Harmonie mit ihrer Umgebung und ernährten sich von den Gaben, die ihnen die Erde großzügig zur Verfügung stellte. Sie sahen keine Notwendigkeit darin, ausgeklügelte Werkzeuge herzustellen. Sie brauchten lediglich einige einfache Hilfsmittel und Behälter, um das zu ernten, was die Natur bereits von selbst hervorgebracht hatte.

Der größte Teil der frühen Menschen lebte innerhalb eines bestimmten Gebietes. Sie stießen nur dann in neue Gebiete vor, wenn die Nahrungsquellen langsam versiegten. Sie lernten viel durch das Beobachten der Tiere. Sie vermieden es bewußt, eine Gegend ganz auszuschöpfen, und zogen deshalb weiter, wenn noch genügend Nahrung vorhanden war. Felsen und Höhlen waren ihre Unterkunft, wobei sie auch anfingen, einfachste Behausungen zu bauen, meistens nicht mehr als ein Dach, um sich vor dem Regen zu schützen. Manchmal fügten sie auch Wände hinzu, aber diese waren nie als eine bleibende Konstruktion gedacht. Bei den Höhlen war es anders. Wann immer sie in ein früheres Gebiet zurückkehrten, versuchten sie, ihre einstigen Lieblingshöhlen aufzusuchen. Dies war abhängig von der Jahreszeit und auch von den Naturgeistern, nämlich wie schnell es diesen möglich war, das Geerntete wieder erstehen zu lassen.

Die Entwicklung der Emotionen

Als die frühen Menschen auf der Erde ansässig wurden und sich entwickelten, begannen sie auch die Vielfalt ihrer menschlichen Emotionen zu erforschen. Das Universum brauchte eine Lebensform, die das volle Spektrum der Emotionen umfaßte, und diejenigen, die sich als Menschen inkarnierten, hatten sich bereit erklärt, diese experimentelle Aufgabe zu verwirklichen. Auf anderen Planeten waren bereits verschiedenste Emotionen ins Leben gerufen worden, wie Zorn, emotionales Leid, physischer Schmerz, Freude und Heiterkeit, aber nirgendwo waren all die bekannten Emotionen in eine einzige planetare Erfahrung vereint worden. Dies wurde erst möglich, als auf der Erde der Mensch mit seiner Ich-Identität ins Dasein kam.

Die Erde wurde zur emotionellen «Metropole» oder Zentrale des Universums. Ihr denkt vielleicht, daß dies nichts Besonderes sei, da Emotionen für euch seit so langer Zeit, sogar schon seit vielen Leben, etwas Alltägliches sind. Für uns jedoch ist dies von höchster Wichtigkeit, da sich darin zeigt, welche Wirkung dies *[die Zusammenführung der verschiedenen Emotionen in derselben Spezies]* auf die Ausrichtung und die Ebene eurer

Liebe haben wird. Es ist gut möglich, daß diese Erfahrungen für das Universum einen neuen Impuls darstellen. Emotionen haben unterschiedlichste Ergebnisse hervorgebracht, einige sehr schöne und andere, die sich als negativ herausgestellt haben.

Von Anfang an, seit ihrer Ankunft auf dem Planeten, mußten die frühen Menschen lernen, mit Emotionen umzugehen. Aber sie wurden nicht sogleich mit dem vollen Spektrum konfrontiert. Es vergingen mehr als eintausend Jahre, bis es soweit war. Dies geschah nicht zufällig, denn die ersten Menschen mußten zuerst ihr physisches Dasein kennenlernen und weiterentwickeln, bevor sie in die nächste Phase des Lernens übergehen konnten. Die physischen Anpassungen *[an die irdischen Gegebenheiten]* waren für sie in doppelter Hinsicht wichtig: für ihr Überleben auf der Erde und auch für ihre Fähigkeit, mit dem spirituellen Selbst in Verbindung zu bleiben.

Wir haben bereits erwähnt, daß die Schwierigkeiten der ersten Menschen, sich an die physische Form ihres Körpers und an ihre neue Umgebung zu gewöhnen, vergleichbar waren mit denen eines Neugeborenen. Sie wußten, wer sie in Wirklichkeit waren und wie ihr Leben ausgesehen hatte, bevor sie in die Existenz der dritten Dimension gekommen waren. Es dauerte einige Zeit, bis sie diese Erinnerungen verarbeiten und bis zu einem Grad auch wegschieben konnten.

Die ersten Menschen hatten zwar *[bevor sie durch eine Verdichtung ihres Lichtkörpers auf die Erde gingen]* ein «Training» erhalten, aber es konnte sie nicht vollständig auf die physische Existenz und die atmosphärischen Gegebenheiten vorbereiten, die sie dann antrafen, als sie wirklich auf die Erde kamen. Erinnert euch, daß die Erde damals sauber und rein war. Hätten diese Szenen auf einer Erde durchlebt werden müssen, wie sie sich heute präsentiert, wären die ersten Menschen unter dem Einfluß der dichten Schwingung und des Giftes im Wasser und in der Luft alle ums Leben gekommen. Ähnlich schwierig ist es heute für die Neugeborenen, die in eine solche Umwelt hineingeboren werden. Aber zumindest können sie sich während der Zeit der Schwangerschaft bereits bis zu einem gewissen Grad *[an die aktuellen Gegebenheiten der irdischen Verdichtung]* anpassen. Die ersten Menschen hatten keine solche Möglichkeit.

Das war ebenfalls Teil ihrer Erfahrung, aber es war nichtsdestotrotz schwierig.

Als diese frühen Menschen begannen, ihre Emotionen zu erforschen, wollten sie auch herausfinden, wie sich die verschiedenen Emotionen auf ihr Wesen auswirken. Sie waren entweder direkt auf die Erde gekommen oder durch den Geburtsvorgang, jedoch ohne ein verschleiertes Bewußtsein. Deshalb waren sie sich *[auch in ihrer physisch verdichteten Form]* vollständig bewußt, wer sie waren. Im großen und ganzen war dies für sie ein enormer Vorteil, da es ihnen dadurch leichter fiel, die Konzentration auf ihren Weg gerichtet zu halten. Zuweilen war diese Bewußtheit auch ein Hindernis, vor allem dann, wenn sie erkannten, daß es ihnen nicht möglich sein würde, sich richtig zu entwickeln und zu entfalten, wenn sie absichtlich die vielen Lehren und Erfahrungen umgehen würden. Sie hatten sich ja bereit erklärt, diese zu durchlaufen und daran teilzunehmen.[5]

Der «Schleier», den wir erwähnten *[im obigen Abschnitt: das verschleierte Bewußtsein, das die frühen Menschen noch nicht hatten]*, versinnbildlicht das Verbergen oder Unterdrücken des Wissens, wer ihr – spirituell gesehen – wirklich seid und warum ihr auf die Erde gekommen seid. Dieses Wissen gab den frühen Menschen Freiheiten, die ihr heute nicht mehr habt, nämlich seitdem dieser Schleier über die ganze Erde gelegt wurde, nachdem die Kriegsherren und Schöpfergötter der dunklen Seite die Herrschaft über den Planeten erlangt hatten. Dies geschah rund 200 000 Jahre später, vor etwa 300 000 Jahren.[6]

Die Menschen von heute sind dazu gebracht worden zu glauben, dies sei die Zeit, in der sich der Mensch *[der «Homo sapiens»]* auf der Erde entwickelt habe. In Wirklichkeit jedoch entspricht dies dem Zeitpunkt, als sich die Schöpfergötter daranmachten, die DNS der damaligen Menschen zu verändern. Vor dieser Zeit waren die Menschen ganzheitliche Individuen gewesen, die sich ihrer spirituellen Verbindung mit der Erde, mit dem Universum und mit dem Einen bewußt waren. Das bedeutet, daß alle DNS-Stränge intakt waren. Das bedeutet auch, daß die Menschen ein einheitliches Gehirn hatten, das nicht in eine linke und eine rechte Hälfte aufgeteilt war. Dies war der Fall, bevor eure genetischen Strukturen angegriffen wurden, wodurch die Herrschaft, die andere Mächte über die Menschen anstrebten, ausgebaut und vertieft wurde. Als dies geschah, veränderte sich alles. Ihr könnt dies als den «großen Fall der Menschheit» bezeichnen. Damals wurde ein Schleier über euch ausgebreitet. Jetzt ist die Zeit gekommen, diesen Schleier wieder zu entfernen.

Wir haben euch einen Einblick in die Geschichte der frühen Menschen gegeben. Anhand dessen könnt ihr vielleicht nachempfinden, welchen «Kulturschock» diese Menschen erlitten, als sie ihre Entwicklung im Physischen begannen. Eure Geschichtsbücher wurden geschrieben, um euch glauben zu machen, die ersten Menschen seien primitiv und ungebildet gewesen. Wir aber sagen euch, daß sie wesentlich mehr wußten als die Menschen heute. Sie wußten zwar nicht, wie man ein Automobil baut und lenkt, doch sie konnten mit den Sternen und mit den Wesen, die weit von der Erde entfernt sind, direkt kommunizieren. Sie hatten keine technischen Anlagen und keine Nahrungsmittelindustrie, aber sie wußten, daß es nicht ratsam ist, den eigenen Körper und die Umwelt zu vergiften. Sie hatten keine luxuriösen Häuser mit Klimaanlage, aber sie waren nicht auf kleine, menschenüberfüllte Wohngebiete beschränkt, und sie fühlten sich in allen klimatischen Gegebenheiten wohl.

Im Gegensatz zu dem, was die Wissenschaftler euch weismachen wollen, kannten diese frühen Menschen keine Krankheiten. Sie wußten, daß die Menschen diese Störungen selbst erzeugen, und sie zogen es vor, dies alles nicht zu erzeugen. Wenn für sie die Zeit des Hinübergehens kam, sandten sie einfach ihren Geist hinaus auf seinen Weg. Sie starben nicht an Krankheiten. Ihr Herz hörte einfach auf zu schlagen. Wann immer sie erkannten, daß es Zeit war zu gehen, gingen sie. Und ihr glaubt, ihr seid fortgeschrittener als diese «primitiven» Menschen? Wir sind anderer Meinung.

Wir verabschieden uns nun. Wir lieben euch. Wißt, viele von euch waren diese frühen Menschen – nur, daß ihr es vergessen habt. Wir lieben den Einen Schöpfer von uns allen.

– The Blend of Loving Energies
(22. Juni 1993)

1) Wieder erinnere man sich daran, daß das Wort «Experiment» hier nichts mit dem zu tun hat, was die Mächte der dunklen Seite später auf der Erde inszenierten. Die plejadischen Wesen waren auf Einladung von Mutter Erde freiwillig gekommen, um dem göttlichen Schöpfungsplan zu dienen. Dazu gehörte primär die Entwicklung eines permanent verdichteten Körpers, der ein gesundes und fortpflanzungsfähiges Leben auf der Erde ermöglichen würde, wobei hier nicht gesagt wird, ab welchem Punkt die sexuelle Fortpflanzung einsetzte und die geistige Zeugung und Verdichtung ablöste.

Auf jeden Fall handelte es sich in dieser Pionierphase um «Experimente» im Sinn von Versuchen, die die Beteiligten selbst vornahmen (aus ihrem freien Willen heraus), um dem Leben und der Schöpfung zu dienen, wobei sie selbst herausfinden mußten, wie das angestrebte Ziel am besten zu erreichen war. In diesem Sinn «experimentierten» sie spielerisch und liebevoll und immer gemäß Gottes Willen.

2) In Toms Sammlung findet sich ein Text des Sonnengottes, der genau diesen Punkt (daß mit Hilfe der Erde und der Sonne die Körperform der ersten Menschen eine ideale Anpassung an die irdischen Gegebenheiten fand) aufgreift und sogar mit anatomischen Details erläutert:

«Als die ersten Menschen auf die Erde kamen, sah ich, daß sie in ihrer physischen Anpassung Anfangsschwierigkeiten haben würden. Sie hatten ihre Körperhülle zwar in vieler Hinsicht vorbereitet, bevor sie sich auf die Erde begaben, hatten aber dennoch mit körperlichen Problemen zu kämpfen, insbesondere im Brust- und Herzbereich. Die Rippen waren zu klein für die notwendig gewordene Vergrößerung des Herzorgans.

Die Atmosphäre der Erde unterschied sich beträchtlich von jener auf dem Planeten, wo sie sich auf ihre irdische Inkarnation vorbereitet hatten. Auf der Erde mußten sie viel mehr Sauerstoff einatmen, um ihre Blutzirkulation aufrechtzuerhalten. Dies führte schnell zu einer Vergrößerung des Herzens, das dadurch gegen den schützenden Brustkasten gedrückt wurde. Diese eingezwängte Lage bewirkte, daß das Herz doppelt so hart arbeiten mußte als vorgesehen. Dies hatte wiederum einen Einfluß auf die Blutzirkulation, und auch die Lungenfunktion war nicht ausreichend. Die Hauptorgane waren daher schnell ‹ausgepumpt›.

Aber diese ‹primitiven› Wesen brauchten nicht lange, um ihren Körper an die neuen Umstände anzupassen. Sie verwendeten Visualisierungen, um die Manifestation der lebenswichtigen Erfordernisse zu unterstützen. Bereits bei der nächsten Generation zeigten sich deutliche Verbesserungen. Nach drei bis vier Generation hatten die ersten Menschen ihre gesamte Körperstruktur ‹überarbeitet› und sich so der neuen Umgebung erfolgreich angepaßt. Die Erde und ich ließen ihnen hierbei Unterstützung und Energie zukommen. Ich arbeitete eng mit meinen Schöpfungsenergien zusammen, um diesen tapferen Wesen direkt beizustehen.

Diejenigen, die als erste auf den Planeten kamen, hatten bei ihrer Ankunft ein Alter, das ungefähr fünfunddreißig eurer Jahre entsprach. Aufgrund der erwähnten Probleme dauerte ihr erstes Leben auf der Erde nur ungefähr zwanzig weitere Jahre. Jede nachfolgende Generation lebte für 25 bis 30 Jahre länger, bis die richtige physische Struktur entwickelt war. Dies führte schließlich zu Lebensspannen von 150 bis 200 Jahren. Im Laufe der Zeit wurden sie noch viel länger. Die frühen Menschen waren sich vollkommen bewußt, daß der physische Tod nicht wirklich notwendig war, es sei denn, man wollte eine körperliche Veränderung vornehmen oder sich auf eine andere Ebene begeben.

Ich dachte, diese Information könnte für euch interessant sein. Das Konzept der Zeit, so wie ihr es kennt, existierte in dieser Phase eurer Entwicklung noch nicht. Wenn wir von einer bestimmten Anzahl Jahren sprechen, müßt ihr dieses Raum-Zeit-Kontinuum ‹übersetzen›, um es eurem Verständnis von Zeit anzunähern.

<u>Zeit</u> sollte für die Menschen des Planeten Erde eine weitere Erfahrung werden. Aber auch sie wurde verändert, als es den Kriegsherren gelang, die Herrschaft über den Planeten zu erlangen.» (Der Sonnengott, 23. Juni 1993)

3) Die materialistische Evolutionstheorie geht von der Ansicht aus: «Am Anfang war die Materie.» Und aus Materie entstanden die Lebewesen, zuerst die niederen Lebensformen, dann die wilden Urtiere und Urmenschen. Die Saurier werden in Hollywood-Produktionen als blutrünstige Monster dargestellt, und die Urmenschen gelten auch nach offizieller Lehrmeinung als tierähnliche, von Affen bzw. Primaten abstammende Säugetiere, die ein primitives, animalisches Dasein fristeten, bis sie nach zwei bis drei Millionen Jahren Ansätze für ein Menschenbewußtsein entwickelten.

Daß in der heutigen Welt gerade diese Theorie vorherrschend ist und von akademischen Kreisen wie auch von allen Massenmedien geglaubt wird, obwohl sie mit so vielen Mängeln behaftet ist, entspringt keinem Zufall, sondern gehört zur Bewußtseinsmanipulation, die den Menschen von sich selbst und seiner Vergangenheit, aber auch von den anderen Geschöpfen entfremden soll. Dies zeigt sich daran, daß die meisten Menschen heute Fleisch essen und die entsprechende Schlachtmaschinerie protestlos hinnehmen, obwohl gerade hier ein Protest mühelos, aber höchst wirksam wäre: nämlich Boykott aller Schlachtprodukte.

Damit könnten die Menschen auch gegen die weniger offensichtlichen Morde protestieren, denn wie in dieser Textstelle angedeutet wird, gibt es auf der Erde nicht nur spirituelle Menschen, sondern auch spirituelle Tiere. Als erstes wären hier wahrscheinlich die Delphine und Wale zu nennen, denn dies sind Wesen, deren Bewußtsein dem des Menschen in nichts nachsteht, ja sie stehen auf einer höheren geistigen Entwicklungsstufe, denn bei ihnen handelt es sich um Sternenwesen, die sich einst auf der Erde inkarnieren wollten, jedoch nicht als Menschen auf dem irdischen Festland, sondern als telepathische Wesen im Wasser, um auch in der Dreidimensionalität etwas von ihrer ursprünglichen Leichtigkeit behalten zu können.

Bezeichnenderweise gehören die Delphine und Wale mittlerweile zu den von der Ausrottung bedrohten Lebewesen, da gewisse Mächte es anscheinend darauf abgesehen haben, diese lichtvollen Wasserintelligenzen von der Erde verschwinden zu lassen.

Eine andere Spezies von spirituellen Tieren sind die Rinder, denn sie verankern auf der Erde eine einzigartige Schwingung von Ruhe und Reinheit und gelten auch als Personifikation von Mutter Erde, die als Gruppengeist der Rinder gilt (siehe «Unsichtbare Welten», S. 224 und 287). Erinnern wir uns, daß im Jahr 2000 mehrere Millionen Rinder unter dem Vorwand von BSE getötet und verbrannt wurden, was durchaus an die Brandopfer der alten Tage erinnert. Ein Jahr nach diesem «Ritual» bliesen die entsprechenden Mächte zum nächsten Krieg, angeblich um den Terrorismus auszurotten. Dabei ist jedoch nicht zu übersehen, daß dies in Wirklichkeit dem Ziel dient, die «Neue Weltordnung» voranzutreiben.

Auch viele Religionen haben zur Mißachtung bzw. Verkennung der Tiere beigetragen. Die einen bezeichnen Tiere als Nahrung und Opfergegenstände und legitimieren das gewissenlose Abschlachten, andere bezeichnen die Tiere als sündhafte Inkarnationen von Unwissenheit und Unbewußtheit. Friede auf der Erde ist jedoch erst möglich, wenn die Menschen die Harmonie mit den Tieren wiederfinden, und dazu gehört auch die telepathische Verbindung. Wenn die Menschen wieder dieses höhere Bewußtsein erlangen, werden sie erkennen, daß letztlich alle Tiere spirituell sind. Jedes Tier hat eine eigene Würde und verankert spezifische Energien auf dem Planeten. Wird dieses Gleichgewicht gestört, gerät die Menschheit in einen Teufelskreis, der letztlich auch für die Menschen zu Krankheit, Krieg und Leid führt.

4) Die Verfälschung der menschlichen Vorgeschichte geschieht nicht nur durch die moderne Anthropologie, sondern auch durch gewisse Ufo-Theorien, insbesondere in der sogenannten «Präastronautik», d.i. jene Forschungsrichtung, die von der These ausgeht, daß in prähistorischen Zeiten Astronauten von anderen Planeten auf die Erde gekommen seien (was gemäß dem vorliegenden Buch sehr wohl stimmt). Bei diesem Forschungsansatz besteht aber die Gefahr, daß der darwinistische Glaube an den primitiven Urmenschen übernommen wird, nämlich dann, wenn behauptet wird, in prähistorischer Zeit sei der primitive Tiermensch von Außerirdischen genetisch angereichert worden, wodurch der zivilisierte Homo sapiens entstanden sei. Wenn die frühen Menschen animalisch waren, würde dadurch die genetische Manipulation gerechtfertigt und diese «Götter» wären tatsächlich die Schöpfer des Menschen. Dies würde auch die heutigen Genmanipulationen und Hybridkreuzungen rechtfertigen,

denn anscheinend ist das damalige Schöpfungsexperiment – angesichts der heutigen Menschheit, die selbstmörderisch, egoistisch und kriegerisch ist – nicht vollkommen gelungen. Weitere genetische Eingriffe wären also nicht nur berechtigt, sondern sogar erforderlich.

Wenn wir aber erfahren, daß die frühen Menschen telepathisch waren und in vollkommener Harmonie mit der Natur wie auch mit den Licht- und Sternenwesen lebten, dann erkennen wir plötzlich ein ganz anderes Bild der fraglichen «Götter». Es wird ersichtlich, daß sie nicht Kreatoren waren, sondern Manipulatoren!

Diese unglaubliche Perspektive zeigt einen weiteren Grund für die Dringlichkeit der Enthüllungen, wie sie hier im Buch «Das kosmische Erbe» und auch in anderen Quellen enthalten sind. Es stimmt: Eine DNS-Veränderung ist notwendig, aber diese genetische Höherschwingung geschieht nicht durch technische Eingriffe von außen, sondern durch die individuelle Bewußtseinserweiterung, und diese wird auch auf den Körper einwirken («mind over matter») und zu gegebener Zeit wie von selbst die DNS-Struktur an die entsprechende höhere Ordnung anpassen. Zwischen diesen zwei Mentalitäten – äußere Eingriffe auf eigene Faust im Gegensatz zu einer inneren Bewußtseinserweiterung – liegen buchstäblich Welten, und sie kennzeichnen den Unterschied zwischen den Dunkelmächten und den wahren Schöpfungsdienern.

Die heute vorherrschende Darstellung der Geschichte des «prähistorischen Menschen» ist also gar nicht so neutral und objektiv, wie viele, die daran glauben, meinen.

5) *Die ersten Menschen waren nicht mit imperialistischen oder materialistischen Motiven auf die Erde gekommen, sondern hatten sich aus freiem Willen bereit erklärt, für ihre persönliche Entwicklung – und entsprechend der Bitte von Mutter Erde – eine schwierige Aufgabe im «Projekt/Experiment Erde» zu übernehmen, nämlich die Erdbesiedlung in physischer Menschengestalt mit allem, was dazugehört (Verlassen des bisherigen Heimatplaneten, körperliche Verdichtung, Anpassung an eine unbekannte Umgebung, neuartige physische Arbeit, Nahrungsbeschaffung, Umgehen mit einer einzigartigen Vielfalt von Emotionen, usw.).*

Dies ist vergleichbar mit dem freiwilligen Entschluß, eine bestimmte Schule zur persönlichen Weiterbildung zu besuchen. Mit dieser Schulung bekommt man auch bestimmte Aufgaben, die man selbst lösen soll, obwohl sie von anderen bereits x-fach gelöst worden sind. Eine lernwillige Person weiß jedoch, daß es unsinnig wäre, mit den Fähigkeiten, die man bereits erworben hat (z.B. die Fähigkeit des Lesens und schlauen Nachforschens), den Lösungsband aufzutreiben und dort einfach die Lösungen abzuschreiben. Ziel dieser Aufgaben ist ja nicht das Produzieren eines Ergebnisses als Selbstzweck, sondern die Übung, um sich die entsprechende Fähigkeit und Erfahrung individuell anzueignen – egal, wie viele Personen vorher in derselben Schule schon dieselbe Aufgabe gelöst und dasselbe Resultat hervorgebracht haben.

Ähnlich erging es den ersten Menschen, die sich an ihre früheren Fähigkeiten und Möglichkeiten erinnern konnten, dabei aber erkannten, daß es jetzt unsinnig wäre, die anstehenden Aufgaben mit fremder Hilfe oder mit einem Mißbrauch der eigenen Potentiale zu umgehen. Sie waren bereit, sich diesen Aufgaben zu stellen und die dazu erforderlichen Lektionen und Erfahrungen zu durchlaufen – bis hin zu der neuen Erfahrung des physischen Todes, wie in einem früheren Text (S. 167) angeführt wurde.

6) Die lineare Logik von uns wißbegierigen Menschen bekommt hier konkrete Zahlen, um das revolutionäre Szenario – sollte es sich als richtig herausstellen – auch zeitlich einordnen zu können. Vor 300 000 Jahren gewannen die dunklen Mächte die Vorherrschaft auf der Erde. Dies war rund 200 000 Jahre, nachdem die ersten Menschen auf die Erde gekommen waren. Am Anfang des Textes wurde zusätzlich gesagt, daß nach etwas mehr als eintausend Jahren andere, und zwar aggressive Mächte die Erde entdeckten und sich an mehreren Orten niederließen.

Mit anderen Worten, vor etwa 500 000 Jahren kamen die ersten Menschen auf die Erde; kurz danach kamen auch die aggressiven Mächte hinzu, die 200 000 Jahre später globalen Einfluß gewannen. Aufschlußreich ist, daß in den alten sumerischen Schriften ähnliche Zahlen zu finden sind, nämlich die Ankunft der Anunnaki-Götter vor rund 400 000 Jahren. Gemäß der Theorie des bekannten, aber sehr umstrittenen Sumerologie-Interpreten Zecharia Sitchin sollen diese alten Mythen besagen, damals seien Außerirdische auf die Erde gekommen, die später durch eine genetische Manipulation an primitiven Urmenschen oder Hominiden den Homo sapiens schufen, um diese Wesen als Sklaven zu verwenden.

Der Titel von Sitchins erstem Buch faßt seine Theorie gut zusammen: «Der zwölfte Planet – Wann, wo und wie die Astronauten eines anderen Planeten zur Erde kamen und den Homo sapiens schufen» (engl. Erstausgabe 1976, dt. 1979).

Sitchins Theorie enthält anscheinend wahre Elemente, doch hilft sie mit, die materialistische Evolutionstheorie zu propagieren. Gemäß Sitchins Theorie, die auch von Autoren wie Erich von Däniken vertreten wird, ist der Mensch nicht nur ein evolviertes Tier, sondern auch ein genmanipuliertes.

Aus der hier vorliegenden Darstellung der «Loving Energies» geht hervor, daß diese Astronauten, die angeblich den Homo sapiens schufen, in Wirklichkeit keine Kreatoren, sondern Manipulatoren waren. Dementsprechend gefärbt sind auch die Überlieferungen, die von diesen «Göttern» ausgingen und die deshalb nicht einfach für eine harmlose Mythologie, aber auch nicht für eine objektive Geschichtsdarstellung gehalten werden sollten. Vielmehr sind sie eine uralte historische Propaganda der Dunkelmächte, so wie es sie auch heute in verschiedensten modernen Versionen gibt.

Ein anderes pikantes Detail ist das, was im vorangegangenen Text im Zusammenhang mit den Sauriern gesagt wurde, nämlich: als die ersten Menschen auf die Erde kamen, habe es noch Saurier gegeben, die damals jedoch bald von der Erde «verschwanden». Mit anderen Worten, (1) Menschen und Saurier lebten einst gleichzeitig auf der Erde, und (2) die Saurier verschwanden erst vor rund einer halben Million Jahre, wobei einzelne Saurierrassen noch viel länger überlebten; einige wenige seien heute noch existent.

So fragwürdig diese Ansicht nach dem Maßstab der geläufigen Schulmeinung ist, so fragwürdig sind die Methoden, die zu dieser Schulmeinung geführt haben, nämlich die Methode, objektive Befunde (Fossilien, geologische Gegebenheiten, biologische Fakten wie anatomische Ähnlichkeiten und genetische Parallelen) mit einer materialistischen Interpretation zu versehen und das dadurch aufgestellte Evolutionsszenario als «wissenschaftlich erwiesene Tatsache» darzustellen. Andere Ansätze, die nicht von einer evoluionistischen Projektion ausgehen, kommen zu ganz anderen Erklärungen und Szenarien, die jedoch das Weltbild, das in den letzten dreihundert Jahren aufgebaut wurde, gänzlich über den Haufen werfen. (Aufschlußreich in diesem Zusammenhang ist das bereits erwähnte Buch «Darwins Irrtum – Vorsintflutliche Funde beweisen: Dinosaurier und Menschen lebten gemeinsam» und, vom selben Autor, «Die Evolutions-Lüge – Die Neandertaler und andere Fälschungen der Menschheitsgeschichte: Unterdrückte Fakten, Verbotene Beweise, Erfundene Dogmen», 2005.)

Die frühen Menschen dienten Gottes Plan

Ich bin. Ich liebe euch.

Ihr habt die erleuchtenden Worte über die verschiedenen Aspekte eurer Anfänge auf diesem schönen Planeten gelesen, und ihr seid vielleicht tief bewegt von der Liebe, die euch hierher gebracht hat. Warum, denkt ihr, haben die ersten Menschen das Risiko auf sich genommen, ihre Sternenexistenz zu verlassen, um einen neuen Planeten zu befruchten und sich verschiedensten Emotionen auszusetzen? Warum nahmen diese ersten Menschen eine Aufgabe auf sich, deren Vollendung viele Leben erfordert?

Ich sage euch: Sie taten es für mich. Sie taten es, weil sie mich lieben. Diese ersten Menschen waren bereit, mit mir einen neuen Teil meiner Schöpfung zu erforschen. Sie taten es, um mich zu erfreuen, und ich bin sehr erfreut.

Mein Plan *[Schöpfungsplan]* war es, daß die Gesamtheit der Emotionen erforscht wurde. Ich wollte, daß diese Erfahrungen zu einer Grundlage werden, die es anderen Wesen und Welten erlaubt, ebenfalls ihre Emotionen zu entwickeln. Ich sage euch: Diejenigen, die diese Lektionen meiner Schöpfung auf der Erde gemeistert haben, werden ersucht werden, andere Welten in einer ähnlichen Entwicklung zu führen und anzuleiten.

Mein Wille war es, daß die Emotionen erforscht werden, damit sie zum Nutzen der Menschen verwendet werden können. Dies sollte euch helfen, besser vorbereitet zu sein, auf der Erde einen universalen Speicher von Wahrheit, Weisheit und Wissen aufzubauen. Ihr seid nun dabei, das letzte Kapitel in diesem Lernvorgang abzuschließen, und ich bin erfreut.

Aber alle diese Erfahrungen und Lehren werden für die Menschheit als Ganzes nur dann von Wert sein, wenn ihr in einer genügenden Anzahl erwacht, um euer wahres Selbst und eure spirituelle Verbindung mit dem Universum, mit euch selbst und mit mir zu erkennen.

Wenn nicht eine genügende Anzahl von Individuen ihre Schwingung und ihre Liebe erhöht, werdet ihr als Spezies nicht zu jenen Ebenen aufsteigen, die ich für euch vorgesehen habe. Als Teil meiner Schöpfung habt ihr langwierige und harte

Kämpfe hinter euch. Ihr habt in eurer Entwicklung gewaltige Beeinflussungen und Einmischungen zugelassen. Indem ihr diese überwindet, was viele von euch bereits getan haben, könnt ihr eine höhere Stufe *[von Erkenntnis und Erfahrung]* erreichen, als es euch sonst möglich wäre.

Aber allzu viele von euch versäumen es immer noch zu erkennen, wer sie selbst sind, und infolge dessen auch, wer ich bin.

Bewegt euch unentwegt vorwärts auf der Suche nach euren Wahrheiten! Wenn ihr euch selbst erkennt, könnt ihr euch selbst lieben. Wenn ihr euch selbst liebt, könnt ihr wahrhaftig mich lieben. Und wenn ihr dies tut, werdet ihr in meinem Licht sogar noch schöner und leuchtender sein.

Ich liebe jeden von euch. ICH BIN die allumfassende Liebe.

– Gott, die Quelle
(22. Juni 1993)

Gott die Quelle
ICH-BIN-Bewußtsein → Einheit in Liebe
Unbegrenzte Schöpfungskraft

ewiger Urgrund — **Schöpfung** ↓

universale Gesetze • Zeit LICHT Raum • Urmaterie
Lichtwesen • Galaxien KOSMOS Sterne • Sternenwesen
Planeten • Sonnensysteme • Lebensformen
Sonne als Schöpfergott

Geburt des Planeten **ERDE**
Urmeere Wasserlebewesen
Landmassen
Vegetation Tiere

höherdimensionale Schöpferwesen, Saurier, Erde ruft nach höherer Lebensform → Kataklysmen		einige Schöpfergötter beginnen zu urteilen → Entstehung der Dunkelmächte, Kosmische Schlachten, Maldek

← 1 Mio. Jahre →

Mensch

200 000 Jahre	Plejadier verdichten sich, Saurier sterben aus, Menschen entwickeln sich in Harmonie mit Gott und Natur	1000 Jahre später: aggressive Sternenwesen kommen auf die Erde → Kolonien
300 000 Jahre	Verlust der Freiheit, der «große Fall der Menschheit», Konflikte, göttliche Interventionen → Hochkulturen	Übergriffe, DNS-Manipulation, Machthierarchien, Sklaven, Mythologische Kriege, Atlantis-Katastrophe
5000 Jahre	«Religionen», Bewußtseinsschleier explosionsartiger technologischer Fortschritt	Bewußtseins-Manipulationen, Macht, Weltkriege, Atombombe, globale Kontrolle

HEUTE — Die große Ent-scheidung

Schleier wird gelüftet		Massenmanipulationen
Aufstieg	globale Reinigung	Täuschung, falsche Versprechungen
Individuelle Rückkehr zu Gott	Erde geht in die 5. Dimension	Sackgasse

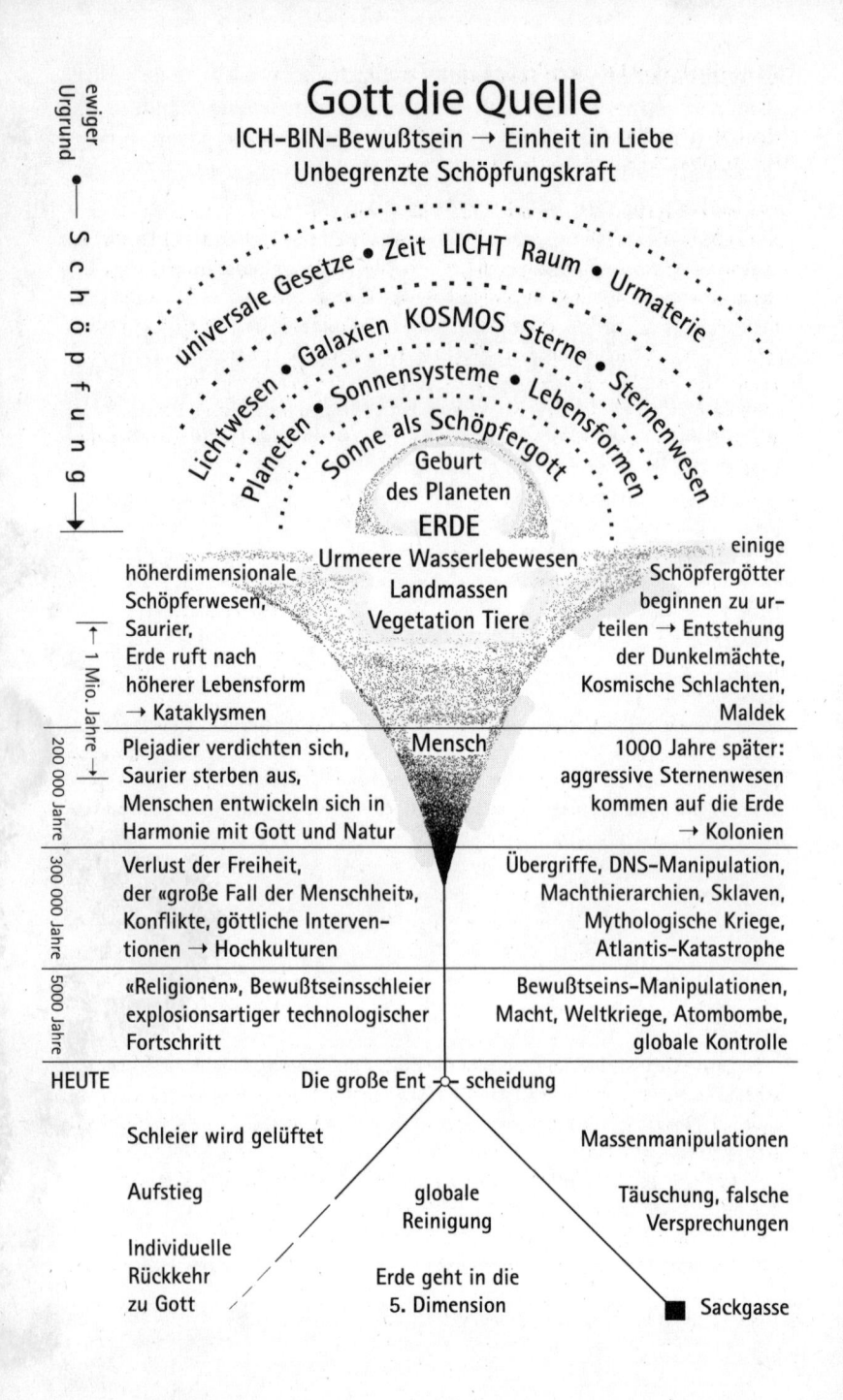

Graphische Darstellung der Involution

nach den medialen Texten von Tom Smith
(in Klammern: Seitenzahlen im Buch)

Der **ewige Urgrund allen Seins** ist Gott, die Quelle *(God Source)*, das allumfassende ICH BIN-Bewußtsein; das gesamte Sein ist im Absoluten eine Einheit der Liebe = dynamische unbegrenzte Schöpfungskraft (295) → Existenz des göttlichen LICHTES = potentielles Leben → **Schöpfung,** um ewiglich weitere Liebe zu erzeugen → Erschaffung der materiellen Welt parallel zur Ewigkeit: Ordnung («Kosmos»), Urform des Universums → Zeit, Raum, Materie, universelle Gesetze, erste materielle Strukturen; Engel-Welten: Lichtwesen und Sternenwesen → Selbst-Ermächtigung der Schöpfergötter: Sternenwesen mit freiem Willen und Schöpfungskraft in Harmonie mit der Liebe und dem Willen Gottes → zahllose Schöpfungen: Sonnensysteme, Planeten, Lebensformen usw. (Kap. 8).

Entstehung des Planeten Erde: Erde entsteht durch den Geistimpuls des Sonnengottes (316); Erschaffung der irdischen Lebewesen (Pflanzen und Tiere) durch höherdimensionale Lichtwesen (irdische Elementarwesen, außerirdische Schöpferwesen) → nach einer ungenannten Zeitspanne bekommt die üppig entwickelte Erde einen wichtigen Entwicklungsimpuls: die Saurier, die für rund eine Million Jahre auf der Erde leben (322 f.). In der Folge wünscht sich die Erde eine menschliche Population als weiteren Entwicklungsimpuls (258, 317) → totale Veränderung der irdischen Physik, Tektonik und Atmosphäre durch Kataklysmen (323).

Vor 500 000 Jahren: **Entstehung der ersten irdischen Menschen** durch physische Verdichtung von Sternenwesen (257, 326 f.) verschiedener Herkunft: Plejaden und andere (257, 319) → Saurier sterben aufgrund der neuartigen Lebensverhältnisse aus (323).

Für 200 000 Jahre leben die ursprünglichen Menschen als ganzheitliche Naturwesen: keine Kämpfe, keine Waffen, vegane Rohkosternährung, lange Lebensdauer (166, 335), paranormale Fähigkeiten, telepathische Kommunikation, in bewußter Verbindung mit den Sternenwesen; waren also nicht primitiv (230, 320, 327).

Im kosmischen Hintergrund hatten einige Schöpfergötter schon früh begonnen, zu vergleichen und zu urteilen (307) → die «Ur-Teilung» der Einheit → negative, d. h. trennende («diabolische») Kräfte kommen in die Schöpfung → kosmische Schlachten (50, 309) seit Millionen von Jahren (51, 239), z. B. die Zerstörung des Planeten Maldek (237, 257).

Negative Gegenkräfte kommen auf die Erde: Rund eintausend Jahre nach dem Erscheinen der ersten physischen Menschen (329 f.) entdecken einige dieser *war lords* die Erde (231, 260) und gründen in der Folge Kolonien in verschiedenen Erdteilen (320); sie sind aggressiv, kämpfen untereinander, töten Tiere, um deren Fleisch zu essen (329).

Vor 300 000 Jahren: **Übergriff auf die ursprüngliche Menschenbevölkerung** (332), Beginn der genetischen Manipulationen, Bewußtseinsschleier (52, 332); der «große Fall der Menschheit» (333) → Menschen wurden zum Geschöpf fremder Herrscher (112, 148 f.), werden der bisherigen Freiheit (327) beraubt, verlieren das Bewußtsein, wer sie

---

Graphik und inhaltliche Zusammenstellung von Armin Risi

sind, und ihre höheren Fähigkeiten sowie ihre intakte DNS-Struktur → Konfrontation mit negativen Mächten. Dies wird zugelassen, da die Erde eine Zone des freien Willens ist (50, 215, 259).

In den nachfolgenden 300 000 Jahren gründen die *war lords* irdische Imperien, vermischen sich mit den Menschen → es kommt zu den in den «Mythologien» überlieferten Kriegen von «Göttern» und Menschen → Rückschläge durch Kriege und Naturkatastrophen (237, 257) → Gleichzeitig auch **göttliche Interventionen** durch die Licht- und Sternenwesen, z.B. in Lemurien. Nach der Zerstörung Lemuriens leben die Nachfahren unterirdisch weiter bis zum heutigen Tag (93).

Vor rund 10 000 Jahren: **Katastrophe von Atlantis** (237, 257) → die Tyrannen verlieren durch Selbstverschulden ihre irdischen Machtzentren; die Erde verändert einmal mehr ihre Tektonik und Atmosphäre → die überlebenden Menschen erlangen durch diese intensive Erfahrung ein hohes spirituelles Bewußtsein (237), obwohl einige Individuen und Gruppen sich erneut beeinflussen lassen (239).

Vor 5000 Jahren (41, 239, 260): Den negativen Schöpfergöttern gelingt es erneut, in die menschlichen Geschicke einzugreifen → Bewußtseinsmanipulation durch genetische Programmierung und durch «Religion» (41 f., 184 f., 233, 239) → ETs lassen sich als Götter oder Gott verehren, inkarnieren z.T. selbst unter den Menschen (240), um religiöse und weltliche Machtpositionen einzunehmen → Kampf der Heilsbotschaften, Kriege, Eroberungen, Verlust der Harmonie mit der Natur und den Tieren; Menschenausbeutung, Konzepte von Lohn, Reichtum, Macht; Industrie, neue Waffen, Weltkriege, Atombomben usw.

Nach 1945: explosionsartiger technischer Fortschritt durch «unheilige Allianzen» (118, 218, 246, 262); Beginn der UFO-Geheimpolitik; globale technische Computer-Infrastruktur; gleichzeitig **verstärkte Präsenz der Licht- und Sternenwesen** (54 f., 262, 289).

Heute hat sich die Erde entschieden, sich von allen negativen Strukturen zu befreien und zurück in das Licht aufzusteigen (91 f., 105 f., 116, 128, 244, 264). Die Menschheit steht vor der «großen Entscheidung der Seelen» (54, 69, 158, 194, 217, 268). Der Mensch kann und muß wählen: entweder den **Weg der Selbstzerstörung** durch die «Seelenfänger» (266 f., 278 f.), die nach einer globalen Macht wie in der apokalyptischen 666-Prophezeiung streben (114, 154 f., 247, 266) und eine große Täuschung inszenieren (54, 249, 278), oder den **Weg der Selbsterkenntnis**, der zur Erfüllung unserer irdischen Inkarnationen führt (334 f.), zur Überwindung von Angst und Verführung (73 f., 211, 268), zum Lichtkörper (65), zur Erschließung unseres inneren Wissens (212 f.), zum Kontakt mit den Licht- und Sternenwesen (103, 286), zum spirituellen Durchbruch (268), zum Aufstieg (165), zu einem neuen Gottesbewußtsein (34, 187), zu bedingungsloser Liebe (49, 109, 140, 191) und zur individuellen Rückkehr zu Gott (33, 156).

Zusätzliche Bemerkung: Aus diesen Beschreibungen geht hervor, daß die Erde früher eine wechselnde Dichte aufwies (316), andere chemisch-atmosphärische Bedingungen (321) und gravitative Schwankungen aufgrund von Veränderungen der Umlaufbahn (93). Die Erdgeschichtsforschung der modernen Wissenschaft beruht jedoch darauf, daß in der Vergangenheit auf der Erde die gleichen physikalischen Verhältnisse herrschten wie heute, was jedoch eine fragwürdige Annahme ist.

Schlußwort

(Der Hintergrund der nachfolgenden zwei Texte wurde in der Einleitung auf S. 18 erläutert. Sie sind ein schönes, ermutigendes Schlußwort an alle, die die Botschaften in diesem Buch empfangen und gelesen haben.)

Du lebst das Leben, das du dir vorgenommen hast und in das du eingewilligt hast. Dein gegenwärtiger Weg ist beeinflußt von einigen deiner «vergangenen» Leben, die es dir erlaubt haben, ein universales Bewußtsein zu erlangen. Denn du bist dir der Gegenwart des Einen bewußt und auch der Gegenwart anderer, wie zum Beispiel meiner. Das Wissen über mich, das du in diesem Leben erlangt hast, ist kein Zufall; es hat eine universale Kenntnis und Perspektive hervorgebracht, die viele auf der Erde nicht haben. Im Lauf der Zeit wirst du dir sogar noch bewußter werden, wofür du dich bereit erklärt hast, um dem Allumfassenden und allen zu dienen. Fürchte dich nicht davor. Du hast große Liebe und großes Vertrauen in deine Studien gesetzt. Das ist gut, aber Änderungen sind für uns alle unvermeidlich, auch für dich.

Kommen diese Veränderungen und neuen Horizonte zu dir, dann befürchte nicht, sie könnten nicht zu all dem passen, wofür du bis zu diesem Zeitpunkt gelebt hast. Es ist wichtig, daß du erst dann die nächsten Schritte machst, wenn du dich bei dem, was sich dir anbietet, wohl fühlst. Erinnere dich, daß es keine falschen Entscheidungen gibt, sondern nur Entscheidungen, die die «Zeit» des Weges zum Höchsten Wesen verkürzen oder verlängern. Zum jetzigen Zeitpunkt wirst du nicht verstehen, was ich meine, aber zur gegebenen Zeit wirst du es verstehen. Dies ist alles Teil deines persönlichen Erwachens.

Mit der Selbstdisziplin, die du erlernt hast, wird es dir möglich sein, auf dem Weg, den du gewählt hast, sehr schnell voranzuschreiten. Du hast immer eine aufrichtige Hingabe zu allem gezeigt, woran du wahrhaftig geglaubt hast, im großen wie im kleinen, selbst wenn dies manchmal dazu geführt hat, daß du anders warst als diejenigen, denen du dich verbunden und nahe fühltest. Auch jetzt wird dies nicht anders sein, denn viele deiner Erfahrungen der Vergangenheit (in vergangenen Leben) haben dich für solche Entscheidungen vorbereitet.

Ich habe gesehen, wie du dich in diesem Leben und in deinen früheren Erdinkarnationen entwickelt hast. Wir hatten eine liebende Beziehung, und das ist mit ein Grund, warum du diesen jetzigen Weg gewählt hast. Du bist eine Person der Überzeugungen. Erinnere dich einfach daran, daß du eine sehr kreative Seele bist und daß «Überzeugungen» manchmal genau diese Kreativität blockieren können, während sie danach ruft, sich auszudrücken. Du bist auch ein Lehrer von Wahrheiten. Du bist ein wahrer Lehrer, jemand, der sich aufgefordert fühlt, dem, was er fühlt und glaubt, Ausdruck zu verleihen. Das ist wunderbar, wenn es mit bedingungsloser Liebe verbunden ist und mit Akzeptanz der anderen und ihres Rechts, eigene Überzeugungen zu haben.

Ich bin höchst erfreut, mit dir zusammenzuarbeiten. Ich bin hier, wenn du nach mir rufst. Ich spreche zu dir, und du hörst es, aber du kennst die Quelle nicht. Du denkst, es seien deine eigenen Gedanken. Das macht mir nichts aus. Aber wenn du näher hinhörst, wirst du wissen, daß ich es bin, der spricht.

Ich verabschiede mich nun. Ich liebe dich, und ich liebe Gott, die Quelle von uns allen, das Höchste Wesen.

– *Der Sonnengott*
(22. Juli 1993)

Sei mutig in der Suche nach deinen Wahrheiten, und vertraue in deine Fähigkeit, mit mir und auch mit anderen im geistigen Reich zu kommunizieren. Fühle dich nicht unwürdig. Du bist gleich wie alle und bist Teil des All-Einen, das heißt, du *bist würdig*. Aufrichtige Demut ist ein Weg, das Ego zu überwinden. Sei vorsichtig, daß du Demut nicht mit einem Gefühl des Unwürdigseins verwechselst. Unwürdig zu sein bedeutet, daß du nicht gleich bist, aber du bist gleich, denn wir alle sind Teile des Einen, des Höchsten Wesens.

Deine Erfahrungen werden dir sagen, wann es Zeit ist, den Menschen gegenüber jene Dinge zu erwähnen, die du in unserer Beziehung für wichtig hältst. Sie werden dir auch sagen, wann es angebracht ist, über diese Wahrheiten zu schweigen. Sei nicht entmutigt oder enttäuscht, wenn es dir schwerfällt, zwischen den beiden zu unterscheiden. Sei stark in deinem Glauben und in deinen Überzeugungen, aber bleibe flexibel und offen für Veränderungen, während du sogar noch höhere Wahrheiten suchst. Wisse, daß das, was heute ein starker Glaube ist, vielleicht nur eine Vorstufe ist für die Wahrheiten von morgen. Das ist sehr wichtig, da du nur dann im Licht wachsen kannst, wenn dein Herz und deine Seele offen sind für die Fügungen und Lehren des Lichts.

Ich und andere sind mit dir. Lerne, uns zu rufen und dem zu vertrauen, mit dem wir dir beistehen. Habe keine Angst, unterwegs Fehler zu machen. Wie du bald erkennen und glauben wirst, gibt es keine Fehler, sondern nur verschiedene Lernerfahrungen, die erforderlich sind, um die goldenen Möglichkeiten zu erweitern, welche alle bekommen, die wünschen, sie zu bekommen.

Ich verabschiede mich nun. Ich tue dies in Liebe zu allen Wesen auf der Erde und in Liebe zu Gott, der Quelle von uns allen.

– Der Sonnengott
(24. August 1993)

Über die Autoren

Tom H. Smith wurde 1942 in Louisville, Kentucky, als drittes von fünf Kindern geboren. Er verbrachte sein ganzes Leben in Louisville, außer den Jahren, die er im amerikanischen Marine-Corps verbrachte (1960–1964). Er besuchte die Universität von Louisville und schloß 1971 sein Studium als *Bachelor of Science* ab. Als diplomierter Buchhalter arbeitete er ab 1973 in verschiedenen Managementpositionen. Seiner Ehe entstammen zwei Kinder – der Sohn Michael und die Tochter Liza.

Was den spirituellen oder religiösen Bereich betrifft, so kannte Tom Smith bis Mitte der achtziger Jahre nur den konservativen katholischen Glauben, den er von seinen Eltern mitbekommen hatte, und er erzog auch seine Kinder auf diese Weise. Dann jedoch erwachte sein Interesse an Parapsychologie und Metaphysik. Anfänglich befaßte er sich mit dem UFO-Phänomen, bald aber auch mit zahlreichen anderen Aspekten der Esoterik und der Grenzwissenschaften. Er öffnete sich einer inneren Entwicklung, begann zu meditieren und erkannte bald seine kosmische Verwandtschaft.

Im November 1991 empfing Tom seine ersten telepathischen Botschaften. Innerhalb von drei Monaten war er Channeling-Medium für mehrere Energien, deren Zahl innerhalb eines halben Jahres auf 47 anstieg. Diese Energien sprachen entweder als Individuen durch Tom oder gemeinsam als eine einzige Energie, die sich *The Blend of Loving Energies* (wörtlich: «Gebündeltes Kollektiv von liebenden Energien») nannte. Die hohe Qualität und Brisanz der Botschaften, die Tom bekam, ließen ihn in Amerika schnell zu einem Insider-Tip werden, und bald wurden ihm auch viele andere Channeling-Texte zur Prüfung und Begutachtung vorgelegt.

Nach nur zweijähriger, intensiver Tätigkeit als telepathisches Schreibmedium verstarb Tom Smith nach kurzer Krankheit am 16. Dezember 1993.

Armin Risi (geb. 1962) ist Verfasser von mehreren Büchern mit literarischem und philosophischem Inhalt; lebte für 18 Jahre als vedischer Mönch; Studium der Sanskrit-Schriften und der westlichen und östlichen Philosophien und Mysterienschulen; arbeitete an der Übersetzung von über zwanzig Werken der Sanskrit-Literatur mit (aus dem Englischen ins Deutsche); lebt heute als freischaffender Schriftsteller und Referent (armin-risi.ch); gründete 2005 das «Forschungsinstitut für die Wissenschaft der Involution» (science-of-involution.org); ist zusammen mit seiner Lebenspartnerin Silvia Siegenthaler auch als spiritueller Berater tätig (introvision.ch).

BOTSCHAFTEN AUS DER GEISTIGEN WELT

Botschaften aus der geistigen Welt, Band 1:

Susanne Aubry / Karl Schnelting
DEIN WILLE GESCHEHE JETZT!

Die Menschheit vor der globalen Transformation.

ISBN 978-3-906347-85-1
Taschenbuch-Erstausgabe, 289 Seiten
€ 12,– / Fr. 21.60

Wir leben heute in einer Zeit, in der sich vieles scheidet und entscheidet.

Aus irdischen und auch aus höherdimensionalen, unsichtbaren Bereichen greifen dunkle Mächte nach der Menschheit. Gleichzeitig steht die Erde nach kosmischem Schöpfungsplan vor einer globalen Transformation.

Aus den Welten des Lichts gelangen deshalb immer dringlichere Botschaften und Warnungen an die Menschen:

- Welche Entscheidungen stehen bevor?
- Wessen Wille wird geschehen?
- Wie schützt man sich vor negativen Einflüssen?
- Wie können wir auch in Zeiten extremer Bedrohung die höhere Sicht, die göttliche Liebe und das Gottvertrauen bewahren?

Erfahren Sie in diesem Buch, was Lichtwesen aus hohen und höchsten Dimensionen uns über die gegenwärtigen und zukünftigen Vorgänge auf der Erde mitteilen.

Ihre Botschaften enthalten nicht nur einzigartige Perspektiven, Enthüllungen und Prophezeiungen, sondern sind auch eine unerschöpfliche, lebendige Quelle von persönlicher Kraft und Inspiration.

BOTSCHAFTEN AUS DER GEISTIGEN WELT

Botschaften aus der geistigen Welt, Band 2:

Susanne Aubry / Karl Schnelting

WEIL ICH DICH LIEBE

Wegweiser zur Transformation.

ISBN 978-3-906347-86-8
Taschenbuch-Erstausgabe, 369 Seiten
€ 12,– / Fr. 21.60

Die Erde und mit ihr die Menschen befinden sich in einer tiefgreifenden Transformation, die sich unaufhaltsam beschleunigt.

Nie zuvor war die kosmische Einstrahlung auf die Erde so hochaktiv wie in der gegenwärtigen Zeit. Durch sie wird alles intensiviert und verstärkt – das Licht, aber auch die Dunkelheit.

- Was bedeuten diese Veränderungen für uns?
- Wie reagieren wir im Hinblick auf das Kommende?

Wer mehr als nur menschlichen Rat sucht, findet in diesem Buch Zugang zu neuen Quellen der Erkenntnis und der Wahrnehmung. Lichtwesen aus hohen und höchsten Dimensionen teilen uns mit, wie die künftige Entwicklung der Erde vor sich gehen wird und wie der Mensch sich individuell darauf vorbereiten kann.

Ihre von Weisheit und Liebe erfüllten Botschaften sind auf unserem Weg in die neue Zeit einzigartige Wegweiser und eine unerschöpfliche Quelle der Kraft und Zuversicht.

EMPFEHLENSWERTE BÜCHER

Das Kursbuch zur Wendezeit.

Armin Risi

MACHTWECHSEL AUF DER ERDE

Die Pläne der Mächtigen, globale Entscheidungen und die Wendezeit.

ISBN 978-3-906347-81-3
5. Auflage, 594 Seiten, gebunden
€ 24,– / Fr. 43.20

Das Kursbuch zur Wendezeit: Die Neuausgabe von Armin Risis Bestseller – jetzt vollständig überarbeitet und aktualisiert!

Die «Illuminati»- und «Sakrileg»-Themen – jenseits von Fiktion und Verharmlosung.

Millionen von Menschen ahnen, daß vieles, was auf der Bühne der Weltgeschichte geschieht, eine Inszenierung ist. Was läuft *hinter den Kulissen*? Was sind die Pläne der Mächtigen? Welche globalen Entscheidungen stehen bevor?

Erfahren Sie in diesem Buch, wie die Weltlage aussieht, wenn man sie aus einer spirituellen Perspektive betrachtet:

- Der Mensch im multidimensionalen Kosmos
- Kali-Yuga und die Wendezeit
- Hierarchien der Dunkelheit und des Lichts
- Das Geheimnis der Einweihungen
- Templer, Freimaurer und die «Prieuré de Sion»
- Der Bibel-Code 666
- UFOs, Geheimtechnologie und geistige Energie
- Die Gegenwart der Lichtwesen
- Die Transformation der Erde

Dieses Buch ist eine Expedition in die dunklen Tiefen der Weltgeschichte, in die lichtvolle Zukunft der Menschheit – und in unser eigenes Innerstes.

EMPFEHLENSWERTE BÜCHER

Unterscheiden, ohne zu urteilen.

Armin Risi

LICHT WIRFT KEINEN SCHATTEN

Ein spirituell-philosophisches Handbuch.

ISBN 978-3-906347-62-2
2. Auflage, 504 Seiten, gebunden
€ 24,– / Fr. 43.20

Überall werden Weltbilder, Philosophien und Glaubenssysteme vertreten: von Wissenschaftlern, Politikern und Finanzmagnaten, von Geheimlogen, Religionen und Esoterikern. Haben einige mehr recht als andere? Kann und darf man unterscheiden? Oder ist alles relativ? Sind wir einer philosophischen bzw. ideologischen Willkür ausgesetzt, ohne Kriterien und Maßstäbe für das, was Wahrheit ist? Gibt es überhaupt so etwas wie «Wahrheit»?

Armin Risi beschreibt eine philosophische Weltformel, die es ermöglicht, all die verschiedenen Weltbilder in einen höheren Zusammenhang zu stellen und aufzuzeigen, wer sie vertritt und *warum*. Was sind die verborgenen Motivationen? Was ist «Licht», und was erzeugt die Dunkelheit?

In diesem Licht können auch die Schattenseiten und Halbwahrheiten der heutigen Zeit durchschaut werden, selbst wenn sie sich mit schönen Worten wie «neue Weltordnung», «Weltfrieden» und «neue Ethik» tarnen.

Die verschiedenen Weltbilder – konsequent zu Ende gedacht:

Was steckt hinter Aussagen wie «alles ist relativ», «alles ist eins», «alles ist Gott», «wir alle sind Gott»? Oder: «Gott ist Energie», «das Universum ist Gott»? Sind das Wahrheiten oder Halbwahrheiten?

EMPFEHLENSWERTE BÜCHER

Christus: Sein Leben, seine Lehre.

Christus: Sein Wirken heute.

Bilder von Hans Georg Leiendecker
Texte von Thomas Busse

CHRISTUS • BAND 1

ISBN 978-3-906347-53-0
84 Seiten, gebunden
durchgehend farbig illustriert
€ 16,– / Fr. 28.80

Bilder von Hans Georg Leiendecker
Texte von Thomas Busse

CHRISTUS • BAND 2

ISBN 978-3-906347-60-8
84 Seiten, gebunden
durchgehend farbig illustriert
€ 16,– / Fr. 28.80

Ausgelöst durch ein tiefgreifendes spirituelles Erlebnis, fand Hans Georg Leiendecker neuen Zugang zur Lehre Christi. In zahlreichen Bildern bringt er seitdem die Christus-Erfahrungen, die sein Leben stark veränderten, zum Ausdruck. In den Farben unserer Zeit zeigt er in eindrucksvoller Weise das geistige Wirken Christi und verbindet so traditionelle Themen mit spirituellen Erkenntnissen der heutigen Zeit.

Die meditativen Texte von Thomas Busse erweitern den Blick in die Mysterien des Gottessohnes. So entstand ein Werk, das dem Leser auf einfühlsame Weise das Leben und die Lehren Christi näherbringt.

Für Band 2 schuf Hans Georg Leiendecker einen Bilderzyklus über Christi Wirken heute.

Die in diesem Band enthaltenen Christus-Bilder illustrieren in eindrucksvoller Weise diesen aktuellen Bezug des Menschenfreundes zum Leben im Hier und Jetzt.

Wiederum erklären und vertiefen die meditativen Texte von Thomas Busse die Zusammenhänge und rufen zum persönlichen Miterleben auf.

Empfehlenswerte Bücher

Der Weg zur Neuen Erde.

H. Silvariah • R. Silvirianus

Die Neue Erde – Messias Alpha

ISBN 978-3-906347-48-6
160 Seiten, gebunden
Sonderpreis € 5,– / Fr. 9.–

Wir befinden uns in einer bedeutenden Zeitenwende. Schon vieles wurde über den Beginn des neuen Jahrtausends geschrieben, doch nicht immer wirkt es der allgemein herrschenden Verunsicherung entgegen.

Dieser aktuelle Band zeigt, daß die Menschheit bei alledem nicht allein ist. Zahllose Sternengeschwister stehen uns im Namen des Christus-Jesus liebevoll zur Seite, um uns in unserer Entwicklung zu beschützen und zu begleiten. Sie weisen jedem Menschen guten Willens einen Weg in eine neue Zukunft der Liebe und des Friedens – den Weg zu einer Neuen Erde, die hier als «Messias Alpha» bezeichnet wird.

Bruno Gröning: Leben und Lehre.

Thomas Busse

Bruno Gröning

ISBN 978-3-906347-82-0
118 Seiten, gebunden
€ 9,90 / Fr. 17.50

Kaum jemand erregte in den fünfziger Jahren in Deutschland die Gemüter mehr als Bruno Gröning (1906–59). In den Medien bezeichnete man ihn als «Wunderheiler», denn Tausende Kranke, Kriegsversehrte und selbst als unheilbar Diagnostizierte erfuhren durch ihn wundersame Heilungen. Die einen sahen in ihm einen neuen Messias, andere verspotteten ihn als Scharlatan. Obwohl er bereits 1959 verstarb, riß die Faszination um seine Person nicht ab.

Dieses Buch ist eine übersichtliche Quelle der Information zum Phänomen Bruno Gröning. Es konzentriert sich auf die wichtigsten Lebensstationen Grönings sowie auf die zentralen Themen seiner Lehre und stellt somit ein ideales Einführungsbuch dar.

Empfehlenswerte Bücher

Eine psycho-literarische Reise ins 19. Jahrhundert.

Katja A. Freese

Der Rückwärtsleser

ISBN 978-3-906347-59-2
Roman, 280 Seiten, gebunden, Schutzumschlag, Echtleineneinband, Goldprägung und Lesebändchen
€ 20,– / Fr. 36.–

Lucan, Ethnologiestudent, Verlagsmitarbeiter und passionierter Leser, stößt in einem englischen Antiquariat auf die Bücher von Lilith Faye Gwyneth, die ihn sofort in ihren Bann ziehen.

Die anfängliche Begeisterung für die wortgewaltigen Schriften wandelt sich bald in eine Hingezogenheit zu dem Wesen der unbekannten Autorin aus dem 19. Jahrhundert. Lucan vernachlässigt nicht nur sein Studium und seine Arbeit, sondern zieht sich aus allen Freundschaften zurück und läßt sich rückwärts in die Zeit fallen. Immer tiefer saugt Lilith ihn in eine vergangene Existenz, die ihn gleichzeitig fasziniert und erschreckt.

Esoterische Vorträge und Essays.

Ronald Zürrer

Weg nach Innen

ISBN 978-3-906347-16-5
2. Auflage, 440 Seiten, Taschenbuch
€ 10,– / Fr. 18.–

Das beliebte Einführungsbuch von Ronald Zürrer mit ausgewählten Vorträgen und Essays zu folgenden Themen:

Gut und Böse • Reinkarnation • Karma • Prophetie und Wahrsagerei • Astrologie • Ufos und außerirdische Zivilisationen • Heilsein in einer unheilen Welt • Hermann Hesses «Siddhartha» • Das Zeit-Phänomen • Das Spiel des Lebens • Die Wahrheit in den Religionen • Vom Sinn der Existenz • Sterben lernen • Über Engel.

Empfehlenswerte Bücher

Einführung in die Wissenschaft der Seelenwanderung.

Ronald Zürrer

REINKARNATION

ISBN 978-3-906347-61-5
144 Seiten, Taschenbuch
€ 9,50 / Fr. 17.50

Laut aktuellen Umfragen glauben heute rund 70% der Bevölkerung im deutschsprachigen Raum an eine Weiterexistenz der Seele nach dem Tod, und bereits 35% glauben überdies, daß wir uns im Sinne der Wiedergeburts- bzw. Reinkarnationslehre neu verkörpern können.

Dieses Buch bietet dem Leser eine Einführung in die zentralen Aspekte der Lehren von Karma, Dharma und Reinkarnation. Alles Wichtige, was man über die Wiedergeburt wissen muß und was darüber bis heute bekannt ist, wird in kurzen Kapiteln angesprochen und in leicht verständlicher Weise erklärt.

Vorteile einer fleischlosen Ernährung.

Armin Risi • Ronald Zürrer

VEGETARISCH LEBEN

ISBN 978-3-906347-77-6
7. Auflage, 144 Seiten, Taschenbuch
Sonderpreis € 4,50 / Fr. 8.–

Vegetarisch leben – dies ist nicht nur eine gesunde, vollwertige Ernährungsweise, sondern auch Ausdruck eines bewußten Lebensstils. Vegetarisch leben ist ein aktiver Schritt, um den destruktiven Tendenzen der modernen Zivilisation entgegenzuwirken. Denn die Nachteile des globalen Fleischkonsums werden immer offensichtlicher.

Dieses Buch vermittelt die wichtigsten Informationen zur Diskussion über Vegetarismus und Fleischkonsum.

Ein informatives Grundlagenbuch sowohl für Vegetarier als auch für kritische Fleischkonsumenten.

EMPFEHLENSWERTE BÜCHER

Anastasia-Reihe in fünf Bänden:

Wladimir Megre

Band 1: Anastasia – Tochter der Taiga
Band 2: Anastasia – Die klingenden Zedern Russlands
Band 3: Anastasia – Raum der Liebe
Band 4: Anastasia – Schöpfung
Band 5: Anastasia – Wer sind wir?

Jeder Band 200-240 Seiten:
gebundene Ausgabe je € 16,– / Fr. 28.80
Taschenbuchausgabe je € 9,90 / Fr. 17.50

Anastasia ist die Botschafterin eines uralten Volkes, dessen Nachkommen auch heute noch vereinzelt in der Taiga leben, von der Zivilisation unbeeinflußt und immer noch im Besitz der «paranormalen» Kräfte, die der moderne Mensch weitgehend verloren hat.

Kurz nach der Öffnung Rußlands war die Zeit anscheinend reif, daß die Welt von der Existenz dieser Menschen erfahren sollte. So ließ es die junge Einsiedlerin Anastasia im Jahr 1994 zu, daß ein «Zivilisierter» – Wladimir Megre aus Nowosibirsk, der mit seinem Boot auf dem Ob in die Taiga fuhr, um mit den Einheimischen Tauschhandel zu betreiben – mit ihr in Kontakt kam und für drei Tage Zeuge ihres Lebens auf einer entlegenen Taiga-Lichtung wurde.

Diese Begegnung sollte Wladimir Megres Leben grundlegend verändern. Als einfacher Geschäftsmann, der nur den Atheismus des kommunistischen Rußlands kannte, sah er sich plötzlich mit Phänomenen konfrontiert, die alles bisher Gekannte um Dimensionen übertrafen: Telepathie, Präkognition, Teleportation, Unverletzlichkeit (Kälteresistenz) und Verbindung mit höheren Welten.

Anastasias Person und Lebensstil provozieren Fragen zu weltbewegenden Themen wie Herkunft des Menschen, Gesundheit, kosmische Heilkraft, richtige Ernährung, göttliche Naturverbundenheit, Ursache von Krankheit, Hintergründe der Weltpolitik und Zukunft der Menschheit.

Empfehlenswerte Bücher

Ein ermutigender Erlebnisbericht.

Christel Deutsch

Und mein Engel weinte

ISBN 978-3-906347-47-9
128 Seiten, gebunden
€ 12,– / Fr. 21.60

Dieser autobiographische Erlebnisbericht führt durch das bewegte Leben der Berliner Heilpraktikerin und Autorin Christel Deutsch.

Sie schildert auf ergreifende und humorvolle Weise, wie ihr Schutzengel sie seit ihrer Kindheit begleitet. Er steht ihr nicht nur in den Herausforderungen des Alltags zu Seite, sondern hilft ihr auch, innere Hürden zu überwinden und das Bewußtsein weiterzuentwickeln.

Dieses Buch ermutigt dazu, durch Zuwendung und Bitten eine Beziehung zum eigenen Schutzengel aufzunehmen und dadurch in den Wirrnissen des Lebens immer wieder Trost zu schöpfen und Halt zu finden.

Für Kinder ... und andere Menschen.

Christel Deutsch • Anne Heins

Engelgeschichten

ISBN 978-3-906347-52-3
108 Seiten, gebunden,
durchgehend farbig illustriert
€ 16,– / Fr. 28.80

Kinder sind die Hoffnungsträger für die Heilung der Erde und für den Frieden unter den Völkern. Es ist not-wendig, sie in dem Bewußtsein aufwachsen zu lassen, von Gott geliebt und von Seinen Boten, den Engeln, beschützt zu werden. Das gleiche gilt auch für alle anderen Menschen, egal wo sie geboren sind und wo sie leben.

Dieses wundervolle Buch umfaßt 19 Geschichten um Engel und Menschen, die Herz und Verstand gleichermaßen berühren – bezaubernd illustriert von der erst zwölfjährigen Anne Heins.

Eine besondere Empfehlung für äußere und innere Kinder.